중국지

 中

중국지

마오쩌둥과 중국 혁명 평석

건국대업 편 • 현이섭 지음

일러두기

1. 이 책에 나오는 인명의 대부분은 국립국어원의 외래어 표기법에 따랐으나, 일부는 원어 발음에 더욱 충실하고자 일반 표기법과 달리한 경우도 있습니다.

2. 인명뿐만 아니라 지명은 독자의 이해를 돕기 위해 처음 언급되었을 경우 중국어 표기와 한자, 한자음을 본문에 병기했습니다.

제2부 · 건국대업

제2부

건국대업

★

제 7 장

옌안 정풍 운동

마오의 다목적
권력투쟁

1941년 5월의 옌안(延安 연안). 이미 얼음과 눈이 녹아 살풍경한 황토고원에도 신록이 파릇파릇 돋기 시작했다. 중앙은 5월 중순에 고급 간부회의를 소집했다. 5월 19일, 마오는 고급 간부회의에서 '우리의 학습을 개조하자'는 강연을 했다. 마오는 마르크스-레닌주의의 이론과 혁명의 실제를 서로 결합하는 것이 공산당의 근본 지도사상이라고 말했다. 마오는 또 "우리는 역사를 단절시킬 수 없다. 외국의 혁명사를 이해할 뿐만 아니라 중국의 혁명사를 알아야 한다. 중국의 오늘뿐만 아니라 중국의 어제와 그제(과거의 역사)를 알아야 한다. 인재를 결집해 중국의 경제사, 정치사, 군사사軍事史 등을 연구해야 한다"고 강조했다. 마오는 자기의 역사를 모르고 자기의 역사를 중시하지 않는 것은 잘못된 경향이라고 비판했다.

이 강연은 옌안 정풍운동整風運動의 신호탄이 되었다. 항일전쟁이 시작된 뒤에 옌안에 딸린 공산당 근거지 '산간닝(산시-간쑤-닝샤)' 변계지구의 당 조직은 크게 발전했다. 이에 따라 일단의 소자산계급 사상이 주입되어 농민의식과 혼재했다. 또한 변계지구 당내에 존재하는 역사와 노선의 시비문제가 일부 간부들 사이에 여전히 존재했다. 사상과 이론상의 통일이 제대로 이루어지지 않아 단결된 지도체제를 구축하는 데 어려움이 따랐다. 마오는 당 조직과 지도체제를 정비할 때가 되었다고 생각했다. 마오의 당내 권위와 권력도 한결 굳건해지고 있었다. 자신감의 발로였다. 마오는 '당의 작풍作風을 정비하자'고 전당에 호소하며 "주관주의에 반대하여 학풍學風을 정돈하고, 종파주의에 반대하여 당풍黨風을 정비하고, 당팔고(八股: 명청 때 과거의 답안 형식 문체, 즉 현학적이고 형식적인 문투)에 반대하여 문풍文風을 정돈해야 한다"고 강조했다. [197]

1941년 9월에 소집된 정치국 확대회의에서 토지 혁명투쟁 후기의 '좌경' 과오와 항전 초기의 '우경' 과오를 둘러싸고 격렬한 토론이 벌어졌다. 마오는 오랫동안 당의 통치를 지배하고 있던 주관주의 사상노선을 통렬하게 비판했다. 보구와 장원톈, 왕자샹 등은 자신들이 범했던 과오에 대해 자아비판을 했다. 왕밍은 책임을 회피하며 변명하다가 참석자들로부터 강한 비판을 받았다. 마오는 이처럼 차근차근 군불을 때가며 준비하다가 분위기가 숙성되었다고 판단해 1942년 2월에 중앙당교中央黨校 개학식 및 중앙선전부, 중앙출판국 연합 선전공작회의에서 '정돈整頓 학풍, 당풍, 문풍'과 '반대 당팔고黨八股' 제목의 강연을 했다.

마오는 강연에서 전면적이고 체계적으로 주관주의에 반대해 학풍을 바로잡고, 종파(파벌)주의에 반대해 당풍을 바로잡고, 당팔고에 반대해 문풍을 바로잡아야 한다고 강조했다. 마오는 정풍의 주지主旨와 방침은 "징전비후 치병구인懲前毖後 治病救人(과거의 잘못을 후일의 거울로 삼고, 병을 고쳐 사람을 구한다)"이라고 밝혔다. 지난날 소련과 코민테른을 믿고 거들먹거린 사람들이 저지른 과오를 반성케 해(병을 치료해) 새롭게 태어나도록 돕는 구제 프로그램이란 뜻이었다. 이는 곧 마오의 노선을 따르라는 함의였다.

이를 계기로 옌안 정풍운동은 정식으로 막이 올라 장장 3년 동안 계속되었다. 마오쩌둥이 발동한 옌안 정풍운동은 마르크스주의의 중국화라는 곡절의 역사적 배경이 깔려 있다. 옌안 정풍운동 이전에 공산당은 취추바이(瞿秋白 구추백)와 리리싼(李立三 이립산), 왕밍(王明 왕명) 등의 3차례 좌경노선 정책을 시행한 바 있었다. 그중 1931년 1월에 열린 중앙 제6기 4중전회에서 권력을 잡은 왕밍의 좌경 교조주의가 가장 맹위를 떨쳤다. 무려 4년이나 지속된 왕밍의 전횡은 당에 큰 영향을 미쳤다. 폐해 또한 심대했다. 이 기간 동안 마오는 실권失權해 권토중래를 기약하며 우울한 나날을 보냈다. 왕밍은 군사적으로는 대도시 공격을 감행하는 군사 모험주의를 폈고, 정치상으로는 코민테른 지시에 따른 폐쇄주의로 일관했다. 이런 일련의 좌경 모험주의는 장제스의 5차에 걸친 공산당 포위공격 소탕전에 대한 대응 실패로 최대 위기에 몰렸었다. 홍군은 공전절후空前絶後의 장정長征에 나서는 간난신고의 혹독한 길을 걸어야 했다. 이에 따라 남방 근거지를 잇따라 빼앗기고 30만 명에 이르던 전국의 홍군은 3만 명으로 줄어들었다. 30만 명의 당원도 4만여 명으로 줄어들고, 장제스 통치지구(白區 백구)의 당 조직은 궤멸되다시피 했다.

1935년 1월, 쭌이회의(遵義會議 준의회의)에서 보구의 좌경 중앙통치가 종식되었다. 하지만 당시의 절박한 군사와 조직문제로 사상과 정치상의 노선문제는 정확한 결론을 내리지 못한 채 미루어져왔다. 마오는 1940년 12월의 정치국 회의에서 중앙 제6기 4중전회 이래 형성된 좌경노선의 뿌리를 뽑으려 했다. 그러나 교조주의가 당내의 사상적 기반에 완고하게 버티고 있어 실패했다. 마오는 전당 범위에서 광범위하게 정풍운동을 벌여 사상노선 문제를 해결할 수밖에 없다고 판단했다. 또 항일전쟁 초기 왕밍의 우경 기회주의가 당내 사상 혼란을 일으켜 국공합작에 많은 어려움을 초래했다고 여겼다. 마오는 왕밍이 1937년 11월에 모스크바에서 돌아온 뒤 코민테른의 지시를 교조적으로 끌어다 써 '통일전선에 일체 복종', '모든 것은 통일전선을 통해서'라는 우경 구호를 만들어 결과적으로 국민당 정부에 양보하는 꼴이 되었다고 불만을 터뜨려왔다. 왕밍은 1937년 12월과 1938년 3월의 정치국 회의에서 통일전선의 독립자주 노선을 결의한 뤄촨(洛川 낙천)회의의 방침과 결정을 다시 반대했다. 실명을 거론하지 않았지만 마오를 비판한 것이었다. 마오는 왕밍이 당을 쥐락펴락하는 코민테른의 '상방보검'을 갖고 있어 대놓고 반격하지 못했다. 왕밍의 교조주의 영향을 제거해야만 원활한 공작을 펼 수 있다고 마오는 굳게 믿고 있었다. 1941년 1월, 완난사변이 발생했을 때 마오는 국민당 정부에 보복하기 위해 15만 명의 정병으로 국민당의 후방을 공격할 계획이었다. 이 또한 코민테른의 반대로 무산된 바 있었다. 마오는 당에 사사건건 개입하며 막강한 영향력을 발휘하는 코민테른과 새로운 관계 정립이 이루어져야 한다고 판단했다. 정풍을 통해 코민테른 지시의 신성화와 교조적 분위기를 깨고 코민테른의 속박에서 벗어날 때 당의 발전, 즉 독립자주적인 마르크스의 중국화를 담보할 수 있다고 확신했다. [198]

시기도 마오의 결단을 촉구했다. 1941년 6월 22일, 독일의 히틀러가 소련을 침공하면서 제2차 세계대전이 발발했다. 또한 일본이 12월 7일에 미국의 진주만을 공격해 미일전쟁이 본격화하면서 중일전쟁은 세계대전의 한 부분이 되었다. 미국의 중국(국민당과 공산당) 지원과 영향력이 한층 증대되었다. 이에 따라 중일전쟁은 버티기 단계로 소강국면에 들어갔다. 당중앙이 있는 '산간닝' 변계지구는 비교적 평온한 상태였다. 또 교착상태의 전선에서 많은 공산당 간부들이 옌안으로 돌아와 정풍운동을 확대할 수 있었다. 소련은 독일의 침공을 상대로 전쟁을 벌이느라 중국공산당에 대한 장악력이 크게 떨어진 상태였다. 1943년 5월에는 코민테른이 해체되어 마오로서는 코민테른파를 제거하고, 자신의 입지를 굳힐 절호의 기회였다.

마오는 1941년 1월에 발표한 '신민주주의론'으로 압축한 '마오쩌둥 사상(毛澤東思想 모택동 사상)'의 싹을 틔우며 당내에서 폭넓은 지지를 얻기 시작했다. 신민주주의론의 기조는 제국주의와 봉건주의, 일본 세력과 지주 및 그 지지세력에 대한 투쟁을 공산당과 4개 계급이 결합해 한꺼번에 혁명을 전개하는 것을 뼈대로 하고 있다. 혁명의 주체세력과 정치체제는 당을 중심으로 노동계급, 빈농과 중농, 소자산가와 지식분자, 민족자본가 등 4개 계급으로 무산자계급의 독재가 아닌 이들 계급의 연합 전제독재로 규정했다. 서구의 부르주아 민주주의나 소련의 프롤레타리아 독재의 민주주의와는 구별되었다. 이 또한 마오의 자신감의 발로였다. 1938년 9월, 중앙 제6기 6중전회 때 모스크바에서 돌아온 왕자샹의 코민테른 총서기 드미트로프의 구두 전달, 즉 마오의 영수 지위를 인정하는 코민테른 쪽의 승인으로 마오의 지도자 위치가 한층 공고해졌기 때문이다. 한편 국민당의 소극적 항일에 항의하는 많은 젊은이들과 지식인들이 옌안을 찾아오면서, 정풍운동은 공산당의 기반을 넓히고 이들에 대한 이데올로기 교육을 하는 데도 안성맞춤이었다.

정풍운동은 이처럼 여러 목적이 있으나 크게는 두 가지였다. 하나는 마르크스-레닌주의의 중국화, 즉 민족주의적 마오노선의 확립이다. 또 하나는 마오 1인 지배 구축을 위한 정적政敵 제거였다. 준비도 치밀했다. 마오는 당사黨史를 학습시키기 위해 『당서黨書』를 편찬했다. 이 책은 장장 280만여 자에 이른다. 1928년에서 1941년까지 당의 중요 문건과 지도자들의 중요 발언, 문장 등 모두 518편으로 구성되었다. 『당서』와 관련해 전 국가주석 양상쿤(楊尙昆 양상곤)은 이렇게 회상했다. 199

"우리는 모스크바 중산대학에서 공부할 때 많은 마르크스-레닌주의의 서적을 읽고 혁명사를 배웠다. 그러나 선생들은 모두 러시아나 영국의 역사와 혁명 사례를 가르쳤다. 나는 4년 동안 교실에서 마오쩌둥이나 농민운동에 대해 들어본 적이 없었다. 당의 제6차 전국대표대회(1931년 상하이에서 열린 중공중앙 제6기 4중전회) 대표들이 중산대학에 와 연설할 때 중국 인구의 100분의 90 이상이 농민이라도 농민은 단지 노동자계급의 동맹자일 뿐 혁명의 기본세력은 아니라고 했다. 또 마오쩌둥이 징강산에서 벌인 혁명투쟁이나 그런 것이 장래의 희망이라는 것들은 언급하지 않았다. 그들은 대혁명 실패 이후에 이론이 부족한 노간부들이 혁명을 단절시키고 있다고 책망했다. 왕밍은 방자하게 중국혁명은 우리 같은 신지식인이 아니면 이루어질 수 없다며 자신을 치켜세웠다. 그런데 『당서』를 체계적으로 읽다보니 선명하게 비교가 되어 어떤 것이 정확한 노선인지를 알게 되었다. 또 어떤 것이 창조적인 마르크스주의이고, 무엇이 교조주의인지를 이해하게 되었다. 『당서』는 옌안 정풍운동 때 큰 작용을 했다. 날카로운 무기였다."

5월 하순, 정치국은 중앙 총 학습위원회를 만들어 정풍운동을 이끌어가기로 했다. 마오가 주임, 캉성(康生 강생)이 부주임을 맡아 일상 업무를 주관했다. 중앙 학습조의 48명을 9개 소조로 나누었다. 양상쿤은 런비스, 리푸춘, 왕뤄페이(王若飛 왕약비) 등 6인이 한 조가 된 제3조 조원이었다. 런비스가 조장을 맡았다. 군에도 이런 조직을 만들었다. 왕자샹과 천윈이 이끄는 학습위원회가 구성되었다. 이 학습위원회 아래에 모든 부처와 지부, 군부대 등을 포괄하는 학습위원회가 만들어졌다. 똑같은 체계가 당 전체와 학교, 옌안과 각 기지에 있는 다른 기구에도 적용되었다. 모든 간부를 낱낱이 점검할 수 있는 방대한 시스템을 갖추어 완벽한 통제가 가능했다. 정풍운동은 대체로 3단계로 나누어 실시되었다. 정풍운동이 시작된 1942년 2월부터 4월까지의 제1단계는 '사상 동원 단계', 1942년에서 1943년 10월까지는 '정돈整頓 3풍 단계', 그리고 1943년부터 1945년 4월까지의 '총결 역사 경험 단계'로 구분된다. [200]

양상쿤은 정풍운동의 준비 기간인 1941년 9월과 제2단계 때인 1943년 9월에 열린 두 차례의 정치국 확대회의에 참석했다. 양상쿤은 "이 회의는 중앙의 지도층이 정풍 과정에서 주요 구실을 한 두 차례 회의였다. 많은 중요한 문제들이 회의에서 사상투쟁을 거쳐 공통적 인식을 공유했다"고 말했다. 양상쿤에 따르면 1931년 초부터 1934년 말까지의 당 역사를 두고 토론 중 서로 다른 의견이 분출했다. 주요한 의제는 3가지로 1)중앙 제6기 4중전회 후 정치노선상에 잘못이 있었나, 없었나? 2)제6차 전국대표대회 결의안이 정확했나, 그렇지 않았나? 3)항일전쟁 중 정규전 위주냐, 유격전 위주냐?였다. 이밖에 토지개혁, 정군整軍, 근거지 성질 등의 문제가 쟁론을 일으켰다. 1941년 9월에 열린 제1차 회의에 참가한 양상쿤은 회의 분위기를 이렇게 전했다. [201]

"주요 폭로와 비판은 소비에트 운동 후기의 '좌'경 교조주의의 과오였다. 당시 (저우)언라이 동지는 충칭, (류)사오치 동지와 펑더화이 동지는 각각 화중과 화베이 전선에 있어 참석하지 않았다. 뤄푸(장원톈)와 보구가 솔선해 자아비판을 했다. 회의는 '코민테른 노선'의 잘못에 대한 인식을 공유했다. 왕밍도 의견을 표시하지 않을 수 없었다. 왕밍은 소비에트 운동 후기의 과오에 대해 마오 주석이 말한 노선문제와 관련해서 뤄푸와 보구가 말한 것에 자신도 모두 동의한다고 했다. 하지만 항전 초기에 왕밍이 우한에서 공작할 때 범한 엄중한 우경의 잘못에 대해서는 공격하며 방어하는 행태를 보였다. 왕밍은 마오쩌둥의 '신민주주의론'과 중앙이 통과시킨 '산간닝 변계지구 시정강령'은 '너무 좌경'이어서 스탈린의 관점과 일치하지 않는다고 했다. 왕밍에 대한 비판이 쏟아졌다. 이로부터 왕밍은 병을 핑계 대고 회의에 참석하지 않았다."

그렇다면 왕밍은 왜 그렇게 오만했을까? 양상쿤은 이렇게 분석했다. [202]

"왕밍이 선포한 '8·1선언'은 그가 기초를 잡은 것이다. 민족통일전선 이론은 왕밍이 만들었다. 실질적으로 '8·1선언'은 모두 코민테른의 드미트로프에서 나온 것이다. 왕밍이 주장한 '모든 것은 통일전선을 통해서'와 '통일전선에 일체 복종'은 사실상 장제스를 통하고, 장제스에 복종해 독립자주를 방기하는 것이다. 어느 동지가 나에게 만약 왕밍이 성실하게 잘못을 인정하면 사태가 이 지경까지 되지는 않았지 않았겠는가 하고 물었다. 나는 왕밍이 잘못을 인정하지 않으리라고 보았다. 왕밍은 스스로 배경, 즉 밑천이 있어 고집스럽게 '코민테른 노선'을 견지하고 있었기 때문이다. 창조적인 마르크스주의를 주창했던 왕밍은 정도에서 벗어나 신중국 건국 이후에 병 치료를 빌미로 소련에 간 뒤 다시 돌아오지 않았다. 왕밍은 『중공 50년』이란 소책자를 펴내 흐루쇼프와 함께 '반공반화反共反華'를 벌였다."

1942년 4월 3일, 중앙선전부는 '중앙결정과 마오쩌둥 동지의 정돈 3풍 보고 옌안토론에 관한 결정'을 발표해 진일보한 정풍운동의 목적과 요구, 방법, 절차를 명확히 규정했다. 이때부터 '정돈 3풍' 중심 내용의 전당 정풍운동이 벌어졌다. 마오는 마르크스주의의 보편원리와 중국혁명의 구체적 실제를 긴밀히 결합해 마르크스주의의 중국화를 주장했다. 의제는 2개 종파(파벌)주의, 즉 교조 종파와 경험 종파의 척결이었다. 마오는 이 2개 종파를 배격해야만 당이 통일될 수 있다고 말했다.

9월 회의에는 제1차 때보다 참가 인원이 많았다. 류사오치, 저우언라이, 펑더화이도 참석했다. 왕밍은 칭병하고 불참했다. 주더는 1940년 5월에 화베이 항일 전선에서 돌아와 중앙의 명에 따라 옌안에 남았다. 가장 중요한 이유 중 하나는 마오가 당내에서 사상적으로 의견이 엇갈리는 문제를 해결하는 데 곁에서 돕도록 하기 위한 조처였다. 그동안 당내에 존재했던 의견 불일치가 당의 단결을 해치고 전투력에 영향을 주는 정도까지 발전하고 있었다. 또 복잡다단하게 얽힌 열악한 환경에서 급속히 신장되고 있는 농민과 소자산계급 출신의 당원에 대한 교육공작이 제대로 이루어지지 않아 서로 다른 의견이 분분해 사상공작이 절실

했다. 마오는 항일전선도 버티기 국면의 소강상태를 유지하고 있어, 정풍운동의 전 단계 준비 과정에서 당내 덕망이 높은 주더의 영향력이 필요해 이런 조처를 내린 것이다. [203]

이에 앞서 3월에 마오는 정치국과 중앙위원회의 주석으로 선출되었다. 또 혁명군사위원회의 주석으로도 뽑혔다. 마오가 당정군黨政軍의 모든 부문에서 최종 결정권을 확보함에 따라 공산당 정책에 관한 지배권을 확고히 장악하게 되었다. 마오의 이런 우월적 지위는 '마오쩌둥 사상'이라는 용어가 도입되면서 더욱 강화되기 시작했다. 마오의 '사상思想'은 이제 하나의 '주의主義'가 되었다. 이 단어는 1943년 공산당 창당 제23주년 기념일 행사에서 왕자상이 처음으로 사용했다. 왕자상은 "마오쩌둥 사상은 마르크스-레닌주의와 중국 볼셰비즘, 그리고 중국 공산주의를 모두 합친 것이다"라고 밝혔다. 류사오치도 가세했다. 류사오치는 "우리 당과 프롤레타리아, 우리나라의 혁명군중은 마침내 22년이라는 길고 힘든 혁명투쟁을 거친 끝에 우리 스스로의 지도자 마오쩌둥 동지를 발견했다"고 선언했다. 류사오치는 또 마오는 오랫동안 검증받은 위대한 혁명가이며, 마르크스-레닌주의에 정통하고, 중국인민을 위해 헌신적으로 일해왔다고 밝혔다. 이런 발언은 마오와 류사오치 간의 연대를 공식 선언한 것을 뜻했다. 마오에 대한 개인숭배의 신호탄이 되었다. 이런 상황에서 충칭에 있던 저우언라이가 제2단계 정풍운동에 참가하기 위해 옌안으로 돌아왔다. 저우언라이는 옌안 귀환 환영회에서 이렇게 말했다. [204]

"지난 3년간 많은 중요한 고비 때마다 마오쩌둥 동지의 지도에 힘입어 우리 당은 방향을 잃지 않았고 또 그릇된 길로 빠지지도 않았다. 지난 3년간에 걸쳐 처리한 여러 사건의 결과가 이런 사실을 증명한다. 마오쩌둥 동지의 지도나 견해에 반대하고 또 의구심을 표명했던 이들은 이제 자신들이 완전히 틀렸음을 알았다. 22년간에 걸친 우리 당의 역사는 마오쩌둥 동지의 견해가 이 기간을 거치며 중국식 마르크스-레닌주의, 중국식 공산주의로 발전했음을 보여준다. 마오쩌둥 동지의 지도는 공산당의 지도다. 마오쩌둥 동지의 정치노선은 중국의 볼셰비키 노선이다."

저우언라이는 1943년 8월 30일과 9월 1일에 걸쳐 지난 3년간 자신이 이끌어온 창장국(長江局 장강국) 업무에 관해 보고했다. 저우는 정치국 위원의 신분으로서 정치적 입장과 이데올로기적인 입장을 분명히 밝힐 것을 요구받았다. 또한 왕밍 등으로 대표되는 교조주의를 비판했다가 자아비판을 강요당했다. 저우의 발언과 보고는 무려 5일 동안 계속되었다. 1927년 대혁명 실패 이후에 당의 중요사건에 모두 관여한 유일한 지도자였기 때문이다. 저우언라이는 "리리싼 노선과 결별할 때 자신이 너무 미온적인 태도를 취했고, 왕밍이 미프와 코민테른의 지원으로 1931년 중앙 제6기 4중전회에서 권력을 장악한 후 왕밍노선에 대해 너무 유화적 태도를 취했다"고 자아비판을 했다. 또 상하이 임시 중앙의 전략에 따라 대도시 공격, 장정에 나설 수밖에 없었던 정책 결정 등에 대해서도 자신의 책임을 강조했다. 회의 분위기는 팽팽한 긴장감이 흘렀다. 어떤 사람이 마오쩌둥에게 "교조 종파주의의 실체는 명명백백히 폭로되었다. 현재의 문제는 경험 종파주의다. 그들의 위해危害도 상당히 크다"며 저우언라이를 지목했다.

캉성이 부채질을 하고 나섰다. 캉성은 "우한 창장국의 기관지 『신화르바오(新華日報 신화일보)』는 완전히 국민당 신문이 되었다. 많은 반공 논조의 기사를 실었다"며 창끝을 창장국을 이끌었던 저우언라이와 예젠잉(葉劍英 엽검영)에게 들이대면서 공개적으로 저우언라이를 비판했다. 마오가 제지했다. 마오는 "저우언라이 동지는 대혁명 이래 많은 좋은 일을 했다. '8·1난창기의'는 저우언라이 등의 동지가 전투의 첫 총성을 울렸다"며 저우를 지원하고 나섰다. 정풍 과정에서 저우언라이의 자아비판을 통해 자신에 대한 지지를 확인했기 때문이다. 왕밍과 보구, 장원톈 등 '볼셰비키 28인들'은 이미 박살나 회복 불능이었다. 저우는 왕밍노선을 추종했던 경험주의 종파로 분류되었지만 마오로서는 대외활동과 실무 경험이 뛰어난 그가 필요했던 것이다. 양상쿤은 "마오의 제지는 대단히 중요했다. 만약 옌안 정풍운동 중에 '구원활동'을 하지 않았더라면 '반저우언라이' 공격이 재개되었을 것이고, 그럴 경우 대단히 위험했다"고 회상했다.

주더는 9월 9일의 정치국 회의에서 왕밍의 항전 이래 우경 기회주의의 과오를 비판했다. 주더는 "항전 이후 왕밍노선의 실질은 통일전쟁 중에 지도권이 필요 없고, 대지주 대자산계급에 투항하는 것이다. 또 유격전쟁을 홀시해 중국혁명의 특색, 바로 유격전에 의존한 자신의 역량 발전을 이해하지 못하고 코민테른의 입장에 서서 통일전선을 지휘했다. 이로 인해 대외에는 일체 복종하고, 대내에만 독립자주라는 관점이 생겨났다"고 왕밍노선을 통렬하게 비난했다. 주더는 왕밍과 천두슈 노선의 같은 점을 들추어 조목조목 비판했다. 첫째, 두 사람은 혁명의 지도권(주도권)이 필요 없다며, 기꺼이 자산계급에게 바치려 했다. 둘째, 이들은 무장역량이 필요 없다고 했다. 이것은 혁명 성공의 환상이며, 완전한 공상이다. 셋째, 무산자계급의 역량을 무시하고, 자산계급의 역량은 대단히 강하다고 했다. 넷째, 유격전쟁을 홀시했다. 천두슈도 홍군을 토비土匪라고 질책했다. 다섯째, 통일전선이 깨지는 것을 두려워했다. 결과적으로 투항 심리를 만들어냈다. 다른 점은 천두슈와는 달리 왕밍은 코민테른의 간판과 마르크스-레닌주의의 외피를 두르고 사람들을 겁주었다고 일갈했다. 주더는 이날 회의에서 "중국혁명은 이미 진정한 영수를 만들어냈다. 바로 마오 주석이다"라고 선언했다. [205]

주더는 1935년 6월 장정 중에 장궈타오가 통솔한 홍군 제4방면군과 자신과 마오가 이끌던 홍군 제1방면군이 '촨간(사천-간쑤)' 변계에서 부대 합류를 했다가 중앙의 지시를 무시한 장궈타오가 남하할 때 거의 볼모 비슷하게 이끌려 남하했다. 장궈타오는 이때 주더를 겁박해 마오쩌둥을 반대하는 '우경 도망노선'의 성명을 내도록 했다. 주더는 장궈타오의 위협과 회유에 굴하지 않고 "주-마오는 사람들이 모두 주더와 마오는 한 몸이란 뜻으로 부른 것이다. 그런 내가 어찌 마오를 반대하겠는가? 너희들은 내 몸을 두 동강으로 쪼갤 수 있다. 그러나 나와 마오쩌둥 관계를 끊을 수는 없다"고 강고하게 버텼다. 마오는 훗날 이런 이야기를 듣고 깊은 감동을 받아 "주더의 도량은 바다처럼 넓고, 의지는 강철처럼 굳세다"고 평한 바 있다. 이런 주더가 이날 '주-마오'의 한 몸답게 마오의 충실한 버팀목이자 멘토로 마오를 명실상부한 공산당의 지도자로 쐐기를 박은 것이다. 주더는 사상을 통일하고 마오쩌둥의 전당 영수의 지위를 공고히 하기 위해 1942년 10월 19일부터 1943년 1월 14일까지 열린 서북국 고위간부 회의 때부터 사전 정지작업을 벌여왔다.

"우리 당은 20여 년 동안 분투하면서 우리의 영수를 만들어냈다. 마오쩌둥 동지다. 역사과정에서 단련을 통해 나왔다. 중국뿐만 아니라 세계에서 그가 중국공산당의 영수라는 것을 모두 인정하고 있다."

주더의 이 말은 전당이 마오쩌둥을 영수로 하는 당중앙의 지도에 복종할 것을 명확히 제시한 것이다. 그러나 왕밍의 과오를 어떻게 인식하느냐의 문제로 고급간부들이 완전한 인식의 통일을 이루지 못했다. 진일보한 학습과 제고가 필요했다. 1943년 10월 5일, 중앙서기처는 정풍 점검을 잠시 중단하고, 고급간부들을 먼저 학습시키는 방안을 결정했다. 당중앙은 10월 6일에 정치국 회의를 소집했다. 마오는 회의에서 이런 내용을 통보하고 다시 한 번 교조주의와 경험주의의 2개 종파에 반대하는 연설을 했다. 마오는 "정풍 학습의 목적은 2개 종파를 분쇄하는 것이다. 교조 종파는 머리고, 경험 종파는 다리다. 교조 종파는 경험 종파의 영혼이다. 때문에 교조 종파는 극복하고, 경험 종파는 마르크스-레닌주의의 이해 수준을 높이면 된다"고 설명했다. 주더는 회의에서 마오의 발언에 화답해 자신의 학습체험을 빗대면서 2개 종파를 강도 높게 비판했다. [206]

"학습을 통해 객관적으로 문건과 문제들을 살펴보면 쉽게 알 수 있다. 왕밍의 교조주의는 뚜렷하게 드러났다. 그들은 외국만 알았지 중앙(중국)은 모른다. 우리는 외국과 중국을 알아 실제 출발이 옳았지만 교조주의 출발은 모두 틀렸다. 경험주의자는 이론을 잘 알지 못해 자연히 교조주의의 포로가 된다. 마오쩌둥은 착실하게 일을 처리한다. 패기가 있고 능력이 있어 어려움에 봉착하더라도 항상 방법을 찾아낸다. 사람들이 그를 반대할 때도 실제상황에 따라 일 처리를 견지한다. 그의 독서는 다른 사람에 비해 적지 않은데도 이해를 잘해 이론과 실제를 합일할 수 있다. 마오쩌둥의 지도로 당의 각 방면이 발전했다는 것이 증명되고 있다. 마오쩌둥의 방법으로 일을 처리하면 중국혁명은 반드시 승리할 수 있다. 우리는 이번 학습을 통해 개개인이 능력을 키워야 한다. 주요한 것은 마오쩌둥의 일 처리 능력을 잘 배워야 한다는 것이다."

주더는 정풍운동 과정에서 마오를 도와 코민테른을 업고 전횡을 휘두른 왕밍의 교조주의를 척결하고, 마오를 부동의 지도자로 확립하는 데 견인차 구실을 했다. 보이보(博一波 박일파)는 "옌안 정풍운동 때 주쭝(朱總 주총: 주더 총사령관의 약칭이자 존칭)의 평가에 관해 마오 주석은 주쭝은 중국인민의 영수며 위대한 전사다, 구민주주의에서 신민주주의에 이르기까지 그는 가장 위대한 인물이라고 극찬했다"고 회상했다. 마오는 정풍운동이 끝나갈 무렵인 1944년 5월에 서기처와 정치국을 대표해 마무리 발언을 했다. 이 총결 발언은 당일 열린 중앙 제6기 7중전회에서 결의로 통과시켰다. [207]

1. 중앙의 몇몇 개별 동지와 관련해 일단의 동지들이 당외의 문제로 추측하고 있었으나, 모든 자료를 연구 검토한 결과 그들은 당외의 문제가 아니라 당풍과오 黨風過誤와 관련이 있다.

2. 4중전회 이후에 1931년의 상하이 임시 중앙 및 그 후 소집된 5중전회는 당시 코민테른의 승인을 받았기 때문에 합법적이다. 단, 선거 절차가 제대로 준비되지 않은 것은 마땅히 역사의 교훈으로 삼아야 한다.

3. 지난날 당의 역사적 과오는 마땅히 사상적으로 명확히 해야 한다. 단, 그 결론은 관대하게 힘써 전당이 단결해 공동 분투할 수 있도록 해야 한다.

4. 4중전회에서 쭌이회의 기간 동안 당중앙의 지도노선은 과오를 저질렀다. 단, 아주 정확하게 하기 위해 마땅히 적당한 분석을 해야 하고, 모든 것을 부인해서는 안 된다.

5. 제6차 전국대표대회는 부족함과 과오가 있었지만 기본노선은 정확했다.

6. 당의 역사에서 교조 종파와 경험 종파가 존재했다. 단, 쭌이회의 이래 각종 변화를 거쳐 2개 종파가 정치강령과 조직형태에 존재했다. 지금은 이미 존재하지 않는다. 현재 당내에 맹목적인 파벌주의 경향이 엄중히 존재하고 있다. 철저한 교육을 통해서 이런 경향을 극복해야 한다.

양상쿤은 정풍운동이 공산당사에 미친 영향을 이렇게 얘기했다. [208]
"옌안 정풍운동은 공산당 사상 아주 중요한 역사의 한 페이지를 장식했다. 하나는 마르크스-레닌주의를 학습하고, 역사를 연구하면서 노선을 분명히 하고, '3풍'을 정돈한 것이다. 특별한 것은 마오 주석이 제기한 '실사구시實事求是'다. 역사 경험과 교훈의 고도의 사상방법 총결은 대단히 위대했다. 그렇지 않았다면 전당의 사상을 통일할 수 없었다. 제7차 전국대표대회도 성공하지 못했을 것이다. 이후 중국혁명의 발전도 그렇게 빨리 성공할 수 없었을 것이다. 비록 정풍 기간에 과격한 비판으로 일부 동지들에게 상처를 준 것도 있지만 총체적으로 볼 때 중요했다. 그리하여 제7차 전국대표대회에서 전에 없었던 단결을 이룰 수 있었다. 또하나는 학습과정에서 하나의 문제가 발생했다. 심사 조사과정에서 사람을 가두어 놓고 진술하도록 한 것이다. 그것은 잘못된 것이다. '구조救助운동'에 정작 '구조'가 없었다."

1945년 4월 20일, 중앙 제6기 7중전회는 마오쩌둥의 마르크스주의의 중국화를 높이 평가하고 '약간의 역사문제에 관한 결의'를 통과시켰다. 이로써 옌안 정풍운동은 막을 내렸다. 마오 1인 지배의 중국공산당 시대의 막이 열리기 시작한 것이다.

'저승사자'
캉성

역사의 아이러니지만 동서고금을 막론하고 역사의 굽이굽이마다 큰 격랑이 출렁일 때 어김없이 나타나는 게 간당奸黨의 출현이다. 이들 간신은 음습한 권력에 기생하며, 권력의 주구로 온갖 간악한 짓을 서슴지 않는다. 인면수심의 저승사자들이다. 역설적으로 권력이 그들을 필요로 해 불러내기도 한다.

엔안 정풍운동에도 그러한 간신이 출현했다. 공산당에서 최대의 간신이자 대음모가로 낙인찍힌 인물이 캉성(康生 강생)이다. 정풍운동을 전후로 정보업무를 관장한 사회부장 캉성의 손끝에서 수없이 많은 고귀한 인명이 사라졌다. 엔안 정풍운동에서 패악을 일삼은 캉성의 악랄한 술수는 20여 년 후 중국 현대사의 대재앙이자 최대의 비극으로 불리는 문화대혁명 때 벌어질 악행의 예고편에 불과했다.

캉성은 1903년에 산둥성(山東省 산동성)의 지역유지 집안에서 태어났다. 상하이대학을 졸업한 캉성은 저우언라이가 지휘한 1926년의 상하이 폭동에 참여했다가 1927년에 공산당에 가입했다. 그해 대혁명 실패 이후에 장쑤성(江蘇省 강소성) 조직부장이 되었다. 1931년 1월, 샹중파가 중앙 총서기일 때 중앙 비서장 겸 선전부장인 리리싼이 실권을 장악했다. 캉성은 마르크스-레닌주의의 이론가라는 외피를 걸치고 리리싼을 적극 추종해 비서장직을 꿰찼다. 캉성은 1933년 7월부터 1937년

11월까지 4년여 동안 모스크바에서 왕밍의 조수로 왕밍노선의 최선봉에 섰다. 1937년 겨울, 소련에서 왕밍과 함께 귀국한 캉성은 정치적 입장을 180도 바꾸었다. 하루아침에 표변한 캉성은 왕밍노선을 공격하는 선봉장으로 마오의 신임을 얻어 정풍운동의 실무를 총괄 지휘했다. 209

캉성은 정풍운동 기간 동안에 1920년대 상하이 시절부터 알고 지내던 마오의 부인 장칭(江靑 강칭)의 추문과 사상적 문제 등의 정보를 차단하고, 조직과 당을 속인 채 고의로 은폐해 암암리에 장칭을 비호했다. 미래 권력에 대한 확실한 도장 찍기의 심모원려한 권모權謀였다. 정풍운동에서 왕밍노선으로 의심받고 있던 '28인의 볼셰비키' 등의 왕밍파 척결과 저우언라이를 물고늘어지는 집요하고 비열한 공격과는 천양지차였다. 캉성은 옌안의 공산당 간부들 중에 수백 명은 국민당이 공산당에 침투시킨 특수요원이라며 숙청 범위를 확대하려고 광분했다. 저우언라이가 관장했던 창장국 소속 지하당은 이들이 지배하는 '홍기당紅旗黨'이라고 중상모략을 했다. 캉성은 '반도', '스파이', '내부첩자' 등으로 매도했다.

천재적 음악가
정율성

정풍운동 전후 시기의 옌안은 캉성이 무고한 조선인 청년 김산을 '일본 첩자'로 몰아 죽이고 당성黨性을 심사한다는 등의 빌미로 공포 분위기를 조성해 매우 어수선했다. 1937년 10월에 옌안으로 온 조선인 청년 정율성鄭律成도 주위에서 의심의 눈초리를 받고 있었다. 당시 나라를 빼앗긴 조선의 청년들은 독립운동을 위해 중국으로 건너가 김구 주석의 대한민국 임시정부가 있는 충칭(重慶 중경)으로 가거나, 조선독립동맹을 이끌고 있는 김두봉金枓鳳과 무정武亭이 있는 옌안으로 찾아갔다. 일본군을 탈출한 학병 출신 장준하張俊河와 김준엽金俊燁 등은 충칭으로 갔고, 정율성 등은 옌안으로 왔다. 그런가 하면 박정희朴正熙처럼 일본이 신경(新京: 창춘)에 세운 만주군관학교에 들어가 일본을 위해 충성한 사람들도 있었다. 박정희는 20여 년 뒤 해방된 조국의 민주헌정 질서를 짓밟는 5·16 군사반란을 일으켜 군사독재의 원조가 되었다.

옌안에 온 정율성은 루쉰예술학교 음악학과를 다니다가 중국인 처녀 딩쉐쑹(丁雪松 정설송)을 만나 서로 사랑하게 되었다. 신중국 건국 후 첫 여성 대사를 지낸 딩쉐쑹은 1938년 봄에 정율성을 만나 한눈에 반해 열애를 했다. 청혼은 정율성이 했다. 딩쉐쑹 주변의 선배와 당 간부들은 결혼을 말렸다. 조선인들이 사상적으로 복잡하다는 이유에서였다. 정율성은 옌안에 와 1939년 1월 항일군정대학에서 음악을 지도할 무렵 공산당에 가입했다. 딩쉐쑹이 다니던 중국여자대학 부교장 커칭스(柯慶施 가경시)도 정율성과 결혼하는 데 부정적이었다. 커칭스는 "듣건대 네가 정율성과 비교적 가깝게 지낸다고 들었다. 잘 생각해야 한다. 너는 우수한 젊은 여성이다. 앞날의 전도가 밝다. 당이 너를 키워주었다. 그 기대에 부응해야 한다. 조선 사람의 상황이 상당히 복잡하다. 너와 정율성의 관계가 대단히 안타깝다"고 말했다. [210]

정율성은 이때 천재적인 음악성을 발휘해 「옌안쑹(延安頌 연안송)」, 「팔로군 대합창八路軍大合唱」 등을 작곡해 옌안 고성古城에서 모르는 사람이 없었다. 딩쉐쑹은 번민의 나날을 보내다가 팔로군 포병단장 무정이 전방에서 옌안으로 왔다는 소식을 들었다. 딩쉐쑹은 일찍이 중국여자대학 부교장 커칭스가 "무정은 2만 5천 리 장정에 참가해 생존한 조선 동지다. 당이 그를 대단히 신임한다"는 말을 들은 바 있었다. 무정은 정율성을 무척 좋아했다. 막냇동생으로 여겼다. 무정은 두 사람의 순탄치 않은 연애관계를 듣고 딩쉐쑹을 찾아왔다. 무정은 딩쉐쑹에게 "율성을 잘 안다. 율성의 큰형과 둘째 형도 알고 있다. 정율성은 아무런 문제가 없다. 그의 집안은 혁명가의 가정이다. 나와 율성의 둘째 형은 한 지부에서 조직생활을 한 일도 있다"며 정율성에 대한 믿음을 심어주었다. 용기를 얻은 딩쉐쑹은 당중앙 조직부에 찾아가 정율성과의 결혼 여부를 물어보기로 했다. 조직부장 천윈(陳雲 진운)이 있었다. 딩쉐쑹은 단도직입적으로 천윈에게 물었다.

"저의 개인적인 문제에 대해 조직의 의견을 구하고자 합니다. 정율성이 정치적으로 문제가 없습니까?"

"지금까지 어떤 자료에도 그가 문제가 있다는 것은 없다. 그러나 역시 어떤 자료에도 그가 문제가 없다고 증명할 만한 자료도 없다."

"변계지구 회의에 참석하는 자리에서 우연히 무정 동지를 만났습니다. 그가 정율성의 집안을 잘 알고, 정율성이 아무런 문제가 없다는 것을 보증할 수 있다고 말했습니다."

"어, 그래?"

"저와 정율성이 교제한 지 벌써 3년이 되었습니다. 서로 좋아합니다. 그와 결혼해도 괜찮은지 조직의 지시를 바랍니다."

천윈은 딩쉐쑹을 쳐다보고 웃으며 "너희들이 이미 결정했는데 조직에서 간섭할 수 없다"고 말했다. 정율성과 딩쉐쑹은 1941년 12월에 백년가약을 맺었다. 정율성은 1914년에 전라남도 광주 양림정楊林町의 선비 집안에서 5남 5녀의 막내로 태어났다. 이들 형제자매 중 5명이 요절해 4남 1녀가 되었다. 민족의식이 강했던 아버지 정해업鄭海業은 일본이 한일병탄을 하자 벼슬을 버리고 향리에 내려와 은거했다. 정율성의 첫째, 둘째 형인 정효룡鄭孝龍과 정인제鄭仁濟는 '3·1운동'에 참가했다가 일본경찰의 체포령을 피해 중국으로 건너갔다. 중국공산당에 가입한 큰형 정효룡은 국내와 중국을 오가며 독립운동을 하다가 체포되어 1934년에 감옥에서 병사했다. 둘째 형 정인제는 윈난 강무학당을 졸업한 뒤 국민혁명군 24군(川軍 천군) 중교中校 참모로 근무하다가 뇌막염으로 세상을 떴다.

부형父兄의 영향으로 침략자 일본을 증오한 정율성은 어린 나이인 15세 때 전주 사립 신흥중학교를 다니다가 광주학생운동에 참여했다. 정율성의 매형 박건웅朴健雄은 황푸군관학교를 졸업하고 북벌전쟁에 참여한 바 있었다. 박건웅은 1932년에 장제스의 지원으로 난징 교외에 세운 조선 독립투쟁 단체인 의열단 단장 김원봉金元鳳이 교장으로 있는 '조선혁명 군사정치 간부학교'의 교육주임으로 있었다. 정율성은 의열단원인 셋째 형 정의은鄭義恩을 따라 1933년 5월 8일에 고향 산천을 떠나 난징에 있는 '조선혁명 군사정치 간부학교'에 들어갔다. 55명의 동기생들과 군사, 정치 방면의 교육을 받았다. 나이 어린 이들은 여가시간엔 비장하고 강개한 「소년선봉대」, 「최후의 결전」, 「적기가」, 「코민테른가」 등의 노래를 불렀다. 정율성은 어려서부터 노래를 좋아했다. 마음을 격앙시키는 혁명가곡을 즐겨 부르며 가슴 가득한 열정을 발산했다. 1934년에 '조선혁명 군사정치 간부학교'를 졸업한 정율성은 난징 군사학교에 들어가 의열단 단장 김원봉의 지시로 난징과 상하이 간의 일본인 전화를 도청하는 비밀공작을 했다. 김원봉은 정율성이 음악을 좋아하는 것을 알고 주말에 상하이에 가서 공부하도록 지원했다. 당시 상하이에서 정율성을 가르쳤던 소련 여교수 크릴로바는 정율성이 천부적 음악성을 갖고 있어 이탈리아에 가서 공부하면 '동방의 카루소(이탈리아의 유명한 성악가)'가 될 수 있다고 칭찬했다. [211]

1937년 7월 7일, 루거우차오(盧溝橋 노구교) 사건으로 일본의 중국 내륙 침략이 본격화하자 정율성은 옌안으로 가기로 했다. 정율성은 상하이 팔로군 판사처 판한녠(潘漢年 반한년)이 써준 소개장을 갖고 바이올린과 만돌린을 등에 걸머메고 상하이를 떠나 1937년 10월에 옌안에 도착했다. 정율성은 산베이(陝北 섬북)공학, 루쉰예술학원 음악과에 들어가 공부했다. 이때 딩쉐쑹을 만난 것이다. 1938년 봄에 작곡한 「옌안쑹」은 정율성을 일약 유명 음악가 반열에 올려놓았다. 정율성은 1939년 7월에 궁무(公木 공목)와 「팔로군 대합창」을 만들었다. 그중 정율성이 작곡한 「팔로군 행진곡八路軍進行曲」이 널리 불리면서 더욱 유명해졌다. 이 노래는 내전 당시 「중국인민해방군 행진곡」으로 곡명을 바꾸었다가 1988년 7월 25일, 중공중앙이 「중국인민해방군 군가」로 공식 결정해 지금까지 불리고 있다.

정율성은 1946~49년에 북한에서 공식 군가인 「조선인민군 행진곡」, 「동해어부」 등의 노래를 작곡했다. 그는 중국과 조선 두 나라의 군가를 작곡해 세계에서 보기 드문 기록을 남겼다. 한국전쟁 때 중국으로 돌아가 귀화한 정율성은 중국 전역을 돌아다니며 노동민요와 소수민족의 노래 등을 채록하고 수없이 많은 노래를 작곡했다. 1966년 문화대혁명 때 수년 동안 창작 권리를 박탈당하는 수난을 겪기도 했으며, 1976년에 뇌일혈로 쓰러져 숨졌다. 총서기를 지낸 후야오방(胡耀邦 호요방)은 정율성의 추도식에 참석해 "정율성은 훌륭한 동지다. 그는 린뱌오와 '4인방'을 원수같이 대해 애증을 분명히 했다. 옌안 시기에 그의 노래는 최고였다. 그는 중국인민의 해방사업과 혁명투쟁에 아주 큰 공헌을 했다"며 생전의 업적을 높이 평가했다. 천재적인 작곡가 정율성은 그 후 신중국 건국의 100대 영웅으로 뽑혀 지금도 중국인민의 깊은 사랑과 존경을 받고 있다.

무정과
조선의용군

정율성은 옌안 정풍운동이 시작된 6개월 뒤인 1942년 8월에 무정을 따라 타이항산(太行山 태항산)의 팔로군 총사령부와 얼마 안 떨어진 '진둥난(晉東南 진동남; 산시성과 허베이성의 남부 일대)'으로 출정했다. 무정은 중앙의 지시에 따라 진둥난 일대에서 조선 청년들을 규합해 만든 '화북華北 조선청년연합회'를 확대 발전시킨 '화북 조선독립동맹' 집행위원으로 '조선의용군 화북지대'를 이끌며 항일투쟁을 벌이고 있었다. 앞서 2만 5천 리 장정을 마친 무정은 장정 중에 오랜 기아와 영양 실조 때문에 생긴 위장병 등으로 건강 상태가 좋지 않았다. 무정은 휴양으로 건강을 되찾아 1936년 6월, 항일 홍군대학(抗大 항대)에 들어가 홍군 제1기 고급간부 과정을 수료했다. 이 과정에는 장정 때 홍군 제1방면군 군단장이었던 린뱌오를 비롯해 뤄룽환, 뤄루이칭, 천광 등 홍군 고위 지도자 38명이 참여했다. 무정은 홍군 대학에서 철학과 정치경제학, 군사전략 등을 공부했다. 그해 12월 말에 홍군대학을 마친 무정은 군에 복귀해 홍군 총사령부 작전과장을 맡았다. 212

중일전쟁이 확전으로 치닫자 팔로군 총사령부는 '중국 포병의 아버지' 무정을 포병주임에 임명하고 포병부대 창설을 서둘렀다. 1938년 1월 28일, 린펀(臨汾 임분)에서 팔로군 포병단 창단 행사가 성대하게 열려 무정이 초대 포병단장에 임명되었다. 무정은 1개 단기 포병간부 훈련반을 만들어 직접 교관으로 나서 사격 원리와 포를 쏘는 요령 등을 가르쳤다. 무정이 양성한 포병간부들은 중국 포병의 근간이 되었다. 무정은 1938년 4~5월에 포병단 제1연대를 통솔해 황허를 건너 산시성 충양(重陽 중양)현에서 류보청과 덩샤오핑이 이끌고 있던 팔로군 제120사단을 지원하며 일본군과 전투를 벌였다. 1939년 2월 중순, 무정은 뤄촨(洛川 낙천)에서 남하해 황허 동쪽을 건너 팔로군 총사령부가 있는 타이항산 진둥난(晋東南 진동남) 일대에서 팔로군과 합동군사작전을 펼쳤다. 무정은 이 일대에서 독립투쟁을 위해 중국으로 건너온 조선의 젊은이들을 규합해 이들을 옌안의 항일군정대학에 보내면서 군중 조직 결성에 심혈을 쏟았다. 1941년에 접어들어 중앙은 정세 변화에 따른 조선혁명과 동방 각국의 항일 통일전선 공작의 필요성을 중시하고 무정이 이 일을 꾸려나갈 수 있도록 지원했다.

1월 10일, 무정은 타이항산 기슭의 한 마을에서 '화북 조선청년연합회'를 결성해 회장에 선출되었다. 6월에는 시안(西安 서안)과 뤄양(洛陽 낙양) 등지에 흩어져 있던 조선인들을 하나로 묶어 뤄양의 조선의용군을 주축으로 한 '조선의용군 화북지대'를 결성했다. 1942년 7월 11~14일까지 타이항산의 칭장허반에서 '화북 조선청년연합회' 회의가 열려 화북 조선청년연합회와 조선의용군을 각각 '화북 조선독립동맹'과 '조선의용군 화북지대'로 명칭을 바꾸었다. 무정을 비롯한 김백연, 최창익, 박효삼 등 11명이 화북 조선독립동맹 집행위원으로 선출되었다. 정치조직인 조선독립동맹은 주석 김두봉金枓鳳이 이끌었고, 군사조직인 조선의용군은 무정이 통솔했다. 1944년 1월, 무정은 1년 전에 창설한 '화북 조선혁명학교'를 '조선혁명 군정학교'로 확대 개편해 교장에 취임했다. 정율성은 교육장敎育長이 되었다. 정율성은 이렇게 회상했다. [213]

"주요 임무는 적(일본군) 후방에서 전투하다가 돌아온 조선 청년 전사들을 훈련시키는 일이다. 어떤 때는 전투에 참가했고, 어떤 때는 간악한 무리(첩자)를 제거했다. 또 적의 후방 깊숙이 침투해 적군을 와해시키는 공작을 했다. 조선 동지들은 전방에서 매우 용감하게 싸웠다. 희생도 적지 않았다. 중앙은 나중에 조선 동지들을 보호하고 전투역량을 보존하기 위해 전체 인원을 옌안으로 철수하기로 결정했다. 옌안과 전방에서 돌아온 조선 동지들은 뤄자핑(羅家坪 나가평)에 집결했다. 조선 동지들은 이곳에서 당원을 확충하고 간부를 양성하면서, 조직을 정돈하고 혁명대오를 발전시키며 혁명역량을 비축했다."

정율성이 타이항산의 일본군 후방 근거지에서 팔로군과 공작을 벌이고 있었을 때 1백수십여 명의 조선의용군 대원들도 참가했다. 이들 이외에 또 다른 조선인들도 있었다. 국공합작 때여서 국민당 지구에서 온 사람, 일본군 점령지구에서 탈출해 온 사람, 포로로 잡힌 사람 등 여러 갈래였다. 교육장을 맡은 정율성은 이들에게 교육훈련을 하면서 상당한 부담을 느꼈다. 그들 중에는 일본군이 파견한 첩자도 색출되어 팔로군으로부터 조선인들의 사상을 의심받기도 했다. 정율성은 신중하게 이들에 대한 심사를 하고 일본군과 전투를 벌이며 부대 이동을 해야 하는 등 동분서주했다.

이렇게 눈썹을 휘날리며 공작을 하는 전장戰場에서도 정율성은 악곡을 구상하며 창작활동을 계속했다. 그가 작곡한 「혁명가」 등의 노래는 화북, 동북 조선의용군 부대에서 널리 불렸다. 정율성은 일본의 식민지 지배로 신음하고 있는 조국을 한시도 잊은 적이 없었다. 그가 만든 「그리운 강남(懷念着的江南 회념착적 강남)」의 가사는 이러했다.

봄이 왔네. 강남에 갔던 제비가 또다시 돌아왔네. 우리 모두 빨리 가자. 강남으로 가자.
春天來了 飛到江南的燕子又回來了 大家快走吧 到江南去.
춘천래료 비도강남적연자우회래료 대가쾌주파 도강남거.

여기서 '강남'은 조국 '조선'이었다. 정율성은 "지금 우리의 조국은 일본이 통치하고 있다. 하지만 오래가지 못한다. 봄은 또 우리에게 오기 때문이다"라며 조국 광복에 대한 굳은 신념을 갖고 있었다. 1945년 8월 6일과 9일에 미국은 일본의 히로시마와 나가사키에 잇따라 원자폭탄을 투하했다. 8월 8일, 소련은 일본에 선전포고를 하고 중일전쟁에 참전했다. 소련은 중국 동북부의 4천 킬로미터에 달하는 전선을 따라 일본 관동군에 대해 대규모 공격을 퍼붓기 시작했다. 마오는 이날 성명을 내어 "대일전쟁은 이제 마지막 단계에 돌입했다. 일본 침략자와 그 주구들을 물리치고 승리할 최후의 시간이 다가왔다"며 소련의 참전을 환영했다. 8월 10일, 옌안 방송국에서는 일본이 동맹군에게 항복할 것이라는 일본통신발 뉴스가 흘러나왔다. 그날 밤 12시, 옌안의 팔로군 총사령부에서 계속해서 '항복과 소련군 작전 협동'의 제7호 명령을 발표했다. 그중 제6호 명령은 주더 총사령관이 8월 11일 낮 12시에 공포했다. [214]

"소련 홍군의 중국, 조선 국경 진입작전 협동과 조선인민 해방을 위하여 나는 명령한다. 현재 화베이 대일對日 작전을 수행하고 있는 조선의용군 사령관 무정武亭, 부사령관 박효삼朴孝三과 박일우朴一禹는 즉시 부대를 통솔해 팔로군과 원原 동북군 각 부대를 따라 동북으로 진군해 적과 괴뢰군을 소멸시킨다. 아울러 동북 조선인민을 조직해 조선 해방의 임무를 달성하도록 한다."

팔로군 총사령부는 3개월 전인 5월에 무정을 조선의용군 사령관으로 임명한 바 있었다. 1945년 8월 15일, 일본 천황이 무조건 항복을 선언했다. 항복 소식이 전해지자 옌안의 성내는 삽시간에 들끓었다. 징소리와 북소리가 하늘을 진동하고, 폭죽이 끊임없이 터졌다. 사람들은 옷이나 모자를 하늘 높이 던지며 환호작약했다. 과일을 파는 사람들은 광주리에 있는 능금과 배를 환호하는 군중에게 던졌다. 이들은 "돈 안 받는 '승리과일' 마음대로 먹어요!"라고 큰 소리로 외쳤다. 사람들은 이리저리 돌아다니며 승리의 소식을 전하고, 손에 손을 잡고 양꺼(秧歌 앙가; 중국 북방 농촌지역에서 징과 북을 두드리며 춤을 추는 민간 가무)를 추었다. 밤이 되자 사람들은 횃불을 들고 시위를 하는가 하면, 모닥불을 피워놓고 밤새워 미친 듯이 기뻐하며 춤을 추었다. 사람들은 "8년간 힘들고 어려웠던 항전이 드디어 승리했다", "중국은 다시는 동아東亞의 병자가 아니다!" 등의 구호를 외쳤다. 이런 분위기가 3일 동안 계속되었다. 광환狂歡의 도가니였다.

9월 초, 조선의용군의 독립군들이 드디어 꿈에 그리던 조국 고향 산천을 향해 출발하는 날이 다가왔다. 300~400여 명의 조선군정 간부와 조선의용군 전사들이 옌안을 떠나 동북으로 진군하는 날이다. 이들은 떠나기에 앞서 뤄자평에서 전체 기념사진을 찍었다. 조선독립동맹 주석 김두봉金枓鳳과 부주석 최창익崔昌益, 한빈韓斌 등은 감개무량한 듯 옌안 고성의 곳곳을 둘러보았다. 조선의용군 총사령관 무정, 부사령관 박일우와 박효삼도 상기된 얼굴로 주위를 살피며 대오 앞으로 걸어 나왔다. 또 임풍林楓이 이끄는 옌안 간부대대가 보무당당한 모습으로 도열했다. 1천여 명의 조선독립군들은 형형한 눈빛으로 조국이 있는 동쪽 하늘가를 바라보며 눈시울을 적셨다. 팔로군 사령부는 특별히 1개 독립여단을 파견해 조선의용군 2개 지대를 호위하도록 했다. 조선의용군은 옌안을 떠나며 정율성이 작곡해 '인민의 노래'가 된 「옌안쑹(延安頌 연안송)」을 목이 터질 듯이 불렀다. 이들은 헤어지기가 아쉬운 듯 행군하면서도 계속 뒤돌아보며 점점 멀어지는 옌안 고성을 바라보았다. 이들은 "아, 옌허(延河 연하)! 아, 칭량산(淸凉山 청량산)이여! 바오타산(寶塔山 보탑산)이여! 안녕!" 하며 정들었던 산천에 인사를 했다. 이들은 또 낯설고 물선 이역만리에서 간난신고의 고단한 삶을 보듬어준 작고 작은 조선촌 뤄자평(羅家坪 나가평)을 뒤돌아보며 눈물을 훔쳤다. 조선의용군들은 행군하며 「조국을 향해 전진(向祖國前進 향 조국전진)」이라는 노래를 씩씩하고 우렁찬 목소리로 불렀다. 노랫소리가 하늘 높이 울려 퍼졌다. 조국으로 돌아간다는 소식을 듣고 감격에 복받친 정율성이 급히 가사를 쓰고 곡을 붙여 만든 노래로, 미리 조선의용군들에게 가르친 것이었다. [215]

굳세고 용감한 조선용사들, 오늘은 화북을 넘고, 내일은 만주를 지나 거리의 장애물을 돌파한다, 조국을 향해 전진, 우리는 용감하게 투쟁을 한다, 조국의 해방과 인민의 자유를 위해.
健壯勇敢的朝鮮勇士們, 今天跨越華北, 明天過滿洲, 冲破路上的障碍, 向祖國前進, 我們將勇敢地鬪爭下去, 爲祖國的解放, 爲人民的自由.

행군하는 조선의용군이 '산간닝' 변계지구를 지나며 산베이 인민들에게 친절하게 작별인사를 할 때마다 그들은 능금과 붉은 대추를 조선의용군들의 호주머니와 행낭에 가득가득 채워주었다. 조선의용군은 목화 열매가 주렁주렁 달린 옌촨(延川 연천)과 스반(石板 석판) 상류의 맑디맑은 계류와 개울을 지나고, 번화한 고진古鎭 쑤이더(綏德 수덕)를 거쳐 자(葭 가)현에서 다리쉼을 했다. 황토색깔의 혼탁한 황허 물결이 북쪽에서 흉맹스럽게 달려와 남쪽으로 용솟음치며 세차게 흘러갔다.

수많은 인파로 의용군들은 한참 줄을 서 기다리다가 나룻배를 타고 황허를 건너야 했다. 5명 남짓 태울 수 있는 작은 배에 소와 말 등 짐승을 실어 물이 선창까지 다다랐다. 바짝 긴장한 뱃사공들은 조심스럽게 노를 저으며 거친 물결을 헤치고 앞으로 나아갔다. 어떤 때는 갑작스러운 소용돌이를 피하느라 배가 기우뚱하며 쓰러질 듯 곤두박질해 가슴을 쓸어내리며 어렵사리 강을 건넜다. 지금까지 지나온 산시(陝西 섬서)지역은 해방구라 치안 상태가 안전했으나, 산시(山西 산서)지역은 상황이 복잡했다. 산시지역은 여전히 일본군과 왕징웨이 괴뢰군의 거점이었다. 가로회哥老會(청나라 건륭황제 때 청을 전복하려 만든 비밀결사체)와 토비土匪들이 날뛰고 있었다. 조선의용군이 싱(興 흥)현을 지나 오후 4시께 산언덕에서 쉬고 있을 때 가로회가 기습하려는 것을 미리 알고 대처해 아슬아슬하게 싸움을 피할 수 있었다.

추적추적 내리는 가을비를 맞으며 안전한 숙영지를 찾아 야간 행군을 해야 했다. 일본군이 지키고 있는 퉁푸(同蒲 동포)철로를 지날 때는 행군을 하며 전투태세를 갖추었다. 일본이 항복했지만 일본군과 왕징웨이 괴뢰군들은 근거지에서 무장을 하고 있었다. 국민당이 무장해제할 때까지 원지原地를 방어하면서 팔로군에게 무기를 넘겨주지 말라고 지시했기 때문이다. 당시 중국 곳곳에서 일본군이 국민당을 위해 공산당군과 전투하는 사례가 적지 않았다. 조선의용군은 최소한의 손실을 줄이기 위해 밤을 도와 일본군이 방어하고 있는 봉쇄선을 몰래 뚫고 행군을 계속했다. 밤길에 120리를 내닫는 질풍노도와 같은 행군이었다.

산시지방은 이름 그대로 명불허전名不虛傳이었다. 2천~3천 미터에 이르는 산들이 수두룩했다. 대부분 험준하고 높은 민둥산이 많았다. 제허(界河 계하)에서 커란(峏嵐 가람)으로 가는 산길은 끝없이 이어지는 구절양장의 가파른 길이었다. 다이(代 대)현을 지나서는 며칠 동안 계속 높고 험한 산을 산악 등반하듯이 넘어야 했다. 어쩌다 만난 10~20리의 평탄한 산길은 걷기에 힘든 자갈밭이었다. 하루 종일 산봉우리를 넘고 넘어야 했다. 어떤 사람들은 당나귀 꼬리에 매달려 겨우 산에 오를 수 있었다. 험준한 고산에 오른 어느 날 광풍이 몰아치고 한기가 엄습해 손발이 꽁꽁 어는 매서운 추위가 몰아쳤다. 한 아낙네는 산을 내려온 뒤 자신의 품속에 있던 어린아이가 얼어 죽은 것을 알고 대성통곡하기도 했다. 천야만야한 절벽의 산길을 지날 때는 노폭이 좁아 간을 졸이며 걸어야 했다. 자칫 실족하면 끌고 가던 말이나 당나귀, 노새와 한 덩어리가 되어 천길 절벽 아래로 떨어질 수밖에 없었기 때문이다.

정율성은 이런 산길을 걸으면서도 악상樂想을 가다듬어 두 곡의 노래를 만들었다. 하나는 어렸을 때 고향 전라남도 광주에서 일어난 '3·1운동'을 떠올려 「3·1 행진곡」을 지었다. 또 하나는 「조선해방 행진곡」으로 "적들의 쇠사슬은 이미 깨져 부서졌다. 조국의 산하에 다시 찬란한 빛이 비춘다(敵人鎖鏈已被砸碎, 祖國的河山重放光輝 적인쇄련기파잡쇄 조국적하산중방광휘)"를 노래한 것이었다. 조선의용군이 차하얼성 장자커우(張家口 장가구; 차하얼성은 나중에 허베이성과 내몽골에 편제되었음)에 도착했을 때는 벌써 깊은 가을이었다. 팔로군은 일본군이 항복하자 제일 먼저 대도시 장자커우를 해방시켰다. '진차지(晋察冀 진찰기; 산시성-차하얼성-허베이성)' 중앙국이 이미 설립되어 있었다.

무정이 통솔한 조선의용군은 장자커우에서 '진둥난(晋東南 진동남)' 일대로부터 온 100여 명의 조선의용군 부대와 합류했다. 조선의용군이 장자커우를 떠날 때 기차역에서 팔로군의 녜룽전(聶榮臻 섭영진) '진차지' 사령관을 비롯해 텅다이위안(騰代遠 등대원), 샤오커(蕭克 소극) 등 팔로군 고위장령들이 환송회를 열었다. 조선의용군들은 이곳에서 팔로군이 접수한 기차를 타고 화베이(華北 화북) 평원의 화이라이(懷來 회래)현으로 갔다가 다시 동북방향으로 달렸다. 이들은 구베이커우(古北口 고북구)를 지날 때 성문에서 총을 메고 서 있는 소련 홍군의 초병을 보았다. 소련군이 이 일대까지 진주해 있는 것을 처음으로 확인한 것이다.

조선의용군들은 청더(承德 승덕)역에서 내렸다. 청더는 일본군이 최후 발악을 하며 결사적으로 저항하는 바람에 성내의 많은 곳이 폐허가 되었다. 다음 날에 소련군의 군용열차를 타고 진저우(錦州 금주)로 부대를 이동했다. 조선의용군이 도착한 동북의 공업도시 선양(瀋陽 심양)은 희뿌연 연기와 먼지로 가득 찼다. 때는 바야흐로 11월 초순의 겨울로 접어들어 북풍한설이 매섭게 몰아쳐 살을 에는 듯 추웠다. 선양은 소련 홍군이 일본 관동군으로부터 해방시킨 지 몇 개월이 지났다. 그러나 사회질서는 혼란스럽고, 밤에는 늘 총성이 들렸다. 조선의용군은 선양에서 선발대와 합류해 병력이 2천여 명으로 불어났다. 216

조선독립동맹 주석 김두봉과 조선의용군 사령관 무정이 이끈 조선의용군들은 조선에 들어가려 했으나 소련군이 막아 귀국하지 못했다. 소련은 이미 김일성金日成을 앞세워 북조선에 진주해 주인 노릇을 하고 있었다. 소련군은 팔로군과 어깨를 나란히 하며 싸우는 조선의용군들을 배척했다. 선두부대가 신의주에 도착했으나 조선에 들어가지 못하고 소련군에게 쫓겨 되돌아왔다. 김두봉과 무정은 소련 진주군과 몇 차례 교섭을 벌여 소수의 주요 간부들만 개인 자격의 신분으로 입국하는 것을 허락받았다. 11월 10일, 무정은 선양 교외의 조선학교에서 조선의용군 전 장병대회를 열어 그동안의 경과를 보고했다. 무정은 "소수 원로 간부들이 조선으로 들어가 당정黨政공작을 한다. 대부분은 동북에 남아 조선 동포들이 사는 지구에 들어가 군중을 동원하고 조직화해 역량을 확대시켜야 한다. 동북 근거지를 공고하게 건립할 것"을 강조했다. 무정은 조선의용군을 3개 지대로 나누어 각각 동만주와 북만주, 남만주에 파견해 일본 관동군 잔당을 소탕하도록 명령했다. 김두봉, 무정, 박일우, 박효삼 등 조선독립동맹, 조선의용군 고위간부들과 정율성은 옌안을 떠난 지 3개월여 만인 12월에 평양에 들어갔다.

마오쩌둥 사상
당장에

중국공산당 제7차 전국대표대회가 1945년 4월 23일부터 6월 11일까지 옌안에서 열렸다. 1927년 대혁명 실패 후, 장제스가 공산당을 대대적으로 소탕할 때인 1928년 모스크바에서 열린 제6차 전국대표대회 이후에 실로 17년 만에 개최되었던 것이다. 이 대회는 마오가 1931년 중앙 제6기 4중전회 이후 당을 지배했던 왕밍노선을 폐기하고 마오쩌둥 사상에 바탕을 둔 중국식 공산주의를 열어나간 기념비적 회의로 기록되고 있다. 마오쩌둥 사상을 당장黨章에 삽입하고, 마오 1인 지배체제의 확고한 공산당 통치를 추인하는 대회였다. 또 마오를 장제스에 맞설 수 있는 국가적 지도자로 부각시키는 대회이기도 했다.

단상의 아치형 식장에는 '마오쩌둥 기치 아래 승리의 전진을 하자(毛澤東旗幟下勝利前進 모택동기치하승리전진)'라는 슬로건을 내걸고 당의 단합과 단결을 강조했다. 류사오치는 '당의 장정章程 개정에 관한 보고'에서 마오의 이름을 무려 105번이나 언급할 정도였다. 개인 숭배의 시발점이 되었다. 제7차 전국대표대회의 의제 중 하나는 중앙위원과 후보 중앙위원을 선출하는 것이었다. 44명의 중앙위원을 뽑는 선거에서 왕자샹이 탈락했다. 마오는 후보 중앙위원을 선출할 때 왕자샹을 적극적으로 지지하고 나섰다. 마오는 "왕자샹 동지는 노선 과오를 범했고 결점이 있지만 당에 공을 세웠다"며 지지를 호소했다. 왕자샹은 2위로 당선되었다.

　마오는 왜 왕자샹을 지지했을까? 첫째, 왕자샹은 쭌이회의 때 '중요한 1표'를 던져 마오를 지지하고, 왕밍의 좌경 교조주의를 바로잡는 데 큰 구실을 했다. 둘째, 왕자샹이 왕밍, 보구 등과 같은 코민테른파의 일원이었지만, 이런 성향의 사람도 포용한다는 믿음을 주어 당 단결의 표상으로 삼기 위해서였다. 현 단계는 15년의 울퉁불퉁한 당의 역사를 뒤로하고 마오의 기치 아래 단결해 일본의 패배가 확실시되는 시점이었다.

내전의
검은 그림자

마오가 당중앙을 대표해 정치 보고를 했다. 주더는 '해방구 전장'을 논하는 군사 보고를 했으며 류사오치가 '당의 장정 개정에 관한 보고'를 했다. 5월 31일, 마오는 총결보고에서 "어떤 일이든 모두 좋고 나쁜 양면적 가능성이 있다. 우리는 최악의 가능성에서부터 문제를 생각하고 준비해야 한다. 경계를 제고해야 한다. 절대로 국민당 반동파나 그들의 상전인 미 제국주의에 대해 추호의 환상을 가져서는 안 된다. 우리는 온 힘을 기울여 내전 발발을 막아야 한다. 혹자는 내전 폭발을 미루려 한다. 그러나 주요한 것은 모든 준비를 잘해야 한다는 것이다. 곧바로 무장투쟁의 방식을 준비해 인민 승리의 과실을 견결하게 지킬 수 있도록 해야 한다"고 강조했다. 마오는 "광범위하게 군중을 동원해 인민의 역량을 강화해야 한다. 이 조직이 바로 우리의 전투 대오다. 항전 시기에 우리는 광범한 군중 동원으로 인민들의 역량을 강화해 승리를 일구었다. 이 방침을 우리는 영원히 바꿀 수 없다"고 역설했다. 마오는 이때 '유격전에서 운동전'으로, '향촌에서 도시'로 등의 혁명 발전 단계의 전환을 제기했다.

세계정세가 출렁거렸다. 전국대표대회 기간인 5월 8일에 소련군은 베를린으로 진격해 독일의 무조건 항복을 받아냈다. 미국은 8월 6일과 9일에 잇따라 일본의 히로시마와 나가사키에 원자폭탄을 투하했다. 일본에 선전포고한 소련은 8월 8일에 100만 명의 병력을 투입해 파죽지세로 중국 동북지역으로 밀고 들어왔다. 일본 관동군 100만 명의 병력은 추풍낙엽처럼 무너졌다. 8월 9일, 마오는 옌안에서 '일본 침략자에 대한 최후 일전' 내용의 성명을 발표했다. 217

"소련 정부가 8월 8일에 대일작전을 선포했다. 중국인민들은 열렬한 환영을 표시한다. 대일전쟁 시간은 크게 단축되었다. 대일전쟁은 이미 막바지 단계에 이르렀다. 일본 침략자와 모든 주구들에 대한 최후 승리의 시간이 마침내 돌아왔다. 이런 상황에서 중국인민의 모든 항일역량은 전국 규모의 반격에 나서 밀접하고 효과적으로 소련과 다른 동맹국과의 작전에 협력해야 한다. 팔로군과 신사군 및 다른 인민군대는 모든 가능한 조건 아래에서 투항하지 않는 침략자들과 그 주구들에 대해 광범한 진공을 펼친다. 적의 역량을 소멸시키고 무기와 장비를 빼앗아 맹렬하게 해방구를 확대해 일본군의 점령지구를 축소해나간다. 무장 공작대를 광범하게 조직해 적의 후방 깊숙이 투입하면서 인민을 조직하고 적의 교통선을 파괴하며 정규군 작전에 협력케 한다. 함락지구의 수많은 군중을 폭넓게 동원해서 즉시 지하군을 조직해 무장기의를 일으키고, 외부에서 진공하는 군대와 협력해 적을 소멸시키도록 한다. 해방구를 공고히 하도록 유의한다. 올해 말이나 내년 초, 현재의 1억 명의 인민과 모든 새로운 해방구 인민들에게 세금과 이자 부담을 줄이는 정책을 실시하고, 생산을 증대시키며 인민정권과 인민무장을 조직한다. 민병 공작과 군대의 규율을 강화한다. 각계 인민통일전선을 견지해 인력과 물력의 낭비를 방지한다. 전국 인민들은 반드시 내전 위험 저지에 주의하고, 민주연합정부 건립을 촉성하는 데 노력한다. 중국 민족해방전쟁의 새로운 단계는 이미 도래했다. 전국 인민은 마땅히 단결을 강화해 최후의 승리 쟁취를 위해 투쟁하자."

팔로군 총사령관 주더는 8월 10일과 11일에 잇따라 투항 접수와 반격명령을 담은 7차례 통지를 공포해 해방구의 무장부대들이 적이 점령한 대도시와 교통요지로 진격해 일본군과 괴뢰군의 투항을 받도록 했다. 또 '지-러-랴오(冀熱遼 기열료: 허베이, 열하, 요동 지역)' 팔로군과 원原 동북군 장령 뤼정차오(呂正操 여정조), 장쉐스(張學詩 장학시), 완이(萬毅 만의) 등이 부대를 이끌고 동북으로 진격해 동북

해방구를 개척하도록 했다. 녜룽전이 통솔한 '진차지(晉察冀 진찰기)' 부대는 일본군과 괴뢰군에게 공격을 퍼부으며 진격해 베이핑(北平 북평: 베이징), 톈진, 바오딩(保定 보정) 등 대중大中도시를 함락했다. 류보청과 덩샤오핑이 이끄는 '진지위(晉冀豫 진기예: 산시, 허베이, 허난 지역)' 부대는 54곳 현성을 수복하고, 타이항, 타이웨(太岳 태악), 지난(冀南 기남: 허베이 남쪽 지역), '지루위(冀魯豫 기로예: 허베이, 산둥, 허난 지역)' 지역 일부를 해방시켰다. 허룽과 리징취안(李井泉 이정천)이 지휘한 '진쑤이(晉綏 진수: 산시, 쑤이위안 지역)' 부대는 양로로 나누어 북쪽으로는 쑤이위안(綏遠 수원), 남쪽으론 진중(晉中 진중: 산시 중부지역) 지역으로 진공해 30여 곳의 현과 거점을 수복했다. 뤄룽환(羅榮桓 나영환)이 이끄는 산둥부대는 5로로 나누어 옌타이(烟臺 연대), 웨이하이(威海 위해) 등 도시와 현성 32곳을 빼앗았다. 천이와 라오수스(饒漱石 요수석)가 인솔한 화중부대는 창장 양안의 적을 공격해 난징, 타이후(太湖 태호), 톈무산(天目山 천목산) 사이의 광대한 향촌, 화이난(淮南 회남) 일대를 해방시켰다. 펑바이쥐(馮白駒 풍백구)가 이끈 화남華南부대는 산터우(汕頭 산두)와 위린(楡林 유림) 등지를 공격해 큰 승리를 거두었다.

팔로군이 중국 곳곳에서 일본군 점령지를 공격하며 실지失地를 수복하고 항복을 받아내자 장제스는 8월 11일에 2개의 명령을 내렸다. 하나는 자신의 직계부대들이 적극적으로 일본군 점령지를 공격해 수복하라는 명령이었다. 또 하나는 공산당군인 팔로군과 신사군에게 '원지에 주둔해 대기명령'하도록 하는 것이었다. 장제스의 명령은 공산당군이 일본군의 항복을 받아 무기와 장비를 접수할 경우에 무장력 강화와 수복지역의 공산당 근거지화가 불 보듯 뻔해 이를 막기 위한 조처였다.

8월 12일, 마오는 당의 기관통신사 신화사新華社가 보도한 '장제스 내전 선동' 제목의 논평에서 장제스를 신랄하게 비난했다. 마오는 "이것은 적과 아군이 뒤바뀐 조처다. 장제스가 일관되게 적(일본군과 괴뢰군)들과 결탁해왔다는 것을 그 자신 스스로가 생생하게 보여주는 것이다. 해방구의 인민 항일군대는 절대로 악의에 찬 이 명령을 따르지 않을 것"이라고 맹공을 퍼부었다. 마오는 팔로군 총사령관 주더 명의로 '장제스의 잘못된 명령에 견결하게 반대한다'는 두 차례의 전보를 장제스에 보냈다. 또 8월 13일에는 중공의 입장과 태도를 표명한 장제스에게 보내

는 전보 내용을 발표했다. [218]

우리는 이 명령에 대해 당신이 잘못을 저질렀다고 판단한다. 큰 잘못을 범했다. 우리는 부득불 당신에게 이 명령을 견결하게 거부한다는 뜻을 밝히는 바이다. 우리에게 내린 명령은 바른 도리(公道 공도)에 어긋날 뿐만 아니라 중화민족의 민족 이익을 위배하고, 단지 일본 침략자와 조국을 배반한 한간漢奸들에게 이로울 뿐이다.

8월 16일, 마오가 장제스에 보낸 전보는 더욱 강경한 어투로 적나라한 거친 용법을 구사했다.

모든 동맹국의 통솔자 가운데 단지 당신 한 사람만 하나의 잘못된 명령을 내렸다. 나는 당신의 이런 잘못은 당신의 사심 때문이라고 본다. 대단히 엄중한 성격을 띠고 있다. 당신의 명령은 적에게 유리하다. 이로 인해 나는 중국과 동맹국의 공동이익 입장에 서서 견결하고 철저하게 당신의 명령에 반대한다. 당신이 공개적으로 잘못을 저지른 만큼 공개적으로 잘못된 명령을 거두어들여야 한다. 나는 현재 계속 내가 통솔하는 부대에게 소련, 미국, 영국의 군대와 협력해 굳세게 적을 향해 진공進攻하라고 명령했다. 이 진공은 적이 실질적으로 적대행위를 멈추고, 무기를 넘겨주어 조국의 국토를 완전히 수복할 때까지 계속된다.

마오쩌둥의 이런 바늘 끝과 바늘 끝이 부닥치는(針峰相對 침봉상대) 초강경 대응은 아연 중국대륙에 긴장을 고조시켰다. 항일의 횃불이 아직 꺼지지 않은 가운데 내전의 초연硝煙이 중국의 상공에 자욱하게 들어차기 시작했다. 막 승리의 희열을 느꼈던 사람들은 순식간에 한 치 앞을 내다볼 수 없는 전운戰雲이 몰려오는 것을 느껴야 했다. 마오는 혼돈스러운 목전의 시국을 정리하고, 전당과 전국 인민들에게 당의 정책을 명백히 밝히기 위해 옌안에서 간부회의를 열어 '항일전쟁 승리 후의 시국과 우리의 방침'이라는 제목의 강연을 했다. [219]

"중국인민 앞에는 두 개의 길이 펼쳐져 있다. 광명의 길과 암흑의 길이다. 두 종류의 중국의 운명이 있다. 광명의 중국 운명과 암흑의 중국 운명이다. 일본제국주의는 아직 항복하지 않았다. 곧 일본제국주의를 물리치면 이러한 두 개의 앞날을 맞이한다. 중국인민들의 힘들고 어려웠던 항전은 승리를 거두었다. 항일전쟁은 하나의 역사 발전 단계에서 말하면 이미 지나갔다. 그러나 두 종류의 운명의 투쟁은 여전히 존재한다. 국민당의 정책에 변화가 없기 때문이다. 국민당은 장장 10년 동안 내전을 벌였다. 항일전쟁 과정에서도 1940, 1941, 1943년에 3차에 걸쳐 대규모의 반공을 고조시켰다. 모두 우리 당의 정확한 정책과 전 중국인민의 반대로 무산되었다. 대지주 자산계급의 정치대표인 장제스는 극히 잔인하고 음험한 사람이다. 그는 수수방관하며 항일전쟁의 승리를 기다리면서 국민당의 역량을 보존해 내전을 준비해왔다. 과연 기다렸던 승리가 돌아왔다. 이런 위원장(장제스)이 '하산下山'했다. 하산해 무엇을 할 것인가? 복숭아, 즉 항전 승리의 과실을 딴다. 그는 말한다. 이 복숭아의 소유권은 나, 장제스에게 있다. 나는 지주고 너희들은 농노다. 나는 너희들이 따는 것을 허락하지 않는다. 우리는 말한다. 당신은 물을 주지 않았다. 복숭아를 딸 권리가 없다. 우리 해방구의 인민들은 매일매일 물을 주었다. 가장 딸 권리가 있는 사람은 마땅히 우리다. 항전 승리는 인민들이 피를 흘리며 희생해 얻은 것이다. 항전의 승리는 응당 인민의 승리다. 항전의 과실은 마땅히 인민에게 돌아가야 한다. 한 사람은 따려고 하고, 또 한 사람은 반대한다. 이래서 싸움이 터진다. 아주 심각한 투쟁이 한바탕 벌어진다."

마오는 강연에서 "장제스는 전국 규모의 내전을 일으키려고 한다. 그의 방침은 이미 결정되었다. 우리는 이에 대해 준비해야 한다. 전국적인 내전이 어느 날 발발하든 개의치 말고 우리 모두 잘 준비해야 한다. 조금 일찍, 내일 아침에 싸우더라도 우리는 준비되어 있어야 한다"고 경고했다.

장제스,
충칭회담 제의

팔로군은 8월 9일부터 9월 2일까지 일본군과 왕징웨이 괴뢰군 5만 7천9백여 명을 섬멸하고, 중소 성시城市 159곳을 점령해 수복했다. 또 핑한(平漢 평한), 진푸(津浦 진포), 정타이(正太 정태), 퉁푸(同浦 동포), 핑쑤이(平綏 평수), 베이닝(北寧 북녕), 자오지(膠濟 교제) 등의 철도선을 절단했다. 일본은 천황이 8월 15일에 무조건 항복을 선언한 데 이어 9월 2일에는 중국에 있는 128만여 명의 일본군이 중국에 항복하는 항복문서에 정식으로 서명했다. 중국은 2천1백만여 명의 사상자가 발생했으며, 1천억 달러의 재산상 손실을 입는 등 엄청난 인적·물적 피해를 당했다. 8년간에 걸친 중일전쟁으로 온 나라가 폐허가 되어 국가 재건이 당면과제였다. 하지만 중국대륙에 짙게 드리운 전운을 머금은 농무濃霧가 한 올씩 흩날리며 내전의 실체가 드러나고 있었다. 장제스가 선수를 치고 나왔다. 8월 14일, 장제스는 마오쩌둥을 충칭으로 초청해 평화적인 건국방안을 협의하는 회담을 하자고 옌안으로 전보를 보냈다. [220]

마오쩌둥 선생 훈감勳鑑

왜구가 항복해 세계의 영구 평화가 실현될 국면에 다다랐습니다. 모든 국내외의 각종 중요 문제가 시급한 처리를 요구하고 있습니다. 특별히 선생이 충칭에 오셔서 국가대계의 일을 함께 협의하기를 바라는 바입니다. 초청을 거절하지 마시기 바랍니다.

장중정蔣中正 미한未寒

8월 16일, 마오는 장제스에게 다음과 같은 답신을 보냈다.

장 위원장 훈감勛鑑
주더 총사령관이 오늘 위원장에게 한 통의 전보를 보냈습니다. 우리 의견에 대한 진술을 지켜본 뒤에 위원장과의 회견을 고려해보겠습니다.

마오쩌둥 미선未銑

8월 20일, 장제스는 다시 마오에게 협상을 촉구하는 전보를 보냈고, 마오는 22일에 장제스에게 먼저 저우언라이를 파견한다는 내용의 전보를 발송했다. 장제스는 24일에 연거푸 마오에게 전보를 보내 마오쩌둥과의 회담을 요구하면서 (마오가 충칭에 타고 갈) 비행기를 옌안에 보낼 준비가 되어 있다며 압박했다. 장제스는 3차례에 걸친 마오와의 충칭회담 제의를 통해 자신이 중국인민과 국가 재건을 위해 내전을 막고 평화를 수호한다는 메시지 전달에 총력을 쏟았다. 장제스는 전보를 보낼 때마다 신문과 방송에 내보내는 등 선전을 극대화했다. 마오가 장제스의 회담 제의를 거절할 경우, 공산당은 꼼짝없이 평화를 거부하고 인민의 단결을 깨는 내전세력이란 비난을 뒤집어쓸 처지에 놓이게 되었다. 당시 공산당은 91만 명의 병력과 230만 명의 민병대, 120만 명의 당원을 보유하고 있었다. 해방구에 거주하는 주민이 9천5백만 명이나 되는 등 세력이 급성장했다. 그러나 장제스의 국민당에 비해서는 현격한 열세였다. 또 장제스는 미국의 강력한 지원을 받고 있었고, 8월 14일에는 소련과 전격적으로 '중소우호동맹조약'을 맺어 스탈린과의 유대를 이끌어냈다. 마오로서도 국내외적인 세 불리를 극복하기 위해 시간이 필요한 만큼 평화와 단결을 내세워 공산당의 생존과 확장을 꾀해야 했다. 그러기 위해서는 제7차 전국대표대회 때 제기한 장제스 국민당의 독재정부를 깨고 공산당과 민주당파 등 각 당파, 사회단체가 참여하는 '연합정부' 정책으로 설 자리를 만들어야 하는 절박한 상황에 처했다.

8월 23일, 중앙은 옌안 자오위안(棗園 조원)에서 정치국 확대회의를 열었다. 마오는 회의에서 우선 저우언라이를 충칭에 파견해 담판을 하도록 하고, 이후에 자신이 직접 충칭에 가겠다고 밝혔다. 마오는 "현재의 상황은 이미 항일전쟁의 단계가 끝나고 평화 건설 단계로 진입했다. 전 세계 구라파나 동방 모두가 평화 건설 시기에 들어섰다. 제3차 세계대전이 발발하지 않는다는 것은 확실하다"고 밝히고 항전 이후의 정세 분석과 공산당의 대책 마련 등에 대해 설명했다. [221]

"우리가 예측 가능한 두 종류의 서로 다른 상황에서 평화 단계에 들어갔다. 하나는 우리가 일부분의 대도시를 얻었지만, 또 하나는 얻지 못했다는 것이다. 현재 목표를 이루지 못했다. 우리가 온 힘을 기울여 약간의 대도시로 진공했지만 성공하지 못했다. 주요 원인은 두 가지다. 하나는 외부의 지원이 없었다. 우리의 무기는 보병총으로 외부의 지원이 없고 기계화가 되지 않아 적을 제압할 수 없다. 미국은 우리를 돕지 않는다. 헐리(주중 미국대사)의 정책은 성공했다. 소련은 중소조약과 국제평화로 인해 우리를 도울 수 없게 되었다. 둘째, 장제스는 합법적 지위를 이용해 일본이 완전히 그들에게 항복하도록 했다. 우리는 합법적 지위가 없기 때문에 그렇게 하지 못하고 있다. 이밖에 우리의 도시공작과 군대공작이 제대로 이루어지지 못했다. 이런 요인으로 우리는 과실을 따지 못했다. 우리는 이런 사실, 즉 대도시를 얻지 못한 상황에서 평화 단계에 들어갔다는 점을 인정해야 한다."

마오는 국공양당과 대내외 문제, 담판문제, 이후 투쟁문제 등에 이르기까지 폭넓게 분석했다. [222]

1. 국민당과 공산당이 처한 문제; 장제스의 지위에 관해 유리한 점은 그가 합법적 지위와 함께 대도시를 보유하고 있다는 것이다. 불리한 점은 그의 앞에 광대한 해방구가 펼쳐져 있고, 내부의 모순과 함께 국민당이 인민들의 민주와 민생의 요구를 만족시켜줄 수 없다는 것이다. 중국의 민족 독립은 일본의 패망으로 기본상

이루어졌다. 영미는 불평등조약을 폐기했지만 여전히 반식민지적 생각을 하고 있다. 이것은 민주, 민생 문제로 돌출할 것이다. 우리의 유리한 점은 광대한 해방구의 존재다. 그것을 장제스가 봉쇄할 수 없고 우리의 민주, 민생의 분투 강령은 장제스가 해결할 수 없는 문제를 해결할 수 있다는 것이다. 불리한 점은 우리에게는 대도시와 기계화 군대, 합법적 지위가 없다는 것이다.

　2. 미소 양국의 대중국 정책 및 영향; 미국은 공개적으로 장제스를 돕지 못하고, 소련도 공개적으로 우리를 돕지 못한다. 소련이 우리를 도우면 미국도 반드시 장제스를 돕게 되어 그럴 경우 내전이 폭발해 평화는 물 건너간다. 소련은 구라파에서 불가리아를 돕지만 그리스는 돕지 못한다. 그리스는 영국과 다투어야 하기 때문이다. 소련은 아시아에서 우리 공산당을 도울 경우 미국과 다툼을 벌여야 한다. 주요한 것은 미국의 세력 때문에 우리의 발전이 제한을 받고 있다는 점이다. 우리가 만약 난징과 상하이를 점령할 경우에 미국이 반드시 간섭할 것이다. 중소조약은 체결했지만 내용이 아직 발표되지 않고 있다. 대개 소련군 진주구역을 동북지역에 한정하고 허베이, 차하얼 지역 진입은 한시적일 것으로 보인다. 전쟁이 이렇게 빨리 종전되어 소련은 중국혁명을 더 도울 수 없게 되었다. 소련은 현재 직접 우리를 도울 수 없고 심지어 말도 못하고 있다. 소련이 진정으로 우리를 원조한다면 돕지 않는 것이 돕는 일이다. 일부 동지들은 실망스럽겠지만 소련이 우리를 돕는 것보다 돕지 않는 것이 중국인민들에게 더욱 유리하다.

　3. 전쟁과 평화의 문제; 평화는 얻을 수 있는가? 내전은 피할 수 있는가? 우리의 현재 구호는 '평화, 민주, 단결'이다. 과거의 구호는 '단결, 항전, 진보'였다. 평화는 소련과 미국, 영국이 필요로 하고 중국 내전에 찬성하지 않기 때문에 취할 수 있다. 중국은 평화를 필요로 하고 있다. 과거에는 대적을 앞에 두었으나 지금은 만신창이가 되었기 때문이다. 전방에 있는 각 해방구의 손실이 막대하다. 인민들은 평화를 요구하고, 우리도 평화가 필요하다. 국민당도 내전을 결정하기 어렵다. 판을 수습하기 어렵기 때문이다. 병력이 분산되어 있고, 내부 모순이 있다. 국민당은 중앙군과 잡패군雜牌軍에 괴뢰군이 가세해 280만 명을 보유하고 있다. 후쫑난은 현재 단지 3개군으로 우리를 포위하고 있다. 국민당 자체에 어려움이 있어

해방구와 우리를 쉽게 소멸할 수 없다. 인민들과 세계 각국이 내전을 반대한다. 이 때문에 내전은 반드시 피할 수 있다. 우리가 제기한 '평화, 단결, 민주', 이 3대 구호는 현실에 기초한 것으로 국내외의 광대한 공감을 얻기에 충분하다. 장제스는 공산당 소멸 방침을 바꾸지 않을 것이다. 그가 잠시 평화를 채택해 일시적인 평화가 유지될 것이다. 장제스는 이 기간에 자기의 상처를 치유하고 역량을 키워 앞으로 우리를 소멸할 기회에 대비할 것이다. 우리는 그의 일시적 평화를 이용해야 한다.

4. 공산당 담판 제기 조건; 마오는 저우언라이가 기초한 '당면한 긴급요구'에서 최종 확정한 6개항에 대해 설명했다. 애초 이 안은 12개 조항으로 작성되었으나 마오가 2개항을 추가해 14개항으로 늘어났다가 보구의 제의를 거쳐 최종 6개항으로 확정되었다. 중앙은 8월 24일에 이 6개항을 '중공중앙의 당면한 시국선언'으로 발표했다.

1) 중국 해방구의 민선정부와 항일군대를 승인하고, 해방구를 포위하고 진공한 군대를 철수해야만 평화를 실현하고 내전을 피할 수 있다.

2) 팔로군과 신사군 및 화남華南 항일종대가 일본군 항복을 접수할 수 있는 지구를 획정한다.

3) 한간을 엄벌하고 괴뢰군(왕징웨이 정부군대)을 해산한다.

4) 공평하고 합리적으로 군대를 재편한다.

5) 각 당의 합법적 지위를 승인한다.

6) 즉시 각 당파와 무당파 대표인사 회의를 소집하고 민주적 시정강령을 제정한다. 훈정訓政을 끝내고 민주연합정부를 구성하고, 국민대회를 준비한다.

마오는 가장 현실적으로 온 힘을 기울여 쟁취해야 할 조항으로서 제1조항인 해방구와 해방군의 승인을 들었다. 마오는 이 조항이 쌍방 간에 격렬한 논쟁을 일으킬 것으로 예상하고, 결과적으로 과거 오랫동안의 쟁론에 비추어볼 때 12개 사단만을 승인해 우리를 만족시키지 못할 것이라고 예측했다.

5. 담판 기간의 선전, 군사와 해방구 공작; 국민당에 대한 비판은 원래 중지했는데 일본의 갑작스러운 항복으로 장제스는 우리에게 "주둔지에서 방어하며 명령

에 대기하라"고 요구해 부득불 다시 비판하기 시작했다. 이후 점차 완화시킨다. 여전히 장제스가 반격하면 우리도 반격하고, 장제스가 멈추면 우리도 멈춘다. 최근 2주간의 진군은 필요한 것으로 군대를 집중해 인심을 분기시키고, 이후 한 시기에 더 큰 중소도시를 빼앗아야 한다. 이번 겨울에는 군대를 정돈하고 훈련하면서 내전을 하지 않는다는 자세를 장제스와 미국에 보여주어야 한다. 담판 중에 비교적 우리에게 유리한 국면을 조성한다. 각 해방구는 지속적인 정책으로 인민들의 부담을 증대시키지 않고, 겨울에는 대감세 정책을 펴고 내년에 대생산 정책을 시행하도록 한다. 국민당 통치구역에서의 도시공작과 군대공작은 평화 시기에 대단히 중요한 공작이다. 이후 성실하게 전력을 기울여야 한다. 지난날 잘하지 못했다. 이 두 가지 공작을 잘하지 못하면 중국인민의 최후 해방은 이룰 수 없다.

6. 공산당의 이후 투쟁의 길; 우리는 현재 전국 범위 내에서 대체로 자산계급이 지도하면서 무산계급이 참여하는 프랑스의 길을 가고 있다. 중국의 국면에서 연합정부의 몇 가지 형식에 비추어볼 때 현재는 독재체제에 약간의 민주를 가미하고 있다. 앞으로 상당기간 계속될 것이다. 우리는 뚫고 들어가 장제스의 얼굴을 세수시켜야지 목을 쳐서는 안 된다. 이러한 우회로를 통해 우리 당은 각 방면에서 크게 성숙했다. 중국인민들을 더욱 깨우치면 신민주주의의 중국을 실현할 수 있다. 4억 5천만 명의 중국은 구라파와 맞먹는다. 구라파는 현재 많은 나라가 있지만 공산당이 완전히 지도하지 못하고 있다. 우리는 양보에 대한 준비를 해 외국으로부터 지원받지 못하고, 군대가 담판에서 축소되고, 내부에 의견이 일치되지 않는 등등의 곤란에 대비해야 한다. 결정적인 것은 우리 내부의 단결로 우리가 일치단결하면 적들은 우리를 압도할 수 없다.

마오는 마지막으로 평화, 민주, 단결의 자세를 담은 중앙위원회 명의로 발표할 선언을 준비하도록 했다. 마오는 "(저우)언라이 동지는 곧 회담하러 갔다가 이틀 뒤 돌아와 나, 헐리와 함께 간다. 늦출 수 없다. 꼭 간다. 어떤 위험은 없다고 본다. 내가 가면 (류)사오치 동지가 나의 직무를 대리한다. 우리는 굳건히 서서 맑은 정신을 갖고 있으면 모든 거센 풍랑도 두렵지 않다"며 충칭회담에 임하는 비장한 각오를 털어놓았다.

마오는 회의를 이렇게 총결했다.

"오늘의 방침은 제7차 전국대표대회에서 정한 것이지만 항일 시기 방침의 계속이다. 제7차의 방침은 바로 내전에 반대하는 방침이다. 눈앞에 내전의 위협은 존재한다. 그러나 국민당은 많은 어려움이 있다. 최소한 올해에는 큰 내전은 없다. 평화가 가능하고, 꼭 그럴 것이다. 진공이냐 퇴각이냐? 당연히 주요한 것은 진공이다. 평화 속에 진공, 합법공작 속에 진공이다. 단, 부분적으로 퇴각할 수 있다. 1억 명의 인민과 100만 명의 군대. 장제스는 완전히 승인하지 않을 수 없다. 우리는 양보를 준비해 수량상의 양보, 국부적인 양보로 전국적 합법지위를 얻고 정예를 양성해 새로운 형세를 맞이해야 한다. 3개 시기의 전쟁을 통해서 현재의 평화 시기가 왔다. 이것은 우리에게 하나의 새로운 환경이다. 북벌과 내전, 항일 시기는 서로 다르다. 우리는 이런 시기를 전국의 인민들에게 교육하고 우리 스스로를 단련하는 데 활용해야 한다. 합법투쟁을 배우고, 국회 강당을 이용하는 것을 배우고, 도시공작을 하는 것을 배울 수 있다. 이런 많은 공작을 배울 때만 비로소 대도시와 전국을 다룰 수 있는 능력이 생긴다. 담판이 성공하지 못하면 국민당은 우리를 공격할 것이다. 싸울 것인가? 마땅히 싸워야 한다. 조건은 크게 이긴다. 내가 갈 것인가? 우리는 오늘 가는 것을 결정했지 가지 않는 것을 결정하지 않았다. 단, 가는 시기는 정치국 서기처에서 결정한다."

마오는 회의에 앞서 이해득실을 꼼꼼하게 따진 뒤 충칭회담에 참석하기로 마음을 굳히고 비장한 출사표를 던진 것이다. 최대 관심은 마오의 안전문제였다. 호구虎口 속에 들어갔다가 안전하게 옌안으로 돌아올 수 있겠느냐 하는 문제였다. 적지에서의 암살이나 장쉐량이 장제스를 구금했던 시안사변도 떠올렸다. 내전 반대에 한목소리를 내고 있는 미국과 소련의 보장이 있긴 했지만, 그래도 마오의 안위를 걱정할 수밖에 없는 처지였다. 마오도 최악의 상황에 대비한 대책을 세워놓았다. 마오는 류사오치를 자신의 직무 대리로, 천원과 펑전(彭眞 펑진)을 후보 서기로 임명해 마오와 저우언라이 대신 류사오치를 지도로 한 5인이 서기처를 운용하도록 했다.

정치국 확대회의가 열린 이날, 장제스의 세 번째 초청 전보와 미군사령관 앨버트 웨더마이어가 마오를 초청한 전보가 옌안으로 날아왔다. 8월 25일, 웨더마이어가 다시 전보를 보냈고, 마오는 당일 보낸 답신에서 "나는 장 위원장으로부터 3차례 초청 전보를 받았고, 헐리 대사가 두 번에 걸쳐 옌안에 왔으면 한다는 바람을 표시했다. 이런 성의에 깊은 감동을 받았다. 이에 뜻을 받들어 헐리 대사가 옌안으로 와 면담하는 것을 환영한다. 나와 저우언라이가 헐리 대사와 동행해 충칭으로 가 장 위원장이 약속한 모든 문제를 논의하겠다"고 밝혔다.

장제스와 마오의 충칭회담은 이제 시위를 떠난 화살이 되었다. 중앙은 8월 26일에 자오위안에서 또다시 정치국 확대회의를 열었다. 마오는 중앙의 고급간부들에게 "내가 충칭에 가는 문제는 웨더마이어에게 보낸 전보에 밝혔다. 간다! 이것으로 모든 주도권을 쥘 수 있다. 성하지맹城下之盟(적에게 침공당해 성 밑에서 체결하는 조약. 즉 굴욕적 강화조약)의 가능성을 충분히 판단했다. 서명은 내가 한다"며 거듭 충칭담판의 비장감을 드러냈다. 마오는 충칭담판에서 쓸 '카드'를 점검하고 후속 전략방침을 설명했다. 223

"일정한 양보는 필요하다. 쌍방 간의 근본이익을 해치지 않는 조건에서 타협할 것이다. 우리가 양보할 제1 '밑천(카드)'은 광둥에서 허난(河南 하남), 두 번째 카드는 장난(江南 강남), 세 번째는 장베이(江北 강북)이다. 유리한 조건 아래에서 양보하는 것을 고려해야 한다. 만약 우리의 이런 양보가 안 된다고 하면 그때는 성하불맹城下不盟으로 감옥에 갈 준비를 한다. 당의 역사상 멋대로 항복한 일이 없다. 결코 두렵지 않다. 만약 연금한다면 더욱 겁내지 않는다. 국제적 압력은 장제스 독재에 불리하다. 앞으로 국내외의 관심은 상하이와 난징에 집중된다. 그곳에서 일을 하려고 하기 때문이다. 앞으로 많은 동지들이 외부에 나가 일해야 하지만 영도 핵심은 옌안에 있다. 옌안은 가볍게 움직여서는 안 된다. 안팎의 중심이 될 때 능히 보존할 수 있다. 당의 역량을 화베이(華北 화북), 산둥(山東 산동)과 룽하이루(隴海路 롱해로) 이북에서 내몽골 일대에 집중하고 전력을 기울여 둥베이(東北 동북)를 쟁취해야 한다."

장제스와 마오쩌둥의 충칭회담(重慶會談 중경회담) 성사 배경에는 국가이익을 앞세운 미국과 소련의 강력한 입김도 작용했다. 미소 양국은 일본의 항복 이전부터 새로운 세계질서 개편을 염두에 두고 유럽과 아시아에서 치열한 각축을 벌이고 있었다. 한반도도 이들의 손에 작살나 두 동강으로 허리를 잘린 채 오늘에 이르고 있다. 1945년 2월, 소련의 흑해 연안에서 열린 미·영·소 간의 얄타회담에서였다. 이들은 한국인의 뜻과는 상관없이 38선을 획정해 남과 북의 비극을 만들었다. 전쟁 당사자들이자 승전국인 미소 두 나라는 겉으로는 '평화'를 앞세우면서 세계 곳곳에서 그들의 영향력과 지배권 확대에 총력을 쏟고 있었다. 미소 두 나라는 아시아에서 평형 유지를 바랐다. 그리하여 이들 두 나라는 중국의 내전을 반대했다. 미국은 미일전쟁을 치르며 중국에 대한 군사 개입과 지원으로 그들의 입김을 키웠다. 장제스를 축으로 한 통일중국은 미 국익의 궁극적 지향점이었다. 8월 22일, 장제스와 미국이 압박하고 있는 충칭회담과 관련해 스탈린도 옌안에 전보를 보내 마오쩌둥이 직접 충칭에 가서 담판할 것을 촉구했다. 소련공산당 중앙은 별도의 명의로 보낸 전보에서 "공산당과 국민당이 내전을 벌이지 않고 평화를 유지해야지 그렇지 않으면 중화민족은 괴멸하는 위험에 처하게 될 것"이라고 경고했다. 전보를 본 마오는 "도대체 누가 내전을 벌이겠다고 생각하고 있느냐"며 노골적으로 소련에 불만을 터뜨렸다. 중공은 곧바로 스탈린에게 중국 상황을 알리는 회신을 보냈다. 스탈린의 두 번째 전보가 옌안으로 날아왔다. 224

세계는 평화를 요구한다. 중국도 평화를 필요로 한다. 설령 장제스가 내전을 도발해 당신들을 소멸한다 할지라도, 그는 재삼 마오쩌둥 동지를 충칭으로 초청해 평화적인 건국방안을 협의하자고 한다. 이런 상황에서 만약 거절한다면 국내외 각 방면에서 이해하지 못한다. 내전이 발발하면 전쟁의 책임을 누가 지겠는가? 나는 마오쩌둥 동지가 충칭에 가서 회담에 참가하기를 제의한다. 마오쩌둥 동지의 안전은 소련과 미국 두 국가가 책임을 진다.

마오는 선택의 여지가 없었다. 1945년 8월 28일, 마오는 주중駐中 미국대사 헐리가 타고 온 비행기에 몸을 싣고 저우언라이 왕뤄페이, 그리고 헐리와 함께 옌안 비행장을 떠나 오후 3시 37분에 충칭 주룽포(九龍坡 구룡파) 비행장에 도착했다. 국내외 기자를 비롯해서 환영 나온 국민당 관료, 사회 각계인사 등 수많은 사람들이 마오 일행이 트랩에서 내려오기를 기다리고 있었다. 투구식 모자(헬멧)를 쓰고 손을 흔들며 비행기에서 내려온 마오는 갑자기 "장 위원장 만세"를 잇따라 세 번 불렀다. 수행했던 저우언라이와 왕뤄페이 등 중공 관계자들은 대경실색했다. 환영 나온 사람들도 놀라긴 마찬가지였다. 영접한 국민당 고위관계자들이 장제스에 보고한 것은 불문가지였다. 장제스는 마오의 태도에 대단히 만족해했다. 안전을 담보하기 위해 마오가 택한 고도의 도광양회韜光養晦 수법이었다. [225]

마오는 10월 8일에 국민당 군사위원회 정치부장 장즈중(張治中 장치중)이 군사위원회 강당에서 마오와 저우언라이, 왕뤄페이 등을 초청해 연 연회에서도 이 '만세 구호'를 외쳤다. 장즈중이 담판 협정에 따른 서명(10일)을 앞두고 11일에 옌안으로 떠나는 마오를 위해 베푼 연회였다. 마오는 환송연 연설에서 "우리 모두 장 위원장의 지도 아래 곤란을 극복하고 독립과 자유, 민주와 통일을 건설해 부강한 신중국을 만들자! 모두 한마음이 되어 평화, 민주, 단결, 통일을 이룩하자. 우리의 합작은 장기적인 합작이다. 어려움을 해소해나가자"고 밝혔다. 마오는 연설을 마치고 큰 소리로 "신중국 만세! 장 위원장 만세!"를 외쳤다. 만사는 불여튼튼이라 가는 날까지 확실하게 자신을 낮추고 안전을 확보하자는 계책이었다.

'여우와 두루미'
회담 테이블에 앉다

'여우와 두루미의 만찬'인 충칭회담은 43일간의 우여곡절을 거치며 가까스로 파국은 면했지만 '시한폭탄'이 내재한 미봉적 협상 타결이었다. 회담은 3단계로 진행되었다. 제1단계는 8월 29일부터 9월 3일까지로 일반적인 의견을 교환하는 탐색기였다. 제2단계는 9월 4일부터 21일까지로 실질적 문제에 대해 협상을 벌였다. 제3단계는 5일 동안 중단되었다가 시작한 9월 27일부터 10월 10일까지로 마지막 협의를 최종 조정해 협상 타결을 이끌어냈다. 협상 진행 방식은 양당 최고지도자 장제스와 마오 간의 직접 협상과 실무 협상의 2원화로 이루어졌다. 실무협상팀은 공산당의 경우 저우언라이와 왕뤄페이, 국민당은 장즈중과 장췬(張群 장군), 사오리쯔(邵力子 소력자) 등이었다. 마오와 장제스 간의 협상은 11차례 열렸다. 대부분 공개적인 장소에서 열렸고, 몇 차례는 비밀리에 배석 없이 진행되기도 했다. 226

공산당은 모두 11개항의 의견을 내놓았다.

1. 평화와 민주, 단결을 기초로 전국적 통일을 실현해 독립, 자유와 부강한 신중국을 건설해 삼민주의三民主義를 철저하게 실현하자.

2. 장 선생(장제스)을 옹호하고, 장 선생의 전국적 지도 지위를 승인한다.

3. 국공 양당 및 항일당파의 평등한 합법적인 지위와 장기합작 확립, 평화 건국 방침을 승인한다.

4. 해방구 부대 및 지방정부의 항일전쟁 중의 업적과 합법적인 지위를 승인한다.

5. 한간을 엄벌하고, 괴뢰군을 해산한다.

6. 항복 접수지역을 다시 획정해 해방구 부대가 항복 접수공작에 참가한다.

7. 모든 무장충돌을 정지하고, 각 부대는 잠시 원지에서 명령을 대기한다.

8. 당의 통치를 끝내는 과정에서 신속히 필요한 방법을 채택해 정치 민주화, 군대 국가화, 당파의 평등하고 합법적인 지위에 이르도록 한다.

9. 정치 민주화의 필요 방법; 국민정부는 각 당파 및 무당파 대표인물의 정치회의를 소집해 국사를 협상하고, 건국대계 단결과 민주적인 시정강령을 토론한다. 각 당파가 정부에 참가하고 국민대회(대표)를 다시 선출한다. 중공은 '산간닝 변계지구' 및 러허(熱河 열하), 차하얼(察哈爾 찰합이), 허베이, 산둥, 산시(山西 산서) 5성의 주석, 쑤이위안(綏遠 수원), 허난, 장쑤, 안후이, 후베이, 저장, 광둥 및 둥베이 10성의 부주석, 베이핑, 톈진, 카이펑(開封 개봉), 상하이 4개 특별시 부시장을 추천한다. 지방자치를 시행해 보통선거를 실시한다.

10. 군대 국가화의 필요 방법; 공평하고 합리적으로 전국 군대를 재편한다. 분기 실시 계획을 확정한다. 해방구 정규군은 점차적으로 16개군 48개 사단으로 편성해 화이허(淮河 회하) 유역 및 룽하이루(朧海路 룽해로) 이북지역에 집중 주둔한다. 중공 및 지방군사 인원은 군사위원회 및 기타 각부의 공작에 참가한다. 베이핑 행영行營 및 북방 정치위원회를 설립해 중공인원을 주임으로 임명한다.

11.당파의 평등하고 합법적인 필수 방법; 정치범을 석방하고, 일체 불합리한 금령禁令 폐기, 터우(特務 특무; 스파이) 등을 없앤다.

9월 2일 밤, 장제스는 중공 대표단을 초청해 연회를 베푼 뒤 마오와 단독회담을 벌였다. 장제스가 다음과 같은 가이드라인을 제시했다. 군대문제와 관련해 중공

부대를 12개 사단으로 재편하는 것이 중앙정부가 승인할 수 있는 최고 한도다. 해방구 문제는 사실상 인정할 수 없고 '군과 행정부 통제를 통일'해야 한다. 정치문제에 관해서는 전시 국방최고위원회를 정치회의로 개조해 각 당이 뽑은 인원이 구성원으로 참가할 수 있으나, 중앙정부의 조직과 인사는 당분간 바꿀 수 없다. 국민대회 기존 대표들은 여전히 유효하고 신정부가 출범할 때 각 당파와 무당파가 정부에 참가할 수 있다. 중공이 현재의 중앙정부에 참가할 생각이 있다면 고려할 수 있다. 중공이 국민대표 증원을 요구하면 참작해 증원할 수 있다. 총체적으로 장제스는 '공산당 문제의 해결'을 원칙으로 삼아 실제적으로는 '정령政令과 군령軍令의 통일', 즉 군대와 행정부를 통제하는 통일원칙을 고수했다. 제2단계 회담에서 쌍방 간의 이견이 첨예하게 맞섰다.

1. 총론적인 평화와 민주, 통일 문제; 공산당은 '평화와 민주, 단결을 통일의 기초'로 삼아야 한다. 국민당은 '민주와 통일은 모두 중요하다. 통일은 모든 정치문제를 해결하는 전제'가 된다.

2. 군대문제; 공산당은 48개 사단으로 재편하고 분기에 실시한다. 국민당은 중공 부대를 12개 사단으로 재편하되 즉시 그 숫자로 축소해야 한다.

3. 해방구 합법적 지위 문제; 국민당은 이 문제에 대한 토론 진행을 거부한다.

4. 국민대회 문제; 공산당은 국민대표는 항전 전에 선출해 임기 6년이 지나 이미 대표 자격을 상실했기 때문에 마땅히 다시 뽑아야 한다. 국민당은 옛 대표 자격이 여전히 유효하므로 유지한다.

이 4개 부문의 이견문제와 관련해 특히 군대와 해방구 문제가 국공 간에 치열한 토론의 초점이 되었다.

9월 15일, 국민당과 중공 대표단 간에 제6차 회담이 열렸으나 회담 분위기는 험악했다. 국민당 대표 장췬은 "중공이 제기한 군대 숫자가 중앙이 규정한 것과 큰 차이가 있어 다시 회담할 필요가 없다. 해방구 문제도 중앙이 이미 밝힌 대로 다시 변경할 수 없다"고 천명해 파란이 일었다. 회담이 교착상태에 들어갔다. 9월

17일, 장제스는 마오쩌둥과 미국대사 헐리를 초청해 오찬 회담을 하며 군사문제 부문을 협의했다. 이 회담 뒤 마오와 저우는 교착상태를 타개하고 회담의 주도권을 잡기 위해 고심 끝에 통 큰 양보를 하기로 결정했다. 9월 17일, 저우언라이는 제7차 회담에서 국민당 국방대표에게 이런 내용을 통보했다. [227]

1. 헐리가 애초 제안했던 중앙군과 공산당의 군대 비율 5분의 1도 장제스는 받아들이지 않았다. 공산당은 대폭 양보해 7분의 1 비율로 재편한다.
2. 공산당은 하이난다오(海南島 해남도), 광둥, 저장, 쑤난(蘇南 소남: 장쑤성 남쪽), 완베이(皖北 환북: 안후이성 북쪽), 후베이, 후난, 허난(河南 하남) 등 8개 지역에서 군대를 철수해 쑤베이(蘇北 소북: 장쑤성 북쪽)와 완베이 및 룽하이로 북쪽 지역에 집중 배치한다.

18일에 국민당 국방대표가 긍정적 반응을 보였다. 그는 중공군이 5개 군과 6개 사단을 초과할 수 없으며, 군대 주둔지와 해방구가 섞여서는 안 되고, 중공이 각 지방의 행정관원을 추천하면 중앙이 임명할 수 있다고 했다. 그러나 어느 성인지를 획정하지는 않는다고 밝혔다. 중공이 반발해 여전히 교착상태가 계속되었다. 9월 21일, 헐리가 상하이와 난징을 시찰한 뒤 충칭에 돌아왔다. 헐리는 이틀 뒤 대사직을 끝내고 본국으로 돌아가게 되었다. 중재에 나선 헐리는 공산당을 압박하고 나섰다.

1. 중공 군대 숫자는 장 위원장이 20개 사단으로의 증가를 동의하는 대신에 중공은 반드시 그 숫자로 즉시 재편한다. 중앙군의 재편에 비례해 축소하거나 지연해서는 안 된다.
2. 중공은 북방 5성의 주석과 2개성 부주석 등의 임명 요구를 폐기해야 한다. 국민당 주도의 통일을 승인하든지, 아니면 담판을 깨라.

회담이 교착국면에 빠진 9월 21일을 전후해 며칠 동안 긴장이 고조되었다. 하나는 항전이 끝난 뒤에 미국이 일본군의 항복을 접수한다는 빌미로 장제스가 대규모 부대를 화중華中과 화베이(華北 화북)로 이동하는 것을 지원하고, 미군이 남쪽의 광저우만灣에서 동쪽의 친황다오(秦皇島 진황도)에 이르는 연해의 각 대도시와 교통요지를 지키도록 했기 때문이다. 또 하나는 공산당 정보기구가 입수한 정보에 따르면 국민당 정보기구 중통국中統局이 마오와 저우를 억류해 중공의 군심을 흔들어놓는다는 것이었다. 정보는 또 장제스가 화북지방의 항복 접수를 끝내고 군대를 동원해 공산당 포위공격 소탕전에 들어갈 가능성이 높아 고도의 경계태세가 필요하다는 내용이었다.

저우언라이는 즉시 충칭의 문화계, 산업계, 언론계, 여성단체 등과 각 당파 인사들을 폭넓게 만나 교착상태에 빠진 회담의 진상과 국민당의 꿍꿍이를 폭로하고, 이들의 지지와 지원을 넓혀갔다. 각계 민주인사들이 들고일어나 국민당을 질책하고, 각 당파가 참가하는 회담을 열자는 등 장제스를 압박하고 나섰다.

한편 충칭회담이 열리고 있던 9월 중순, 국민당은 36개군 73개 사단을 해방구에 투입해 이른 시일 안에 화중과 화둥(華東 화동)의 전략요충지를 통제하고, 동북지역을 점령하기 위해 동북으로 진군하는 방안을 모색하고 있었다. 이런 군사 압력을 가해 회담에서 중공을 굴복시킬 뜻도 깔고 있었다. 일석이조一石二鳥의 효과를 노렸다. 국민당군의 중공 '진지루위(晉冀魯豫 진기로예: 산시-허베이-산둥-허난)' 해방구 진격으로 내전의 위험이 크게 증대되었다. '진지루위' 해방구는 화북 전략구역의 중앙 대문으로 서쪽은 타이항, 타이웨(太岳 태악), 중탸오(中條 중조) 등 3개의 높은 산맥이 둘러싸고, 동쪽은 허베이, 산둥으로 이어지는 일망무제의 대평원이 펼쳐져 있다. 남쪽은 황허가 세차게 흐르고, 북쪽은 정타이(正太 정태) 간선도로가 구불구불 이어져 있다. 이곳은 예부터 전략요충지로 국민당의 주요 진공進攻 목표가 되었다.

산시성 동남부에 상당上黨지구가 있다. 타이항산과 타이웨산, 중탸오산이 둘러싸고 있다. 창즈(長治 장치) 현성의 핵심지역인 데다 고산준령의 평탄한 지구로 고금古今의 병가 요지였다. 8월 중순, 국민당 산시군벌 옌시산은 1만 6천 명의 병력을 이끌고 타이항산 한복판인 상당지구로 쳐들어갔다. 한순간에 국민당군이

기세등등하게 해방구를 사방에서 덮쳐 공전의 내전 위기가 고조되었다. 충칭회
담을 하던 마오는 이 소식을 듣고 "국민당이 한쪽에선 우리와 회담을 하면서 다
른 쪽에선 우리 해방구를 공격해 들어가고 있다. 옌시산이 13개 사단을 투입해
공격하고 있다. 우리가 일찍이 정했듯이 '침봉상대針鋒相對(바늘 끝과 바늘 끝이 첨
예하게 맞서듯, 강력하게 대응하는 것)', '촌토필쟁寸土必爭(손바닥만 한 땅을 다투되, 한
치의 땅도 내주지 않음)'"이라고 강력하게 맞서도록 했다.

　　이 해방구는 류보청과 덩샤오핑이 관할하고 있었다. 이 시기에 팔로군과 국민
당군의 화력은 엄청난 차이를 보였다. 팔로군은 전군에 고작 중화기는 6문의 산포
山炮와 반수의 연대에서 2~4문의 박격포, 3~4정의 기관총을 보유하고 있을 뿐이
었다. 신병들은 칼과 창으로 싸워야 했고, 탄약이 부족해 몇 발 정도 쏠 수밖에 없
는 열악한 상황이었다. 이런 상태에서 류보청과 덩샤오핑은 최신식 장비를 갖춘
옌시산의 정예부대와 전투를 벌여야 했다. '류-덩' 부대는 타이항, 타이웨, 지난
(冀南 기남: 허베이성 남쪽)의 3구에 3만 1천 명의 주력 및 지방 병단 일부를 집중 배
치했다. 전투 지휘관은 리다(李達 이달), 천시롄(陳錫聯 진석련), 천겅(陳賡 진갱), 셰
푸즈(謝富治 사부치), 왕신팅(王新亭 왕신정), 천짜이다오(陳再道 진재도), 친지웨이
(秦基偉 진기위) 등 맹장들이었다. '류-덩'은 9월 7일에 상당전투 명령을 하달했
다. 덩샤오핑은 장병들에게 "우리가 상당전투를 승리해 적들을 철저하게 섬멸하
면 섬멸할수록 마오 주석이 더욱 안전해지고, (충칭회담) 협상 테이블에서 더욱 힘
이 생긴다"고 투지를 불태웠다. 상당전투는 9월 10일에 시작되어 10월 12일에 류
보청과 덩샤오핑 부대의 대승으로 끝났다. 팔로군은 국민당군 11개 사단과 1개
돌격 종대 등 3만 5천 명을 전멸시켜 산포와 기관총 등을 노획하고, 옌시산군 제
19군단 군단장 스쩌보(史澤波 사택파)를 생포했다. [228]

　　국민당과 공산당은 신해혁명 기념일인 10월 10일(쌍십절)에 43일간의 우여곡절
을 겪으며 알맹이가 빠진 '불완전한' 협정을 체결했다. 장제스와 마오쩌둥은 '정
부와 중공 대표회담 기요紀要'에 서명해 '쌍십협정'이 정식 체결되었다. 주요 내
용은 총론에 국공 쌍방은 "평화, 민주, 단결, 통일을 기초로 공동 노력을 한다. 장
기 협력으로 내전을 견결하게 피하도록 힘쓴다. 독립과 자유, 부강한 신중국을 건

설한다"는 등의 선언적 의미를 담았다. 각론으로 국공은 "신속히 국민당의 '훈정訓政'을 끝내고 정치 민주화를 실현한다. 중국인민들이 모든 민주국가의 인민들이 향유하는 민주와 자유의 권리를 누리는 것을 승인한다. 당파의 평등하고 합법적인 지위 인정, 스파이 기관 소멸, 정치범 석방, 적극적으로 지방자치를 시행하고 보통선거를 실시한다" 등에 합의했다. 주요 미합의 사항은 핵심사항이었던 해방구 문제, 국민대회 문제, 중공 군대의 재편 문제 등이었다. 충칭회담은 공산당으로서는 국민당 정부가 '중공의 지위를 승인'하고 '각 당파의 회의, 즉 정치협상'을 따냈다는 데 큰 의미가 있었다. 10월 11일, 마오쩌둥은 옌안으로 돌아갔다.

'심원춘-설'을 둘러싼 필전

마오쩌둥은 충칭에 체류하며 숱한 화제를 뿌렸다. 숙적 장제스와 마오쩌둥은 충칭에서 처음 만났고, 첫 악수를 나누었다. 장제스가 마오에 대해 적대감을 갖고 있었기 때문에 마오의 충칭행에는 사실 많은 위험이 도사리고 있었다. 장제스가 충칭에서 마오를 죽이려 했다면 식은 죽 먹기였다. 실제로 이후 드러난 자료에 따르면 국민당 비밀 정보기구(軍統 군통)의 총책 다이리(戴笠 대립)는 마오 암살을 계획했던 것으로 밝혀졌다. 저우언라이는 마오의 안전을 위해 보디가드처럼 그림자 경호를 했다. 마오가 음식을 먹기 전에 으레 저우가 먼저 시식했다. 마오가 충칭에 도착한 첫날, 장제스가 자신의 거처인 린위안(林園 임원)에서 마오와 중공 대표단을 위한 환영만찬을 베풀었다. 장제스가 먼저 마오의 건강을 축원하는 건배를 시작으로 미국대사 헐리, 미군사령관 웨더마이어와 국민당 고위관계자 사오리쯔를 비롯해 많은 사람들이 건배를 제의하며 잔을 부딪쳐 마오는 술을 많이 마실 수밖에 없었다. 저우언라이는 마오의 주량이 보통이어서 자신이 마오의 술을 거의 받아 마셨다. 3순배로 술을 마셨는데도 마오가 쌩쌩하고, 많은 술을 마신 저우언라이도 팔팔한 모습으로 담소를 나누었다. 자리에 있던 장제스와 내빈들이 저우의 마오 챙기기에 감복했다.

장제스는 마오가 담배 중독이 심하다는 것을 알고 있었다. 장제스는 마오가 하루에 50여 개비의 담배를 피워 담배가 손에서 떠날 새가 없다는 보고를 받은 바 있었다. 마오는 충칭에 온 뒤 장제스가 담배를 피우지 않는다는 사실을 알고, 장제스와의 8시간 회담 때 한 개비의 담배도 피우지 않았다고 한다. 유명한 골초인 마오가 상대방을 배려해 담배를 피우지 않은 사실을 예리하게 관찰한 장제스가 마오의 강인한 의지력에 감탄했다고 한다. [229]

마오는 회담 기간 동안 시간이 날 때마다 국내외 각계 인사들을 광범위하게 접촉했다. 민주인사를 비롯한 각 당파, 문화계, 여성계, 외국 대사 등 각계각층과 외국 기자들의 취재에 응하는 등 '협상 테이블' 밖에서 '홍비紅匪(붉은 비적)'로 일그러진 공산당의 이미지를 바로잡고 지지를 얻는 데도 힘을 쏟았다. 마오가 만난 유명인사만도 쑨원의 부인 쑹칭링(宋慶齡 송경령), 민주인사 장란張瀾과 황옌페이(黃炎培 황염배), 군벌 펑위샹(馮玉祥 풍옥상), 역사학자이자 시인 궈모뤄(郭沫若 곽말약) 등 헤아릴 수 없이 많았다. 정치적으로 좌, 우, 중도를 가리지 않았다.

마오가 민주당파 우두머리인 민주동맹 주석 장란을 만났을 때였다. 장란은 "회담은 명명백백하게 장제스의 거짓 연기다. (저우)언라이나 왕뤄페이가 와서 회담하면 되었지, 룬즈(潤之 윤지; 마오의 자) 선생까지 올 필요가 없었다. 장제스가 홍문연鴻門宴(항우가 홍문에서 유방을 초대해 연 연회. 즉 상대방을 해치기 위해 마련한 연회) 연기를 펼치고 있다. 그가 어디 신의가 있는가! 몇 년 전에 내가 그에게 '민주를 실행해야만 중국에 희망이 있다'고 말했다. 그(장제스)는 나에게 '단지 공산당만이 민주 실행을 말한다'고 했다. 현재 국내외 정세가 바뀌니까, 장제스도 '민주'를 외치며 '민주가 왔다!'고 한다"며 장제스를 비판했다. 마오는 해학적으로 "민주가 장제스에게 유행 필수품이 되었다. 그는 가짜 민주 연기를 하려고 한다. 우리는 그의 가짜 연기에 맞서 진짜 연기를 하러 왔다. 전국 인민들이 관중이 되어 진짜와 가짜를 보고, 옳고 그름을 분명히 가려낼 것이다. 이번 연기는 큰 가치가 있다!"고 말했다.

마오의 각계 인사 교류와 관련해 생긴 사건의 백미는 마오의 시 '심원춘-설(沁園春-雪)'을 둘러싼 '필전筆戰'이었다. 장제스는 충칭회담을 앞두고, 국민당 선전부 부부장 천부레이(陳布雷 진포뢰)에게 마오가 쓴 시詩 '심원춘-설'에 관해 이야기하면서 마오의 '제왕사상帝王思想'이 괴이쩍다고 비난했다. 장제스는 "이 시는 제왕사상을 읊은 내용이다. 마오가 복고적 생각을 갖고 당태종 이세민과 송나라 태조 조광윤을 흉내 내며 자칭 패왕으로 군림하려는 뜻을 품고 있다"고 설명했다. 장제스는 천부레이에게 빨리 사람들을 조직해서 마오쩌둥의 시가 담고 있는 제왕사상을 비판하라고 지시했다. 마오쩌둥이 평화를 위해 충칭에 오는 게 아니라 군림하러 온다는 것을 전국의 인민들에게 까발려 마오의 이미지를 훼손하기 위한 것이었다. 이 '필전'은 회담 중에는 벌어지지 않았다. [230]

'심원춘-설'은 마오쩌둥이 1936년 1월 26일에 군대를 이끌고 황허(黃河 황하)를 건너 화베이(華北 화북) 전선에서 대일對日 작전을 준비할 때 지은 시였다. 부대가 2월 5일 새벽에 산시성(陝西省 섬서성) 칭젠(淸澗 청간)현의 위안자거우(袁家溝 원가구)에 도착해 휴식을 취하고 있었다. 함박눈이 며칠 동안 계속 내렸다. 웅혼한 장관의 북국 설경雪景이 마오쩌둥의 시흥詩興을 촉발했다. 마오쩌둥은 2월 7일, 눈에 뒤덮인 산하山河의 장려한 모습을 일필휘지하며 시로 옮겼다.

북국의 풍광, 천리 곳곳이 얼음에 잠겼고, 만리 아득히 눈발이 흩날린다. 장성의 안팎을 바라보니, 오로지 흰 눈이 끝없이 펼쳐진다, 도도히 흐르는 황허 잠시 멈추어 섰구나. 산은 은빛 뱀이 춤추는 듯하고, 평원은 잿빛 코끼리가 치닫는 것처럼, 하늘과 높이를 다투려 하네. 맑게 갠 날 대지는 흰옷에 붉은 단장, 황홀함을 더한다.

강산이 이처럼 무척 아름답구나, 무수한 영웅들이 끝내 허리를 굽혀 굽신거리고. 안타깝도다! 진시황과 한무제는 용맹하나 문학적 재능이 없고, 당태종과 송태조는 시부詩賦에 부족하고, 일대 영걸 칭기즈칸은 독수리 사냥을 하느라 큰 활만 당겼네. 모든 것이 흘러갔으니, 진정한 풍류인물은 이 시대에서나 볼 수 있네.

北國風光, 千里氷封, 萬里雪飄. 望長城內外, 惟余莽莽, 大河上下, 頓失滔滔. 山舞銀蛇, 原馳蠟象, 欲與天公試比高. 須晴日 看紅粧素裏, 分外妖嬈.

江山如此多嬌, 引無數英雄竟折腰. 惜秦皇漢武略輸文采, 唐宗宋祖稍遜風騷. 一代天驕, 成吉思汗只識彎弓射大雕. 俱往矣, 數風流人物, 還看今朝.

마오가 충칭에 도착한 뒤 사흘째 되는 날에 옛 친구 류야쯔(柳亞子 유아자)를 만났다. 류야쯔는 쑨원을 따라 신해혁명에 참가했었다. 마오는 제1차 국공합작 시기에 류야쯔와 잠시 일한 적이 있었다. 두 사람 모두 시를 좋아해 다른 사람들보다 친밀해져 깊은 우정을 나누었다. 두 사람은 그 후 헤어졌다가 마오가 충칭에 왔다는 소식을 듣고 류야쯔가 10월 2일에 그가 묵고 있던 구이위안(桂園 계원)으로 찾아와 19년 만에 해후했다. 마오는 류야쯔를 남송南宋 때의 애국시인 진량陳亮과 육유陸游에 비교하며, 그의 시는 정의감으로 기개가 넘치고 애국사상을 고취해 진량이나 육유보다 낫다고 높이 평가했다. 류야쯔는 마오가 충칭회담에 참석한 데 대해 "깊은 호랑이굴(虎穴 호혈)을 찾아온 대범한 큰 용기는 인민들에게 가뭄에 단비와 같다"며 마오의 통 큰 결단을 찬양했다.

류야쯔는 마오를 만난 자리에서 시 한 수를 지어 건네며 부시賦詩 한 수를 청했다. 마오는 때가 때인지라 시를 짓는 대신 9년 전에 지은 '심원춘-설'의 부시를 주었다. 류야쯔는 시를 읽고 "중국에 사詞(송나라 때 성행한 시체 '詩體'로 노랫가락에 따라 바뀌며 일반적으로 상, 하 양결로 나누어짐)가 도입된 이래 가장 좋은 시다. 소식蘇軾(당송8대가의 한 사람)과 신기질辛棄疾이 겨룰 수 없다. 하물며 나야?"라고 극찬을 아끼지 않았다. 류야쯔는 '심원춘-설'에서 운을 따와 마오의 시운에 따라 지은 '화사和詞'를 11월 11일에 충칭의 중공이 발행하는 『신화르바오(新華日報 신화일보)』에 실었다. 이 시에 대한 사회적 반향이 크게 일면서 사람들은 마오가 쓴 '원작'에 비상한 관심을 보였다. 석간 『신민보新民報』의 편집부국장 우쭈광(吳祖光 오조광)이 원작과 다소 다른 필사본을 구해 신문에 '심원춘-설'의 시를 실었다. 이어 『대공보大公報』가 28일자에 마오의 시와 류야쯔의 '화사'를 게재해 각 신문마다 '심원춘-설'에서 차운한 작품을 쓴 유명인사들의 시와 평론을 다투어 실었다.

마오의 시를 실어 국민당으로부터 압력을 받은 우쭈광의 아버지인 유명한 고고학자 우징저우(吳景洲 오경주)도 차운한 '화사'와 '심원춘-영무咏霧' 시를 『신민보』에 실어 '심원춘-설'과 관련한 '화사'와 비평 글이 20여 편 쏟아져나왔다. 작자作者들은 국민당이나 공산당, 보수묵객, 진보문인, 중간그룹의 인사 등 다양했다. 관점 차이도 극명해 찬양과 비판으로 엇갈려 '필전筆戰'으로 발전해 난타전을 벌였다. 언론계도 양쪽으로 갈렸다. '심원춘-설'을 봉건적이고 제왕사상의 패권적 속내를 담고 있다고 공격한 쪽은 친국민당계의 『중앙일보』, 『평화일보(원 소탕보)』, 『익세보』 등이고, 찬양한 쪽은 친공산당계의 『신화일보』, 『민주주간』, 『객관』 잡지 등이었다. 독립적 민영신문 『대공보』는 양쪽의 입장을 실어 필전을 확대시켰다. 주인 없는 객들의 '필전'은 산성 도시 충칭을 뜨겁게 달구었다가 세밑이 되면서 시나브로 사라졌다. 류야쓰는 논란을 빚은 '심원춘-설' 마지막 구절 '俱往矣, 數風流人物, 還看今朝 구왕의, 수풍류인물, 환간금조'의 풀이에 대해 "백성을 수탈하는 독재 전제정치의 시대는 이미 수명을 다해 종말을 고했고, 인민의 세기가 시작되었다"는 해석은 잘못된 것이라고 밝혔다.

마오는 몇 년 뒤에 이 시에 대한 주해注解를 달면서 "눈雪은 반봉건주의, 즉 2천 년 동안의 봉건주의에 대한 반동적 측면을 비판한 뜻을 담고 있다. 문채, 풍소, 대조의 단어는 시를 쓰기 위해 시어로 사용했다. 시를 짓는 일이다! 어떤 사람을 매도하기 위해 쓸 수 있겠는가? 다른 해석은 틀렸다. 마지막 3구는 무산계급을 지칭한 것"이라고 풀이했다.

국공각축 동북지역
내전 속으로

충칭회담이 열리고 있는 동안 국민당군과 공산당군은 일본군 항복 접수를 둘러싸고 날카롭게 맞섰다. 두 당의 군대는 소련군이 점령한 동북지역을 차지하려고 치열한 각축에 들어갔다. 장제스는 미국 극동사령관 더글러스 맥아더가 중국과 타이완, 인도차이나 북부지역의 일본군 항복 접수를 종용하자, 8월 12일에 8로군에게는 '원지 대기명령'을 내린 대신 직계부대들에게는 항복 접수를 명령해 국지적 충돌을 벌였다. 국민당과 공산당은 호시탐탐 소련군 철수에 대비해 '무주공산'인 동북지역을 확보할 전략을 짜고 있었다. 공산당이 선수를 치고 나왔다. 1945년 9월, 중공은 '북부를 확대하고, 남부를 방어하는(向北發展 向南防御 항북발전 항남방어)' 전략적 배치를 결정했다. 당중앙은 "동북과 러허(熱河 열하), 차하얼(察哈爾 찰합이; 지금은 허베이성과 내몽골에 편제됨) 두 개성을 장악하고, 전국 각 해방구 및 전국의 인민들과 협력투쟁을 벌이면 중국인민의 승리를 보장할 수 있다"고 밝혔다.

이것은 중공이 남방 근거지를 버리더라도 부대를 북쪽으로 집중 배치해 동북의 관문 러허와 차하얼 두 개 성과 동북을 지배하겠다는 의도였다. 동북지역은 땅이 광활하고 자원이 풍부해 중국 제1의 중공업지역으로 주목받고 있었다. 교통도 편리한 편이라 전략적 측면에서 매우 중요했다. 100만 명의 소련 홍군은 8월 9일에 미·영·소美英蘇 3국이 1945년 7월 일본의 항복을 촉구한 포츠담선언에 따라 동북지역과 러허, 차하얼에 물밀듯이 진공해 일본 관동군을 쓸어버렸다. 8월 22일, 소련군은 동북 전역을 점령해 통치하고 있었다. 국공 양당의 전략적 관건은 누가 먼저 동북에 근거지를 마련해 화베이와 화중을 보존할 수 있느냐에 달려 있었기 때문에 갈수록 싸움이 가열되었다. 소련군은 관동군으로부터 노획한 대량의 무기와 장비를 팔로군에게 넘겼다. 미군도 국민당이 동북을 지배할 수 있도록 국민당군 병력을 비행기로 대거 동북지역에 이동시켰다. 미군은 또 9월에 잇따라 동해안 탕구(塘沽 당고)와 친황다오(秦皇島 진황도) 등지에 상륙했다. 231

소련은 동북지역이 미국의 세력 안으로 들어가는 것을 우려했다. 소련은 중공에게 러허와 차하얼 두 개 성을 넘겨 국민당의 동북 지배를 견제할 계획이었다. 하지만 소련은 중소조약의 제약으로 중국 내전에 말려들 경우 미국과의 충돌이 불가피해 곤혹스러워했다. 소련은 어쩔 수 없이 철수 5일을 앞두고 국민당군이 선양(瀋陽 심양)과 창춘(長春 장춘) 등 동북의 각 대도시에 비행기로 병력 이동을 할 수 있도록 허용했다.

소련의 동북지역 점령 당시 이 지역은 국민당 부대가 전무했다. 공산당은 이런 천재일우의 기회를 이용해 간부와 군대를 대거 동북에 파견해 광대한 향촌과 중소도시, 교통선을 장악하도록 했다. 제일 먼저 저우바오중(周保中 주보중)이 이끄는 동북항일연군이 동북에 들어갔다. 이어 '지러랴오(冀熱遼 기열료; 허베이-열하-요령 지역)' 사령관 겸 정치위원 리윈창(李運昌 이운창), '진쑤이(晉綏 진수; 산시-쑤이위안 지역)' 사령관 뤼정차오(呂正操 여정조) 등이 각각 부대를 이끌고 동북에 진입했다. 중공은 '북부를 확대하고 남부를 방어하는' 전략에 따라 10만여 명의 주력군을 이동 배치해 러허와 차하얼 두 개 성을 장악해 동북지역을 통제할 수 있게 되었다. 중공은 펑전(彭眞 팽진)을 서기로 한 동북국東北局을 창설했으며, 또한 11월 초에 동북 인민자치군(나중에 동북민주연군)을 만들어 린뱌오(林彪 임표)를 사령관, 펑전과 뤄룽환(羅榮桓 나영환)을 각각 제1, 제2 정치위원에 임명했다. 아울러 중공은 11월 말, 동북지역에 각 해방구와 옌안에서 차출한 2만 명의 당정黨政 간부와 11만 명의 병력 배치를 완료했다. 마오는 이런 팔로군의 동북행군을 '또 하나의 수천 리 장정長征'이라고 명명했다.

중공은 10월 초부터 평한(平漢 평한), 평쑤이(平綏 평수), 진푸(津浦 진포), 퉁푸(同浦 동포) 등 4개 간선철도를 중심으로 해방구 자위 반격작전의 방어를 굳건하게 구축했다. '산시-차하얼-허베이'와 '산시-쑤이위안' 해방구는 쑤이위안(綏遠 수원)전투에서 국민당군 1만 2천 명을 전멸시켰다. 또 한단(邯鄲 한단)전투에서는 2만여 명의 국민당군을 섬멸했다. 그러나 국민당은 미국의 지원과 소련의 협조를 받아 9월까지 러허와 동북지역에 14만 명의 병력을 배치하고, 중소조약에 따라 동북지역의 도시를 접수하기 시작했다. 국민당군은 11월부터 산하이관(山海關 산해관)과 잉커우(營口 영구), 번시(本溪 본계)를 점령하고, 창춘, 선양, 하얼빈 3개의 대도시를 접수했다.

이처럼 국민당군이 대규모의 병력을 동북에 배치하자 중공은 기존 방침을 바꾸어 대도시에서 병력을 철수해 농촌과 중소도시로 근거지를 옮겨 방어하기로 했다. 12월 28일, 중공중앙은 동북국에 하달한 '동북 근거지의 공고한 건립'에 관한 지시에서 "현재 동북지역의 임무는 근거지를 건립하는 것이다. 동만주와 북만주, 서만주에 군사정치 근거지의 기초를 공고히 다져 광대한 인민 군중을 발동해 장기적인 힘든 투쟁을 해야 한다. 그렇지 않으면 우리는 지킬 수 없다"고 강조했다. 앞서 11월 8일부터 26일까지 충칭에서 열린 국민당 고급장령 회의에서 장제스는 "근 1개월 동안에 우리 군은 많은 전략요지를 수복하고, 많은 간선철도를 장악했다. 이런 속도라면 우리는 3개월이나 반년 안에 공산당을 소멸할 수 있다"고 호언장담했다.

이런 내전을 부추기는 발언은 인민들의 분노를 촉발했다. 청년 학생, 민주당파와 사회 각계인사들은 국민당에게 '쌍십협정' 준수와 내전 중지를 요구하며 시위를 벌였다. 1946년 여름 한낮에 쿤밍(昆明 곤명)대로에서 내전 반대와 평화, 민주를 요구하던 대학교수 원이둬(聞一多 문일다)가 국민당 정부에 의해 살해되었다. 이 사건을 계기로 전국에 학생시위가 폭넓게 번지면서 내전 반대의 목소리가 한층 높아졌다.

미국은 1945년에 사망한 루스벨트의 뒤를 이어 트루먼이 대통령에 취임했다.

트루먼은 전 주중대사 헐리 대신에 전 육군참모총장 조지 마셜을 중국 특사로 임명해 양당의 정전을 중재하고, 충칭협약을 실행에 옮길 수 있도록 지시했다. 마셜이 11월에 중국에 온 날, 트루먼은 '미국의 중국정책 성명'을 내어 "국공이 즉각 적대행위를 중지하고 주요 정당대표가 참가하는 국민대회를 열어 평화적인 협상방법을 통한 장제스 지도하의 중국 통일"을 호소했다. 미국은 한쪽으론 국공분쟁을 중재하고, 또 한쪽으론 국민당 정권이 중국의 유일한 합법정부란 것을 승인한 것이다. 미국의 이런 정책은 국민당을 고무해 장제스가 평화적 해결보다 무력에 의존하도록 부추겼다. 12월 말, 모스크바에서 회담한 미·영·소 3국의 외무장관은 국민당과 공산당이 협상을 통한 문제해결을 촉구하고, 중국 문제에 간섭하지 않을 것을 약속했다. [232]

1946년 1월 5일, 마셜의 제안에 따라 국민당 정부 대표 장췬張群(나중에 장즈중으로 바뀜), 공산당 대표 저우언라이, 미국 정부 대표 마셜 등으로 정전협상을 위한 '3인 소조'를 만들었다. 1월 10일, 미국의 중재 아래 국공 쌍방 대표가 '정전협정'에 조인해 13일 밤 12시부터 효력이 발생하도록 했다. '3인 소조'는 이런 휴전명령을 집행하고 합의사항 이행여부를 감시하기 위해 실무조직인 '군사중재 집행부'를 만들어 베이핑(北平 북평)에 상주하도록 했다. 이 '집행부 3인 소조'는 국민당 군령부 제2청 청장 정졔민(鄭介民 정개민), 공산당 제18집단군(팔로군) 참모장 예젠잉(葉劍英 엽검영), 미국의 월터 로버트슨으로 구성했다.

3개월 동안 계속된 국공 간의 국지적인 내전은 정전협정이 체결되면서 일단 멈추었다. 마오를 비롯한 중앙은 "지금부터 중국은 곧바로 평화민주 건설의 신단계로 접어들었다"며 낙관적 전망을 내놓기도 했다. 정전협정이 체결된 당일에 충칭에서 각 당파가 참여하는 정치협상 회의가 열렸다. 회의에 참가한 대표는 국민당, 공산당, 중국청년당, 중국민주동맹, 무당파 인사 등 모두 38명이었다. 중공대표는 저우언라이, 둥비우(董必武 동필무), 왕뤄페이(王若飛 왕약비), 예젠잉(나중에 보구), 우위장(吳玉章 오옥장), 루딩이(陸定一 육정일), 덩잉차오(鄧穎超 등영초) 등 7명이었다. 4차례에 걸친 정치협상 회의는 정부 개조, 시정강령, 군사문제, 국민대회, 헌법초안 등 5개 부문으로 나누어 기초방안을 마련했다. 쟁점은 '국가

민주화'와 '군대의 국가화' 문제로 격렬한 논쟁을 벌였다. 정치협상 회의는 최종적으로 정부조직안, 국민대회안, 평화건국 방안, 군사문제안, 헌법초안 등 5개항의 협의안을 작성해 통과시켰다.

1월 31일에 폐막한 22일간의 정치협상 회의는 중국의 앞날에 밝은 전망을 제시하는 듯했다. 회의 결과는 실질적으로 국민당 일당독재와 개인독재의 정치제도, 반인민 정책에 대한 도전과 내전의 부정이었다. 중공이 주장한 신민주주의 강령이 반영되지는 않았지만 전국 인민들이 갈망하는 평화와 민주에 대한 바람이 담겨 있었다. 저우언라이는 폐막식 치사에서 "정치협상 회의가 통과시킨 각항의 결의는 회의의 큰 성공을 증명하는 것"이라며 만족을 표시했다. 233

중공중앙은 정치협상 기간의 평화 무드에 한껏 고취되어 전국의 평화국면 이후를 대비하고, 심지어 옌안의 당 기관을 장쑤성(江蘇省 강소성) 화이인(淮陰 회음)으로 옮기는 방안을 검토하기도 했다. 당중앙은 연합정부에 참가할 지도자로 마오쩌둥, 주더, 린보취(林伯渠 임백거), 우위장, 류사오치, 장원톈, 저우언라이 등 7명을 선출했다.

그러나 이런 낙관적 기대는 3월에 접어들어 비관적 전망으로 바뀌기 시작했다. 국민당은 3월에 2중전회를 소집해 먼저 정치협상에서 통과시킨 헌법개정 원칙과 정부조직의 협의를 뒤집어버렸다. 또 국민참정 제4기 제2차 회의를 열어 정치협상에서 결의한 협의안을 완전 부정해버렸다. 반짝했던 평화국면의 햇살은 사라지고 내전의 먹구름이 몰려들고 있었다. 이런 불길한 징후는 국공 양당이 치열한 각축을 벌이고 있는 동북지역에서 약여하게 나타났다.

소련군은 여러 차례 철수를 미루다가 1946년 2월 26일에 철군령을 발표했다. 3월 15일부터 선양에서 철수를 시작했다. 정전협정에 따라 휴전기간이었지만 이 지역에서는 약발이 먹히지 않았다. '3인 소조'는 동북의 정전협정 체결을 위해 몇 차례의 우여곡절을 거쳐 3월 하순에 '동북정전 중재협의'를 이끌어냈다. 하지만 협의는 지켜지지 않았다. 국민당은 모르쇠로 일관했다. 미국은 국민당을 지원해 동북에 병력수송을 계속했다. 공산당도 마찬가지였다. 중공은 창춘과 하얼빈을 점령해 동북지역의 사태는 더욱 악화되었다. 5월 초에 소련군은 다롄(大連 대련)

을 제외한 전 지역에서 철수를 끝냈다.

　동북지역이 마침내 내규모의 내전 속으로 급속히 빨려들어갔다. 국민당군은 공산당군을 계속 몰아쳐 쓰핑(四平 사평)과 창춘, 융지(永吉 영길: 지금의 지린) 등의 도시를 점령했다. 공산당군은 하얼빈으로 퇴각해 만주 북부지역 전역을 차지했다. 장제스와 저우언라이, 마셜은 6월 6일부터 21일까지 15일 동안 동북지역 정전협정을 체결하기 위해 휴전하기로 결정했다. 이후 휴전기간을 6월 30일까지 연장했다.

★

제8장

내전

국민당군, 중원 해방구 기습공격
내전 폭발

마셜이 중재한 정전회담이 기신기신 힘겹게 유지되던 6월에 미국 국무부가 '중국 (장제스)을 지원하는 군사법안(軍事援華法案 군사원화법안)'을 미 상원에 제출했다. 미국 정부가 노골적으로 장제스 정부를 지원하겠다는 뜻을 공개한 것이다. 마오는 분노를 터뜨렸다. 6월 22일, 마오는 옌안의 강당에서 분기탱천한 마음으로 장중한 목소리를 실어 성명을 읽어갔다. 234

"1945년 12월, 모스크바에서 회담한 (미·영·소) 3국의 외무장관이 중국 국민당 내전중지 선포와 중국 문제 약속의 코뮤니케 이행을 선포하고, 아울러 중국 정치 협상회의의 국가민주화 결의의 전제조건에 관해 이행을 약속했다. 중국공산당은 미국이 중국(장제스 정부)에 대한 모종의 군사원조에 대해서도 반대하지 않았다. 그러나 현재 이러한 전제는 모두 심각하게 파괴되었다. 미국의 군사원조 실행은 실제적으로 중국 내정에 대한 간섭이다. 이것은 (미국이) 국민당 독재정부를 강력 지지해 중국이 계속 내전, 분열, 혼란, 공포와 빈곤에 빠지게 하는 것이다."

마오쩌둥의 성명은 전국 각계에서 폭넓은 지지를 불러일으켰다. 그러나 짙게 드리운 내전의 음영陰影은 걷어내지 못했다. 국민당은 휴전 중인 6월 26일에 돌연 정치협상 결의와 정전협정을 파기하고 30만 명의 병력을 동원해 중공 중위안(中

原 중원) 해방구를 공격했다. 3년 동안 계속되는 전국적 내전內戰을 알리는 총성이 전 중국을 뒤흔들었다. 내전 발발 당시에 국민당군의 총병력은 430만 명으로 육군 200만 명, 특수부대원 36만 명, 비정규부대 74만 명, 공군 16만 명, 해군 3만 명, 후방 기관요원 101만 명 등이었다. 공산당 군대의 총병력은 127만 명으로, 그중 야전부대 병력 61만 명, 지방부대 병력 66만 명이었다. 공군과 해군은 아예 없었다. 공산당 군대는 병력뿐만 아니라 무기와 장비 측면에서도 국민당군에 엄청난 열세를 보여 비교 자체가 되지 않았다.

이는 8월에 마오쩌둥이 옌안 자오위안(棗園 조원)에서 가진 미국 기자 애너 루이스 스트롱과의 회견에서도 잘 드러났다. 마오는 "모든 반동파는 모두 종이호랑이(紙老虎 지로호)다. 장제스와 그를 지지하는 미국 반동파도 모두 종이호랑이다. 인민해방군(1946년 6월 공산당군의 호칭으로 바꾸었음)의 좁쌀과 보병총이 장제스의 비행기와 탱크보다 강하다"라고 호언했다. 이처럼 현격한 병력과 무기, 장비의 열세를 딛고 어떻게 싸워야 하나? 전투 지휘관들은 전략과 전술 개발에 머리를 싸맸다. 1947년 7월, '진지루위(晉冀魯豫 진기로예; 산시-허베이-산둥-허난 지역)' 야전군의 제4종대 사령관 천겅(陳賡 진갱)은 주력을 집중해 적을 섬멸하는 작전방법을 창안해냈다. 마오는 전군이 이 전투방법을 학습하도록 했다. 마오는 "매번 화력을 집중해 적과 전투를 벌일 때 그 비율은 3대1의 우세를 점유하도록 하는 게 좋다. 가장 좋은 비율은 4대1이다. 이런 화력 집중으로 적을 각개격파하면 반드시 승리할 수 있다"고 했다. 1947년 말, 마오는 1년여의 전투 경험을 기초로 한 총결에서 '10대 군사원칙'을 제시했다. 그 핵심은 역시 운동전運動戰이었다. 일성일지一城一地의 득실을 따지지 말고 적의 역량을 소멸시키는 것을 목표로 우세병력을 집중해 적을 각개격파하는 방안이었다.

국민당군은 200만 명의 병력을 투입해 화베이와 화중 등 중국 전역의 공산당 근거지로 밀고 들어가 인민해방군을 화중 평원과 창장 하류지역에서 몰아냈다. 8월에 러허 해방구의 중심인 청더(承德 승덕)를, 10월에 '진지차(晉冀察 진기찰; 산시-허베이-차하얼 지역)' 해방구의 중심인 장자커우(張家口 장가구)를, 1947년 1월에는 산둥 남부 해방구의 중심지역 린이(臨沂 임기)를 점령했다. 1947년 초, 국민당군은

25만 명의 병력이 중공의 '산간닝(陝西-甘肅-寧夏 산시-간쑤-닝샤 지역)' 변계지구를 봉쇄하고 있었다. 3월 13일, 국민당군의 서북군 사령관 후쭝난(胡宗南 호종남)은 14만 명의 병력을 동원해 '홍색수도' 옌안 공격에 나섰다. 인민해방군의 서북 야전군 사령관 펑더화이가 통솔하고 있는 병력은 고작 2만 7천 명에 불과했다. 옌안은 공산당의 장정 이후에 중국공산주의 운동의 심장부인 데다가 중공중앙과 인민해방군 총사령부가 있어 정치적·상징적 의미가 컸다. 235

중앙은 후쭝난이 옌안을 공격하려고 부대를 배치하기 전에 이미 침공 사실을 알고 사전에 대비해왔다. 3월 초, 후쭝난의 기밀비서로 있는 중공의 잠복 정보요원 슝샹후이(熊向暉 웅향휘)가 저우언라이에게 옌안 침공 사실을 보고했다. 공격의 디데이는 3월 13일, 병력은 14만 명의 15개 여단, 군대 위치와 공중엄호 상황 등이었다.

1919년에 태어난 슝샹후이는 칭화대학을 졸업했다. 저우언라이에게 발탁된 슝샹후이는 항일전쟁이 터졌을 때 우한武漢 전지戰地 복무단에 참가해 후쭝난의 부대에 들어갔다. 슝샹후이는 오랫동안 후쭝난의 부관과 기밀비서를 하면서 깊은 신임을 얻어 후쭝난군의 일거수일투족을 훤히 꿰고 있었다. 저우언라이가 일찍이 후쭝난 진영에 심어놓은 '장기잠복 스파이'였다. 후쭝난은 항일전쟁이 끝났을 때 슝샹후이를 미국으로 유학 보냈다가 옌안 공격을 앞두고 불러들여 이 작전에 참여시켰다. 후쭝난은 옌안을 점령한 뒤에 그를 1947년 7월에 미국으로 다시 유학을 보냈다. 슝샹후이는 신중국 건국 후 홍콩을 거쳐 귀국했다. 1949년 겨울, 저우언라이가 국민당 인사들을 위한 연회를 베풀었을 때 공산당에 합류한 장즈중(張治中 장치중)이 슝샹후이를 보고 "슝 동생이 아닌가? 당신도 기의起義를 했는가?"라고 물었다. 저우언라이가 앙천대소하며 "슝샹후이는 '기의'를 한 게 아니라 '귀대'를 했다. 오늘 내가 여러분에게 비밀 하나를 공개하겠다. 슝샹후이는 1936년에 입당한 공산당원이다. 우리가 후쭝난군 안에 심어놓은······"이라고 말하자 참석자들은 모두 놀라 어안이 벙벙할 뿐이었다. 마오쩌둥은 훗날 "슝샹후이 한 사람이 능히 몇 개 사단과 맞먹었다"고 높이 평가했다.

후쭝난군
홍색수도 옌안 점령

중공중앙은 전략적 철수를 결정하고 3월 8일부터 옌안에서 주민을 피난시키고, 군대를 철수하기 시작했다. 견벽청야堅壁淸野 작전으로 옌안은 아무것도 먹을 것이 없는 텅텅 빈 성(空城 공성)으로 변해버렸다. 마오는 펑더화이에게 후쭝난군의 상황을 지켜본 뒤에 마지막으로 옌안을 떠나겠다며 미동도 하지 않았다. 펑더화이는 마음이 급했다. 3월 18일, 펑더화이는 이른 새벽에 일어나 경호참모 룽페이후(龍飛虎 용비호)와 경호소대장 옌창린(閻長林 염장림)이 거주하는 집을 찾아갔다. 펑더화이는 이들에게 "적들이 이미 가까이 왔다. 중앙은 옌안 철수를 결정했다. 현재 전당, 전군과 전국의 인민들은 마오 주석의 안전을 걱정하고 있다. 많은 동지들은 마오 주석이 빨리 허둥(河東 하동)으로 가기를 바라고 있다. 한데 주석은 동의하지 않고 있다. 산베이에 머물면서 작전을 지휘하려고 한다. 마오 주석의 안전을 보위하는 전사로서 영광된 임무를 꼭 완성해야 한다"고 힘주어 말했다. 펑더화이는 "주석은 개인의 안위를 보살피지 않는다. 우리 당이 보살피고, 당신들이 챙겨야 한다! 주석의 성질대로 놔둬서는 안 된다. 필요할 때는 들것에 실어 (강제로) 데려가야 한다. 그래야만 안전하다"고 설명했다.

해가 서산에 걸려 있을 때 후쭝난군이 7리 남짓 떨어진 곳까지 쳐들어왔다. 동남쪽에서 총소리가 콩 볶듯이 자지러졌다. 마오는 여전히 움직이지 않고 저우언라이, 허둥에서 온 2종대 사령관 왕전(王震 왕진)과 이야기를 나누고 있었다. 헐레벌떡 달려온 펑더화이가 숨을 거칠게 내뱉으며 경호원들에게 큰 소리로 질책했다. [236]

"어떻게 주석이 아직도 떠나지 않으셨냐? 빨리 모시고 가라. 1분도 지체해서는 안 된다."

경호 참모 룽페이후는 펑더화이의 험상궂은 모습을 보고 형세가 급박하다는 것을 직감했다. 마오에게 보고를 생략한 채 "주석, 펑쭝(펑더화이)이 화를 내고 있습니다. 빨리 출발하셔야 합니다"라고 서둘렀다. 대화를 나누던 왕전도 "주석, 여기까지만 이야기하고, 빨리 떠납시다"라고 거들었다. 저우언라이도 "적들이 이미 가까이 왔어요. 떠나자"고 재촉했다. 마오는 문밖에서 펑더화이의 목소리가 들리지 않자 의자에 앉으며 경호원에게 물었다.

"기관은 모두 철수를 완료했는가?"

"벌써 철수를 끝냈습니다."

"인민들은?"

"마지막 사람들이 2시간 전에 떠났습니다."

"응."

마오는 마음이 놓인다는 듯 가볍게 대답한 뒤 "되었다. 식사하자!"고 말했다. 총소리가 점점 가까이 들리고 수류탄 터지는 소리가 귀를 찢었다. 저우가 펑더화이를 불렀다. 펑더화이가 문 안으로 뛰어 들어왔다. 펑더화이는 "주석, 어떻게 아직도 떠나지 않았습니까? 개자식들의 졸개 놈들을 봐서 뭐 좋을 게 있다고! 가요, 가. 내가 주석 대신 보리다. 1분도 지체해서는 안 됩니다. 빨리 가요, 빨리!"라고 고래고래 소리를 질렀다. 마오는 이맛살을 잔뜩 찌푸리고 펑더화이가 하는 대로 따를 수밖에 없었다. 마오는 자리에서 일어나 감개한 마음으로 집을 둘러보았다. 아무 말 없이 동굴집(窯洞 요동)을 나왔다. 이미 모색暮色이 창연했다. 주위의 산이 석양夕陽의 노을로 뚜렷하게 윤곽이 드러났다. 늦은 봄날의 한기가 몸으로 파고들었다. 마오는 홀로 서서 옌허(延河 연하) 강변의 토산에 우뚝 솟은 바오타(寶塔

보탑)를 그리운 듯 눈여겨보고, 10년 동안의 생활로 속속들이 알고 있는 옌안 고성 古城의 여기저기를 눈으로 훑어보았다. 마오는 "너희들은 가고 싶나?"라고 울컥한 마음으로 주위의 전사들에게 물었다. 이 말에 곁에 있던 전사들이 눈시울을 붉혔다. 마오는 저우에게 "나는 실제로 가고 싶지 않다. 원래 이곳에서 후쭝난군들이 하는 짓거리를 볼 요량이었는데, 펑라오쭝(펑더화이 존칭)이 허락하지 않았다. 내가 그에게 무어라 할 수도 없고, 그러니 이렇게 할 수밖에 없구먼!" 하며 한숨을 내쉬었다. 마오는 "동지들! 차에 오릅시다. 우리는 또 돌아올 것이오!"라고 큰소리로 말했다. 마오와 저우언라이, 왕전은 짙은 하늘색 미식 지프를 타고 뤄자핑(羅家坪 나가평)을 떠나 옌허를 따라 남쪽으로 향했다.

바오타산 맞은편에 있는 칭량산(清凉山 청량산) 자락을 돌아 셴양(咸陽 함양)과 위린(榆林 유림) 도로를 따라 동북방향으로 질풍처럼 달렸다. 차가 마오(峁 묘) 이북으로 방향을 틀 때 길가에 옌안에서 피난을 가는 군중 행렬이 나타났다. 등에 짐 보따리를 걸머멘 사람, 솥과 주발, 바가지, 국자 등 살림살이를 지고 가는 사람, 돼지와 양을 몰고 가는 사람, 작은 당나귀를 끌고 가는 사람 등을 비롯해 어떤 부인네는 등에 물레를 메고 가고, 어떤 할머니는 늙은 암탉을 가슴에 품고 걷고 있었다. 민병들이 무기를 들고 이들을 호위 경계하며 행군하고 있었다. 남부여대의 남녀노소들이 길고 긴 난잡하고 무질서한 무리를 이루어 시끌벅적하게 걸어가 말소리도 제대로 알 수 없었다. 마오는 침통한 모습으로 문득문득 차창 밖 장사진의 피난 행렬을 바라보며 착잡한 표정을 지었다.

옌안을 점령한 후쭝난군은 마오 등 중앙 지도자들의 행방 추적에 혈안이 되었다. 마오의 행방은 국내외 최대의 관심사가 되었다. 후쭝난군 지휘부는 중앙 기관이 철수한 방향과 대체로 일치하는 지역에 수시로 비행기를 띄워 수색하면서 폭격을 퍼부었다. 후쭝난은 "일단 목표를 발견하면 자동차나 대오, 가옥을 가리지 말고 즉시 철저하게 공격해 파괴하라"고 명령을 내렸다. 마오의 철수 대오가 류자취(劉家渠 유가거)의 작은 마을에 머물 때였다. 철수 차량을 수수깡과 풀 더미로 위장해 언뜻 보면 오래된 풀 가리처럼 보였다. 산등성이에서 떠오른 봄날의 태양이 산골 곳곳에 햇빛을 골고루 뿌리고 있었다. 이 햇빛이 차량을 위장한 풀 가리 틈을 비집고 들어가 차 안에 있던 거울과 조우했다. 순간 반사광선이 새어 나왔다. 허공에 뜬 반사광선은 곧 이상한 물체가 있다는 신호로 폭격기의 목표물이 되었다. 지상에 있던 사람들은 양각관계로 보지 못했다. 그러나 공중에서 수색하던 국민당군 조종사들은 이내 눈치를 챘다. 두 대의 폭격기가 급강하하며 마을과 행인, 풀 가리와 움집을 가리지 않고 폭격을 퍼부었다. 반복적으로 기총소사도 했다. 폭격이 끝난 뒤에 마을은 온통 불바다가 되었다. 마오의 철수 대오 차량 몇 대도 부서졌다. 마오가 탔던 지프 역시 여러 곳이 탄흔으로 얼룩졌다. 그때 마오는 움집(窯洞 요동)에서 휴식을 취하고 있었다. 폭격기가 움집의 문틀을 사격해 물 항아리가 깨져 졸지에 물바다가 되었다. 저우언라이는 화급히 마오가 쉬고 있는 움집으로 뛰어 들어갔다. 저우는 마오가 안전한 것을 알고 경호대에게 즉시 출발하도록 명령했다. 폭탄을 장재한 비행기가 두 번째 공격을 하려고 왔을 땐 마을에는 이미 사람의 그림자가 사라진 뒤였다.

3월 25일, 산베이(陝北 섬북) 칭화볜(靑化砭 청화편)에서 전투가 벌어졌을 때 마오가 와야오바오(瓦窯堡 와요보) 왕자핑(王家坪 왕가평)에 도착해 '5대 서기五大書記'가 모두 만났다. 이때 중공 지도기구의 중앙서기처는 마오쩌둥, 류사오치, 저우언라이, 주더, 런비스 5명으로 구성되어 있었다. 이 5명의 최고 지도자를 '5대 서기'라고 불렀다. 이들의 업무분장은 마오가 총책임자 겸 중앙혁명군사위원회 주석, 류사오치는 마오의 조수助手로 당무(黨務 당무), 저우언라이는 행정, 대외공작, 군대(중앙혁명군사위원회 부주석), 총참모부(대리 총참모부장) 등을 관장했다. 주더는 해방군 총사령관, 런비스는 중앙기관을 책임지고 있었다. [237]

칭화볜 전투에서 펑더화이가 이끄는 서북야전 병단이 후쭝난군의 제31여단 2천9백 명을 전멸시켰다. 마오는 즉시 펑더화이와 시중쉰(習仲勛 습중훈)에게 전보를 보내 "제31여단 주력부대를 전멸시켜 승리한 것을 축하한다. 이 전투는 의미가 크다. 전체 장사병에게 치하하는 마음을 전해주기 바란다"며 기쁨을 감추지 못했다. 3월 27일, 마오는 이어 허룽, 리징취안(李井泉 이정천)과 펑더화이, 시중쉰에게 보낸 전보에서 "중앙이 거느린 수백 명은 산베이에서 움직이지 않는다.

이곳의 인민과 지세地勢가 모두 좋고 아주 안전하다. 현재 주요 적은 후쭝난이다. 이 적을 무찔러 국면을 바꾸어야 한다. 적을 쳐부술 수 있다. 펑더화이의 전보에 따르면 이미 제31여단(1개 연대 부족)을 섬멸하고, 2천 명의 포로를 사로잡았다. 여단장 이하 누구도 탈출하지 못했다. 20만 발의 탄약을 노획하고 사기가 충천해 믿음이 높아가고 있다. 새로운 승리를 거둘 수 있다. 후쭝난군을 각개격파로 전멸시키자"고 전투의욕을 고취시켰다. 칭화볜 전투의 승리로 잠시 후쭝난군의 진공進攻 속도를 늦출 수 있었다.

중앙 지도자들은 왕자핑에서 4일을 머물렀다. 옌안에서 철수한 지 1주일째였다. 저우언라이는 중앙서기처 서열 3위지만 관장하는 공작부문이 가장 많았고, 중요 업무로 막중한 책임을 지고 있었다. 조직과 행정(정부), 외사와 외교, 선전과 정보, 그리고 혁명군사위원회 공작과 총참모부의 일이 저우의 업무였다. 마오가 결정한 모든 방침과 노선정책은 저우언라이를 통해서 구체화되고 실행되었다. 저우는 49세로 연부역강해 밤샘을 밥 먹듯 했다. 사람들은 저우를 흔히 삼국시대의 촉나라 제갈량에 비유했다. 저우언라이와 황푸군관학교에서 같이 일했고, 적이 되어 숱한 협상을 벌인 장제스는 "4억 명의 대大국민 정부에서 어찌 덕과 재능을 겸비한 저우언라이 같은 인물을 찾을 수 없는가"라고 한탄했다고 한다. 저우언라이의 재능과 인품, 덕망을 단적으로 말해주는 일화다.

저우언라이는 후쭝난에게 쫓기는 당중앙의 안전이 무엇보다 중요하다고 생각했다. 만일의 사태에 대비해 마오의 안전과 지속적인 중국의 해방혁명을 수행하기 위해서는 당중앙을 둘로 나누는 것이 어떨지 심사숙고했다. 마오쩌둥이 중앙기관을 이끌고 황허를 건너 상대적으로 안전한 '진차지(晉察冀 진찰기: 산시-차하얼-허베이 지역)' 해방구로 철수하고, 저우 자신이 산베이에 남아 투쟁하는 방안이었다. 주도면밀한 저우언라이는 우선 다른 서기들의 동의를 받아 마오에게 이 방안을 제시했다.

마오는 강력 반대했다. 화가 난 마오는 짙은 후난지방 어투로 "나는 절대로 산베이를 떠나지 않는다. 당중앙도 산베이를 떠날 수 없다. 내가 말했듯이 후쭝난을 쳐부수지 않으면 절대로 산베이를 떠나지 않는다"고 큰 소리로 거부했다. 저우는 당중앙과 주석의 안전을 도모하고, 당의 지도핵심과 혁명사업의 생사존망이 걸린 중대사인 만큼 뒤로 물러설 수 없다고 판단했다. 마오의 의견을 존중하지만 양보할 수 없다고 여긴 저우는 견결하게 반대했다. 이것은 저우언라이 일생에서 극소의 몇 번 안 되는 마오에 대한 '반대'였다고 한다.

쫓기는
공산당 중앙

후쭝난은 칭화볜 전투에 패배한 뒤 앙앙불락하며 군세를 다잡아 다시 중공중앙에 대한 추격에 나섰다. 마오가 머물고 있는 왕자핑에서 불과 몇십 리 떨어지지 않은 곳에서 총성이 들리기 시작했다. 또 달아나야 했다. 마오는 임시 중앙서기처 회의를 주재해 두 가지 중요한 결정을 했다. 하나는 당중앙이 산베이에 남아 전투 지휘를 하는 것은 불변이다. 그러나 투쟁의 필요에 따라 부분적으로 중앙 지도자들과 기관 공작인원을 산베이에서 비교적 안전한 '진쑤이(晉綏 진수: 산시-쑤이위안 지역)' 해방구로 이동시킨다는 것이다. 어떤 중앙 지도자가 남고, 떠날지에 대해서는 결정하지 않았다.

또 하나는 즉시 저우언라이를 진시(晉西 진서: 산시성 서쪽) 북쪽으로 파견해 '배치(布置 포치)공작'을 하도록 지시했다. 저우가 직접 황허 동안의 옌베이(雁北 안북) 지구로 들어가 '부분적으로 철수할 중앙기관과 공작인원에 대한 안배'를 할 수 있도록 사전답사와 준비를 시킨 것이다. 옌베이는 왕자핑에서 수백 리 떨어진 곳으로 첩첩산중인 데다 길이 험해 말을 타고 여러 날 달려야 다다를 수 있었다. 저우언라이가 떠나고 오후엔 중앙기관이 왕자핑을 떠나 칭젠清澗현 자오린저거우(棗林則溝 조림즉구)의 작은 마을에 도착해 숙영했다.

당시 공산당은 1934년 장정 이래 가장 어려운 국면을 맞고 있었다. 중앙은 옌안을 버리고 전략적 이동을 하고 있었지만 사실 도망가는 신세였다. 전국의 형세도 나빠지고 있었다. 국민당군은 황허와 화이허(淮河 회하) 이남의 모든 공산당 해방구를 공격해 점령하고 있었다. 중위안(中原 중원) 해방구, 쑤베이(蘇北 소북) 해방구도 압박을 받아 중위안 야전군과 화중야전군은 각각 허베이(河北 하북), 산둥 작전지구로 퇴각할 수밖에 없었다. 동북방면은 린뱌오가 지휘하는 민주연군民主聯軍이 강력한 공격을 받아 쓰핑(四平 사평), 창춘, 지린 등 대도시를 버리고 빙설氷雪이 뒤덮인 북만주 지역으로 후퇴해 죽을힘을 다해 버티고 있었다. 인민해방군이 화베이 전략요충지 장자커우張家口를 빼앗긴 것은 치명적이었다. 이는 중공의 '산간닝', 산시, 허베이 해방구에서 동북으로 통하는 유일한 육로 통로가 끊기는 것을 의미했다.

옌안이 함락당하고 공산당의 신화방송이 한때 중단되는 바람에 국민당의 일방적 선전이 판을 쳐 '비적 우두머리 마오쩌둥이 이미 생포되었다', '마오쩌둥이 사살되었다' 등의 유언비어가 삽시간에 전국에 떠돌았다. 공산당의 앞날에 대한 비관과 회의적 분위기가 팽배했다. 국제적으로도 서방의 반공국가들은 공산당의 파멸이 불가피하다고 예측해 환호하는 분위기였다. 소련을 비롯한 공산주의 국가들도 비관적 전망을 내놓았다. 스탈린은 모스크바의 권고를 듣지 않은 중공 지도자들의 고집과 협애한 마음이 중국혁명의 숨통을 끊어 완전히 망쳐놓았다고 한탄하기도 했다.

후쭝난의 대군은 여러 갈래로 병력을 나누어 당중앙을 맹추격하고 있었다. 서쪽에는 마훙빈馬鴻賓과 마부팡(馬步芳 마보방)의 기병이, 북쪽에는 덩바오산(鄧寶珊 등보산)군이 3면을 포위해 펑더화이 병단과 중앙을 와야오바오 일대에서 섬멸할 작전을 펴고 있었다. 후쭝난군은 공중정찰 지원과 기계화 부대로 무장해 화력의 절대우세를 보여 기세등등하게 공산당군 주위를 에워싸고 추격공격을 하고 있었다. 최후 결전의 임전무퇴였다. 후쭝난군의 선두부대는 이미 중앙의 후위 호위부대와 전투를 벌였다.

이들이 바짝 쳐들어오자 마오는 다시 중앙 긴급회의를 소집했다. 중앙기구를 새롭게 구축해 위기에 대응하는 쾌도난마의 결단이 필요했기 때문이다. '자오린 저거우(棗林則溝 조림즉구) 회의'였다. 마오가 머물고 있는 움집에서 저우언라이가 빠진 채 중앙서기와 중앙 각 부문의 책임자들이 참석했다. 마오가 제시한 '3로 분병 방안三路分兵方案'을 놓고 토론을 벌였다. 만일의 사태에 대비한 당중앙의 분산, 즉 당을 3갈래로 나누어 각각 직무를 수행하도록 하는 방안이었다. 밤새 열린 회의의 최종 결의는 마오쩌둥, 저우언라이, 런비스가 부분 중앙기관과 해방군 총부를 이끌고 산베이에 남아 투쟁하도록 했다. 또 류사오치, 주더, 둥비우로 '중앙 공위中央工委'를 만들어 '진차지' 해방구로 이동하기로 했다. 류사오치가 중앙공위 공작을 주재하도록 했다. 그리고 예젠잉과 양상쿤(楊尚昆 양상곤) 등 젊은층이 '중앙 후위後委'를 만들어 산시 서북쪽으로 들어가 공작을 벌이기로 했다. 결의는 당중앙이 의외의 일을 당했을 때 중앙공위가 당중앙의 지도직능을 대신하고, 류사오치를 중앙주석 대리로 지정했다. 238

이틀 뒤 3갈래로 나눈 중앙의 3로 인마人馬는 자오린저거우 마을에서 후일을 기약하며 헤어졌다. 류사오치가 이끄는 중앙공위는 동쪽에서 황허를 건너 시바이포(西柏坡 서백파)로 떠나고, 중앙후위는 산시 북쪽으로 진출했다. 마오와 런비스 등은 계속 북상했다. 이처럼 중앙을 3분해 국민당과 천하(통일중국)를 놓고 결전하는 비장하고 결연한 투쟁의지를 보였다. 이 방안은 결국 마오가 저우언라이의 헌책獻策을 받아들인 것이다. 자오린저거우 회의가 열린 날에 중앙은 허룽이 통솔하는 '진쑤이' 군구軍區에 긴급전보를 보내 "즉시 저우언라이 부주석이 이른 시일 안에 허시(河西 하서; 황허 서안의 산베이 지역)로 돌아오도록 전달하라"고 지시했다. 마오는 산베이의 중앙혁명군사위원회 기관을 4개 대대(전신, 정보, 작전, 기요, 연락, 문비文秘, 후근後勤, 경위 등 포함)로 재편해 공작인원은 200명에 불과했다. 경호부대는 4개 중대로 모두 800명이 채 되지 않았다. 중앙 직속종대 사령부를 만들어 대외적으로는 '쿤룬(昆侖 곤륜)종대'라 이름하고, 런비스를 사령관, 루딩이(陸定一 육정일)를 정치위원으로 임명했다. 또 대외 비밀을 유지하기 위해 마오를 '리더성(李得勝 이득승)', 저우언라이를 '후비청(胡必成 호필성)', 런비스를 '스린(史林 사림)'으로 하는 암호 이름을 쓰도록 했다. 이들 암호명은 '혁명은 반드시 성공'한다는 뜻을 담고 있다.

1947년 4월 14일, 마오의 중앙기관은 옌안에서 서북쪽으로 수백 킬로미터 떨어진 징볜(靖邊 정변)현 왕자완(王家灣 왕가만)에 도착했다. 이날 펑더화이의 서북야전 병단이 양마허(羊馬河 양마하) 전투에서 후쭝난군을 기습공격해 제135여단의 4천7백여 명을 섬멸하고 여단장 대리 마이쭝위(麥宗禹 맥종우)를 생포했다. 양마허 전투에 승리함으로써 고무된 마오는 해방군 각 전략구에 격려 전보를 보냈다.

이 승리는 후쭝난 침략군에게 중대한 타격을 입혔다. 후쭝난군을 철저하게 분쇄할 기초를 다지게 되었다. 이번 승리는 현재 보유하고 있는 병력으로 외부의 지원 없이 후쭝난군을 격퇴할 수 있다는 것을 보여주었다. 이번 승리는 또 인내심을 갖고 기다리면서 교만하지 않고 조급해하지 않으면 적을 섬멸할 수 있다는 것을 증명했다. 전군 장병들에 대해 노고를 치하致賀하는 바이다. 아울러 전 해방구는 변계지 군민軍民 경축대회를 열어 민심을 고취하고, 사기를 진작해 계속 적을 무찌르자.

마오는 또 이날 치하 전보를 보낸 펑더화이, 시중신과 주더, 류사오치에게 전략방안에 관한 전보를 보냈다.

적은 이미 상당히 피로에 지쳐 있으나 아직은 여력이 있다. 적은 이미 식량에 곤란을 겪고 있으나 아직은 극단적 어려움은 없다. 우리 군이 제31여단을 전멸시켰으나 대량의 적은 섬멸하지 못했다. 개전 20일 동안 이미 적들이 피곤에 지치고 식량에 어려움을 겪도록 하는 목적은 달성했다. 지금부터는 적들을 완전히 지치게 하고 식량을 고갈시켜 최후로 적을 섬멸하는 조건을 조성해야 한다. 우리의 방침은 과거의 방법을 계속 구사해 현지에서 적과 일정한 시기(1개월 안팎) 동안 술래잡기를 하며 대응한다. 목적은 적이 완전히 피곤에 나가떨어지고, 양식이 동날 때까지 기다렸다가 기회를 잡아 전멸시키는 데 있다. 우리 군은 이러한 방법이 최후의 승리를 이끄는 필수적인 길이라는 것을 마땅히 장병들과 인민들에게 설명해야 한다. 적들이 완전히 피로에 지치지 않거나 기아에 허덕이지 않는다면 최후의 승리를 거둘 수 없다. 이 방법은 '모구(蘑菇 마고: 버섯, 질질 끄는 지연전술을 뜻함)전술'로 적을 기진맥진하게 한 뒤 소멸하는 것이다.

마오와 저우언라이는 이처럼 산베이 북방 황토고원에서 전국 모든 전장의 전략과 전술, 전투를 지휘하고 있었다. 이 전술은 성공적이었다. 후쫑난군은 자신들을 끌어들여 지형지물에 익숙한 산속으로 달아나는 펑더화이군을 쫓아다니느라 제대로 전투다운 전투를 해보지 못하고 지쳐 나가떨어졌다. 도리어 펑더화이군에 기습을 당해 병력 손실이 컸다.

'상승장군'
쑤위

장제스는 마오 등 중공중앙 지도부가 왕자완에 은신하고 있다는 정보를 입수하고, 후쭝난군의 9개 여단을 쑤이더(綏德 수덕)로 이동해 공격할 것을 명령했다. 이에 따라 1개 여단만이 후방에 남아 중요 군수보급 창고가 있는 판룽전(蟠龍鎭 반룡진)을 지키고 있었다. 기회를 엿보던 펑더화이는 홀로 남아 판룽전을 지키고 있는 후쭝난의 정예부대 제167여단을 기습공격해 전멸시키고, 여단장 리쿤강(李昆崗 이곤강)을 생포했다. 4만 벌의 군복과 100만 발의 탄약과 포탄을 노획하는 승리를 거두었다. 쑤이더에서 급히 류칸(劉戡 유감)과 둥자오(董釗 동교) 등의 구원부대가 달려왔지만 도중에 인민해방군에게 차단되어 되레 방어에 급급하느라 구원의 손길을 내밀지 못했다. 시안에 있던 후쭝난은 눈물만 뿌렸다고 한다.

1947년 3월 말에 벌어진 산둥성 명량구(孟良崮 맹량고) 전투는 내전 초기 인민해방군이 '운동전'으로 승리를 거둔 대표적 전투로 꼽히고 있다. 국민당군은 5대 주력 가운데 3대 주력을 포함해 산둥 전장戰場에 45만여 명의 병력을 집중 투입했다. 이에 맞설 천이와 쑤위(粟裕 속유)가 통솔하는 인민해방군 화둥(華東 화동)야전군은 9개 종대와 1개 특수종대로 총병력은 27만여 명에 이르렀다. 국민당군의 재편한 정편整編 제74사단, 제11사단과 신5군단은 밀집대형을 강화하면서 차근차근 진을 쳐가며 한 걸음 한 걸음씩 밀고 들어가는 작전을 구사했다. 화둥야전군은 지역의 득실을 따지지 않고 동에 번쩍 서에 번쩍 하며 동서남북을 가리지 않는 양동작전을 폈다. 고도의 '밀집공격'을 깨기 위해 틈을 노렸던 것이다. 5월 중순, 정편 제74사단을 주력으로 한 국민당군은 화둥야전군 사령부가 주둔한 지역의 중앙 돌파를 시도했다. 이 때문에 정편 제74사단의 위치가 비교적 돌출하기 시작했다.

천이와 쑤위는 몇 개의 주력 종대를 집결해 적의 전투대형의 중앙을 치고 들어가 가장 위협적인 선봉先鋒 정편 제74사단과 다른 부대와의 연계 고리를 끊은 뒤 섬멸하는 작전을 짰다. 이른바 '맹호의 심장을 꺼내고(猛虎掏心 맹호도심)', '호랑이 이빨을 뽑는(虎口拔牙 호구발아)' 식의 당찬 작전이었다. 종전의 인민해방군 전투는 무기와 탄약 등이 한정되어 일반적으로 약한 적을 골라 병력을 집중해 싸우는 방식이었다. 그러나 멍량구 전투는 인민해방군이 국민당군의 최강 정예를 치는 것으로 종전 전투방식과는 달리 발상의 전환을 꾀했다.

정편 제74사단은 3만 2천여 명의 병력에 미국 기계화 장비로 무장하고, 미국 장교들로부터 훈련을 받은 정예 중의 정예였다. 1946년 5월, 국민당 정부가 환도한 수도 난징(南京 남경)의 위수衛戍 임무를 맡는 '어림군御林軍'이었다. 사단장 장링푸(張靈甫 장령보)는 황푸군관학교 제4기로 졸업한 뒤 항일전쟁 시기 모범군인의 영예를 얻어 장제스의 두터운 총애를 받았다. 이에 맞서는 쑤위는 1907년에 후난성 후이퉁핑(會同坪 회동평)촌에서 태어난 소수민족인 둥侗족 출신이다. 1924년, 부모가 정해준 혼사를 떨쳐버리고 가출해 후난 성립 제2사범학교에 들어갔다. 쑤위는 학생운동을 하며 공산주의 사상에 경도되어 1926년 11월에 공산주의 청년단에 가입했다. 1927년, 당국의 체포령을 피해 우창(武昌 무창)으로 달아나 예팅(葉挺 엽정) 사단장이 이끄는 국민혁명군 제24사단 교도대에 들어가 군문에 들어섰다. 그해 6월에 공산당 당원으로 전환한 쑤위는 8월 난창기의에 참가해 경위대 분대장을 했다. 난창기의 실패 후 주더와 천이를 따라 1928년 1월에 샹난(湘南 상남: 후난성 남쪽 지방)기의에 참여했다가 실패한 뒤 4월에 징강산에 들어갔다. 징강산에서 근거지 건설과 전투를 하면서 마오와 주더의 군사, 사상의 영향을 받아 유격전과 운동전, 전멸전 등의 군사전술을 익혔다. 1930년 12월, 홍군 제64사단 사단장, 홍군 제4군단, 제11군단, 제7군단 참모장 등을 두루 역임했다. 1935년 2월, 돌격사단장에 임명되어 500여 명을 이끌고 국민당 통치구역의 복판인 저장(浙江 절강)성에 진입해 저난(浙南 절남: 저장성 남쪽 지역) 유격 근거지를 개척했다. 항일전쟁이 일어난 뒤 1938년 4월에 신사군 제2지대 부사령관에 이어 선발지대 사령관으로 임명되어 장난(江南 강남: 창장 이남) 웨이강(韋崗 위강) 전투에서 일본군을 무찔러 이름을 날렸다. [239]

1941년 1월에 완난사변 이후 신사군 제1사단장을 역임하고, 1945년 1월에는 '쑤저(蘇浙 소절: 장쑤-저장성)군구' 사령관 겸 정치위원이 되었다. 쑤위는 항일전쟁에서 수많은 전투를 벌이며 눈부신 전과를 올렸다. 류사오치는 "쑤위가 통솔하는 신사군 제1사단은 항일전쟁 중 가장 큰 공을 세웠다. 우리 군 중에서 제1사단 작전이 가장 많았고, 전과가 가장 컸다"고 높이 평가했다. 일본이 항복한 뒤 화중 야전군 사령관이 된 쑤위는 내전이 터지면서 남정북전南征北戰해 보름 동안 7전 7승으로 국민당군 5만 3천여 명을 전멸시키는 등 혁혁한 전공을 세웠다. 1947년 1월 하순에 산둥과 화중야전군을 통합해 화둥야전군을 창설하자 부사령관을 맡은 쑤위는 라이우(萊蕪 내무) 전투에서 운동전으로 7만여 명을 섬멸해 내전 1차 전역戰役 최다 섬멸 신기록을 세웠다. 마오가 아끼는 5호상장군五虎上將軍 가운데 쑤위와 린뱌오가 1, 2위를 다툴 정도로 신임이 두터웠다. 쑤위는 신중국 건국 후, 1955년 10대 원수를 선발할 때 후보자 중 나이가 어려 스스로 3차례나 사양했다. 그의 이런 고매한 인품 때문에 대장 계급을 수여받았으나 '원수급 대장'이란 아름다운 이름을 얻어 지금까지 중국인민들의 가슴속에 전해 내려오고 있다.

쑤위는 국민당군 정편 제74사단을 섬멸하기 위해 화둥야전군 5개 종대에 적을 에워싸 공격토록 하고, 4개 종대를 두 날개로 삼아(兩翼 양익) 지원군을 막도록 명령했다. 국민당군과 인민해방군의 병력 대비는 1대5로 화둥야전군이 숫자상으로는 절대 우세였다. 3일 동안 벌어진 전투에서 정편 제74사단은 완전 궤멸되었다. 사단장 장링푸도 사살되었다. 뒤늦게 국민당군의 지원군이 달려왔으나 쑤위의 작전대로 양익에 저지당해 손도 쓰지 못했다. 멍량구의 한 산속에서만 7천여 명의 국민당군이 몰살당했다. 장제스는 "멍량구 실패는 우리 군의 공산당 포위공격 소탕전 이래 가장 가슴 아프고, 가장 애석한 전투"라고 애통해했다. 마오쩌둥은 "1년 작전 중 전국 각 전구의 전과에서 최대의 군대임을 과시했다"고 기뻐했다. 사령관 천이는 "쑤위 장군의 작전 지휘는 일관되게 상승 기록을 유지한다. 나아갈수록 기이하고 싸울수록 묘하다"고 칭찬했다.

샤오허 회의,
중원전략을 짜다

내전의 시일이 흐를수록 국민당 군대 다수의 병력이 이렇게 공산당군에 의해 야금야금 빠르게 먹혀가고 있었다. 이처럼 각 전투 현장에서의 승첩이 잇따라 형세 변화가 빠르게 진전되자, 마오는 산베이 징볜현 작은 마을 '샤오허(小河 소하)'에서 전국 각지에 흩어져 있던 군 지휘관들을 소집해 회의를 열었다. 1947년 7월 21일부터 23일까지 열린 '샤오허 회의'는 지금까지의 군사전략과 전술을 검토하고, 앞으로의 전략방침을 결정한 인민해방군 전사의 유명한 회의였다. 이 회의가 인민해방군이 산간지역으로 적을 유인해 게릴라전을 펴던 '방어적 공격'에서 드넓은 평원으로 진출해 운동전으로 '적극적 공격'을 전개하는 분수령이 되었다. 저우언라이는 회의에서 이렇게 전쟁 상황을 보고했다. [240]

"내전이 발발한 1946년 6월부터 지금까지(1947년 7월) 해방군은 국민당군의 3분의 1가량을 궤멸시키는 데 성공했다. 초기 몇 달에 걸친 대치기간 동안 국민당군은 광대한 지역으로 넓게 퍼지면서 공산당 근거지 안에 있는 104개 도시를 점령했다. 그러나 그 후유증으로 장제스는 1947년 3월에는 전면적인 공세에서 산시 북부와 산둥성 등 주요 지역에 대한 공격으로 전략을 바꾸어야 했다. 방어적이었던 우리 해방군은 이제 공세적으로 나서기 시작해 62개 도시를 되찾았고, 병력을 190만 명으로 늘리는 데 성공했다. 이런 군 병력의 확대는 다음 단계(1947~1948년)의 전쟁을 국민당 통치 지역에서 펼칠 수 있는 가능성을 열었다."

　　마오는 구상한 전략방침과 앞으로의 작전계획을 설명했다. 241

　　"장제스의 '황허전략'은 한 주먹으로 산둥을 때리고, 또 한 주먹으로는 산베이를 치는 것이다. 산둥에 56개 여단 40만여 명을 투입했고, 산베이에는 30여 개 여단 20만여 명을 투입했다. 류보청은 이런 형상을 아령을 하는 것 같다고 했다. '아령전략'이다. 장제스의 이런 전략은 우리를 압박해 화베이(華北 화북)에 끌어들여 결전하겠다는 뜻이다. 그런데 장제스는 두 주먹을 한번 뻗었을 때 자신의 가슴이 노출되는 것을 생각하지 못하고 있다. 따라서 우리는 화베이에 가서 맞서는 강력한 대응, 즉 침봉상대針鋒相對하는 황허전략, 두 주먹을 꽉 쥐고 열린 가슴팍에 칼을 꽂는 황허전략을 보여주자. 우리는 적들의 중점적 진공을 기다리지 말고 완전히 분쇄해야 한다. 우리의 장비 수량도 보충되었기 때문에 전략적 진공進攻을 전개할 수 있다. 우리는 지금 곧 진공에 들어가고, 우리 주력은 즉시 바깥 적의 포위망(外線 외선)을 깨부수자!"

　　저우언라이가 구체적으로 마오의 구상을 부연 설명했다.

　　"장제스의 병력은 산둥과 산베이 양익에 중점 배치되어 있어 천험의 황허가 흐르는 중간지대(화베이)에는 소수 병력밖에 없다. 장제스는 황허를 바깥 해자垓字(성 바깥쪽을 따라 적이 침공하지 못하도록 파놓은 못)로, 룽하이 철로를 '철사망鐵絲網(거점 진지)'으로, 창장(長江 장강)을 내부 해자로 삼고 있다. 우리는 바깥 해자를 넘고, 거점 진지를 넘어 장제스의 내부 해자를 쳐야 한다."

　　"여기 중간을 돌파해 가슴팍에 칼을 꽂아야 한다."

　　마오가 벽에 걸려 있는 지도의 화베이 일대를 손으로 가리키며 힘주어 말했다.

　　"이 칼은 바로 류보청-덩샤오핑의 대군이다. 지금 그들은 이미 황허를 건넜다. 용감하게 다볘산(大別山 대별산)으로 전진해 준비한다. 그런 연후에 장제스의 가슴을 곧바로 찌른다. 바깥 해자 전략(外線作戰 외선작전)은 총체적으로 이런 방식으로 배치한다."

　　저우언라이는 이렇게 말한 뒤 지도를 가리키며 상세하게 설명했다.

"류-덩 대군이 다볘산을 차지하는 것 이외에 천이와 쑤위의 화둥야전군이 '위완쑤(豫皖蘇 예환소; 허난-안후이-장쑤성 지역)'로 진격하고, 천겅과 셰푸즈가 이끄는 '진지루위(晉冀魯豫 진기로예; 산시-허베이-산둥-허난성 지역)' 야전군 일부는 황허 도하를 강행해 허난 서쪽으로 진출한다. 산베이와 산둥도 일제히 움직여 전면적으로 협력한다."

"이 진세는 내가 보기에 '품品' 자형과 같다."

허룽이 웃으며 지도 앞으로 걸어 나와 그의 브랜드마크인 '파이프 담뱃대'로 지도를 가리키며 말했다. 마오가 허룽의 말을 받아 설명했다.

"그렇다. 이것은 '품' 자형 진세陣勢다. 우리는 바로 남쪽 창장에서 일어나 북쪽은 황허에, 서쪽은 한수이(漢水 한수), 동쪽은 화이허(淮河 회하)의 중원中原 대지에 이른다. 3로 대군이 '품' 자형 진세를 펼쳐 합동작전으로 서로 의지하며 적을 향해 진공한다. 이렇게 해 더욱 빨리 전쟁에서 승리하도록 해야 한다. 이번 전략의 총체적인 중심부분은 류-덩 대군의 다볘산 진격이다. 중국 역사는 우리에게 중국을 통일하려면 중원을 차지해야 한다는 것을 일깨워주고 있다. 중원축록中原逐鹿(제위, 즉 정권을 다툰다는 뜻), 사슴이 누구의 손에 죽는지 보자!"

'류보청-덩샤오핑' 12만 대군
중원으로

마침내 죽고살기의 대회전, 중원축록(내전)의 2단계 막이 오른 것이다. 기실 중공 중앙의 이런 전략방침의 이면에는 여러 요인이 복합적으로 작용했다. 내전이 발발한 1946년 7월 이래 1년 동안 국민당군은 병력이나 무기, 장비 등에서 월등한 우세를 점하고 있었다. 인민해방군은 이런 열세로 인해 정면대항을 피했다. 그러다보니 대부분의 전쟁이 공산당의 해방구에서 벌어졌다. 전쟁의 피폐화는 물론 자연재난도 이어져 해방구의 경제가 심각할 정도로 파괴되어 인적·물적 동원이 이미 한계점에 다다랐다. 따라서 전쟁터를 국민당 통치지역으로 끌고 가 해방구의 전쟁 소모를 줄이는 것이 무엇보다 중요했다. 또한 국민당군이 포진한 산베이와 산둥의 양익兩翼을 끌어들여 두 지역에 대한 군사적 압력을 줄일 목적도 있었다. 중앙은 대담하고 극히 모험적인 전략방침을 세우지 않으면 안 되었다. 류-덩 대군이 근거지를 떠나 국민당군의 전략적 후방지구로 직접 뛰어 들어가 새로운 전기를 마련하기로 한 것이다.

샤오허 회의가 끝난 뒤에 류-덩, 천이-쑤위, 천경-셰푸즈의 3로 대군은 날카로운 삼지창으로 장제스의 가슴을 찌르는 결기를 다지며 출정에 나섰다. 1947년 6월 30일, '전신戰神' 류보청(劉伯承 유백승)과 오척 단구의 대물大物 덩샤오핑(鄧

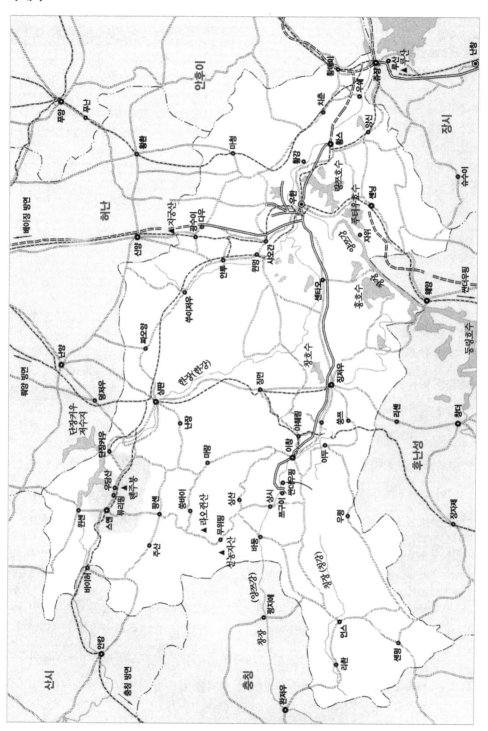

小平 등소평)은 12만 대군을 휘몰아 후베이성(湖北省 호북성) 황안(黃安 황안; 지금의 紅安 홍안)현의 다볘산(大別山 대별산)으로 진군했다.

중앙은 옌안과 산둥지역을 압박하는 장제스의 '아령전략'을 깨고 '중원전략'을 실행하기 위해 류보청-덩샤오핑의 12만 대군이 다볘산으로 떠나기 한 달 전인 5월에 덩샤오핑을 서기로 하는 중원국中原局을 설립했다. 다볘산 근거지를 확보해 중원전쟁 준비를 총괄하는 책임을 맡긴 것이다. 공산당의 중원전략을 간파한 장제스는 류-덩 대군이 북쪽에서 황허를 건너 남쪽으로 진출하는 것을 막고, 화베이 야전군을 이끌고 있는 천겅과 셰푸즈 부대의 남하를 저지해 류-덩 부대의 지원을 봉쇄하고 고립시킨다는 전략을 세웠다.

다볘산을 중심으로 한 '어위완(鄂豫皖 악예환; 후베이-허난-안후이 지역)'은 일찍이 장궈타오와 쉬샹첸이 통솔한 홍4군 창설지역의 해방구로 공산당의 지배력이 강한 곳이다. 홍4군이 국민당군에 쫓겨 쓰촨지역으로 장정을 한 뒤에는 홍5군, 홍25군, 홍28군이 잇따라 이 지역에서 투쟁을 벌였다. 항일전쟁 후에는 리셴녠(李先念 이선념)이 지휘한 신사군 제5사단이 근거지로 삼아 전투를 벌인 바 있다. 천리행군의 쾌속진군으로 황허를 도강한 '류-덩'부대는 국민당군의 저지를 뚫고 다볘산에 교두보를 마련해 빠르게 뿌리를 내릴 수 있었다. 그러나 국민당군의 포위공격도 만만찮아 악전고투의 연속이었다. '류-덩'부대는 11월 하순에 포위공격군 3만여 명을 섬멸하고, 33개현에 인민 민주정부를 세워 해방구의 틀을 갖추었다. 이즈음 국민당 통치지구에서는 이런 풍설이 나돌았다. [242]

"일성一誠(陳誠 진성)은 일승一承(劉伯承 유백승)보다 못하고, 5류(劉峙 유치, 劉茂恩 유무은, 劉汝明 유여명, 劉廣信 유광신, 劉汝珍 유여진)는 일류一劉(유백승)만 못하다."

국민당군 육군 참모총장 천청의 이름 끝 자의 발음 '청'자와 류보청의 끝 자 발음 '청'을 따와 비교하면서 천청의 능력이 류보청에 뒤지고, 류씨 성의 국민당군 장군 5명을 한데 합쳐도 성씨가 같은 류보청 한 사람을 당해낼 수 없다고 빗대는 얘기였다. 류보청의 뛰어난 군사 지휘 능력에 맥없이 고꾸라지는 국민당군 장령들의 무능을 조롱하는 풍자였다.

1948년 초, 류-덩 야전군이 다볘산에 온 지 6개월 남짓했을 무렵에 부대의 탄약, 군복, 식량 등 군수 보급이 떨어져 어려움을 겪고 있었다. 국민당군이 5개 사단을 풀어 다볘산의 류-덩 야전군에 대한 일대 소탕작전에 나섰다. 류-덩 야전군은 국민당군의 맹렬한 공격으로 수세에 몰려 화둥야전군이 남하해 지원해줄 것을 당 중앙에 요청했다. 마오는 화둥야전군 사령관 천이의 동의를 얻어 실제적 지휘를 하고 있는 부사령관 쑤위에게 3개 사단을 이끌고 황허를 건너 남진해 류-덩 야전 군을 지원하도록 명령했다.

당중앙의 명령을 받은 쑤위는 되풀이해 이 작전을 뜯어봤지만 아니라는 결론에 도달했다. 쑤위는 이 일대 지리와 지형지물에 대해 손금 보듯 훤히 꿰뚫고 있었다. 쑤위가 1934년에 홍7군 사단장 팡즈민(方志敏 방지민)을 따라 북상했을 때 국민당군의 포위망에 걸려 상관인 팡즈민은 사로잡혀 총살당하고, 홍7군이 궤멸되어 산지사방으로 흩어져 도주했었다. 쑤위는 요행히 포위망을 뚫고 달아나 장난 (江南 강남: 창장 중하류 지역)지역에서 유격전을 벌이며 간난신고의 투쟁을 벌이는 쓰라린 경험을 했다. 장난은 국민당의 핵심 근거지역으로 황허를 건너 진공할 경우 반격을 받을 것이 뻔했다. 국민당군이 포위했을 때 후속 대책이 난감했던 것이다. 쑤위는 황허를 도강해 지원하는 것보다 오히려 창장(長江 장강) 이북에서 국민당군 주력부대들과 전투를 벌여 격파하는 게 상책이라고 판단했다. 즉 자신의 부대 3개 사단이 강을 건너지 않고 중원에서 작전을 전개하는 게 낫다고 본 것이다. 화둥야전군 사령관 천이(陳毅 진의)가 사령부에서 간부회의를 소집해 당중앙의 명령을 전달했다. 중원작전을 위해 강남(창장 지역)을 흔들어야 하고, 화베이(華北 화북) 작전을 위해 중원에 변화를 주어야 승리할 수 있다는 게 중앙의 뜻이라고 설명했다.

회의 휴식시간에 쑤위가 천이를 찾아가 자신의 견해를 밝혔다. 당중앙의 작전 명령이 잘못되었다는 게 요지였다. 천이는 의아해했으나 쑤위의 얘기를 듣고 보니 옳은 전략일 듯도 했다. 하지만 일개 전구戰區사령부에서 당중앙의 전략방침을 바꾼다는 게 얼마나 힘든 일인지를 잘 아는 천이로서는 난감했다. 당중앙의 전략방침, 즉 마오와 저우언라이, 주더가 내린 결론을 바꾸어야 했기 때문이다. 전례가 없었다. 천이는 고민 끝에 그래도 쑤위의 작전 전략이 일리가 있어 중앙혁명군사위원회에 쑤위의 의견을 개진키로 했다. 쑤위는 장문의 전보를 보냈다. 화둥야전군이 황허를 도하해서는 안 되는 이유와 중원작전의 세부 전략계획 내용을 담은 것이었다. 243

마오는 중앙혁명군사위원회 명의로 천이와 쑤위가 당중앙이 있는 허베이성(河北省 하북성) 푸핑(阜平 부평)의 청난좡(城南庄 성남장)에서 여는 중앙서기처 확대회의에 참석하라는 전보를 보냈다. 청난좡 회의는 꼬박 1주일간 열렸다. 중원전략이 얼마나 중요한가를 보여주는 회의였다. 공산당 앞날의 사활이 걸려 있기 때문이었다. 쑤위는 이 회의에서 거듭 3개 사단이 잠시 도강하지 않고 중원지구에 병력을 집중해 적들을 섬멸하는 방안을 여러 근거와 함께 설명했다. 중앙 지도자들이 쑤위의 안案을 놓고 뜨거운 토론을 벌였다. 최종적으로 모두 쑤위가 제시한 방안을 받아들였다. 회의는 화둥야전군 사령관 천이를 중원국 제2서기 겸 중원야전군 제1부사령관으로 임명해 류-덩 작전을 돕도록 했다. 또 쑤위를 화둥야전군 사령관 대리 겸 정치위원 대리로 임명해 화둥야전군의 작전 지휘권을 주는 등 쑤위에 대한 전폭적인 신임을 보였다. 마오는 쑤위의 헌책을 받아들여 류보청-덩샤오핑의 야전군이 다볘산에서 화이허(淮河 회하), 룽하이(隴海 농해), 사허(沙河 사하), 푸뉴산(伏牛山 복우산) 사이로 이동할 것을 명령했다. 또 류-덩 야전군 3개 사단, 화둥야전군 천스쥐(陳士榘 진사구)와 탕량(唐亮 당량) 4개 사단, 천경과 세푸즈 1.5개 사단 등 총 8.5개 사단을 화이허, 한수이(漢水 한수), 룽하이, 진푸(津浦 진포) 사이에 집결해 기동전으로 국민당군을 격파하도록 했다.

전투는 쑤위가 예측했던 대로 흘러갔다. 화둥야전군은 잇따라 위둥(豫東 예동)과 지난(濟南 제남)전투를 벌여 국민당군을 대량 섬멸해 중원지구의 전략 주도권을 잡았다. 마오의 이런 중원전장中原戰場의 전략적 배치는 국민당군의 주력을 화이허와 한수이 이북으로 끌어들여 쑤위 부대의 기동력을 원활하게 하고 다볘산과 장한(江漢 강한) 등지를 공고하게 방어한 뒤 국민당군을 섬멸하는 계책이었다.

1948년 5월 9일, 중앙은 중원국을 확대해 덩샤오핑을 중원국 제1서기, 천이를

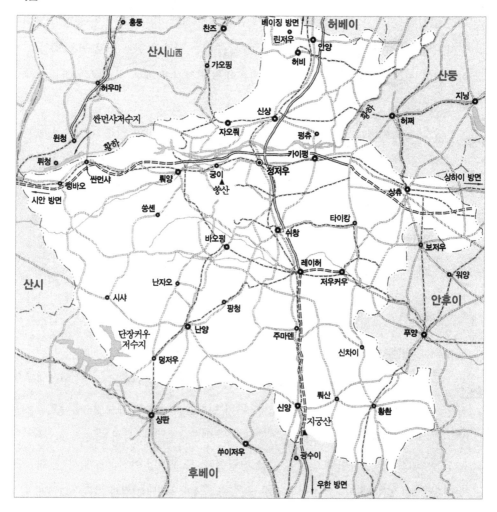

제2서기, 덩쯔후이(鄧子恢 등자회)를 제3서기에 임명했다. 아울러 중원군구中原軍 區를 창설해 류-덩 야전군과 천겅-셰푸즈 부대를 중원야전군으로 개편했으며, 류보청을 중원군구 사령관 겸 중원야전군 사령관에 임명했다. 덩샤오핑을 중원군 구 정치위원과 중원야전군 정치위원, 천이를 중원군구 제1부사령관, 리셴녠을 중 원군구 제2부사령관에 각각 임명했다. 천이는 계속 화둥야전군 사령관 겸 정치위 원을 맡도록 했다. 중원국과 중원군구는 위시(豫西 예서: 허난 서쪽 지역), 어위(鄂豫 악예: 후베이-허난 지역), 위완쑤(豫皖蘇 예환소: 허난-안후이-장쑤 지역), 퉁바이(桐柏

동백) 등 7개구 당위원회와 2급 군구를 관할하도록 했다. 중원국은 중앙이 파견한 기구로 중원지구의 모든 정치, 군사, 경제, 당무黨務와 중원전장에서 중원야전군과 화둥야전군의 합동작전을 지휘하도록 하는 막강한 권한을 부여받았다. 244

덩샤오핑과 류보청, 천이가 이끄는 중원국, 중원군구, 중원야전군 총사령부는 6개월 동안 바오펑(寶豐 보풍)에 주둔하면서 중원 인민해방전쟁의 총사령부 구실을 했다. 1948년 봄부터 중원야전군과 화둥야전군은 합동작전을 펼쳐 잇따라 뤄양(洛陽 낙양)전투, 완시(宛西 완서: 삼국시대 때 이름은 남양시 완성), 완둥(宛東 완동), 위둥(豫東: 허난 동쪽 지역), 샹판(襄樊 양번) 전투 등을 승리로 이끌었다. 이어 국민당군 정규군 17만여 명과 지방단대 10만여 명을 전멸시켰다. 점령지역인 뤄양과 카이펑(開封 개봉), 샹양(襄陽 양양) 등 중요 도시를 견고하게 방어해 국민당군의 중원 방어체계를 분쇄하고, 중원지구의 광대한 지역을 해방시켰다. 카이펑은 허난성의 성도省都로 인민해방군이 점령한 첫 중국 심장부의 성도였다. 또한 룽하이 철도와 징광(京廣 경광: 베이핑-광저우)철도의 교차지역이자 국민당군의 군수물자 등을 공급하는 총 후방기지인 전략적 요충지 정저우(鄭州 정주)를 점령해 중원야전군의 무기와 장비를 크게 개선시켰다. 중원국은 바오펑에 중원대학中原大學(현재 중남 재경정법대학)을 설립해 지식분자들을 끌어들이고 청년 학생들을 교육시켜 대량의 간부를 배출했다. 중원국, 중원군구, 중원야전군 총사령부 간부들도 중원대학에서 국제형세와 각국의 혁명 상황 등을 배웠다. 덩샤오핑은 1948년 6월 6일에 '반좌反左, 규좌糾左(좌경의 잘못을 바로잡음)'를 견지하는 '6·6지시'를 기초해 전쟁 승리를 위한 정치적 기초를 견실하게 다졌다.

덩샤오핑은 중원에 진출한 이래의 경험과 교훈을 바탕으로 한 '중공중앙의 토지개혁과 정당整黨공작에 관한 지시의 집행 관철(6·6지시)'을 만들어 신新해방구의 토지개혁 과정에서 나타난 급진과 조급병 등 12개 방면 분야를 분석해 엄중한 교훈으로 삼도록 했다. 특히 다볘산 지구의 토지개혁 운동에 대해 날카롭게 비판했다. 덩샤오핑은 "전 지구는 즉시 토지분배를 중지하고, 토호들을 공격해 빼앗은 재산분배, 마구잡이 몰수를 중지하고, 모든 파괴를 금지하며, 함부로 구타하거나 체포, 살인 등의 현상을 금지"하는 지시를 내렸다. 덩샤오핑은 문제해결을 위한 12개 방침과 단계적 방안을 제시했다.

'6·6지시'가 당중앙에 보고된 뒤에 마오는 류사오치와 주더, 저우언라이 등에게 서신을 보내 중원국의 '6·6지시'를 중원 이외의 각 중앙국, 중앙 분국, 각 대大야전군 전위前委 등에 하달해 그에 따라 일 처리를 하도록 지시했다. 중원국은 덩샤오핑과 류보청, 천이를 통해 중원전쟁 기간 동안 다볘산을 축으로 한 근거지를 탄탄하게 다져 중국 해방전쟁의 3대 전역 중 하나인 화이하이(淮海 회해) 전투와 창장 도강 전투, 강남 해방의 디딤돌을 놓는 큰 구실을 했다.

중공, 북한 후방기지
남북만주 지원

1945년 11월 말에 창춘과 선양, 하얼빈 등 동북지역 대도시를 국민당군에 내주고 향촌 중소도시로 철수한 동북 인민해방군들은 권토중래를 위해 무기와 장비를 보충하고 병력을 충원하면서 호시탐탐 반격을 노렸다. 서만주 일대의 인민해방군은 쑹화장(松花江 송화강) 이북으로 철수했다. 서만주와 남만주의 광대한 지역과 특히 주요 교통의 간선도로가 국민당군의 수중에 떨어졌다. 이에 따라 뤼순(旅順 여순)과 다롄(大連 대련) 및 화둥(華東 화동) 해방구와 북만주, 남만주와의 연결고리가 끊어져 목전의 화급한 문제로 떠올랐다. 또 인민해방군이 철수할 때 대량의 장비와 물자, 부상자와 가족들을 안전하게 호송하고 안치하는 문제도 시급했다. 1946년 6월, 동북국은 연구와 연구를 거듭한 끝에 "조선(북한)을 은폐한 후방기지로 삼아 남북만주 지역 작전을 펼치는 방안"을 짰다.

　조선의 동의를 얻어낸 동북국은 동북민주연군 부총사령관 샤오진광(蕭勁光 소경광)과 북만주 분국 비서장 주리즈(朱理治 주리치)를 평양에 파견했다. 이들은 조선 공산당 중앙과 회담해 평양에 중공중앙 동북국 판사처辦事處(사무소)를 설립해 공작을 할 수 있도록 했다. 주리즈가 중앙 동북국 및 동북민주연군 평양 주재 전권대표로 임명되었다.

당시 한반도의 상황은 미소 두 나라가 남북에 각각 진주해 공동 관할하는 형국이었다. 또 장제스의 국민당이 미소 두 나라로부터 지지를 받고 있는 등 복잡한 형세였다. 이에 따라 동북국은 평양의 판사처를 은폐와 공개를 결합하는 방식으로 운용하기로 했다. 대외적으로 '평양이민공사平壤利民公司'라는 간판을 달아 실체를 숨겼다. 판사처(평양이민공사)는 대동강 서안의 채관리釵貫里 140번지에 둥지를 틀었다. 평양이민공사는 북한의 주요 교통 중심지인 항구도시 진남포, 신의주, 황포와 나진 4곳에 판사처 분실을 두고 '평양이민공사 모모某某 분공사'라는 간판을 달아 엄폐했다. 작곡가이자 독립운동가 정율성의 부인 딩쉐쑹(丁雪松 정설송)은 『작곡가 정율성』에서 이렇게 술회했다. 245

(나는) 이민공사 부분공작에 참여해 주리즈 동지가 이끌었던 판사처를 2년여 동안 직접 보고 들었다. 주리즈 동지의 공작은 김일성 동지를 우두머리로 하는 조선노동당 중앙의 많은 지원을 받았다. 김일성 동지는 우리에게 진심으로 "당신들의 일은 바로 우리의 일이다", 또 "조선의 혁명은 중국혁명의 계속이다. 중국의 해방이 조선의 해방이다"라고 말했다.

평양이민공사의 일은 안둥(安東 안동: 지금의 丹東 단동)과 퉁화(通化 통화)에서 철수한 동북 인민해방군 1만 8천여 명의 부상자, 가족과 후방 인원을 북한 경내에 안치하고 2만여 톤의 전략물자를 운송하는 것이었다. 당시 북한의 조건과 환경은 경제적으로 먹고 입는 것들이 모두 부족했다. 또 정치적으로도 국제여론의 압력 때문에 많은 부상병들이 장기적으로 북한 주민들의 집에 머물러 치료하는 게 쉽지 않았다. 전략물자를 옮기는 것도 외부의 눈길을 피하기 위해 북한의 당 정기관이 강 연안의 노동당 당원을 대거 동원해 어깨에 메고 등짐으로 날랐다. 전략물자는 강변에서 은폐한 지점으로 옮겨 보관했다. 이에 따라 북한을 통해 전략물자를 남북만주에 보내는 데 문제가 없었다.

북만주의 식량과 면화, 석탄이 해방구인 다롄(大連 대련)으로 운송되고, 다롄의 소금, 포목, 기타 공업품, 의약품, 의료기기, 공업원료와 북만주에서 급히 필요로 하는 물품 등을 남북만주로 보냈다. 대략적인 통계에 따르면 1947년 초부터 7개월 동안 물자 21만 톤, 1948년 한 해 동안 30만 톤이 북한을 거쳐 운송되었다. 북한 땅을 통해 남북만주로 월경한 중공 인원도 상당히 많았다. 1946년 하반기에 3천 명, 1947~48년에 월경 인원수는 각각 1만 명 안팎이었다. 또 1948년, 홍콩에서 민주당파와 무당파, 해외 화교의 유명인사들이 북한을 경유해 베이핑에서 열린 제1기 정치협상회의에 참석했다. 중국이 내전 중이라 이들의 신변 안전을 위해 북한을 우회한 것이다. 리지선(李濟深 이제심), 선쥔루(沈鈞儒 심균유), 장란(張瀾), 마쉬룬(馬叙倫 마서륜), 차이팅카이(蔡廷鍇 채정개), 탄핑산(譚平山 담평산), 궈모뤄(郭沫若 곽말약) 등 수십 명의 유명인사들이 북한을 통해 회의에 참석했다. 공산당 지도자들은 더욱 많았다. 천윈(陳雲 진운), 리푸춘(李富春 이부춘), 주루이(朱瑞 주서), 류야러우(劉亞樓 유아루), 샤오화(肖華 소화), 장아이핑(張愛萍 장애평), 한셴추(韓先楚 한선초) 등이었다.

김일성은 소련군이 일본군으로부터 접수한 전략물자를 넘겨받아 중국공산당을 지원해주는 등 적극적으로 도왔다. 조선과 중국공산당은 우호협정을 체결해 중국공산당과 압록강을 공동 운항하고, 수풍발전소의 전력을 사용할 수 있도록 했다. 북한 거주 화교들의 모임인 화교연합회 위원장을 겸직한 딩쉐쑹은 회원들이 부상자를 후송하고 보살피면서 남북만주에 전략물자를 운송했던 일을 이렇게 회상했다. [246]

전쟁 초기 국민당 군대가 남만주 대부분의 지역과 교통요도를 점령했기 때문에 랴오둥(遼東 요동) 남쪽과 산둥(山東 산동) 전장에서 철수한 부상병을 부득불 해상을 통해 북한 남포항으로 후송했다. 부상병들을 그곳에서 분산 수용했는데 북한 주민들의 집이나 평양과 남양 등지를 거쳐 동만주와 북만주로 후송했다. 매번 배가 항구에 들어오면 남포와 평양 두 시의 화교연합회 분회에서 조직을 만들어 들 것으로 부상병을 실어 나르고, 간호를 하는가 하면 기차로 이송하는 일을 했다. 이 일은 동북지역이 해방될 때까지 계속되었다. 전략물자 운반도 화교들이 힘썼다. 1947년에 조선의 지원으로 산둥에서 수백 톤의 탄약을 남포항으로 운송했을 때도 화교들을 선발해 하역했다.

1948년 봄, 동북국 평양주재 판사처는 동북 인민해방군이 창춘과 선양, 진저우 (錦州 금주)를 점령하는 등 '랴오-선(遼瀋 요심: 랴오닝-선양) 전투'를 승리로 이끌어 동북 전역을 점령한 뒤에 그 간판을 내렸다.

린뱌오 승승장구, 천청 연전연패

마오는 동북민주연군이 추계 공세를 끝낸 1947년 10월 15일, 동북전구戰區 총사령관 린뱌오林彪에게 전보를 보냈다. 장제스의 동북 지원이 힘든 만큼 주력군을 베이닝(北寧 북녕)과 핑쑤이(平綏 평수)의 양선兩線으로 돌려 선양(瀋陽 심양)-진저우(錦州 금주) 간, 진저우-산하이관(山海關 산해관) 간, 산하이관-톈진(天津 천진) 간, 톈진-베이핑(北平 북평: 베이징) 간, 베이핑-장자커우(張家口 장가구) 간의 지구를 공격할 것을 명령했다. 그러나 린뱌오는 부대가 관내(산해관 서쪽)로 진격해 공격하는 것은 비현실적이라며, 지둥(冀東 기동: 허베이 동쪽 지역) 공격작전을 1948년 봄으로 미루어줄 것을 건의하는 전보를 마오에게 보냈다. [247]

우리 군은 진저우에서 선양 일대의 강물이 결빙되는 시기를 틈타 대병력을 투입해 진저우-선양 작전을 펼 계획이다. 대도시 공격을 위해 우리는 내년 4, 5월에 다시 100개의 신병단으로 확대해 지둥과 핑쑤이 작전을 펴려고 한다. 린(林 임: 린뱌오), 뤄(羅 나: 뤄룽환), 류(劉 유: 류야러우)는 현재 대군이 출병하면 보급 지원이 곤란해 대군이 아닌, 즉 병력을 분산해 소전투를 벌여야 하는데 그도 여의치 않다. 대규모 전투는 병력이 충분치 않다. 잠시 출병을 보류해 내년 강물이 결빙

되었을 때 형세를 보아 작전을 펼치는 게 좋을 듯하다.

동북전구戰區 국민당군이 대도시에 병력을 집중해 방어하고 있는 상황에서 린뱌오가 전투를 할 경우 4~5개 사단을 투입해 공격하거나 6~7개 사단으로 대규모 운동전을 펼쳐야 했다. 당중앙의 승인을 받은 린뱌오는 부대 정돈과 훈련, 확충을 통해 추계작전 당시 22만 명의 병력을 근 74만 명으로 크게 증가시켰다. 인민해방군 병력이 동북지구에서 처음으로 국민당군 병력을 초과해 25만 명 정도 많았다. 동북민주연군이 추계 공세로 철도교통을 끊어 대도시에 둥지를 틀고 있는 국민당군은 식량이 끊기고 전기가 들어오지 않는 등 어려움을 겪고 있었다. 병력 보충도 큰 장애에 부닥쳤다. 제일 큰 문제는 부대의 사기가 떨어진 것이었다.

마침내 12월 초에 동북지구 기온이 영하 섭씨 20도로 떨어지기 시작했다. 강이 꽁꽁 얼어 무거운 장비를 실은 차량의 통행이 가능했다. 민주연군은 12월 15일을 전후해 두터운 솜옷과 우라차오(烏拉草 오랍초)를 넣어 만든 신발을 신고 무릎까지 빠지는 눈을 헤치며 진군한 제2군단과 제7군단이 선양 이북의 파쿠(法庫 법고)를 포위했다. 제7군단은 파쿠 서쪽의 장우(彰武 창무), 제8군단은 장우 이남의 신리툰(新立屯 신립둔)을 각각 포위했다. 제1, 3, 6군단이 파쿠, 신민新民과 선양 사이로 진격하고, 제4군단이 선양 근처를 압박했다. 제9군단은 선양 서북쪽의 신민 부근에 당도했다. 국민당 동북 군정장관 겸 참모총장 천청(陳誠 진성)은 아연 긴장해 톄링(鐵嶺 철령)에 주둔한 신6군단과 신22사단이 파쿠를 지원하도록 명령했다. 신22사단이 린뱌오 부대를 대적해 전투의 실마리를 찾도록 했다. 린뱌오는 제2군단과 제7군단 주력이 신속하게 파쿠 동남쪽으로 진격해 양쪽에서 협공하며 진공하도록 했다. 제3군단은 우회해 톄링으로 진격해 국민당군 신22사단의 퇴로를 끊어 신3군단 제14사단과의 연계를 막도록 했다. 12월 26일, 천청은 국민당군 신22사단이 톄링과 파쿠 사이에 있는 전시바오(鎭西堡 진서보), 냥냥먀오(娘娘廟 낭랑묘) 일선으로 나아가 파쿠 동쪽의 민주연군 제2군단을 공격하도록 명령했다.

민주연군 제2군단은 반격하면서 제5사단을 국민당군 옆구리로 우회하도록 지시했다. 국민당군 제22사단은 급히 후로後路가 끊길 것을 우려해 톄링으로 철수했다. 천청은 12월 20일에 급히 창춘을 방어하고 있는 신1군단 제50사단과 제53사단, 쓰핑을 지키고 있는 제71군단 제87사단, 제91사단, 카이위안(開原 개원)을 방어하고 있는 제53군단 제103사단과 제30사단, 랴오난(遼南 요남: 요동 남쪽)의 제52군단 제2사단을 각각 선양과 톄링 지구로 진공해 린뱌오 부대가 압박하고 있는 선양의 군사위협을 풀도록 했다.

린뱌오는 국민당군의 이런 대규모 군사이동을 줄곧 기다리다 성동격서聲東擊西와 출기불의出其不意의 전략으로 제2군단과 제7군단이 서쪽으로 진출해 장우彰武를 공격하도록 명령했다. 린뱌오는 국민당군의 병력을 분산시키는 전략을 썼다. 장우는 선양 이북 철도교통의 중요 거점이었다. 국민당군 제49군단 제79사단의 3개 연대가 지키고 병력은 1만 명 남짓했다. 12월 28일에 총공격 명령이 떨어졌다. 5시간의 격렬한 전투가 벌어졌다. 장우성 국민당군 수비군 1만여 명이 궤멸했다. 제49군단의 제79사단 부사단장 리포타이(李佛態 이불태) 등 7천여 명이 생포되었다. 이 전투는 린뱌오 부대가 처음으로 낮에 도시를 공격한 사례로서 이후 동북민주연군은 도시를 공격할 때 대부분 낮에 전투를 벌였다.

장우전투가 막 끝난 뒤 린뱌오는 제1, 8, 9군단이 베이닝(北寧 북녕)으로 계속 전진해 진저우와 선양 간의 교통로를 절단하도록 공격명령을 내렸다. 천청은 린뱌오 부대의 사상자가 많아 다시 전투를 벌이기 어렵다고 오판했다. 그래서 파쿠 이남과 린뱌오 주력부대에 병력을 배치하는 전략을 구사했다. 국민당군 총 5개 군단이 동쪽 톄링과 서쪽 신민에서 랴오허(遼河 요하) 양안을 따라 100킬로미터에 이르는 정면 부채꼴 모양의 진을 펼치며 진격했다. 천청 대군이 진공한 이날은 1948년 1월 1일, 원단元旦이었다. 이에 앞서 동북민주연군 총사령부는 12월 30일 오후 5시에 '동북민주연군 총사령부'를 1948년 1월 1일부터 '중국인민해방군 동북군구 사령부'로 이름을 바꾸어 약칭인 '둥쭝(東總 동총: 동북군구 총사령부)'과 '동사東司(동북군구 사령부)'로 변경했다.

린뱌오는 천청의 3로 대군 중 좌로군의 신5군단이 진격이 빨라 돌출하고, 전투력이 상대적으로 떨어진다는 것을 알았다. 동북군구 사령부는 제6군단이 신5군단을 가로막아 전투를 벌이며 유인전술을 펴도록 했다. 제2, 7군단은 전력을 다해 신리툰 북, 서쪽 지구에 도착한 뒤 공격명령에 대기하도록 했다. 제3군단은 신5군단의 우익에 뛰어들어 신민으로 연결되는 퇴로를 끊어버리고 제1, 10군단, 독립 2사단, 제4군단이 공동으로 국민당군 우, 중 양로와 좌로 신5군단의 연계를 차단하도록 했다. 제8, 9군단은 랴오중(遼中 요중: 요동 중부) 지구에서 신민新民 서쪽으로 되돌아와 명령을 기다렸다가 참전하도록 지시했다. [248]

황푸군관학교 제4기생인 국민당 신5군단장 천린다(陳林達 진림달)는 부대를 이끌고 출동할 때 동북전장에서 첫 번째로 생포당하는 군단장이 될 줄은 꿈에도 몰랐다. 1948년 1월 1일, 국민당군 신5군단은 선양(瀋陽 심양)에서 기차를 타고 출발해 쥐류허(巨流河 거류하)역에서 내렸다. 천린다가 사방을 둘러보니 온통 눈으로 뒤덮인 설원雪原뿐이었다. 천린다는 천청으로부터 새해 첫날 출동명령을 받고 기분이 언짢았다. 천린다는 이 작전을 선양 부근의 공산당군 주력을 먼 곳으로 쫓아내는 정도로 여겼다. 천청은 천린다가 출발할 때 10일간의 식량과 탄약을 준비하고 10일을 넘기지 않도록 지시했다. 하지만 천린다는 각 부대가 쥐류허역을 출발할 때 현지 주민들의 트럭을 이용하고, 3일치의 식량과 탄약만 준비해 행군하도록 했다. 남은 식량과 탄약은 쥐류허 역에 보관하고 필요할 때 차로 운송할 요량이었다.

신5군은 도로를 따라 쥐류허 북쪽 궁주툰(公主屯 공주둔)으로 행군했다. 다음 날, 천린다가 부대를 이끌고 안푸툰(安福屯 안복둔)에 도착했을 때 먼저 궁주툰과 황자산(黃家山 황가산)으로 출발했던 선봉부대가 공산당군의 저지 공격을 받았다는 보고를 받았다. 신5군단을 막아 공격하면서 유인작전을 책임진 동북군구 사령부 제6군단은 신5군단의 계속적인 집단돌격을 완강하게 저지했다. 3일째의 저지 공격전은 중요했다. 공산당군은 이를 위해 제2, 3, 6, 7군단과 포병 제1, 2, 4여단을 급히 궁주툰으로 진군시켰다. 나흘째 되던 날, 신5군은 가로막고 있는 제6군단에 강도를 높여 여러 차례 맹공을 폈으나 진전이 없었다. 황혼 무렵에 천린다는 린뱌오의 대부대가 접근해 오는 것을 알고 중포重炮로 제6군단에 맹공을 퍼부으며 돌파하도록 했다. 하지만 제6군단이 완강하게 저항해 뚫고 나갈 수 없었다.

5일 새벽녘에 신5군단은 궁주툰과 서남지구에서 완전 포위당했다. 천청은 신5군단에게 진지를 고수하고 증원군을 기다리도록 했다. 안푸툰에서 고립된 천린다가 고수하느냐, 철수하느냐 고민하고 있을 때 천청은 각로 증원부대들이 '완강한 전진'을 주장하는 보고를 올려 망설이며 결정을 내리지 못하고 있었다. 린뱌오는 공격 임무를 제2군단에게 맡겼다. 제2군단 부사령관 우신취안(吳信泉 오신천)이 먼동이 틀 때 공격하도록 명령했다. 우물쭈물하던 천청은 6일 밤에 신5군단이 선양으로 철수하도록 명령했다. 그러나 때는 이미 늦었다. 7일 날이 밝자마자 공산당군은 총공격을 시작했다. 60여 문의 화포가 불을 뿜었다. 원자타이(聞家臺 문가대)와 황화산黃花山 2개 마을에 집결한 신5군은 맹렬한 공격을 받았다. 이어 제2, 3군단이 다른 지역에서 공격해 들어갔다. 신5군은 궤멸되고 군단장 천린다는 생포되었다. 또 제195사단 사단장 셰다이쩡(謝代燕 사대증)과 제43사단 사단장 류광톈(留光天 류광천) 등 1만 3천여 명이 포로로 잡혔다. 7천여 명의 사상자가 발생하는 등 2만여 명의 신5군은 완전히 섬멸되었다. 기진맥진한 천청은 랴오양(遼陽 요양)을 지키는 제52군단 주력과 쓰핑(四平 사평)을 방어하는 제71군단 주력을 긴급히 선양으로 불러들여 방어하게 한 뒤 위병으로 쓰러졌다.

1월 10일, 장제스가 급히 선양으로 날아왔다. 국민당군 동북 임시병영에서 사단장급 이상 장령들이 참석한 군사회의를 열었다. 화가 머리 꼭대기까지 난 장제스는 "너희들 중 절대다수가 황푸군관학교 출신들이다. 당년의 황푸 정신은 모두 어디로 갔나? 그야말로 부패다! 이러다가는 나라가 망한다!"고 통렬하게 질책했다. 장군들은 겁에 질려 숨소리조차 나오지 않는 듯했다. 장제스는 몇십 분 동안 욕설을 퍼부었다. 장제스는 랴오야오샹(廖耀湘 요요상)과 리타오(李濤 이도)에게 자신들의 안위만 생각해 죽음을 불사하고 구원하지 않아 신5군이 전멸했다며 명령불복종으로 질타했다. 회의 참석자들의 예상을 깨고 뜻밖에도 랴오야오샹과 리타오 두 사람이 갑자기 자리에서 일어나 천린다로부터 증원 요청의 어떤 명령도 받지 않았다며 자신들을 극구 변명하고 나섰다. [249]

동북 군정장관 겸 참모총장 천청이 곧바로 반박하자, 두 사람도 지지 않고 대들어 입씨름이 벌어졌다. 이런 모습은 종전에 찾아볼 수 없는 기이한 풍경이었다. 천청이 의기소침해 일어나 "신5군이 소멸한 것은 완전히 내 스스로의 지휘 무능 때문이다. 다른 장령들은 책임이 없다. 국법에 따라 처벌을 받겠다"고 한발 물러섰다. 장제스는 애초 랴오, 리 두 사람을 처벌하려 했으나 천청이 스스로 책임지겠다고 나서 어쩔 수 없이 "지금은 전투 중이므로 전쟁이 끝난 뒤 다시 공과를 따지겠다"고 회의를 정리했다. 장제스가 회의장을 나가자 천청이 일어나 몇 마디 자책하고 "선양 보위를 결심했다. 만약 공산당군이 선양을 공격한다면 나는 선양과 함께하겠다. 최후에 권총으로 스스로 목숨을 끊겠다"고 비장하게 말했다.

회의가 끝난 뒤 장제스는 중요한 결정을 내렸다. 산둥에 있는 제54군단의 2개 사단을 선양으로 차출하고, '동북 비적(공산당)소탕 총사령부'를 만들었다. 또 진저우(錦州 금주)에 '지러랴오(冀熱遼 기열료; 화북-열하-요동 지역)' 변계지구 기구를 만들어 동북과 화북 2개 지구를 연계하도록 했다. 1월 17일, 장제스는 육군 부총사령관 웨이리황(衛立煌 위립황)을 동북 임시병영 부주임 겸 '동북 비적소탕 총사령부' 총사령관에 임명했다. 또 정둥궈(鄭洞國 정동국), 판한제(范漢杰 범한걸), 량화성(梁華盛 양화성), 천톄(陳鐵 진철), 쑨두(孫渡 손도)를 각각 비적소탕 부사령관, 자오자샹(趙家驤 조가양)을 참모장, 펑제(彭杰 팽걸)를 부참모장으로 각각 임명했다. 비적소탕 부사령관 판한제는 '지러랴오 변계지구' 사령관도 겸하도록 했다.

장제스가 난징으로 돌아오자마자 동북 전황의 비보가 날아왔다. 린뱌오 부대가 1개월 가까이 포위하고 있던 신리툰 지역의 국민당군 제49군단 제26사단을 궤멸시켰다는 내용이었다. 제26사단 장병 9천여 명은 식량과 탄약이 떨어지고 동상(凍傷) 환자가 수두룩해 사기가 바닥에 떨어져 있을 때 갑자기 공산당군의 맹렬한 공격을 받았다. 1월 26일, 사단장 펑궁잉(彭鞏英 팽공영)은 부대를 나누어 신리툰 동북, 서북과 서남 등 3개 방향으로 포위돌파를 시도했다. 펑궁잉이 이끄는 500여 명만 푸신(阜新 부신)으로 달아났을 뿐 나머지는 모두 포로가 되었다. 천청은 음식이 목에 걸리고 바늘방석에 앉아 있는 듯 불안해하다가 비적소탕 부사령관 정둥궈를 데리고 난징의 장제스를 찾아갔다. 천청은 장제스에게 또다시 자신의 지휘 탓이 아니라 장령들이 명령을 따르지 않아 패했다며 변명만 늘어놓았다. 천청이 고위 지휘관 회의 때 "선양과 생사를 함께하겠다. 그렇지 않으면 권총으로 스스로 목숨을 끊겠다"는 말이 천청의 병(病)의 근원이 되었다.

장제스는 천청의 사직을 받아들였다. 천청은 마침내 군 생활의 종지부를 찍었다. 1948년 2월 5일, 천청은 동북 군정軍政을 맡은 지 6개월도 되지 않아 풀이 죽은 채 선양을 떠났다. 천청은 국민당 내 일각에서 "천청을 죽여 천하(나라와 인민)에 사죄해야 한다"는 노호하는 소리를 들으며 상하이 육군병원에 입원했다. 국방부 참모총장직도 날아갔다. [250]

동계 공세 제1단계 작전을 끝낸 동북 인민해방군은 국민당군 5만여 명을 전멸시키고 베이닝 철로를 끊어버렸다. 국민당군은 동북의 요새 선양의 문호 둥카(洞開 동개)만 굳게 지킬 수밖에 없었다. 북풍한설이 몰아치고 기온이 영하 섭씨 40도까지 떨어져 땅이 꽁꽁 얼어붙은 지역에서 전투를 벌이느라 인민해방군의 수많은 장병들이 동상에 걸렸다. 8천여 명이 동상에 걸렸고 그중 3분의 1이 심한 동상으로 신체 일부를 잘라내는 장애인이 되었다. 칼바람이 부는 동토지대의 참혹한 전쟁으로 공산당군도 1만여 명의 사상자가 발생했다.

산베이(陝北 섬북)에서 마오와 저우언라이, 런비스 등 중앙 지도자와 기관요원들은 후쭝난군에 계속 쫓기고 있었다. 앞에는 위린(楡林 유림)에서 남하하는 후쭝난군이 압박하고, 뒤에서는 류칸(劉戡 유감)의 7개 여단이 추격하고 있었다. 후쭝난군 양로의 10만 명의 병력이 마오의 중앙기관을 우딩허(無定河 무정하)와 황허(黃河 황하) 사이의 협소한 지역으로 몰아붙이고 있었다. 마오의 중앙기관이 징얼핑(井兒坪 정아평)에 도착했을 때 류칸 부대가 60리 지점까지 추격한 뒤 숙영했다. 마오는 "그들이 쉬면 우리도 쉬자"고 했지만 북로北路의 적들이 미즈청(米脂城 미지성) 북쪽 전촨바오(鎭川堡 진천보)에 도착했다는 정보를 입수하고, 제대로 쉬지 못한 채 또다시 줄행랑을 칠 수밖에 없었다. 강행군의 연속이었다. 마오의 대오는 우룽푸(烏龍浦 오룡포)에서 1박을 하고, 동쪽을 향해 계속 발길을 재촉했다. 비가 억수같이 퍼붓고 번개가 번쩍거리는 악천후를 뚫고 차오좡(曹庄 조장)에 도착해 파괴된 움집(窯洞 요동)을 찾아 겨우 비를 피했다.

먼동이 틀 무렵 비가 그쳤을 때 부대는 자루허(葭蘆河 가로하)변에 도착했다. 뒤에서 추격하는 후쭝난군이 30리 떨어진 곳까지 따라붙고 대포 소리가 온 산을 뒤흔들었다. 주위는 온통 물의 세계로 둘러싸인 데다 한 치 앞을 내다볼 수 없을 정도로 운무가 온 산을 휘감았다. 오솔길도 찾을 수 없었다. 모두가 어쩔 줄 몰라 허둥거릴 때 마오가 산꼭대기로 올라가자고 했다. 기다시피 모두 산 정상에 올랐다. 푸르스름한 안개가 피어오르고 산 아래의 자루허가 마치 가느다란 실개천처럼 구불구불 흐르고 있었다. 험산준령 사이로 반사된 햇빛에 황허의 물비늘이 가없이 뒤집어지고 있었다. 잠시 적의 추격도 잊고 주위의 빼어난 풍광에 빠져들었다. 누군가가 '황허쑹(黃河頌 황하송)'을 부르자 모두가 큰 목소리로 따라 불렀다. 251

"우리는 산꼭대기에 서서 도도히 굽이쳐 흐르는 황허를 바라본다. 동남쪽으로 세차게 흐른다……."

1948년 3월 23일, 마오와 중앙의 부대들이 산베이 황토고원 지대를 370여 일 전전하며 도망쳐 다닌 마지막 날이었다. 마오는 1년 전인 1947년 3월 18일 저녁에 후쭝난군이 옌안으로 쳐들어왔을 때 철수한 뒤, 산베이 지역 곳곳으로 숨어 다니며 전국의 해방전쟁을 지휘했다. 세계 전사상戰史上 가장 작고 초라한 '사령부'인 산베이의 토담집과 움집의 등불 아래에서 해방전쟁을 지휘했던 나날을 끝내는 날이었다. 3월 21일, 마오는 중앙기관 부대를 이끌고 양자거우(楊家溝 양가구)를 출발해 쑤이더(綏德 수덕), 자(葭)현 류자핑(劉家坪 유가평)을 거쳐 23일에는 우바오(吳堡 오보)현의 촨커우(川口) 마을 남쪽 위안저타(園則塔 원칙탑) 나루터에 도착했다.

마오와 중앙의 부대원들은 이곳에서 배를 타고 황허를 건너 진쑤이(晉綏 진수: 산시 쑤이위안 지역) 해방구로 떠났다. 마오와 저우언라이, 런비스는 이날 정오쯤 위안저타 나루터에 도착했다. 마오는 황허 서안의 모래톱을 천천히 걸으며 감개무량한 듯 주변 곳곳을 자세히 훑어보았다. 때로 멀리 솟아 있는 산베이의 큰 산을 쳐다보는가 하면 때로는 용솟음치며 솟구치는 황허를 바라보았다. 13년간 자신을 보듬어준 황토고원을 떠나기가 못내 아쉬운 듯 풀 한 포기 나무 한 그루 세심하게 들여다보고, 또 보았다. 마오는 나루터의 목선이 있는 곳으로 걸어가며 환송 나온 산베이 마을 사람들에게 연신 손을 흔들어 고별인사를 했다. 마오와 저우언라이, 런비스는 각각의 배를 타고 황허 서안을 떠나 동쪽으로 건너기 시작했다. 뱃사공들의 낭랑한 메김 소리를 신호로 배가 천천히 나루터를 미끄러져 나아갔다. 황허의 물결이 세차게 솟구쳐 배가 심하게 요동쳤으나 뱃사공들이 물길을 잘 다스려 황허 동안에 무사히 도착했다.

마오쩌둥
목숨 건지다

황허를 건넌 마오와 저우언라이, 런비스 등 중앙의 대오는 4월 11일에 허베이성(河北省 하북성) 푸핑(阜平 부평)의 청난좡(城南庄 성남장)에 도착했다. 마오는 '진차지(晉察冀 진찰기; 산시-차하얼-허베이 지역)' 군구사령관 녜룽전(聶榮臻 섭영진)의 사령부 관사에서 당분간 머물기로 했다. 저우와 런비스는 먼저 시바이포(西柏坡 서백파)로 떠났다.

5월 2일 이른 아침, 마오는 평소 습관대로 새벽녘까지 일한 뒤에 수면제를 복용하고 취침해 일어나지 않았다. 녜룽전은 일찍 기상해 산책을 하고 사령부 안마당으로 들어오다가 막 일어난 마오의 부인 장칭(江靑 강청)을 만나 간단한 이야기를 나누고 집으로 돌아갔다. 청난좡 북쪽의 산 정상에서 갑자기 경보 사이렌이 울렸다. 마오의 호위대원 리인차오(李銀橋 이은교)는 가슴을 졸이며 사령부 뜰 바깥 마당으로 황급히 뛰어나가 하늘을 쳐다보았다. 멀리서 비행기가 날아오는 소리가 들렸다. 국민당군 정찰기 한 대가 청난좡 상공으로 날아와 선회하기 시작했다. 조금 뒤 멀리서 두 대의 비행기가 또 모습을 드러냈다.

비행기를 바라보던 리인차오는 B-25형 폭격기라는 것을 한눈에 알아챘다. 위기를 직감했다. 지금 마오가 자고 있는 집과 뜰 밖의 방공호까지는 30여 미터 떨어져 있었다. 옌안에 있을 때 마오의 거처는 돌 속의 동굴 집으로 비교적 안전했다. 하지만 이곳은 일반 가옥으로 안전문제가 허술했다. 리인차오는 마오의 방으로 달려가 깨우려 했으나 깨울 수도 없어 방 밖에서 서성거렸다. 경호 소대장 옌창린(閻長林 염장림)이 살금살금 달려와 목소리를 낮추고 "왜 그래? 주석이 안 일어나?"냐고 조심스럽게 물었다. 리인차오는 결단을 내리지 못한 채 멍청히 비행기만 쳐다보았다. 천만다행으로 3대의 비행기는 상공에서 몇 바퀴 빙빙 돌다가 동북쪽으로 날아갔다. 리인차오는 비행기가 바오딩(保定 보정) 방향으로 날아가는 것을 보고, 곧바로 폭격기가 습격할 것으로 판단했다. 대책을 세워야 했다. 리인차오는 옌창린과 함께 장칭을 찾아가 상의했다. 장칭도 어찌할 바를 몰랐다. 이들은 마오를 잠시 깨우지 않기로 했다. 리인차오와 옌창린은 호위조와 경호 소대원들을 불러 모아 만일의 사태에 대비토록 했다. 옌안에서부터 갖고 온 들것을 주변에 대기시켜놓았다. 이들은 폭격기가 날아오면 들것을 들고 방으로 뛰어 들어가 마오를 태워 방공호로 달려가도록 지시했다.

아침 8시쯤 되었을 때 북쪽 산꼭대기에서 또다시 방공 경보 사이렌이 울렸다. 리인차오는 가슴이 쿵쾅거렸다. 우물쭈물할 수가 없었다. 옌창린이 "펑쭝(펑더화이 애칭)이 말했던 것처럼 하자!"고 큰 소리로 말했다. 녜룽전도 급히 달려왔다. 리인차오가 먼저 방문을 열고 들어갔다. 마오는 여전히 혼곤하게 잠에 빠져 있었다. 녜룽전이 목소리를 낮추어 마오를 깨웠다. [252]

"주석, 적기가 폭격하러 옵니다. 빨리 방공호로 대피해야 합니다."

마오는 잠결에 녜룽전의 목소리를 들었으나 몸만 뒤척일 뿐 눈을 뜨지 않았다. 리인차오가 마음이 급해 마오의 귀 쪽으로 다가가 큰 소리로 외쳤다.

"주석, 주석! 상황이 생겼습니다!"

"어떤 상황?"

깜짝 놀란 마오가 몸을 일으키며 몽롱한 눈으로 리인차오를 쳐다보았다.

"주석, 적기가 폭격하러 왔습니다! 조금 전에 3대의 적기가 정찰하고 돌아갔습니다. 지금 방공 경보가 또 울렸습니다. 폭격이 틀림없습니다. 빨리 방공호로 대피하셔야 합니다."

116

옌창린이 큰 소리로 보고했다. 리인차오가 강제로 마오의 팔을 들어 올려 낡은 솜옷을 입혔다. 마오는 많은 사람들이 방 안에 들어온 것을 보고 사태를 직감했다. 그러나 조금도 개의치 않고 천연덕스럽게 말했다.

"우선, 담배 한 개비 갖고 와라."

"주석, 늦습니다!"

"뭐라, 폭탄이라도 떨어졌냐?"

마오는 다시 주섬주섬 옷을 입으며 핀잔을 했다.

"방금 전 비행기는 폭탄을 떨어뜨리지 않았지만, 이번에 오는 폭격기는 폭탄을 투하할 겁니다. 폭탄이 터지면 대피할 수 없습니다."

"폭탄 투하가 뭐 그리 대단하나? 우선 담배에 불 좀 붙여 와라. 한 대 태우고 가자."

마오는 아미를 잔뜩 찌푸리며 옌창린의 말을 끊었다.

"주석, 적기가 폭격하러 왔어요. 빨리 방공호로 가시지요!"

녜룽전이 보다 못해 급히 다시 말했다.

"괜찮다. 뭐 그리 대단하다고! 철 덩어리 몇 개 떨어뜨리는 것이다. 잘되었구먼. 괭이 몇 개 만들어 개간하는 데 쓰면 되겠네!"

"주석, 즉시 여기를 떠나야 합니다. 주석의 안전 때문입니다!"

녜룽전이 또다시 재촉했다. 마오는 침상에 앉아서 자기 아래턱의 사마귀를 만지며 리인차오를 쳐다본 채 일어날 생각을 하지 않았다.

"빨리, 빨리!"

리인차오가 대원들에게 서두를 것을 지시했다. 방문 앞에 있던 장칭은 연신 "비행기가 온다! 비행기가 온다!"고 외치다 바깥으로 뛰어나갔다. 장칭은 계속 바깥에서 자지러질 듯 "출발, 출발! 빨리, 빨리!"라고 소리쳤다.

상황이 긴박해 더 이상 미룰 수 없었다. 리인차오는 마오의 겨드랑이에 팔을 끼고 마오를 일으켜 세웠다. 모두가 마오를 들어 들것에 태웠다.

"빨리 해, 빨리! 적기가 폭격하려 한다. 적기가 폭탄을 투하하려 한다!"

호떡집에 불난 듯 녜룽전이 소리쳤다. 경호원들이 마오를 태운 들것을 들고 방

바깥으로 몇 발짝 뛰어나갔다. 그 순간 머리 위에서 "휙ㅡ"하는 날카로운 금속성 소리가 들려 모두들 본능적으로 목을 움츠리며 뒤로 몇 발짝씩 물러났다. 눈 깜짝할 사이에 발 앞의 황토가 파헤쳐지고 산지사방으로 흙덩어리가 튀었다. 동시에 "픽ㅡ"하는 둔탁한 소리가 귀를 찢었다. 마오 주변에 있던 사람들은 놀라서 몸이 얼어붙은 듯 멍청히 서 있었다.

"아이고ㅡ."

바깥 엄폐물에 대피한 장칭이 목을 삐죽 내밀며 이 모습을 바라보다가 외마디 비명을 질렀다.

"맙소사!"

세 개를 다발로 묶은 폭탄이 그들 바로 앞에 떨어졌다. 손을 뻗으면 닿을 거리였다. 모두들 놀라서 식은땀이 비 오듯 쏟아졌다. 몇 사람이 약속이나 한 듯 "빨리 뛰어!"라는 소리와 함께 들것에서 내린 마오를 부축해 비호같이 방공호 쪽으로 돌진했다.

"빨리, 빨리!"

"적기가 또 폭탄을 떨어뜨린다!"

녜룽전이 외쳤다.

"놔라, 뛰지 않겠다!"

마오가 자신을 부축해 뛰는 4명의 경호원들에게 소리쳤다. 군구사령부 후문 뒤쪽 산기슭에 있는 방공호 가까이로 대피하고 있을 때 마오가 잠잤던 집 뜨락에 폭탄이 떨어졌다. 시커먼 연기가 온통 하늘을 뒤덮었다.

"괜찮다. 폭격 목표가 집이다. 우리는 집에서 많이 떨어져 있다. 허둥댈 필요 없다."

마오는 천천히 걸으며 말했다.

"주석, 방공호 안으로 들어가시지요!"

리인차오는 마음이 놓이지 않아 재촉했다.

"담배 좀 달라. 담배를 피우지 못했다."

마오는 방공호 안에 들어가지 않고 입구에서 여전히 담배타령이었다.

멀리 떨어진 곳에 폭탄 터지는 소리가 들렸다. 폭격을 끝낸 비행기들이 기수를 틀었다. 경호원들이 군구사령부 건물 뜨락으로 돌아갔다. 마오가 대피할 때 세 개 묶음의 폭탄이 떨어졌으나 터지지 않았다. 불발탄이었다. 창문 유리가 박살나고 침상과 가재도구가 여기저기 흩어져 나뒹굴었다. 경호원들은 가슴을 쓸어내렸다. 마오는 절체절명의 위험한 순간을 운 좋게 넘겼다. 마오가 겪은 가장 아찔한 순간 이었다. 녜룽전은 마오의 안전을 위해 청난좡에서 15리 남짓 떨어진 화산촌花山村 으로 거소를 옮겼다. 나중에 국민당군의 청난좡 폭격사건은 군구사령부에 잠입한 스파이가 위치 정보를 전달해 일어난 것으로 조사 결과 밝혀졌다. 5월 27일, 마오 는 화산촌을 떠나 류사오치가 이끄는 '중앙공위中央工委'가 있는 시바이포西柏坡 로 향했다.

해방전쟁 총지휘부
시바이포

당일 시바이포에 도착한 마오는 1년 동안 헤어졌던 주더와 류사오치를 만나 '5대 서기'가 반갑게 다시 얼굴을 마주했다. 당중앙을 3분했던 중앙전위, 중앙후위, 중앙공위는 모두 자동 폐지되었다. 1년 전인 1947년 6월, 시바이포는 중앙을 3분할 때 류사오치가 통솔한 '중앙공위中央工委'가 자리 잡은 곳으로 해방군 총사령부가 있었다. 시바이포는 허베이성 평산(平山 평산)현의 작은 산촌으로 후퉈허(滹沱河 호타하)가 마을 앞을 빠르게 흘러가는 곳이었다. 후퉈허 서쪽으로는 높고 큰 타이항 산맥이 흘러내린다. 물길을 따라 동쪽으로 가면 일망무제의 화베이(華北 화북) 대평원이 가없이 펼쳐진다. 농투성이 70~80호가 둥지를 틀고 있는 작은 산촌이었다. 여기서 성도省都 스자좡(石家庄 석가장)까지는 대략 90킬로미터 남짓 거리였다. 마오의 혁명투쟁 지휘소로는 시바이포가 징강산과 옌안에 이어 세 번째가 된다. 이로써 시바이포는 중국혁명의 중심이자 혁명전쟁의 최후 농촌지휘소가 되었다. '중국의 명운은 이 마을에서 결정되었다'와 '신중국은 이곳에서 나왔다'는 글귀가 지금도 중공중앙 옛터 기념관에 나붙어 있을 만큼 공산당의 '마음의 고향'으로 자리 잡고 있다. [253]

이즈음 공산당의 전국 각 전장戰場 상황은 크게 호전되었다. 펑더화이가 이끌고 있던 서북야전군은 반격작전으로 후쭝난군을 대파해 옌안을 수복한 뒤에 남하하면서 바오지(寶鷄 보계)를 공격하고 있었다. 쉬샹쳰이 통솔하는 화베이 제1병단은 산시 남쪽 지역을 점령하고, 린펀(臨汾 임분)으로 쳐들어가 성도 타이위안(太原 태원)성을 포위해 고립시켰다. 류보청-덩샤오핑의 중원야전군과 천이-쑤위가 이끄는 화둥야전군은 합동작전을 펼쳐 뤄양과 카이펑 등 대도시를 점령해 광활한 중원지역을 손에 넣었다. 쑤위의 화둥야전군 내선병단은 잇따라 자오지셴(膠濟線 교제선)과 진푸셴(津浦線 진포선)을 공격해 중요 철도시설을 장악했다. 산둥의 국민당군은 지난(濟南 제남)과 칭다오(靑島 청도), 린이(臨沂 임기) 등 소수 거점 도시만 방어하고 있었다. 린뱌오가 이끄는 동북야전군은 전면 대반격에 들어가 15만 명의 국민당군을 섬멸하고 쓰핑(四平 사평)과 잉커우(營口 영구), 지린(吉林 길림) 등지를 점령했다. 국민당군은 선양과 창춘, 진저우(錦州 금주) 등의 대도시에 고립된 채 증원군만 목이 빠져라 기다리고 있었다.

타이항산 동쪽 기슭에 있는 시바이포는 중공중앙의 총지휘부로 중국의 명운을 바꾼 랴오-선(遼瀋 요심; 랴오닝-선양)과 화이하이(淮海 회해), 핑진(平津; 베이핑-톈진) 3대 전역을 지휘한 최고사령부였다. 1948년 6월, 인민해방군과 국민당군의 전력은 현격한 변화를 보였다. 인민해방군은 병력이 120만 명이나 증가해 280만여 명으로 대폭 늘어났다. 국민당군은 430만 명의 병력이 365만 명으로 줄어들었다. 그중 전선 병력은 170만여 명밖에 되지 않았다. 인민해방군 병력은 국민당군에 별로 뒤지지 않았지만 무기와 장비 부문에서는 여전히 열세였다.

그러나 인민해방군은 2년 동안 전투를 하면서 전투력을 크게 향상시켰다. 무기도 국민당군의 현대화 장비를 다량 노획해 대폭 강화했다. 강대한 포병과 공병을 만들어 요새 공격 능력을 크게 키웠다. 해방군은 스자좡과 쓰핑, 카이펑 등 전투에서 공격 능력을 축적해 운동전뿐만 아니라 진지전陣地戰 능력도 배양했다. 해방군은 전투 틈새를 십분 활용해 군사기술과 전술을 개발하고 해방구인 농촌에서 대거 병력을 충원했다. 국민당군의 포로들이 정치교육과 심사를 거쳐 스스로 자원하는 사례도 늘어나 병력 보충에 큰 도움이 되었다. 해방구 면적이 크게 확대되어 235평방킬로미터로 전 국토면적의 4분의 1에 이르렀다. 인구도 1억 6천만 명으로 증가해 전국 인구의 3분의 1을 차지했다. 해방구는 기본적으로 토지개혁을 완성해 생산성을 제고하고, 군중들의 혁명 적극성을 크게 제고시켜 후방을 더욱 공고하게 다졌다. 공산당은 전국 범위 내에서 인민혁명 통일전선을 더욱 확대시켰다. 국민당군은 계속 패퇴해 '전국방어'와 '분구分區방어' 대신에 전략적으로 중요 지역의 점선點線을 지키는 '중점방어' 전략으로 바꾸어 2선 부대를 확충하는 등 소극적인 전투 자세를 보였다. 국민당군의 전략 집단군은 이미 서북, 중원, 화둥, 화베이, 둥베이(東北 동북) 등 5개 전장에서 인민해방군의 압박을 받고 있었다. 국민당군의 동북전장을 지휘하고 있는 웨이리황(衛立煌 위립황) 집단군은 병력이 48만 명으로 창춘(당시 2개월 동안 포위당하고 있었음)과 선양, 진저우 3개 지구에 배치되었으나 고립된 상황이었다. [254]

펑쑤이셴(平綏線 평수선)이 지나는 구이쑤이(歸綏 귀수), 장자커우(張家口 장가구) 와 베이닝셴(北寧線 북녕선)이 통과하는 베이핑, 톈진, 탕산(唐山 당산), 산하이관 (山海關 산해관) 등 화베이 전장에 있던 60만여 명의 국민당군은 탕구(塘沽 당고)항에 의존해 해상 보급으로 버겁게 버티고 있었다. 타이위안(太原 태원)성은 겹겹이 포위당해 외로운 처지가 되었다. 류즈(劉峙 유치)가 이끌고 있는 60만 명 병력의 화둥(華東 화둥)집단군은 북쪽 전선의 지원을 하지 못하다가 지난이 점령당한 뒤에는 쉬저우(徐州 서주)를 중심으로 집중 배치되었다. 국민당군은 서쪽으로 상추 (商丘 상구), 동쪽으론 롄윈(連雲 연운)항의 룽하이셴(隴海線 롱해선), 남쪽으론 벙부 (蚌埠 방부)의 진푸셴(津浦線 진포선)에서 화둥해방군의 남하를 저지하고 있었다. 국민당군 75만 명을 통솔하는 바이충시(白崇禧 백숭희)의 중원집단군은 펑한셴(平 漢線 평한선) 남단과 한커우(漢口 한구)를 중심으로 한 지역을 방어하고 있었다. 서북전장의 후쭝난 집단군 35만 명은 옌안에서 패주해 시안(西安 서안) 중심의 관중 關中 일원에 배치되었다. 이 5개 전장戰場 이외에 36개 여단 23만여 명의 후방 병력은 인민유격전으로 기동작전을 제대로 펴지 못했다.

시바이포에서 해방전쟁을 총지휘하는 마오는 전국 전쟁터의 상황을 예의 분석하고, 전략전술을 다듬으며 최후 결전의 시기가 도래했다고 판단했다. 마오는 랴오-선(遼瀋 요심: 랴오닝-선양 지역)과 화이하이(淮海 회해: 쉬저우를 중심으로 한 회수

이북과 해주 일대의 지역), 평진(平津 평진; 베이핑-톈진 지역)의 3대 전역戰役(전략목적 실현을 위해 통일작전 계획에 따라 일정한 방향과 시간 안에 벌이는 전투)을 입안해 국민당 군과 마지막 대회전大會戰을 벌이기로 했다. 이 3대 전역은 1948년 9월 12일부터 시작되어 4개월 19일 동안 해당 지역에서 비슷한 시기에 벌어진 대규모 전투였다. 인민해방군은 국민당군의 정규군 144개 사단(여단), 비정규군 29개 사단 등 총 154만여 명을 전멸시켰다. 이 기간 동안 인민해방군은 다른 지역에서도 대량의 국민당군을 섬멸했다.

인민해방군은 내전 2년 동안 월평균 8개 여단 안팎을 전멸시켰다. 그러나 내전 3년차인 이때에 월평균 38개 여단을 섬멸해 공산당군의 전투력이 국민당군을 훨씬 압도하고 있었음을 보여주었다. 이 3대 전역은 인민해방군이 국민당군 정예부대를 격파해 승리함으로써 이후 파죽지세로 국민당군을 무너뜨리는 견인차 구실을 했다. 중국의 명운을 가른 3대 전역의 전초전은 1948년 9월에 인민해방군 화동(華東 화동)야전군이 산둥성 성도 지난(濟南 제남)을 공격하면서 시작되었다.

'결사대장' 쉬스유와
지난성 전투

고도古都 지난(濟南 제남)은 산동성의 성도省都이자 교통의 요지로 정치와 군사의 중심지였다. 북쪽으로는 황허(黃河 황하)에 기대고, 남쪽으로는 크고 작은 많은 산에 의지하는 지리적 위치로 지난 고성古城은 군사요새要塞로 거듭났다. 지난성 안에는 항일 명장 왕야오우(王耀武 왕요무)가 이끄는 9개 정규여단, 5개 보안여단과 특수부대 등 근 10만 명의 병력이 버티고 있었다. 또 남쪽에 추칭취안(邱淸泉 구청천), 리미(李彌 이미)와 황바이타오(黃百韜 황백도)의 3개 기동병단 17만 명의 대군이 주둔하고 있었다. 일단 지난성이 공격을 받으면 수시로 이들 기동병단이 북쪽을 지원하도록 하는 체제였다.

마오는 애초 7월 16일에 화둥(華東 화동)야전군 사령관 쑤위(粟裕 속유)에게 전보를 보내 지난성 공격을 재촉했다. 쑤위는 불안했다. 세밀하게 작전계획을 검토한 결과 지금은 공격할 때가 아니고 부대를 정비할 때라고 판단했다. 쑤위는 중앙혁명군사위원회에 전보를 보내 앞으로의 작전계획과 장병들이 쉬면서 부대 정비를 할 수 있는 1개월의 말미를 줄 것을 건의했다. 그런 연후에 화둥야전군의 주력을 집중 배치해 지난성을 공격하겠다는 방침이었다. 혁명군사위원회는 쑤위의 건의를 받아들여 1개월의 부대 정비기간을 주되 끝난 이후의 작전계획을 제출하도록 지시했다. 쑤위는 중원야전군 주력이 신양(信陽 신양) 또는 난양(南陽 남양), 한수이(漢水 한수) 유역으로 진격해 국민당군 황웨이(黃維 황유) 제12병단의 남하를 이끌어내 북쪽 지원을 어렵게 만들고, 천세(陳謝 진사) 병단이 정저우(鄭州 정주) 부근에서 공세를 펼쳐 국민당군 쑨위안량(孫元良 손원량)의 제16병단이 동쪽을 지원하지 못하도록 견제하는 작전계획을 제출했다.

마오는 쑤위의 2개 군단이 지난성을 공격하는 데 병력이 부족하다는 것은 인정했지만, 쑤위의 작전계획에 이의를 제기했다. 마오는 윈허(運河 운하) 양안에 병력을 매복해 전투하는 '매복전장' 설치를 제시했다. 쑤위는 혁명군사위원회의 방침을 따르되 병력 부족 문제를 해결하기 위해 쑤베이(蘇北 소북: 장쑤성 북쪽 지역) 병단 주력병력의 참전을 요청했다. 혁명군사위원회는 8월 22일에 쑤베이 병단 2개 여단을 제외하고 2개 군단과 1개 여단병력 모두 북상해 전투에 참가하도록 명령했다. 8월 25일, 마오는 쑤위와 탄전린(譚震林 담진림)에게 전보를 보내 양병養病 중인 쉬스유(許世友 허세우)를 지난성 공격의 공성攻城부대 지휘관으로 지명했다. 마오가 쉬스유를 지목한 것은 물불 안 가리는 맹장猛將다운 용맹분투의 작전기풍을 높이 샀기 때문이다. [255]

쉬스유는 1906년 2월에 후베이성 마청(麻城 마성)현의 쉬자와(許家窪 허가와: 지금의 허난성 신현 쉬와)에서 빈농의 아들로 태어났다. 8세 때 무술을 배우기 위해 쑹산(嵩山 숭산)의 사오린스(少林寺 소림사)에 들어가 8년간 18반 무예를 익혔다. 추녀와 벽을 나는 듯이 넘나드는 무예인 비첨주벽飛檐走壁을 터득했다. 고향에 돌아갔다가 악질지주를 때려죽인 뒤 쫓기는 몸이 되어 이곳저곳 유랑생활을 하다가 직예군벌 우페이푸(吳佩孚 오패부) 부대에 들어가 군인이 되었다. 1926년 우창(武昌 무창) 국민혁명군 독립 제1사단 제1연대 중대장으로 있다가 9월에 공산주의 청년단에 가입했다. 1927년에 공산당원으로 전환한 쉬스유는 1932년에 홍군 제4방면군의 제4군단 제12사단 제34연대장을 역임했다. 국민당군이 '어위완쑤(鄂豫晥蘇 악예환소: 후베이-허난-안후이-장쑤 지역)' 소비에트 지구에 포위공격 소탕전을 벌일 때 7차례에 걸쳐 결사대원으로 전투에 나섰고, 두 번 결사대장을 맡을 정도로 용맹했다. 1935년에 홍4군 군단장이 되어 장궈타오가 이끈 홍군 제4방면

산둥

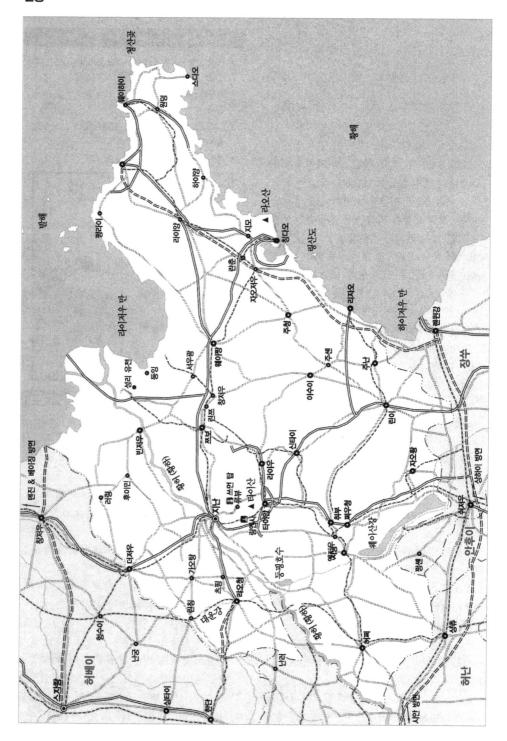

군의 장정에 참가했다. 1936년에는 장궈타오와 산베이 옌안으로 와 그해 말에 항일군정대학에 들어가 졸업한 뒤에 같은 대학의 교무부 부부장에 임명되었다. 이때 당중앙에서 장궈타오가 비판당하자 불만을 갖고 옌안을 떠나 쓰촨지역에서 유격전을 벌일 준비를 하다가 적발되어 팔개월 동안 당적을 박탈당하기도 했다. 항일전쟁 이후인 1938년에 팔로군 제129사단 제386여단 부여단장으로 펑위안(平原 평원)에서 유격전을 벌였다. 1940년에는 팔로군 산둥군단 제3여단장과 군단 참모장을 거쳐 1942년 자오둥(膠東 교동) 군구 사령관에 임명되었다. 1947년에 화둥야전군 제9군단 사령관으로 우라이, 멍량구 전투에 참가한 뒤 화둥야전군 동선병단 東線兵團(산둥병단) 사령관에 임명되었다. 쉬스유는 탄전린과 부대를 이끌면서 자오둥 보위전과 옌저우(兗州 연주) 등 수많은 전투에 참가했다. 쉬스유는 양병養病 중 마오의 직접 지명으로 지난성 전투의 공성부대를 지휘하게 되었던 것이다.

명령을 받은 쉬스유는 급히 산둥병단 사령부에 부임했다. 쉬스유는 지난성 공격의 핵심으로 소를 잡듯 전광석화로 급소에 칼을 꽂는 '소 잡는 칼 전술(牛刀子戰術 우도자 전술)'을 쓰기로 했다. 병력과 화력을 집중해 동, 서 양쪽을 공격하면서 날카로운 칼로 혈로血路를 열어 방어하는 국민당군의 심장을 사납고 거칠게 도려낸다는 전술이었다. 쉬스유는 지난성을 공격하는 각 부대에 "곤란하다거나 변명은 안 된다. 각자 자신들이 처한 문제를 해결하고 어떤 때든지 공격을 중지해서는 안 된다!"고 엄명을 내렸다.

한편 장제스는 '지난이 안정되어야 쉬저우(徐州 서주)가 안정되고, 쉬저우가 안정되어야 중원中原이 안정된다'는 것을 폐부 깊숙이 느끼고 있었다. 1947년 2월, 우라이(蕪萊 무래) 전투에서 패한 뒤 장제스는 지난을 직접 찾아가 지난 방어사령관 왕야오우(王耀武 왕요무)에게 "지난은 정치, 군사, 지리상으로 매우 중요한 곳이다. 지난을 반드시 지켜야 한다. 문제가 발생하면 그대가 책임져야 한다"며 철통방어를 지시했다. 9월 초, 장제스는 화둥야전군이 지난 방향으로 이동하며 병력을 집결한다는 것을 알았다. 즉시 칭다오(青島 청도)를 지키고 있는 정편 제74사단(멍량구 전투 이후 새로 창건) 제57여단과 쉬저우를 수비하고 있는 정편 제83사단 제19여단 병력을 항공기로 지난에 수송토록 했다. 또 추칭취안(邱清泉 구청천)

의 제2병단을 허난성 북쪽 상추(商丘 상구) 일대에 집결시키고, 황바이타오(黃百韜 황백도)의 제7병단을 장쑤성 북쪽 신안新安진 일선에, 리미(李彌 이미)의 제13병단을 장쑤성 북쪽 쑤(宿 숙)현 일선에 각각 배치해 지난성 북쪽의 병력 증원을 강화했다. 왕야오우는 지난성이 크기 때문에 성내 곳곳에 방어시설을 구축하느라 병력 부족을 절감했다. 왕야오우는 보유 병력을 지난성에 투입해 성의 동, 서쪽 수비구역을 나누어 방어하기로 했다. 또 중점 방어구역을 비행장 서남쪽에 두고 수비하기로 했다. 지난의 크고 작은 신문들은 '왕야오우 찬가'를 부르는 기사를 쏟아냈다. [256]

당년 창사(長沙 장사)에서 벌어진 전투에서 3차례 이겼고, 근래에는 황허를 지키는 기둥일세, 고성(지난성)의 명장, 능력을 뿜어내 두드러진다, 지난성(濟南城 제남성) 방어, 반석같이 견고하니, 철옹성(金城湯池 금성탕지)이로다.
當年三捷長沙, 近日砥柱黃河, 古城名將, 相得益彰, 濟南城防, 固若金湯.
당년삼첩장사, 근일지주황하. 고성명장, 상득익창, 제남성방, 고약금탕.

1948년 9월 16일 밤 12시, 지난성 전투가 시작되었다. 화둥야전군 공성병단은 동, 서, 남, 북쪽 100리에 걸친 광활한 지역에서 일제히 지난성 외곽 거점에 맹렬한 공격을 퍼부었다. 왕야오우는 주요 공방전이 서쪽 비행장을 둘러싸고 벌어질 것으로 판단해 예비부대인 정편 제83사단 제19연대를 비행장 쪽으로 배치하고, 정편 제74사단 제57여단을 성으로 불러들여 서쪽 성을 지키도록 했다. 화둥야전군 서西 병단 제10군단이 서쪽에서 동쪽을 공격했다. 동이 틀 무렵 수비군 제19여단 제55연대가 소문을 듣고 그대로 철수했다. 제28사단은 국민당군을 추격해 서쪽 고성古城 부근에서 정편 제2사단 제211여단을 전멸시켰다. 고성을 공격하던 돌격부대들은 국민당군의 강력한 저항에 부딪혀 성 안팎을 넘나드는 근처에서 땅굴을 파기 시작했다. 어둠이 내리면서 공산당군 제28사단이 개활지에 있는 해자垓字 안쪽에 다시 맹렬한 공격을 퍼붓자 마침내 국민당군 수비군은 진지를 버리고 도망갔다. 이때 제29사단은 위푸허(玉符河 옥부하) 부근의 창치툰(常旗屯 상기둔)

국민당군 근거지를 공격하기 시작했다. 창치툰 거점은 국민당군 제211여단 본부가 있는 곳으로 앞에 너비 100미터의 위푸허가 흐르고 있다. 강변에는 곳곳에 보루가 설치되었고 지뢰밭 구역이 있었다. 공산당군의 결사대가 힘겹게 한 보루를 점령했다. 한편 공산당군 동東병단 제9군단의 공격목표는 성 동쪽의 방어고지인 마오링산(茂嶺山 무령산)과 옌츠산(硯池山 연지산)이었다. 마오링산은 지난성 방어체계의 중요한 외곽 진지였다. 제9군단 제25사단 제74연대의 3개 중대가 일제히 공격을 퍼부었다. 2시간 동안 격렬한 전투가 벌어졌다. 제74연대가 큰 피해를 당하며 힘겹게 마오링산의 주主 진지를 점령하고 산허리에 있던 국민당군을 섬멸했다. 제25사단 제75연대도 막대한 사상자를 내며 버겁게 옌츠산 진지를 점령했다.

9월 18일, 공산당군과 국민당군의 전투는 서쪽은 비행장, 동쪽은 마자좡(馬家庄 마가장)에서 집중적으로 벌어졌다. 양군의 처절한 전투가 계속되었다. 돌연 지난성 서쪽 방어를 맡고 있던 국민당군 정편 제96군단의 군단장 겸 정편 제84사단 사단장 우화원(吳化文 오화문)이 총구를 국민당군에 돌렸다. '기의起義(투항이지만 명분상 봉기)'를 한 것이었다. 19일 밤에 우화원은 정편 제96군단 본부와 정편 제84사단 본부, 제155여단, 제161여단, 독립여단 등 2만여 명의 병력을 이끌고 공산당군에 합류했다. 우화원은 비행장과 주위 방어구역을 모두 서西병단을 지휘하는 제10군단 사령관 쑹스룬(宋時輪 송시륜)과 정치위원 류페이산(劉培善 유배선)에게 넘겼다.

9월 20일, 국민당군의 지난성 외곽 방어거점은 모두 공산당군에 빼앗겼고, 화둥야전군은 본격적인 지난성 공격에 들어갔다. 화둥야전군 군단장 쑤위는 같은 날 쉬스유와 탄전린에게 전보를 보내 "제3군단, 제10군단, 제13군단은 신속히 상푸(商埠 상부)를 공격해 전력을 기울여 성을 공격하라"고 명령을 내렸다. 쉬스유는 서西병단이 밤에 성 서쪽 수비구역 상푸를 공격하도록 하고, 예비부대인 저우즈젠(周志堅 주지견)의 제13군단도 상푸작전에 투입했다. 혁명군사위원회는 쑤위 등에게 전보를 보내 "왕야오우가 톈진 또는 칭다오, 린이(臨沂 임기) 등지로 포위망을 뚫고 도망갈 수 있다. 쑤위는 신속하게 증원 병단을 동원해 지난성 외곽에 3겹의 방위선을 만들고, 예페이(葉飛 엽비)의 제1군단 주력은 지닝(濟寧 제녕)과 옌저우(兗州 연주) 사이에서 기동작전을 펴도록 하라"고 지시했다. 성내의 왕야오우는 각각 쉬저우(徐州 서주)와 난징(南京 남경)에 전보를 보내 북쪽으로 포위망을 뚫고 탈출할 뜻을 개진했다. 이에 대해 장제스는 왕야오우를 심하게 질책하고, 전력을 다해 성을 고수하라고 명령했다. 왕야오우는 전보를 읽은 뒤에 '고수固守' 두 글자 옆에 동그라미 4개를 치고, '원군援軍' 두 글자 옆에는 4개의 가위 표시를 그려 넣었다. 그리고 여단장 이상의 작전회의를 소집했다. 침통한 분위기 속에서 회의가 열렸다. 왕야오우가 말문을 열었다. [257]

"노老선생(장제스)은 영명하시다. 우리는 그를 믿는다. 지난은 전략요지다. 노선생은 우리에게 (성을) 고수하라고 했다. 두杜(杜聿明 두율명) 부사령관이 독군으로 직접 추칭취안(邱淸泉 구청천), 리미(李彌 이미), 쑨위안량(孫元良 손원량) 등 3개 병단을 이끌고 구원하러 온다. 우리가 1주일만 굳게 지키면 된다. 원군은 꼭 도착한다. 우리는 마땅히 노선생의 지시를 받들어 전력을 다해 굳게 (성을) 지키자."

'원군' 글자 옆에 가위 표시를 한 왕야오우는 참모들에게는 '원군'이 온다고 거짓말을 했다. 회의를 끝내고 왕야오우는 성내의 장정壯丁 보충부대를 소집해 노인, 어린이, 부녀자, 아이들을 모두 소개疏開하고 공수 쌍방의 분계선을 분명하게 표시하라고 지시했다. 이것은 공군 폭격의 이점을 살리기 위한 것이었다. 또 군법처와 군사감옥에 전화를 걸어 모든 죄수들을 석방하라고 지시했다. 왕야오우는 이례적으로 수감된 공산당원과 포로로 잡힌 인민해방군 장병들을 석방하면서 장교는 5원, 사병은 3원씩을 주어 모두 성 밖으로 내보냈다.

이날 휘영청 밝은 달 아래에서 포화炮火가 작렬하고 함성이 천지를 진동하며 격렬한 전투가 시작되었다. 화중야전군 공성부대가 서, 남, 북 3면에서 상푸를 맹렬하게 공격했다. 쌍방이 이틀 밤 사흘 낮 동안 벌인 처절한 전투는 피가 흘러 강을 이루고, 주검이 산을 만들었다. 내전 중 일찍이 보지 못한 처참한 공방전으로 쌍방 모두 엄청난 희생을 치렀다. 22일 오후에 화중야전군 공성부대가 상푸를 점령하고 왕야오우 패잔부대는 성내로 후퇴했다. 장제스는 22일에 비행기를 타고 지난성 상공으로 날아와 공중에서 전투를 직접 독전했다. 장제스는 지난성 상공을 몇 차례 선회하며 무선교신을 통해 왕야오우에게 매우 온화한 말투로 입을 뗐다. ²⁵⁸

"준재俊才, 지금 어디에 있나?"

"성내에서 전투를 지휘하고 있습니다."

왕야오우는 상공을 선회하는 장제스가 탄 비행기를 쳐다보며 대답했다.

"자네는 이미 공산당군의 진공을 여러 차례 격퇴했다. 귀관의 10만 명의 장병은 모두 애당애국의 용감무쌍한 전사들이다. 전국 군민들은 그대가 다시 천하의 기공奇功을 세우기 바라고 있다."

장제스는 왕야오우에게 불퇴전의 투지를 고취시켰다.

"학생學生, 잘 알았습니다."

지난 고성은 내성과 외성으로 나누어져 있으며, 모두 높고 견고한 성벽을 두르고 있다. 왕야오우는 상푸를 공격한 공산당군이 막대한 인명 손실을 입은 만큼 최소한 3~4일의 정비기간을 거쳐 다시 공격할 것으로 예측했다. 그랬다. 화둥야전군의 공성부대도 극도의 피로에 지쳐 탈진한 상태였다. 인명 손실에 따른 병력 보충도 없었다. 부상병들도 계속 전투를 하는 상황이었다. 탄약과 공성작전에 필요한 장비들도 거의 바닥났다. 일반적 작전교범에 따르면 당연히 며칠간의 휴식과 정돈이 필요했다. 하지만 쉬스유는 "왕야오우에게 숨 쉴 시간을 주어서는 안 된다"며 즉각적이고 지속적인 전투명령을 내렸다.

22일, 서쪽 하늘에 곱디고운 저녁노을이 황홀함을 더했지만 지상에서는 피를 부르는 살육전이 벌어지기 시작했다. 외성은 지난성의 제2방어선 구실을 한다. 성벽은 큰 돌과 반듯반듯한 벽돌로 축성되었다. 높이 8미터, 두께가 10미터였다. 오후 6시 30분에 화둥야전군 공성부대 동, 서 병단의 대포가 일제히 불을 뿜었다. 국민당군 방어군도 즉시 기관총으로 응사하며 독가스탄을 투척하고 화염방사기로 불꽃을 피웠다. 외성은 불바다로 변했다. 독가스가 짙은 농무를 만들고 질식할 듯한 매캐한 냄새가 사방으로 퍼져나갔다. 숨이 차고 눈물범벅인 상황에서도 서남방의 융쑤이먼(永綏門 영수문)을 공격하는 제10군단 돌격대들은 엄호사격 속에 바깥 해자를 폭파하는 데 성공했다. 외성 성벽에 너비 2미터가량의 균열이 생겨났다. 마침내 외성에 진입한 제10군단 돌격대는 여기저기에 폭약을 터뜨려 3장丈 높이의 성문을 부숴버리고, 방어하는 국민당군과 치열한 총격전을 벌였다. 제10군단 후속부대들이 물밀듯이 밀고 들어갔다.

한편 동쪽 융구먼(永固門 영고문)을 공격하는 제9군단은 루난(魯南 노남)전투에서 노획한 15톤 무게의 미국식 경탱크 4대를 몰고 돌진했다. 왕야오우 방어군의 탱크는 거꾸로 낡은 일본식 탱크였다. 아이러니한 대결이었다. 공성부대 제73여단 돌격대들이 화력이 뛰어난 미국식 탱크의 엄호를 받으며 융구먼을 깨고 들어가기 시작했다. 23일, 화둥야전군은 지난 외성을 완전 점령했다. 왕야오우 수비군은 내성으로 후퇴해 결사방어에 들어갔다. 쉬스유의 공성부대들은 계속된 돌격전투로 지칠 대로 지쳐 기진맥진했다.

23일 오전 9시, 쉬저우(徐州 서주) '비적소탕 총사령부' 총사령관 류즈(劉峙 유치)와 공군 부사령관 왕수밍(王叔銘 왕숙명)이 비행기를 타고 지난성 상공에 나타나 왕야오우에게 무선교신을 통해 굳건하게 성을 지키며 원군을 기다리라고 전했다. 왕야오우는 별다른 기대를 걸지 않고 그저 끝까지 외롭게 성을 지키겠다는 뜻만 밝혔다. 화둥야전군 공성부대도 막대한 타격을 입어 이미 1만여 명이 넘는 사상자가 발생했다. 하지만 쉬스유는 이에 개의치 않고 23일 오후 6시에 내성 공격 명령을 내렸다. 돌격대들이 부교를 설치하고 성벽 근처로 돌격했으나 강력한 저항에 부닥쳐 인명 손실이 대량 발생했다. 제9군단 제25사단 제73연대의 일부 부대는 동남쪽 성벽을 타고 오르다가 후속부대의 지원을 받지 못해 전원이 몰살당하는 일도 벌어졌다. 공성부대들은 연속 7일 낮과 밤의 전투를 벌여 기력이 다한 데다가 국민당군의 저항도 만만찮아 돌파구를 찾지 못하고 있었다. 쉬스유가 안간힘을 다해 전투의지를 북돋았다. [259]

"우리는 큰 어려움에 처해 있다. 적들의 어려움은 우리보다 더욱 크다. 지금은 누가 상대방보다 더 버티는가에 달렸다. 우리는 적들보다 강인하고 완강하며 뒷심이 강하다. 승리는 왕왕 최후의 5분에 결정 난다!"

처절한 육박전으로 성 안팎을 피로 물들이며 마침내 화중야전군 공성부대가 성루에 깃발을 꽂아 지난성을 점령했다. 24일 새벽, 왕야오우는 혼란한 틈을 타 성

밖의 한 작은 촌락으로 숨어들어 옷을 바꿔 입은 뒤 달아났다. 이날 화둥야전군은 국민당군 제2수정구綏靖區 사령부를 접수했다. 도망갔던 왕야오우는 28일에 서우광(壽光 수광)현에서 붙잡혔다.

화둥야전군이 8일 낮과 밤의 격전을 벌인 지난성 전투는 국민당군 8만 4천여 명을 전멸시켰으나, 공산당군도 2만 6천여 명의 사상자를 내는 큰 대가를 치렀다. 지난성 전투는 중무장한 국민당군이 철옹성처럼 지킨 성도인 대도시를 점령했다는 데에 큰 의미가 있었다. 인민해방군은 이 전투의 승리로 화베이와 화둥 2개 지구의 큰 해방구를 하나로 묶어 화둥야전군과 중원야전군이 남하해 벌인 3대 전역의 하나인 화이하이(淮海 회해) 전투를 승리로 이끄는 유리한 기반을 구축했다. 저우언라이는 "3대 전역의 서막은 지난성 전투"라며 큰 의미를 부여했다.

이를 전초전으로 시작해 중국의 명운을 결정한 랴오-선(遼瀋 요심; 랴오닝-선양)과 화이하이(淮海 회해), 펑진(平津 평진; 베이핑-톈진) 등 3대 전역은 1948년 9월 12일부터 '랴오닝-선양'의 동북전장을 시발로 1949년 1월까지 5개월 사이에 사투를 벌인 대형 전장이었다. 전투 결과는 인민해방군이 모두 승리함으로써 창장(長江 장강) 이북의 북중국을 석권하게 되었다. 중국이 창장을 경계로 두 동강 난 꼴이 되었으나 상승세를 탄 인민해방군의 중국 통일이 눈에 잡히기 시작했다. 당시 동북군구 총사령관 린뱌오가 이끌고 있는 동북전장의 상황은 천청이 물러나고 웨이리황이 총사령관으로 국민당군을 통솔했으나 고전을 면치 못했다. 병력도 74만 명 대 49만 명으로 열세였다. 국민당군은 대도시 창춘(長春 장춘)과 선양(瀋陽 심양), 진저우(錦州 금주) 3개 도시에 고립되어 방어에 급급했다. [260]

랴오-선 전역,
동북전장 대결전

중공중앙은 동북전장의 마지막 숨통을 죄는 공격지점에 대한 전략 분석에 들어갔다. 창춘은 고립되었지만 인민해방군의 군대를 오랫동안 피로에 지치게 하는 동북전쟁의 약점이 존재했기에 이 문제를 해소해야 했다. 또 국민당군이 창춘에서 해방군을 견제하고 선양을 엄호하면서 진저우의 상황을 개선하는 전략을 쓸 수 있다는 점을 고려해야 했다. 진저우는 국민당군 병력이 창춘보다 비교적 많고, 주위에 약간의 거점이 있었다. 진저우를 공격할 때 화베이 국민당군이 증원할 수도 있고 해상 지원도 가능했다. 만약 진저우를 신속하게 공격하지 못하면 오히려 해방군이 수세에 몰릴 수도 있었다. 그렇게 되면 해방군 주력이 멀리 떨어진 북만주에서 남하하는 게 어려움에 빠질 수도 있었다. 하지만 진저우에서 산하이관(山海關 산해관)에 이르는 국민당군 부대들이 고립 분산되어 있어, 해방군이 공격할 경우에 비교적 승리할 가능성이 높았다.

베이닝셴(北寧線 북녕선) 작전은 창춘과 선양의 국민당군 증원군을 끌어들여 유리한 전투를 전개할 수 있었다. 국민당군을 화베이(華北 화북) 전장과 동북전장의 양대 전략집단으로 나누어, 화베이 국민당군의 증원을 화베이 인민해방군의 견제로 약화시킬 수도 있었다. 진저우는 동북 국민당군이 관내(산하이관 서쪽 지역)로 통하는 요충지다. 전략적 요지인 진저우를 공격해 동북의 대문에 빗장을 걸면 웨이리황의 국민당군은 '독 안에 든 쥐' 꼴이고, 해방군이 베이닝셴을 통제할 수 있었다. 그럴 경우 해방군의 근거지 전쟁 상황을 유리하게 이끌어갈 수 있었다. 이렇게 분석한 중앙혁명군사위원회는 진저우가 동북 국민당군의 치명적 약점이라고 결론을 내렸다. 이 때문에 마오는 '랴오-선 전역의 작전에 관하여'에서 이렇게 지적했다.[261]

적들을 전멸시키기 위해 주력은 창춘과 선양 두 지역의 적들은 신경 쓰지 말고, 진저우를 공격할 때 창춘과 선양에서 증원군을 보내면 이들 적을 섬멸시킬 준비를 해야 한다. 만약 창춘과 선양의 적들이 증원하면 그대들은 진저우 등지에서 증원군을 공격해 웨이리황군을 전멸시킬 수 있다. 진저우 공격은 모든 전투에서 승리의 관건이다. 인민해방군의 주력을 진저우 작전 방면에 돌려야 한다. 가능한 한 신속히 진저우성을 공격해야 한다. 모든 것을 미루고 진저우를 공격하면 주도권을 쥐어 위대한 승리를 거둘 수 있다.

1948년 9월 22일, 이런 전략방침에 따라 동북 인민해방군은 전력을 기울여 진저우를 공격했다. 선양의 국민당군 총사령관 웨이리황은 주력을 진저우로 증원하는 문제를 고민하다가 끝내 파견하지 않았다. 고립무원이 된 동북 '비적소탕 사령부' 부총사령관 판한제(范漢杰 범한걸)는 이틀간 격전을 벌였으나 역부족으로 성을 내줄 수밖에 없었다. 국민당군 10만여 명이 전멸하고, 부총사령관 판한제를 비롯한 제6병단 사령관 루쥔취안(盧浚泉 노준천) 등 고급장령들이 포로로 잡혔다. 장제스는 진저우성이 인민해방군의 손에 떨어지자 랴오야오샹(廖耀湘 요요상) 병단에게 계속 전진해 진저우를 탈환할 것을 명령했다. 진저우의 함락은 국민당군에게 치명적이었다. 증원부대도 진시(錦西 금서) 허우징(候鏡 후경) 해변에서 진퇴양난에 빠졌다. 랴오야오샹 병단은 길 중간에서 갈팡질팡했다. 결국 랴오야오샹도 생포되고 말았다. 장기간 포위를 당한 창춘은 양식과 탄약이 끊겼고, 병력이 별로 없는 선양은 인심이 흉흉했다. 이에 이르러 동북지구의 '대문'은 인민해방군이 완전히 빗장을 질러버린 꼴이 되었다.

창춘은 전투도 제대로 벌이지도 못하고 서서히 함락돼가고 있다.

미국 여기자 애너 루이스 스트롱은 이렇게 기사를 타전했다. 창춘의 20만 명에 이르는 시민들이 장사진을 이루며 성 밖으로 먹을 것을 찾아 나섰다. 장제스는 비행기를 동원해 공중에서 포위당한 국민당군에 양식 등 보급품을 공급했다. 그런데 보급품을 둘러싸고 부대 간에 마찰이 생겼다. 제60군단의 장사병들은 모두 윈난성(雲南省 운남성) 출신들이었다. 이들은 대부분의 보급품을 '장제스 직계부대'와 미국 장비로 무장한 제7군단에 배급한다고 불만을 터뜨렸다. 창춘의 장사병들은 대세가 이미 기울었다는 것을 잘 알고 있었다. 단지 항복하지 않았을 뿐이었다. 상관들이 "공산당은 포로를 죽인다"고 겁을 주었기 때문이다. 창춘은 동북야전군에 포위당한 뒤 '인간지옥'으로 바뀌었다. 서로 살겠다고 핏발이 곤두서 약탈과 살인을 밥 먹듯 하는 무법천지였다.

앞서 1948년 6월에 동북야전군은 혁명군사위원회의 비준을 받아 '장기 포위, 정치공세, 경제투쟁'의 책략을 쓰기로 하고 최일선에 창춘 포위지휘소를 만들었다. 샤오진광(蕭勁光 소경광)을 사령관으로, 샤오화(蕭華 소화)를 정치위원에 임명했다. 또한 천광(陳光 진광)과 천보쥔(陳伯鈞 진백균)을 부사령관, 탕톈지(唐天際 당천제)를 부정치위원 겸 정치부 주임, 제팡(解方 해방)을 참모장에 각각 임명했다. 이렇게 사령부를 만들어 동북야전군 제12군단 제34, 35사단, 제6군단 제18사단, 독립 제6, 7, 8, 9, 10사단과 1개 포병단이 창춘을 물샐틈없이 봉쇄했다. 6월 5일에 린뱌오와 뤄룽환(羅榮桓 나영환), 탄정(譚政 담정)이 연명으로 '창춘 포위방법'을 하달했다. [262]

"창춘의 교통과 모든 상업商業 관계를 끊어 성 밖 각지의 물자, 그중에서도 우선적으로 양식과 땔감용 건초, 채소 등 생활필수품의 반입을 막아 수비군들이 시외에서 공급받지 못하도록 한다. 대포와 고사포로 공중을 통제해 국민당군 비행기가 저공비행으로 보급품을 떨어뜨리거나 착륙하지 못하도록 한다."

창춘 포위지휘소는 창춘 주위 25킬로미터 이내에 봉쇄구역을 만들어 군軍 관계자 이외에는 사람과 거마車馬 등의 자유통행을 금지했다. 창춘을 포위한 인민해방군 병력이 10만 명이었고, 포위당한 국민당군 방어군 병력도 10만 명에 이르렀다. 동북 비적소탕 사령부의 부총사령관 정둥궈(鄭洞國 정동국)는 장제스와 웨이리황이 동북 철수 문제를 논의하다가 시일을 천연하는 바람에 동북지역 수십만 명의 군대가 장송곡을 부르며 사라질 것으로 내다보았다. 정둥궈는 웨이리황에게 베이핑에 가서 치료한다는 명분으로 휴가를 내 동북을 떠나려 했다. 그러나 정둥궈의 휴가는 받아들여지지 않았다. 쓰핑四平이 공격을 받고 있었고, 융지(永吉 영길)수비군 제60군단이 창춘으로 철수하는 등 비상 시기였기 때문이다.

장제스는 정둥궈를 창춘 제1병단 사령관 겸 지린성(吉林省 길림성) 주석에 임명했다. 이때 창춘은 4면이 포위당해 장병들의 사기가 땅에 떨어진 데다가 물자도 품귀 현상을 빚어 민심이 부글부글 끓어올랐다. 정둥궈는 부임하자마자 방어체계를 정돈하고 민심을 안정시켜 장기적 고수固守 방안을 짜는 데 심혈을 기울였다. 창춘의 성곽 방어에 대해서는 큰 걱정을 하지 않았다. 창춘은 일본의 괴뢰 만주국의 '수도'로 성내와 교외지역은 영구, 반영구식으로 방어공사를 했다. 특히 도시 중앙에는 원래의 관동군사령부와 공군사령부 등 4채의 큰 건물이 있었다. 이 건물들은 크고 견고한 보루였다. 건물 아래로 갱도를 만들어 서로 통하게 했다. 또 두꺼운 담과 철창에, 지붕을 철근 콘크리트로 덮어씌워 포탄을 맞아도 끄떡없을 정도로 견고했다. 걱정은 창춘에 주둔한 부대들이었다. [263]

창춘 방어군의 주력은 신7군단과 제60군단이었다. 신7군단은 천청(陳誠 진성)이 확대 개편한 중앙군 직계부대였다. 병력은 3만 명 안팎으로 원래의 신편 제38사단 사단장 리훙(李鴻 이홍)이 군단장을 맡고 있었다. 그러나 군단 관할의 3개 사단 중 제56사단 7천여 명의 병력은 만주국 군인들로 이루어져 전투력이 대단히 약했다. 신7군단에서 1만 2천 명의 병력을 보유한 신편 제38사단만이 전투력이 강했다. 이처럼 주력부대인 신7군단의 속내는 잠복한 병폐가 많았다. 더욱 심각한 것은 신7군단과 제60군단 간의 갈등이었다. 윈난군으로 이루어진 제60군단은 장제스 직계부대 신7군단으로부터 홀대를 받아 '촌놈군대' 취급을 당했다. 정둥궈는 부임 후에 쩡쩌셩(曾澤生 증택생)을 군단장 겸 제1병단 부사령관에 임명했다. 정둥궈는 제7군단 군단장과 사단장 등 장령들에게 제60군단과 우호관계를 유지할 것을 엄하게 경고하면서 위난 시에는 같은 배를 타고 건너는 관계임을 거듭 강조했다.

항공기의 보급품 공급이 끊긴 뒤에 국민당군 방어군에 기아 현상이 나타나기 시작했다. 제7군단과 제60군단의 사단장 6명이 연명으로 장제스에게 전보를 보냈다. 포위당한 창춘 방어군의 어려운 상황과 대군을 증원해 인민해방군의 포위망을 풀어줄 것을 건의했다. 장제스는 사단장 모두에게 일일이 전보를 보내 하나마나한 얘기만 되풀이했다.

나는 그대들과 부하 장사병들을 나의 형제자매처럼 대하고 있다. 그대들의 어려운 상황을 잠시도 잊은 적이 없다. 그러나 준비가 제대로 되지 않아 증원군이 중도에 전멸당했다. 그대들이 지극히 힘들고 어려운 투쟁을 견지하기 바라며 끝까지 지지한다.

1948년 5월부터 10월 사이에 창춘의 시민들이 기아에 허덕여 참혹한 상황에 빠졌다. 많은 사람들이 식량이 떨어지거나 군대에게 식량을 빼앗겨 초근목피로 연명하다가 병들어 죽거나 기아사하는 경우가 비일비재했다. 피골이 상접한 사람들은 길을 걷다가 넘어지면 그대로 황천길이었다. 거리에 주검이 넘쳐났지만 매장하는 사람도 없었다. 급기야 거리에서 인육人肉을 파는 천인공노할 참상도 벌어졌다. 8월께 장제스는 군사적 압력을 줄이기 위해 정둥궈에게 창춘 성내의 주민들을 소개하도록 명령했다. 창춘성을 빠져나가는 20만여 명의 피난민 대열이 끝없이 이어진 이유였다. 국민당군 방어군들의 투항도 잇따라 9월에 이르러 1만여 명에 달했다. 해방군의 심리전도 크게 늘어났다. 사면초가四面楚歌의 전략이었다. 해방군들은 목소리를 높여 '고향'과 '형제' 등 정서적 구호를 외치고 "누구를 위해 목숨을 팔고, 누구를 위해 죽어야 하느냐"며 국민당군의 마음을 쥐어뜯었다.

"나와라, 우리는 노비를 주어 고향으로 돌아가도록 하겠다!"

"왜, 윈난 부대와 직계부대의 생활 대우가 서로 다른가?"

초패왕 항우가 해하垓下 고성孤城에 포위되어 밤에 사방에서 불어대는 처연한 초나라 노랫소리(四面楚歌 사면초가)에 궤멸되었듯이, 창춘 고성孤城을 후벼 파는 밤낮 없는 해방군들의 외침이 따뜻한 남쪽 지방에서 온 윈난군의 마음을 쥐어 흔들었다. 여기저기서 술렁대기 시작했다. 제일 곤혹스러운 사람은 윈난군을 이끌고 있는 제60군 군단장 쩡쩌성이었다. 전전반측하던 쩡쩌성이 제182사단 사단장 바이자오쉐(白肇學 백조학)와 제21사단 사단장 장룽야오(張隴耀 장롱요)를 불러 속내를 떠보았다. 264

"부대의 앞날과 출로문제에 대해 우리는 많이 얘기했다. 오늘 밤 모인 것은 어떻게 할 것인가 결정하기 위해서다."

"상의는 무슨 상의입니까, 군단장께서 어떻게 결정하든 결정하는 대로 따르겠습니다."

직설적이고 솔직한 성격의 장룽야오가 걸걸하게 자신의 의견을 내놓았다. 바이자오쉐는 신중한 자세로 만전지책을 찾아야 한다고 했다. 쩡쩌성은 제60군단이 투항하는 '기의起義'를 털어놓았다. 이때가 9월 22일 밤 10시쯤이었다. 진저우의 판한제 대군이 해방군에 포위되어 절망적이란 소식이 날아들었다. 장룽야오가 쩡쩌성의 '기의'를 옹호하고 나섰다.

"우리 제60군단은 근년에 (장제스) 직계부대들로부터 많은 차별을 받아왔다. 일선에서 죽어라 싸우고 철수할 때는 엄호하는 고생만 했지, 정작 상賞은 그들(제7군단)이 받았다. 이런 억울함은 받을 만큼 받았다. 나는 기의를 찬성한다!"

"나는 소년 시절부터 군문에 들었다. 본래 국가와 민족을 위한다는 생각에서였다. 그런데 몇십 년 동안 싸우며 생각해보니 이건 동족상잔이다. 나는 목석이 아니다. 많은 상처를 입었다."

바이자오쉐는 고통스러운 표정을 지으며 이렇게 말한 뒤에 부대를 이끌고 나가 무기를 버리고, 장병들을 무장해제시켜 고향으로 돌려보냈으면 한다고 했다. 바이자오쉐도 끝내 기의에 찬성했다. 10월 15일에 진저우성이 함락되었다. 장제스는 17일에 창춘성의 포위망 돌파를 명령했다. 돌파하지 않아도 죽고, 돌파해도 죽어 이래저래 죽는 것은 마찬가지였다. 정둥궈는 16일 밤에 준비한 뒤 17일 4면에서 공격하고, 18일에 포위망을 돌파하기로 했다. 명령이 떨어지자 쩡쩌성은 안절부절하지 못했다. 인민해방군과 연락을 취하기 위해 밀사를 보냈는데 감감무소식이었기 때문이다. 기의를 하려면 18일 전에 해야 했다. 그렇지 않으면 정둥궈와 함께 포위망을 뚫어야 했다. 시간이 없었다. 좌불안석하던 차에 노을이 질 때쯤 밀사가 돌아왔다. 해방군이 제60군단의 기의를 받아들이겠다는 회답을 갖고 온 것이다. 10월 17일 이른 아침, 쩡쩌성은 총사령관 정둥궈에게 장문의 편지 한 통을 보냈다. 265

창춘이 포위당하여 환경이 날로 어려워지고 있습니다. 장병들은 기아와 추위에 시달리고 인민들은 거리에서 죽어나가고 있습니다. 내전의 참상은 보는 이로 하여금 마음을 아프게 합니다. 정부의 부패와 무능, 관료들의 탐욕적인 횡포로 오늘의 시국은 역사에 전례가 없을 정도입니다. 가문과 자본가들이 권세를 빌어 경제를 농단하고 억압하며 착취해 국민경제가 붕괴되었습니다. 인민들은 삶을 영위하기가 어렵습니다. 이런 모든 게 장제스 정부로 인한 것으로 국가와 민족에 해를 끼치는 죄악입니다. 뜻있는 인사들은 뼈저리게 침통해하고 뉘우치지 않을 수 없습니다. 군대는 인민을 위한 무력입니다. 개인의 사욕을 만족시키는 도구가 아닙니다. 극도의 곤경과 위험에 처한 인민을 구해야 합니다.
이번에 장병들이 한마음으로 군사행동을 하기로 동의해 내전에 반대하고 장씨(장제스) 정권을 타도하기로 했습니다. 국가존망의 위기를 구해 인민들에게 속죄하고 스스로 진창의 수렁에서 몸을 빼야 합니다. 공(정둥궈)은 창춘 군정의 우두머리로 성 전체의 안위를 보살피는 만큼 창춘 군민을 희생시키지 않도록 해야 합니다. 창춘은 전화戰火가 아니라 극도로 부패해 썩어 문드러지고 있습니다. 자신을 돌아보고 반성해 단연 기의를 일으키기로 했습니다. 함께 의거를 일으키면 국가와 지방에 더 이상 다행스러운 일이 없을 것입니다. 온 힘을 기울여 봉행하고자 합니다. 삼가 답신을 기다립니다.

정둥궈는 "나는 할 수 없다"고 거부했다. 쩡쩌성은 이날 국민당군 제60군단이 봉기(起義 기의)했다고 전국에 알렸다. 10월 18일, 정둥궈의 지휘 아래 포위망을 뚫고 선양으로 철수하는 날이었으나 어느 부대도 명령을 따르지 않았다. 쩡쩌성의 제60군단이 잇따라 성을 나섰다. 동북야전군이 창춘의 반을 접수했다. 19일, 제7군단 부군단장 스쉬(史說 사설)와 참모장 룽궈쥔(龍國鈞 용국균)은 해방군과 이미 교섭을 끝내고 전군이 무기를 버리고 투항하기로 했다. 제7군단이 무기를 버렸다는 것은 창춘이 동북야전군에게 완전히 점령당했다는 것을 뜻했다. 장제스를 대신해 두위밍(杜聿明 두율명)이 정둥궈에게 전보를 보내 창춘에 헬리콥터를 보낼 테니 탈출하라고 권유했다. 하지만 창춘 어디에도 헬리콥터가 착륙할 수 있는 지점이 없었다. 정둥궈는 "지금은 이미 늦었다. 부대를 떠날 수 없게 되었다. 단지 죽음으로 명령에 보답한다"고 회신 전보를 보냈다. 21일 새벽, 정둥궈는 맹렬하게 저항했다. 하지만 역부족으로 최후의 순간을 직감한 정둥궈는 자살하려고 총을 찾았다. 그때 호위병들이 끌어안는 바람에 뜻을 이루지 못했다. 인민해방군이 창춘에 무혈입성한 데 이어 고립무원의 선양과 잉커우(營口 영구)도 평화적 해결방식으로 인민해방군의 수중에 떨어졌다. 2개월도 안 되어 끝난 랴오-선 전역으로 인민해방군은 국민당군 47만 명을 섬멸하며 동북 전체를 석권했다.

중원 평정
화이하이 전역

마오쩌둥은 화이하이(淮海 회해) 전역은 남쪽 전선의 결전決戰으로 남쪽 전장의 상황뿐만 아니라 중국 전역에 영향을 미친다는 사실을 익히 알고 있었다. 화이하이 전역은 랴오-선 전투와는 달랐다. 동북전장戰場에서 동북야전군과 국민당군의 병력 대비는 동북야전군의 절대우세였다. 그러나 화이하이 전장에서 인민해방군의 총병력과 무기, 장비 등은 국민당군에 비해 열세였다. 장제스는 1948년 8월 이래 해방군의 남하를 저지하며 창장(長江 장강)을 굳게 방어해, 수도 난징(南京 남경)을 병풍을 둘러친 것처럼 방비하고 있었다. 쉬저우(徐州 서주)를 중심으로 한 룽하이루(隴海路 농해로)와 진푸루(津浦路 진포로) 선상에 최신무기와 장비를 가진 정예의 장제스 직계부대를 배치했다. 또 전투가 벌어졌을 때 장제스는 '비적소탕 총사령부'의 주요 병력과 동북에서 철수한 병력을 화이하이 전장에 투입할 것이 불을 보듯 뻔했다. 그 병력이 80만여 명에 달했다. 이 병단은 대포 2천 문을 포함해 각종 포 4,215문, 탱크 1,800대, 비행기 400대와 수많은 차량을 보유했다. 이에 반해 인민해방군은 지방 무장세력을 포함해 병력 60만 명으로 열세였다. 중무기도 화포 1,364문, 탱크 22대, 비행기는 한 대도 없어 무기와 장비가 국민당군에 비해 현격하게 뒤졌다. 특히 중원야전군은 다볘산 전투에서 파괴된 중무기를 아직 보충하지 못한 상태였다. 전쟁은 역량(힘)의 대결로 병력, 무기, 장비 등의 객관적 요소와 전쟁을 하는 지휘관과 전투원들의 주관적 의지로 이루어진다. 부족한 객관적 요소를 주관적 의지로 극복해가는 동안 상황은 얼마든지 바뀔 수 있다. 마오는 이 점을 염두에 두고 전쟁 개시 시점을 예의 주시하고 있었다. 11월 6일, 마침내 중원야전군과 화둥야전군 2개군이 국민당군과 사활을 걸고 65일 동안 벌인 화이하이 전투가 시작되었다.

전투 규모는 애초 예상했던 것보다 커졌다. 인민해방군은 화이하이 이북의 국민당군 부대에 대해서도 공격을 감행했다. 중앙혁명군사위원회는 류보청, 천이, 덩샤오핑, 쑤위, 탄전린 등 5명으로 총 전적위원회를 만들어 덩샤오핑을 서기로 임명하고, 화이하이 전역을 총지휘하도록 했다. 참전 부대와 군사의 수는 화둥야전군 산둥병단, 쑤베이(蘇北 소북) 병단, 시셴(西線 서선)병단 등 16개 군단 36만 명과 중원야전군 7개 군단 15만 명, 화베이(華北 화북) '지루위(冀魯豫 기로예; 허베이-산둥-허난 지역)' 군구의 지방부대 등 총병력 60만 명에 이르렀다.

마오는 11월 10일 오전 3시에 천이, 덩샤오핑, 쑤위, 장전(張震 장진), 탄전린, 왕젠안(王建安 왕건안) 등에게 잇따라 전보를 보냈다. 마오는 천이와 덩샤오핑에게 보낸 전보에서 "당신들은 4개 군단으로 쑤(宿 숙)현을 공격하고 쑨위안량(孫元良 손원량) 등의 부대를 섬멸해 쉬벙루(徐蚌路 서방로; 서주-안후이성 방부 '蚌埠'를 잇는 도로)를 끊어야 한다. 화둥야전군 싼광(三廣 삼광) 제2군단 역시 쉬쑤(徐宿 서숙; 서주와 숙현)를 공격하라"고 명령했다. 마오는 이들에게 다시 전보를 보내 "류즈(劉峙 유치)가 배치한 쉬저우와 황커우(黃口 황구), 쑤현을 전력으로 (싼광 제2군단 포함) 공격해 쑨위안량 부대를 전멸시키고, 쉬벙 지역을 통제하면서 적의 퇴로를 끊어야 한다. 빠르면 빠를수록 좋다"고 지시했다. 또 쑤위, 장전, 탄전린, 왕젠안에 전보를 보내 "적 제7병단과 제13병단이 쉬저우로 철수할 때 당신들은 두 병단을 포위해 섬멸하면서 황바이타오(黃百韜 황백도)의 퇴로를 끊을 수 있다. 특히 제7, 10, 13군단 및 쑤베이 제11군단은 국민당군 제13군단이 황망히 철수하는 틈을 타 용맹하고 신속하게 공격하면 적을 멸할 수 있다"고 전투의지를 고취시켰다. 마오는 또 이날 밤 9시에 천이, 덩샤오핑, 쑤위, 탄전린에 전보를 띄워 이렇

게 지시했다. [266]

제13병단은 이미 인허(引河 인하)와 쉬저우 사이의 협소한 지역으로 후퇴해 북쪽에서 쉬저우를 보위하고, 추(邱 구; 추청취안) 병단은 여전히 황커우를 지키고 있다. 류즈는 화둥야전군 6개 군단이 진샹(金鄕 금향)과 위타이(魚臺 어대), 청우(成武 성무)에서 남하하는 것으로 잘못 판단하고 있다. 그리하여 추 병단은 서쪽을 방어하고 있다. 이에 따라 우리 제10군단은 구왕(賈汪 고왕)에서 쉬저우 동남쪽으로 진출해 쉬저우 부근의 제13병단을 방어하면 된다. 필요할 때는 남쪽으로 나아가 황 병단을 요격할 수 있다.

마오는 "국민당군 허지펑(何基灃 하기풍)과 장커샤(張克俠 장극협) 부대가 봉기(起義)한 뒤에 류즈가 쉬저우 방어를 강화하고, 벙부(蚌埠 방부)의 제99군단 병력을 쉬저우로 이동시켜 철벽방어를 하고 있다. 류즈는 또 급히 쑨위안량 2개 군단을 멍청(蒙城 몽성)에서 쑤현으로 돌아가 수비하도록 했다. 천이와 덩샤오핑의 각 군단은 오늘내일 사이로 쑤현에 도착해 쑨위안량 부대와 전투를 벌이고, 황바이타오의 도주로를 막으라"고 명령했다. 이날 류보청은 급히 위시(豫西 예서)에서 융청(永城 영성)으로 부대를 이끌고 달려와 천이, 덩샤오핑 군단과 합류했다. 이들은 '쉬저우-벙부 작전계획'을 짜 11월 11일 밤에 쑤현으로 진격하기로 했다. 마오는 이들의 전략을 칭찬한 뒤에 "이번 전쟁의 승리는 쉬저우를 완전 포위하는 게 관건이다. 그런 연후에 쑤현을 중심으로 모든 쉬저우-벙부선을 통제할 수 있도록 몇 겹의 방어선을 구축해 쉬저우에서 남쪽으로 도주하는 적들을 기다렸다가 화둥야전군과 협동 작전을 펼쳐 쉬저우 적들을 전멸시키면 된다"는 내용의 전보를 보냈다. [267]

마오는 이 전략에 혼신의 힘을 쏟았다. 쉬저우 동쪽의 룽하이루에 있는 류보청, 덩샤오핑의 중원야전군과 천이, 쑤위의 화둥야전군이 국민당군 황바이타오 군단과 리미(李彌 이미) 군단을 공격해 섬멸하고, 쉬저우 남쪽의 진푸루에 있는 쑤현을 점령하도록 했다. 이 쉬저우 공파攻破전략은 국민당군의 오른쪽 팔을 끊어버리고 복부를 찌르는 작전이었다. 인민해방군은 이 전투에서 국민당군 황바이타오, 쑨

144

위안량, 추칭취안(邱淸泉 구청천), 리미 등 5개 병단 22개 군단, 장제스의 '5대 주력'인 제18군단과 제5군단 등 55만 5천 명을 전멸시켰다. 또 쉬저우 '비적소탕 총사령부' 부총사령관 두위밍(杜聿明 두율명)과 제12병단 사령관 황웨이(黃維 황유) 등 고위장령들을 생포했다. 인민해방군 야전군의 사상자도 13만 4천 명이 발생했다. 인민해방군의 화이하이 전역의 승리는 장제스가 철통수비를 자랑한 창장 이북의 '중점방어 체계'를 깡그리 무너뜨렸다. 국민당군의 화둥(華東 화동), 중원전장의 정예 주력이 한순간에 소멸되었다. 국민당의 정치와 경제의 중심인 수도 난징, 상하이, 우한(武漢 무한) 등 중요 도시가 인민해방군의 직접적인 공격권에 들어가 국민당 정부는 궁지에 몰리게 되었다. 마오는 "화이하이 전역에서 쑤위 동지가 1등의 공을 세웠다"고 극찬했다.

푸쭤이 투항
베이핑 평화 해방

인민해방군이 랴오-선 전역과 화이하이 전역을 잇따라 승리함에 따라 국민당 화베이(華北 화북) 비적소탕 총사령부 사령관 푸쭤이(傅作義 부작의)는 화베이와 둥베이(東北 동북) 양대 야전군의 협공을 받는 고립무원의 처지에 빠졌다. 푸쭤이 집단군은 4개 병단 13개 군단과 기타 부대 등 60만여 명의 병력을 거느리고 있었다. 1948년 11월, 푸쭤이는 각 지역의 병력을 서쪽 장자커우(張家口 장가구)에서 동쪽 베이핑(北平 북평: 베이징), 톈진, 탕산(唐山 당산), 탕구(塘沽 당고), 산하이관(山海關 산해관)에 이르는 지역에 '일자一字 장사진'으로 배치했다. 나중에는 병력을 베이핑과 톈진, 장자커우에 중점 배치하고 탕구 해안을 굳게 지켰다.

마오는 '핑진(平津 평진: 베이핑과 톈진) 전역에 관한 작전방침'에서 "적들이 해상으로 도망가는 것이 저어된다. 2주일 안에 전투는 하지 않고 포위만 하되 거리를 두어 적들이 모르게 해 달아나지 않도록 해야 한다"고 지시했다. 마오는 장제스가 국민당군을 톈진 해상에서 남하하도록 명령을 내리지 않게 착각을 유발하고, 산둥방면의 주요 지역을 통제해 화베이 국민당군이 칭다오(青島 청도)로 달아나 해상 탈출을 못하도록 한 것이었다. 마오는 랴오-선 전역이 끝나자마자 군대를 정비할 것으로 생각하는 국민당군의 의표를 찔러 동북야전군을 곧바로 비밀리

신속하게 산하이관으로 남하시켜 포위망을 구축해 화베이 양대 야전군과 합동작전을 펴도록 했다. 11월 하순, 동북야전군 주력이 3로로 나누어 산하이관으로 들어오기 전에 핑진平津 전역을 일으켰다. 인민해방군은 화베이 2개 병단 7개 군단과 지방부대 등 병력이 20만여 명이었다. 여기에 동북야전군 14개 군단 80만 명이 가세해 총병력은 100만 명에 이르렀다. 1949년 1월 상순, 중앙은 린뱌오와 뤄룽환, 녜룽전 등으로 핑진 전역 총 전적위원회를 구성하고, 린뱌오를 서기로 임명해 핑진 전역을 통일 지휘하도록 했다.[268]

텐진은 화베이 최대의 상공업 도시로 강이 종횡으로 흐르고 높은 건물이 즐비하게 들어서는 등 번화했다. 성의 방어는 견고해 지키기는 쉽고 공격하기는 어려웠다. 국민당군은 성 안팎에 380개의 토치카를 세우고 성 주변에는 수만 개의 지뢰를 매설했다. 국민당의 텐진 경비사령관 겸 방수防守사령관 천창졔(陳長捷 진장졔)는 텐진 성곽은 견고하기가 금성철벽이라고 큰소리쳤다. 하지만 인민해방군에 완전 포위를 당한 푸쭤이 집단군은 달아날 출로가 막혀 진퇴양난에 빠졌다. 11월 7일, 푸쭤이는 마오쩌둥에게 전보를 보냈다. 구국구민을 위해 60만 명의 군대를 마오의 지휘에 둘 수 있도록 결정할 수 있다는 내용이었다. 협상 신호를 보낸 것이다. 감감무소식이자 후끈 달아오른 푸쭤이는 11월 14일에 또다시 전보를 보내 평화회담을 요구했다. 푸쭤이는 대세가 이미 기울어 곧 공산당의 천하가 될 것으로 내다보았다. 푸쭤이는 마오쩌둥의 '연합정부'를 연구해 공산당의 지도를 인정한다는 전제 아래, '지차쑤이(冀察綏 기찰수; 허베이-차하얼-쑤이위안)' 3성省의 실력자 자격으로 연합정부에 참여하면 자신의 기반과 군대를 보존할 수 있다고 생각했다.

푸쭤이의 속내를 훤히 꿰뚫고 있는 마오는 모르쇠하고 자기 순서에 따라 행마行馬에 들어갔다. 푸쭤이를 더욱 옥죄려고 린뱌오에게 펑타이(豊臺 풍대)를 공격해 베이핑과 텐진 사이의 철로를 차단하도록 명령했다. 푸쭤이는 자신의 기반이자 친위부대인 제35군단이 신바오안(新保安 신보안)에서 포위당한 사실을 알고 공산당 지하당원인 딸 푸둥쥐(傅冬菊 부동국)에게 "제35군단은 나고, 나는 바로 제35군단"이라고 비통해했다. 푸쭤이는 제35군단 장병들이 죽을 때까지 항복하지 않을 것으로 보여 이들을 구하기 위해 심사숙고 끝에 인민해방군과 협상하기로 했다. 12월 15일, 푸쭤이는 협상대표로『핑밍르바오(平明日報 평명일보)』편집국장 추이자이즈(崔載之 최재지)를 성 밖으로 보내 해방군과 담판을 벌였다. 푸쭤이는 해방군이 모든 공격을 중지하고, 제35군단이 베이핑으로 돌아올 수 있도록 허용할 것을 요구했다. 푸쭤이는 이 요구가 관철되면 제35군단을 연합정부가 구성되는 대로 정부에 소속시키겠다는 조건을 걸어 협상을 매듭지었다. 269

푸쭤이는 베이핑 중난하이 쥐런탕(居仁堂 거인당)의 '비적소탕 사령부' 사무실에서 투항하는 문제를 놓고 번민의 나날을 보냈다. 푸쭤이는 참모장 리스제(李世杰 이세걸)에게 "평화담판은 투항이 아닌가? 사람들에게 어떻게 도덕을 말할 수 있겠는가? 우리의 지난날의 역사는 끝났는가?"라며 비통한 심정으로 물었다. 리스제는 "평화담판은 혁명입니다. 투항이 아닙니다. 우리는 마땅히 혁명도덕을 말해야 합니다. 봉건도덕을 말해서는 안 됩니다. 역사는 응당 보존할 수 있고, 보존하지 못할 수도 있습니다. 보존하지 못한다고 해서 애석해할 필요는 없습니다"라고 위로했다. 푸쭤이는 같은 문제를 다른 참모들에게도 묻고 또 물었다. 방송은 인민들이 전범자戰犯者 처단을 원한다는 소리를 잇따라 내보냈다. 푸쭤이도 당연히 전범자 명단에 있었다. 이 또한 푸쭤이가 투항을 꺼리는 이유 중의 하나였다.

마오도 푸쭤이가 전범자 명단에 들어 망설이고 있다는 것을 잘 알았다. 마오는 린뱌오에게 전보를 보내 지하당원을 푸쭤이에게 파견해 전범자 명단에 이름을 넣은 것은 장제스가 푸쭤이를 해치지 못하도록 하기 위한 조처란 뜻을 전달해 안심시키도록 했다. 1949년 1월 6일, 이런 전언을 들은 푸쭤이는 막역한 친구 저우베이펑(周北峰 주북봉)과 민주연맹 상임위원 장둥쑨(張東蓀 장동손)을 베이핑 성 밖으로 보내 지(薊 계)현에 주둔한 해방군 핑진(平津 평진; 베이핑-톈진) 지휘부에서 린뱌오, 녜룽전과 회담을 하도록 했다. 저우베이펑은 "푸 선생은 이미 형세를 잘 알고 있다. 우리를 파견한 것은 해방군의 조건을 알아보기 위한 것"이라고 입을 열었다.

린뱌오는 "조건은 아주 간단하다. 모든 군대를 해방군에 소속시킨다. 모든 지역을 일률적으로 해방구화한다"고 말했다. 회담은 빠르게 진전되어 회담 내용의 초안을 작성하고 가서명을 했다. 베이핑성 안으로 돌아온 저우베이펑은 푸쭤이에게 회담 내용을 설명했다. 푸쭤이는 묵묵부답이었다. 침묵 끝에 푸쭤이는 "이 문건은 이틀 뒤 다시 얘기하자"고 했다. 마오는 푸쭤이의 투항 결심을 촉구하기 위해 톈진을 공격하기로 결정했다. 해방군의 톈진 공격 하루 전에 푸쭤이는 부사령관 덩바오산(鄧寶珊 등보산)을 린뱌오 진영으로 보내 담판을 했다. 네룽전은 단도직입적으로 "지난번 회담에서 최후 회담 시간을 14일 밤 12시로 정한 바 있다. 현재 10시간도 안 남았다. 이번 담판은 톈진을 제외하고 베이핑 문제만 이야기하자"고 말했다. 덩바오산은 미심쩍은 생각이 들어 "당신들은 톈진을 공격하는가? 얼마 동안 톈진을 공격하는가?"라고 물었다. 린뱌오는 "명령이 이미 하달되었다. 3일간 공격한다"고 대답했다. 덩바오산은 경색된 표정을 지으며 "3일? 30일을 공격해도 이길 수 없다"고 했다.

푸쭤이도 공산당처럼 두 가지 책략을 썼다. 덩바오산을 시켜 계속 회담을 하게 하면서 톈진 방어군에게는 견결하게 저항하라고 명령한 것이다. 1월 14일, 동북야전군은 톈진을 공격해 들어갔다. 전투 결과는 허망했다. 동북야전군은 3일은커녕 29시간 만의 전투 끝에 국민당 방어군 13만여 명을 섬멸하고 톈진을 점령했다. 톈진 경비사령관 겸 방수사령관 천창제 등 고위장령 28명을 생포했다. 동북야전군은 2만여 명의 사상자가 발생했다. 탕구(塘沽 당고)에 있던 국민당군 5만여 명은 해상을 통해 남쪽으로 달아났다.

베이핑은 국민당군의 화베이 최대의 전략요지였으나 동북야전군 주력이 산하이관에서 쾌속 질주해 철갑 두르듯 포위해버렸다. 푸쭤이 부대는 서쪽이나 남쪽으로 달아날 길이 모두 봉쇄되었다. 20만여 명의 방어군은 고립무원 상태에서 사기가 극도로 떨어졌다. 푸쭤이는 이제 모든 게 마오의 손에 달렸고, 자신에게는 다른 출로가 없다는 사실을 알고 있었다. 푸쭤이는 3차례 회담을 벌여 1월 19일에 '22일 오전 10시부터 쌍방이 휴전'하기로 한 '베이핑 평화적 문제해결에 관한 협의서'에 서명했다. 푸쭤이는 서명 하루 전에 '비적소탕 사령부' 부참모장 이상의 고위장령과 소속 각 병단 사령관, 군단장을 소집해 회의를 열어 평화회담의 협의 내용을 공표했다. 무거운 침묵이 흐르는 가운데 어떤 사람들은 통곡을 했다.

또 어떤 사람들은 울면서 "미안합니다, 영수領袖여! 죄송합니다, 영수여!"라고 울부짖었다. 그들이 말한 '영수'는 장제스로, 장제스는 그날 하야下野를 발표하고 고향 저장성(浙江省 절강성) 시커우(溪口 계구)로 돌아갔다. 장제스는 물러나기 직전에 푸쭤이에게 보낸 전보에서 베이핑에 보내는 비행기편에 국민당 중앙군 소령 이상의 군관과 필요한 무기를 운송하도록 마지막 명령을 했다. 푸쭤이는 갈 사람은 가고 남을 사람은 남도록 했다. 1월 23일 이른 아침, 리원(李文 이원) 등 중앙군단 이상의 군관들을 둥단(東單 동단) 비행장에서 2대의 비행기에 태워 난징(南京 남경)으로 돌려보냈다. 푸쭤이는 마침내 투항을 결심하고, 자신의 딸 푸둥쥐에게 마오쩌둥에게 보내는 편지를 구술했다. 270

마오쩌둥 선생.

나는 다시 내전을 바라지 않습니다. 베이핑의 고적古蹟을 보위하고, 인민들의 생명과 재산을 해치고 파괴하지 않기 위하여 마오 주석의 지도를 받아들이고 평화회담을 접수합니다. 담판을 할 수 있도록 난한천(南漢宸 남한신) 선생을 파견해주기를 부탁합니다. 나에게는 현재 수십만 명의 군대가 있고, 200대의 비행기가 있습니다. 나는 지난날 장제스를 중심으로 국가의 위망을 구하고, 도탄에 빠진 인민들을 구원한다는 환상에 빠져 있었습니다. 나는 지금 이러한 생각과 방법이 철저하게 잘못되었다는 것을 깨달았습니다. 나는 오늘 이후 마오 주석과 공산당을 중심으로 한 구국구민의 목적에 따라…….

1월 22일, 푸쭤이는 부대를 이끌고 베이핑 성문을 나와 린뱌오와 녜룽전에게 부대 지휘권 이양과 개편 등에 관해 우여곡절의 협의를 거쳐 합의했다. 동북야전군 제4군단이 1월 31일에 부대를 이끌고 성 접수와 방어 임무를 위해 베이핑 성내로 진입함으로써 고도古都 베이핑은 평화적 해방을 맞았다.

장제스 하야,
리쭝런 구원등판

1948년 9월부터 1949년 1월까지 141일 동안 중국의 명운을 걸고 벌어진 랴오-선(遼瀋 요심)과 화이하이(淮海 회해), 핑진(平津 평진) 전역이 인민해방군의 승리로 끝남에 따라 장제스는 풍전등화의 신세가 되었다. 마오쩌둥의 공산당은 뜨고, 장제스의 국민당은 저물어가고 있었다. 대륙의 역사와 주인이 시나브로 바뀌고 있었다. 해방군은 '3대 전역' 전투 기간 동안에 국민당군 정규군 144개 사단과 비정규군 29개 사단을 섬멸하고 86만 명을 포로로 사로잡았다. 또 25만 명을 살상하고 기의起義 5만여 명, 항복 12만 명, 개편改編 25만 명 등 총 154만 명의 국민당군 병력을 소멸했다. 공산당군도 24만 명의 사상자를 냈다.

국민당군의 주력이 궤멸됨에 따라 국공 양당의 군사력에 근본적 변화가 나타났다. 국민당군은 365만 명의 병력이 204만 명으로 줄어들었다. 공산당군은 280만 명에서 357만 명으로 늘어났다. 마오는 '3대 전역'이 한창인 1948년 11월에 양군의 병력 상황에 근거해 "현재의 상황에 비추어볼 때 1년 정도면 국민당 정부를 타도할 수 있다"고 자신감을 드러냈다. 이는 애초 마오가 1946년 7월에 5년 안팎이면 국민당을 타도할 수 있다고 밝힌 것보다 2년을 앞당긴 것이다.

장제스의 국민당 정부는 오랜 전쟁과 부패로 경제구조가 붕괴되어 재정이 고갈

되고, 물가폭등으로 생활고에 허덕이는 인민의 지탄을 받고 있었다. 이런 때 '3대 전역'의 참패는 장제스를 완전히 재기불능의 수렁으로 빠뜨렸다. 장제스는 1949년 1월 1일 신년사에서 '반란 평정(공산당 소탕작전)'의 실패를 인정하고 평화를 호소했다. 장제스는 "화의和議는 국가독립을 보존하는 데 무해할 뿐만 아니라 국민의 부담을 줄이고 생활을 안정시켜 원기를 회복하게 한다. 신성한 헌법을 위반하거나 민주헌정을 파괴하지 않고 중화민국의 국체를 확보해 중화민국의 법통을 유지한다. 군대를 확실하게 보장하고 인민은 자유생활 방식을 향유한다"며 공산당과의 화의 제스처에 나섰다.

난징정부의 평화담판 목소리가 높아지자 제3지대의 인사들도 동조하고 나섰다. 베이핑의 장선푸(張申府 장신부) 교수는 '평화를 호소한다'는 글을 발표했다. 민주인사 량수밍(梁漱溟 양수명)은 상하이 『다궁바오(大公報 대공보)』에 '중국공산당에 삼가 고한다'라는 글을 실어 "호전자好戰者는 오늘날 존재하지 않는다. 내전은 마땅히 다시 있어서는 안 된다. 어떠한 문제도 정치적 방법으로 해결하고 무력을 사용해서는 안 된다"며 평화회담을 권유했다. 마오는 인민해방전쟁이 지나온 굴곡진 과정을 회고하며 국민당 반동파와 제국주의 세력의 '평화 음모'라고 통렬하게 비판했다. [271]

마오는 1949년 새해를 맞아 공산당 기관통신사 신화사新華社가 보도한 신년사 '혁명을 끝까지 진행한다'에서 "1949년 인민해방군은 창장 이남으로 진군해 지난해보다 더욱 위대한 승리를 이룩할 것"이라고 천명했다. 이런 공산당의 군사·정치적 압력과 구이파(桂派 계파: 리쭝런 바이충시 등 광시군벌)와의 갈등 등으로 장제스는 1949년 1월 21일, 총통에서 '하야'해 2선으로 물러났다. 리쭝런(李宗仁 이종인)이 총통대리가 되어 난징정부를 이끌게 되었다. 리쭝런이 구원등판했지만, 일락서산日落西山이었다. 게다가 국민당은 아직도 정신을 못 차려 권력의 '쪽박'을 차지하겠다고 파벌들이 서로 으르렁거렸다. 저장성 시커우(溪口 계구)로 들어간 장제스는 말만 은거일 뿐 '태상황'으로 수렴청정해, 리쭝런은 핫바지 신세를 면치 못했다. 변화와 혁신의 시대흐름에 밀려 난파한 장제스는 1948년 말에 이듬해 하야를 앞두고 비통한 마음으로 이렇게 말한 바 있다.

"우리는 본래 군사적인 힘에서 '공비共匪(공산당 비적)'들보다 수십 배는 앞섰다. 제공권과 제해권을 완전하게 장악한 상황에서 '장시 자오페이(江西剿匪 강서초비: 장시성 징강산에 근거지를 둔 마오의 무리)' 포위공격 소탕전을 벌일 때도 엄청나게 유리했다. 그런데 대부분의 고위군관들이 재물을 모으는 데 급급하고 사치와 방탕에다가 주색잡기에 빠져 오만방자한 마음으로 군대를 지휘했다. 군대를 제멋대로 운용해 기율이 파괴되고 사기가 바닥에 떨어져 장병들의 투지는 온데간데 없어졌다. 우리의 실패는 자업자득일 수밖에 없다."

뒤늦은 후회였지만 세상사 이치는 '물이 정수리에 떨어지면 발등까지 가게 되는 법'이었다. 나는 '바담 풍'이라고 하지만 너희들은 '바람 풍'이라고 해보았자 소용없는 게 인간만사의 불문율이었다.

이에 앞선 1948년 3~5월에 국민당 정부의 수도 난징南京은 국민당군이 전국 전쟁터에서 연전연패하는 것과는 달리 후끈 달아오르고 있었다. 총통으로 당선된 장제스에 이어 부총통을 뽑는 선거 때문이었다. 부총통은 만기친람萬機親覽하는 장제스 밑에서는 별로 할 일이 없는 한직이었다. 그래도 '권력'은 좋았다. 후보자가 우후죽순처럼 난립했다. 국민당의 리쭝런(李宗仁 이종인), 쑨커(孫科 손과), 청첸(程潛 정잠), 위유런(于右任 우우임), 민사당의 쉬푸린(徐傅霖 서부림), 재야의 모더후이(莫德惠 모덕혜) 등이 나왔다. 이들 중 유력한 후보는 쑨원의 아들이자 입법원 원장인 쑨커와 광시군벌의 대부이자 국민당 정부 베이핑 행원行轅(군대의 임시병영) 주임 리쭝런이었다.

문제는 장제스파와 구이(桂 계: 광시)파 간의 충돌이었다. 리쭝런을 우두머리로 한 구이파는 장제스에 대항할 만한 유일의 실력집단이었다. 1891년에 구이린(桂林 계림)에서 태어나 광시성을 기반으로 신군벌을 구축한 리쭝런은 항일전쟁 기간에도 장제스에게 맞서는 등 암투를 벌여왔다. 1938년 봄, 리쭝런은 타이얼좡(臺兒莊 대아장) 전투에서 국민당군으로는 처음 일본군을 대파해 전국에 위명을 떨쳤다. 리쭝런의 성망聲望이 높아지자 그의 주위에 장제스에 반대하거나 불만을 품은 인사들이 모여들기 시작했다. 위기의식을 느낀 장제스는 미운 놈에게 떡 하나 더 주는 식으로 리쭝런을 실권 없는 '군사위원회 위원장 베이핑 행원주임'으로 임명해 베이핑으로 보냈다.

1946년 9월 1일, 장제스는 명칭을 바꾸어 리쭝런을 '화베이(華北 화북) 군정 최고장관'으로 임명했다. 역시 실권은 주지 않았다. 당시 베이핑 시정부는 베이핑 행원의 직속기관으로 지척에 있었다. 그러나 장제스의 심복인 베이핑 시장 처환(撤換 철환)은 난징에 있는 장제스에게는 칼같이 보고하면서도 리쭝런은 철저하게 '왕따'시켰다. 근처의 톈진 시장도 마찬가지였다. 리쭝런은 "내가 베이핑 행원주임으로 3년을 있었지만 실제적으로는 공중에 매달려 있었다. 위로는 하늘에 이를 수 없고, 아래로는 땅을 밟을 수 없었다"고 분노를 터뜨렸다.

리쭝런도 머리를 돌렸다. 1946년부터 장제스의 독재에 반대하는 사람들을 끌어들이며, 장제스와의 차별화 정책을 내놓았다. '인민'을 입에 달고 다니면서 인민을 위한 정치를 펴야 한다고 떠들어댔다. 개명인사와 민주인사들은 환호했다. 그들의 입을 통해 리쭝런은 '민주 장군'이란 이름을 얻었다. 장제스에 신물이 난 미국도 리쭝런을 밀기 시작했다. 미국과 밀착한 리쭝런은 베이핑 개혁언론들의 지원을 받아 '변화와 혁신'을 띄웠다. 이번에는 '혁신인물'이란 소리를 듣게 되었다. '개혁의 기수'로 떠오른 리쭝런은 국내외 매체를 적극적으로 활용해 몸값을 올렸다. 장제스 이후의 차기 지도자로서 입지를 굳혀갔다. 그러던 1947년 가을부터 동북지역을 석권한 공산당군이 리쭝런의 위수지역인 화베이를 압박하기 시작한 것이었다. 리쭝런은 이때의 상황을 회고록에서 이렇게 기술했다. [272]

동북이 무너지면 화베이가 제일 먼저 공격을 받게 된다. 동북에서의 패전은 이미 예견된 일이었고, 화베이도 동북을 뒤따를 것이 뻔했다. 만일 내가 공산당군에게 포위를 당해 고성에서 홀로 남았을 때 어떻게 해야 하나?

리쭝런이 고뇌할 때 부총통 선거가 공고되었다. 리쭝런은 미국인들이 요구하는 '혁신'에 부응하고 인민들을 위한 '민주'를 내세우며 부총통 선거에 나설 결심을 했다. 자신의 곤란한 처지도 벗고, 잘하면 부총통이 될 수도 있는 절호의 기회라고 여겼다. 성공하면 광시파의 세력을 확대할 수 있고, 실패하더라도 공산당군의 포위에 들 베이핑을 떠날 수 있다는 계산이 작용했다. 시쳇말로 밑지지 않는 '장사'라고 본 것이다. 리쭝런은 구이파군벌의 후배 바이충시(白崇禧 백숭희)에게 전화를 걸어 자신의 뜻을 밝힌 뒤에 장제스의 기색을 잘 살필 것을 부탁했다.

리쭝런이 부총통 출사표를 던지자 미국은 지지를 아끼지 않았다. 1947년 7월 하순, 미국 대통령 트루먼의 특사로 중국에 온 웨더마이어는 베이핑에서 리쭝런과 긴밀한 대화를 나누었다. 웨더마이어는 1개월 뒤 중국을 떠나기 전날에 공개적으로 국민당 정부가 "탐욕스럽고 무능하고", "(모든 일에 대해) 마비되어 관심이 없다" 아울러 "사람들을 용기 잃게 하고 의기소침하게 한다"고 비난한 뒤에 "(중국은) 사람들을 분발시키는 리더십과 참신한 도덕성을 갖춘 지도자를 갈망한다"고 노골적으로 리쭝런을 지지했다. 미국대사 존 레이튼 스튜어트는 '현장조사'라는 이름 아래 칭화(淸華 청화), 옌징(燕京 연경) 및 베이다(北大 북대) 등의 대학을 돌면서 학생들과 접촉했다.

그는 이런 명분으로 난징에서 베이핑까지 '여행'을 한 뒤에 미국 국무부에 특별 보고를 했다. 스튜어트는 보고에서 "일반 학생들은 마음속으로 국민당 통치를 상징하는 장제스를 심지어 과거의 인물로까지 생각하고 있다. 그의 자격과 명망이 날로 약해지는 대신에 리쭝런 장군의 자격과 명망은 날로 높아지고 있다"고 리쭝런을 치켜세웠다.

리쭝런은 10월에 부총통 출마를 최종 결정했다. 미국 트루먼 정부의 전폭적 지지를 받았다. 미국이 만든 '기획 후보'였다. 미국의 주요 신문들이 리쭝런에 관한 기사를 보도하면서 국내외에 관련 기사들이 쏟아졌다.

1948년 3월 11일, 리쭝런은 베이핑 중난하이(中南海 중남해) 베이핑 행원에서 부총통 출마를 공식 선언했다. 장제스에 각을 세우고, 선거공약으로는 민주개혁의 실현을 내걸었다. 장제스 통치에 반대했던 사회 각계인사들이 리쭝런을 지지한 것은 불문가지였다. 리쭝런의 출마를 반대한 장제스는 '자유경선'이라고 밝힌 만큼 공개적으로 반대할 수 없어 속앓이를 하다가 은밀하고도 조직적으로 리쭝런을 낙선시키려는 전략을 짰다. 장제스는 쑨원의 아들인 입법원 원장 쑨커(孫科 손과)를 대항마로 내세웠다. 4월 29일, 4차까지 가는 치열한 결선투표에서 리쭝런이

143표 차이로 쑨커를 따돌리고 부총통에 당선되었다.

　리쭝런의 부총통 당선으로 구이파들의 영향력은 확대되었지만 장제스파와의 갈등은 더욱 악화되었다. 장제스와 리쭝런을 우두머리로 한 구이파 간의 권력쟁탈전은 인민해방군의 '3대 전역' 승리로 장제스에 심대한 타격을 가한 데다가 구이파의 압박으로 끝내 장제스가 권력의 정상에서 내려오는 하야로까지 이어졌다. 리쭝런이 장제스를 대신해 총통대리에 선출되었다. 1949년 1월 21일, '장왕조蔣王朝'로 불렸던 장제스의 22년 철권통치는 막을 내렸고, 장제스는 권력의 무상함을 뒤로하고 고향 저장성 시커우로 쓸쓸하고 고독한 귀거래를 했다.

　장제스의 권력의 해넘이가 잿빛 구름을 드리울 때, 허베이성 시바이포의 마오는 새로운 중국의 해맞이를 구상하고 있었다. 마오는 승세를 몰아 궁지로 몰린 국민당군을 추격해서 강남으로 진공해 전 중국을 해방시키느냐, 아니면 초패왕 항우를 본떠 창장(長江 장강)을 경계로 '남북조南北朝' 중국의 패왕에 만족할 것인가를 따지고 있었다. 마오는 자신이 쓴 새해 신년사 '혁명을 끝까지 진행한다'를 떠올리며 '혁명'과 '인민해방', '통일중국', '신중국' 등을 되뇌며 흔들림 없는 투쟁 의지를 다졌다. [273]

리쭝런,
'남북조' 국가 꿈꾸다

장제스와 리쭝런은 빙탄불상용氷炭不相容의 정적政敵이었지만, 창장을 경계로 한 창장 이남지역의 반쪽 강산을 통치하는 방안에는 의견을 같이했다. 장제스는 수차례 리쭝런이 공산당을 상대로 한 '창장 이남 지역'을 지키는 '남북조' 통치 협상방안을 적극 지지했다. 장제스는 하야 직전에 공산당이 창장을 경계로 한 분할 통치를 받아들이도록 압박하는 군사 배치를 했다. 장제스는 심복 탕언보(湯恩伯 탕은백)를 '징후항(京滬杭 경호항; 난징-상하이-항저우 지역)' 경비 총사령관에 임명해 '쑤저완(蘇浙皖 소절환; 장쑤-저장-안후이성 지역)' 3성과 난징, 상하이 지역에 대한 전반적인 군사지휘권을 행사할 수 있도록 했다. 장제스는 하야 후인 1월 하순, 시커우에서 창장 방어에 관한 회의를 소집해 창장 방어 양대 전구戰區 설치를 결정했다. 후베이 이창(胡北 宜昌 호북 의창)에서 후커우(湖口 호구) 서쪽 지역은 구이파의 바이충시(白崇禧 백숭희)가 40개 사단, 25만 명의 병력으로 방어하도록 했다. 후커우 동쪽에서 상하이 지역까지는 탕언보가 75개 사단, 45만 명의 병력으로 지키도록 했다. 또 함대 172척과 비행기 230대를 배치해 합동작전을 펴며 창장 일선을 경계하도록 하는 '육해공 입체 방어체제'를 구축했다.

1월 10일, 마오는 스탈린으로부터 국민당 정부가 소련, 미국, 영국에게 중국 내전을 중재해줄 것을 요청했다는 내용의 전보를 받았다. 마오는 스탈린의 전보가 중국 내전의 평화 실현이라고 했지만 실제적으로 장제스를 도와 '남북조' 양대 정부를 지지하고 있는 것으로 여겼다. 마오는 완곡하게 중재를 거부하는 내용의 전보를 스탈린에게 보냈다. 1월 14일, 마오는 시국성명을 내어 평화적인 방법으로 혁명의 철저한 승리 목적과 국가 손실을 최소화하기 위한 국공담판의 기초로 8개항을 제시했다.

1월 22일, 각 민주당파 지도자와 무당파 민주인사 리지선(李濟深 이제심), 선쥔루(沈釣儒 심균유), 마쉬룬(馬敍倫 마서륜), 탄평산(譚平山 담평산), 차이팅카이, 궈모뤄 등 55명이 연명으로 '우리의 시국에 대한 의견'을 발표했다. 이들 인사는 중공의 8개항 평화조건과 해방군이 강남으로 진군해 전 중국을 해방시킬 것을 지지했다. 이들은 의견 성명에서 "난징 국민당 정부는 곧 무너진다. 남은 목숨을 겨우 부지해가기 위해 겉으로 평화회담을 제기하지만 시간을 벌기 위한 음모다. 반혁명 잔여세력은 창장 이남에서 발버둥을 치고 있다. 철저한 혁명을 진행해 잔존목숨을 부지하게 해서는 안 된다. 다 이룬 혁명대업을 막판 실수로 그르쳐서는 안 된다"고 주장해 공산당에게 힘을 실어주었다. 같은 날, 리쭝런은 마오쩌둥이 제시한 8개항을 기초로 한 조건을 받아들여 평화회담 개최를 희망한다는 뜻을 공표했다. [274]

마오는 '베이핑 방식'을 난징정부와의 평화회담 모델로 삼았다. 베이핑 방식은 국민당군의 화베이 '비적소탕 총사령부' 사령관 푸줘이가 공산당 쪽의 평화적 해결방식의 제의를 받아들여 베이핑을 무혈입성한 방식을 뜻했다. 마오는 3월 5일부터 13일까지 시바이포에서 열린 중공중앙 제7기 2중전회에서 "우리의 방침은 담판을 거부하는 게 아니고 상대방이 완전히 8개항을 승인하는 것을 요구하는 것이다. 물건 값을 흥정하듯이 해서는 안 된다"고 강조했다. 마오는 "리쭝런과 바이충시가 베이핑 방식을 받아들이지 않으면 '톈진 방식', 즉 무력으로 해결할 수밖에 없다"고 경고했다.

마오가 말한 '베이핑 방식'은 인민해방군이 평화적으로 도강해 강남지역 접수를 준비하는 것이고, '톈진 방식'은 무력으로 강남을 해방시키는 것을 의미했다.

마오는 일찍이 2월 초에 류보청, 천이, 덩샤오핑, 쑤위, 탄전린 등 5명으로 총 전적위원회를 구성해 '도강 전역'을 준비시킨 바 있었다. 덩샤오핑이 총 전적위원회 서기가 되어 총지휘를 하기로 했다. 난징정부의 평화담판 대표 장즈중(張治中 장치중)은 3월 3일에 시커우로 장제스를 방문해 평화회담 초안을 보고했다. 장즈중은 장제스에게 "우리는 화베이, 둥베이 각 지역을 중공이 통치하는 것과 마찬가지로 창장 이남의 성省을 완벽하게 확보해 국민당이 통치할 수 있기를 바란다"고 말했다. 장제스는 수긍했다. 장제스는 표면상 하야했지만 2개월 동안 매일 시행령을 공포하고, 전투 준비와 평화 구호를 내세워 창장 방어 작전과 병력 배치 등의 명령을 내렸다.

리쭝런과 바이충시는 정치적으로는 적극적인 담판 의지를 내세우고, 군사상으로는 창장을 경계로 한 분할통치 준비를 하고 있었다. 리쭝런과 바이충시는 평화담판 시기에 모든 군사행동의 중지를 요구해 3~6개월간의 시간을 얻어 150만~200만 명의 신병을 훈련시켜 군사력 우위를 바탕으로 인민해방군의 도강을 막을 심산이었다. 난징정부는 당시 우한 하류의 창장 이남지역에 잔존 병력인 100만여 명의 육군과 해군, 공군을 보유하고 있었다. 리쭝런은 회고록에서 "비록 병력의 질이 떨어지더라도 결전만 하지 않는다면 창장을 지킬 수 있다고 생각했다. 또한 구이파의 정예부대 수십만 명이 창장을 방어하고 있어 공산당과 강을 사이에 두고 3~5년은 버틸 수 있다"고 밝혔다. 바이충시는 평화담판 대표의 한 사람인 구이파 황사오훙(黄紹竑 황소횡)에게 "창장 북안에 있는 경비부대뿐만 아니라 모든 병력을 남안으로 철수해 방어하고, 우리의 해군과 공군이 엄호하면 천험의 창장에 가로막혀 공산당군이 건너올 수 없다"고 자신감을 보였다. [275]

금의환향

1949년 3월 23일은 마오가 공산당의 중앙기관을 이끌고 시바이포를 떠나 마침내 베이핑으로 무혈입성하는 날이었다. '홍비紅匪(붉은 비적, 즉 공산당)'로 몰려 22년 동안 중국 전역을 떠돌며 2만 5천 리 장정 등 생사를 넘나든 투쟁 끝에 중국의 심장 베이핑(베이징)으로 떠나는 마오의 마음은 만감이 교차했다. 이날 오전 10시쯤 저우언라이가 마오를 찾아와 아침 인사를 했다. 276

"오늘은 서울(베이핑)로 들어가는 날입니다. 잠을 설쳤지만 기쁩니다. 서울로 과거를 보러(赶考 간고) 가는 날이에요. 과거를 보러 가는 데 정신이 맑지 않으면 어찌 되겠소?"

홍분과 들뜬 마음으로 시바이포의 마지막 날 밤잠을 설쳤던 마오는 저우언라이에게 밝은 웃음을 지으며 이렇게 말했다.

"우리는 마땅히 모두 과거에 급제할 겁니다. 퇴짜 맞아 되돌아와선 안 됩니다."

저우언라이도 웃으면서 답했다.

"되돌아 나오면 실패입니다. 우리는 결코 리즈청(李自成 이자성)이 아닙니다. 우리 모두 좋은 성적으로 급제해야 합니다."

마오쩌둥이 왜 리즈청이 되어서는 안 된다고 강조한 것일까? 리즈청은 300년

전 갑신년甲申年에 농민군을 이끌고 명나라를 멸망시키고 수도 베이핑에 개선장군으로 입성했다. 하지만 그는 교만함과 성급함을 경계하지 않아 일부 장군들이 부패하고 내부의 갈등으로 인한 투쟁 때문에 스스로 무너졌다. 중국의 농민들은 "리즈청은 남정북전으로 18년 동안 싸워 베이징(北京 북경)에 들어갔으나 불과 18일 동안 권좌에 앉았다"는 교훈적 이야기를 수백 년 동안 입에서 입으로 전했다.

리즈청 이후 305년 뒤인 1949년 3월, 마오도 베이핑으로 개선하는 길이었다. 공산당은 20여 년 동안 남정북전하며 온갖 고난을 극복하고 힘든 승리를 거두었다. 마오는 리즈청의 전철을 어찌 밟을 수 있겠느냐는 뜻의 교훈을 되새긴 것이었다. 마오는 이날 베이핑에 입성해 베이핑 교외 샹산(香山 향산) 자락에 있는 쌍칭(雙淸 쌍청) 별장에 임시로 거주하며 평화담판을 조율했다. 3월 31일, 리쭝런은 총통부에서 평화회담 대표단의 환송 연회를 베풀고 중요 군사회의를 열어 창장 방어를 강화하도록 했다. '징후항(京滬杭 경호항: 난징-상하이-항저우 지역)' 경비사령관 탕언보와 화중(華中 화중) 군정장관 부서가 책임을 지고 각 부대에 명령을 내려 공산당군의 도강을 엄히 방어하도록 했다. 아울러 해군이 창장 연안을 순시하고 공군이 구역을 나누어 정찰하도록 하는 한편, 교통 보급 등의 대책방안을 확정했다. 또 참모총장 구주퉁이 책임지고 2선 병단과 쯔장(資江 자강) 방어 후속부대를 강화하도록 지시했다.

평화담판과
밀사

1949년 4월 1일, 난징정부의 평화회담 대표 장즈중, 사오리쯔(邵力子 소력자), 장스자오(章士釗 장사교), 황사오훙, 리쩡(李烝 이증), 류페이(劉斐 유비) 일행이 베이핑에 도착해 국공담판을 시작했다. 장제스는 국민당 총재 신분으로서 광저우(廣州 광주) 중앙당부에 당의 이름으로 리쭝런이 평화회담에서 반드시 정전협정을 체결하고, 공산당군이 도강하면 즉시 평화회담을 중지해 책임지도록 하는 압박 지시를 내렸다. 국민당 중앙상무위원회는 장제스의 평화회담 방침을 통과시키고 중공의 도강渡江을 반대했다. 리쭝런은 평화회담에 대한 공산당의 반응을 살피기 위해 2월 27일에 난징과 상하이 지역의 교육계 지도자와 옌후이칭(顔惠慶 안혜경), 장스자오 등 사회 각계 인사들로 '인민대표단'을 구성해 베이핑에 보낸 바 있었다. 난징으로 돌아온 이들 대표단은 마오가 리쭝런에게 보낸 서신과 함께 구두로 전한 "류중룽(劉仲容 유중용) 선생은 구이파의 측근이고, 또 중공의 친구로 우리는 그가 오는 것을 환영한다"는 내용을 전달했다.

류중룽은 1903년에 후난성 이양(益陽 익양)에서 태어나 모스크바 중산대학에서 공부한 뒤 귀국해 오랫동안 구이파(桂派 계파) 리쭝런과 바이충시의 고급참모로 일했다. 항일전쟁 기간 적극적으로 애국 민주운동에 참가했고, 여러 차례 옌안에

와 마오와 저우언라이 등 공산당 지도자들을 만나 항일 민주통일전선 문제를 건의했다. 류중룽은 공산당과의 밀접한 관계로 장제스와 바이충시도 그를 공산당원으로까지 여겼었다. 리쭝런은 심사숙고 끝에 류중룽을 파견해 중공과 교섭해 평화회담에 관한 사항을 상의하기로 결정했다. 리쭝런은 5개항의 담판 요지를 작성해 류중룽에게 건네 공산당의 뜻을 타진하기로 했다. 277

1. (난징)정부는 국내의 모든 문제를 정치적 방법으로 해결하는 데 동의한다.
2. 쌍방은 즉시 정식 대표단을 조직해 평화담판을 회복시킨다.
3. 평화담판 기간에 모든 군사행동을 중지한다.
4. 이후 국가 건설은 정치민주, 경제평등, 군대국가화, 인민생활 자유 등의 원칙을 지킨다.
5. 이후 외교방침은 마땅히 평등 호혜 원칙을 준수한다.

바이충시는 류중룽이 베이핑으로 떠나기 전날 시의時宜에 적합한 대책을 직접 알려주었다.

"리쭝런 총통대리 이후 국공 쌍방은 다툼을 평화적으로 해결한다는 바람을 표시했다. 평화적 분위기가 있다. 이른 시일 안에 평화담판을 희망한다. 이후 '창장 획정 분할통치'의 정치국면이 될 것이기 때문에 중공의 군대가 창장을 도강해서는 안 된다. 국민당군의 주력이 비록 부분적으로 전멸했지만 강대한 공군, 해군과 수십만 명의 육군이 있다. 만약 중공이 무리하게 도강한다면 손해를 볼 것이다. 이미 쌍방이 평화담판에 대한 바람을 표시한 만큼 강을 건너면 판이 깨져 담판을 할 수 없다."

바이충시는 "마오쩌둥을 만났을 때 반드시 이런 내용을 명확하게 이야기하고 이해관계를 잘 설명해야 한다"고 재삼 강조했다. 중앙과 마오는 리쭝런과의 평화담판을 매우 중시했다. 3월 21일, 마오는 중원국에 전보를 보냈다.

리쭝런, 바이충시의 대표 류중룽이 16일에 한커우漢口에 도착해 바이충시와 며칠 동안 상의할 것이다. 대략 20~22일 사이에 마뎬(馬店 마점)에 도착한다. 그대들은 즉시 루성타오(盧聲濤 노성도)에게 신속히 마뎬에 가서 (그를) 영접하도록 지시를 내려라. 류중룽이 도착하는 즉시 적당한 사람을 파견해 그를 대동하여 차로 쉬저우와 지난, 톈진을 거쳐 베이핑 시정부 예젠잉(葉劍英 엽검영) 시장이 있는 곳으로 모셔라. 빠르면 빠를수록 좋다—.

3월 하순, 베이핑에 도착한 류중룽은 저우언라이를 만났다. 저우언라이는 그를 중난하이의 펑쩌위안(豊澤園 풍택원)에 묵도록 했다. 류중룽은 그날 밤 지프를 타고 은밀하게 베이핑 서쪽 교외의 샹산(香山 향산) 기슭 쌍칭(雙淸 쌍청) 별장으로 가 이곳에 머물고 있는 마오를 만났다. 지난 3월 23일, 마오는 시바이포에서 베이핑으로 금의환향한 바 있었다. 두 후난 사람은 반갑게 서로의 문후와 인사말을 주고받았다. 화제는 빠르게 평화담판 문제로 돌아갔다. 마오가 먼저 난징정부의 동향에 대해 물었다. [278]

"제가 보기에 난징정부에 세 부류의 사람들이 있는 것 같습니다. 한 부류는 국민당의 명운은 이미 결정되었다, 평화를 구하고 전쟁을 끝내자는 주화파主和派가 있습니다. 또 한 부류는 '평화를 내세워 전쟁 준비'를 주장하는 사람들입니다. 그들은 미국이 꼭 앞으로 나와 관여할 것이다, 평화는 시간을 벌기 위한 것으로 다시 싸움을 준비하자는 사람들입니다. 마지막 부류는 보수반동파들입니다. 그중 한 종류는 장제스는 죄를 지은 게 없다고 생각하는 사람들로 공산당을 믿지 않는 사람들입니다. 또 동요하고 배회하며 매우 고민하는 고민파가 있습니다."

류중룽이 이렇게 대답했다. 마오는 가볍게 머리를 끄덕이며 동의를 표시한 뒤 웃으면서 물었다.

"리쭝런과 바이충시는 어떤 생각을 갖고 있습니까?"

"역사적으로 볼 때 장(제스)과 구이파는 여러 차례 부딪쳤습니다. 숙원이 깊습니다. 지금 두 집안은 또 안면을 몰수하고 있습니다. 서로가 원한을 갖고 있어요. 리쭝런과 바이충시는 장제스가 쉬고 있을 것으로 보지 않습니다. 그들은 장제스의 '흉계'에 대비하고 있습니다. 또 공산당이 구이파 군대를 쓸어버릴까 겁내고 있어요. 이런 상황에서 평화담판을 주장해 '강(창장)'을 경계로 한 분할통치(劃江而治 획강이치)' 국면을 추구하는 것이 좋다고 보고 있습니다. 이 때문에 바이충시는 극력 해방군이 도강하지 않기를 바라고 있어요. 그는 해방군이 도강작전에 참가할 수 있는 병력을 60만 명 정도로 보고 있습니다. 창장의 천험과 해·공군의 고수로 해방군이 생각하고 있는 도강은 그렇게 쉽지 않다고 판단하고 있습니다."

"바이충시는 우리가 도강하지 않기를 바라고 있지만 이것은 어찌할 수 없는 일이오."

마오는 단호하게 말했다. 마오는 담배 한 대를 피워 물면서 말을 이었다.

"우리가 도강작전에 투입할 해방군은 60만 명이 아니라 100만 명이오. 또 100만 명의 민병이 있소이다. 우리의 민병은 국민당의 민단과는 달라요. 우리의 민병은 전투력을 갖고 있어요. 우리의 도강을 기다리는 강남의 광대한 인민들 모두가 우리를 옹호합니다. 그때 공산당의 힘은 더욱 강대해집니다. 바이충시는 이것을 예측하지 못한 것입니다."

마오와 류중룽의 대화는 밤 8시부터 시작해 다음 날 새벽 3시까지 이어졌다.

4월 3일 밤, 마오는 다시 류중룽을 접견했다. 마오는 류중룽이 난징으로 돌아가면 리쭝런과 바이충시가 중요한 역사적 시기에 형세를 명확하게 보고, 인민들에게 의지할 수 있도록 힘써줄 것을 바랐다. 마오는 류중룽이 리쭝런과 바이충시에게 자신의 뜻을 전해줄 것을 정중하게 요청했다. [279]

1. 리쭝런의 정치 지위에 관해 잠시의 변동도 없다. 총통대리로 난징에서 종전대로 명령을 내리고 법령을 시행할 수 있다.

2. 구이파 부대에 관하여 (그들이) 출동해 공격하지 않으면 해방군도 공격하지 않는다. 앞으로 다시 구체적으로 협의할 때까지 기다린다. 장제스의 직계부대도 역시 이렇게 한다. 만약 그들이 출격하지 않으면 리쭝런이 그들의 부대를 잠시 맡아 협상 처리를 기다리도록 한다.

3. 국가통일 문제에 관해서 국공 쌍방이 정식으로 협의할 때 리쭝런이 참석하면 마오쩌둥이 직접 참석한다. 만약에 리쭝런이 오는 게 마땅치 않으면 허잉친이

나 바이충시를 대표로 해도 된다. 중공 방면에서는 저우언라이와 예젠잉, 둥비우가 참가하고 회담 장소로는 난징은 안 되고 베이핑으로 해야 한다. 쌍방의 협상에서 의견이 일치하면 중앙인민정부를 세운다.

4. 현재 쌍방은 이미 평화담판을 시작했다. 미국과 장제스 반동파는 달가워하지 않고 있다. 그들은 반드시 (평화담판을) 깨뜨리려 할 것이다. 리쭝런과 바이충시가 확실한 주견主見을 갖고 미 제국주의와 장제스를 따라서는 안 된다.

마오는 "바이충시는 군대 통솔을 좋아한다. 그의 구이파 부대는 10만여 명에 불과하다. 앞으로 평화회담이 성공해 일단 중앙인민정부가 성립되어 국방군을 건립하면 우리는 그가 계속 군대 통솔을 할 수 있도록 할 수 있다. 그가 30만 명의 군대를 지휘해 그 재능에 따라 열심히 일하면 국가에도 장점이 될 수 있다"고 말했다. 마오는 "바이충시는 우리의 군대가 강을 건너지 않기를 바라지만 이것은 어찌할 수 없는 일이다. 우리의 대군이 강을 건넌 이후에 그가 고립감을 느낀다면 창사(長沙 장사)로 물러나 다시 상황을 볼 수 있다. 그것도 안 된다면 그가 광시(廣西 광서)로 물러날 수 있다. 우리는 신사협정을 맺어 그가 공격하지 않는다면 우리는 3년 동안 광시로 들어가지 않겠다. 어떻겠는가?"라고 물었다. 마오는 또 "보시오, 우리가 매우 고심하고 있는 게 아니겠소? 이렇게 하는 것은 우리가 그들을 패퇴시킬 힘이 없어서가 아니라 인민들이 손실을 덜 입도록 하기 위한 것"이라고 했다. 류중룽은 매우 진지하게 "이런 조처는 그들에게 모든 성의를 다하는 것"이라고 화답했다. 곁에 앉아 있던 저우언라이가 "이번에 난징에 가서 전할 내용의 총체적 원칙은 그들이 우리의 도강을 동의하면 무엇이든지 이야기할 수 있다는 것입니다. 하지만 저항한다면 안 됩니다. 우리가 강을 건너는 것은 절대 그들이 고립되는 게 아닙니다. 광대한 인민들이 우리 편에 서서 우리를 옹호한다는 것을 분명히 이야기하기 바랍니다"라고 보충 설명을 했다.

류중룽이 베이핑에 체류하고 있던 4월 1일, 장즈중을 우두머리로 한 난징정부의 평화담판 대표단이 베이핑에 도착했다. 대표단은 사오리쯔, 장스자오, 황사오훙, 리쩡, 류페이 등이었다. 중공은 저우언라이를 대표로 한 대표단을 구성했다.

성원으로는 린보취, 린뱌오, 예젠잉, 리웨이한(李維漢 이유한), 녜룽전 등이었다. 류중룽은 밀사로 베이핑에 왔기 때문에 난징에서 온 대표단과는 접촉하지 않았다.

류중룽은 4월 5일 오후 1시께 난징정부가 보낸 중국항공공사 비행기를 타고 난징으로 돌아왔다. 류중룽은 비행기에서 내리자마자 곧바로 리쭝런을 찾아가 회견과 전달 내용 등을 자세히 보고하고 4월 5일자 『런민르바오(人民日報 인민일보)』를 건넸다. 280

"이것은 베이핑에서 갖고 온 겁니다. 이 글이 대단히 중요합니다. 공산당의 정책방침과 방향을 명확히 제시하고 있습니다."

류중룽은 1면에 실린 '난징정부 어디로 갈 것인가?'라는 사설을 손으로 가리키며 설명했다. 리쭝런은 진지하게 글을 읽어보고 한마디 말도 하지 않은 채 연신한숨만 쉬다가 비서에게 허잉친을 부르라고 했다.

"괜찮겠습니까?"

류중룽이 매우 의아해하며 물었다.

"징즈(敬之 경지: 허잉친의 자)는 행정원장이오. 마땅히 그도 들어야 합니다."

잠시 뒤 허잉친이 문을 열고 들어서면서 자리에 앉지도 않은 채 류중룽을 쳐다보며 물었다.

"무슨 소식을 갖고 왔습니까? 그곳에서 대표단을 만나보았나요?"

"보지 못했소. 나는 더공(德公 덕공: 리쭝런)이 파견해 상황을 알아보러 갔다가 왔소. 막 보고를 했소이다."

류중룽이 짧게 말을 받았다.

"당신이 보기에 공산당은 성의가 있습니까? 마오 선생은 만났습니까?"

허잉친이 잇따라 물었다.

"만나보았소. 마오 선생이 이럽디다. 국공 두 집안이 몇 해 동안 싸웠는데 쉬자고 해요. 담판이 싸우는 것보다 낫다고요. 공산당이 역량이 없어서가 아니라 이른 시일 안에 내전을 끝내 지방과 인민들이 손실을 덜 입어야 한다고요. 마오 선생은 또 해방군이 꼭 강을 건널 것이고, 누구도 막지 못한다고 합니다. 그는 당신과 더공이 협상을 통해 모든 문제를 풀러 직접 베이핑에 오는 것을 환영한다고 했습니다."

한편 바이충시는 마오가 창장을 경계로 한 분할통치 방안을 거부한 얘기를 듣고 노기를 띠며 "그들이 꼭 강을 건너려 한다면 싸울 수밖에 없다. 무얼 이야기하겠는가?"라며 결연한 뜻을 보였다. 바이충시는 "공산당이 만약 평화에 성의를 보인다면 지금 즉시 군사행동을 중지하고 강을 건너서는 안 된다. 도강문제는 모든 문제의 전제조건이다. 중공이 강을 건너려 한다면 평화회담의 결렬은 피할 수 없다"고 목소리를 높였다.

4월 7일, 리쭝런이 난징정부의 대표단장 장즈중을 통해 마오에게 평화담판과 관련한 전보를 보냈다. 다음 날에 장즈중은 마오, 저우언라이와 샹산에서 4시간에 걸친 회담을 한 뒤 이날 밤 리쭝런에게 전화를 걸어 회담 상황을 보고했다. 장즈중은 "대표단은 중공이 큰 양보를 했다고 판단하고 있다. 단, 해방군의 도강문제는 추호도 바꿀 기색을 보이지 않고 있다"고 말하고, 이 평화협정을 받아야 할지 말아야 할지에 대해 리쭝런에게 지시를 청했다. 보고를 들은 리쭝런은 막 지피고 있는 희망의 불씨에 찬물을 끼얹는 듯한 절망감을 느꼈다. 평화담판 성공이 대단히 막막하게 보였기 때문이다. 중공이 도강을 강행하면, 측근인 바이충시조차도 접수하지 않는 판에 장제스는 더 말할 필요도 없었다. 리쭝런은 장즈중에게 계속 정전을 견지해 해방군이 도강하지 않을 것과 전쟁 책임을 묻지 않을 것 등을 요구하라고 지시했다. 281

4월 12일, 류중룽이 다시 난징에서 베이핑으로 날아가 마오를 만났다.

"리쭝런과 바이충시의 태도가 바뀌었습니까?"

"바이충시는 여전히 완강하게 해방군이 도강하는 것을 반대하고 있습니다. 내가 보기에 어떤 희망도 없습니다."

류중룽이 어쩔 수 없다는 듯 답했다.

"리쭝런은?"

"아직 노력해야 합니다. 주석, 제게 준 임무를 잘 처리하지 못했습니다—."

류중룽이 송구스러운 듯한 어투로 말을 이어가자 마오가 말허리를 자르며 말했다.

"그것은 그대의 잘못이 아닙니다. 중앙은 이미 해방군이 도강해야 한다는 것을 결정했소이다. 더린(德鄰 덕린; 리쭝런의 자) 선생이 해방군이 도강했을 때 난징을 떠나지 않기를 바랍니다. 만일 난징이 불안하면 비행기로 베이핑에 올 수 있어요. 공산당은 그를 귀빈으로 환대할 것이오. 그때 평화회담을 계속 진행할 수 있습니다."

4월 15일 밤, 중난하이에서 국공 평화담판 대표단의 제2차 회의가 열렸다. 저우언라이는 회의에서 "제1차 정식회의 이후 나와 원바이(文白 문백; 장즈중의 자) 선생이 협정 초안 전에 내용의 요점을 다시 추려 구체적 의견을 나누었습니다. 중공 대표단은 가능한 한 난징정부 대표단의 많은 의견과 평화사업에 유리하고 중국인민해방에 유리한 의견을 받아들여 할 수 있는 데까지 최선을 다했습니다. 아울러 4월 20일이 서명의 마지막 기한임을 선포합니다"라고 밝혔다. 난징정부 대표단은 '국내 평화협정' 최후 수정안을 검토한 뒤에 황사오홍(黃紹竑 황소횡)과 고문 취우(屈武 굴무)가 문건을 갖고 16일에 난징으로 돌아가 지시를 받도록 결정했다.

16일에 리쭝런은 구이파 핵심인물들을 소집해 대표단이 갖고 온 평화협정 문건과 관련한 회의를 열었다. 리쭝런은 비분강개한 어조로 황사오홍에게 "그대는 베이핑에 돌아가 장원바이(장즈중)에게 내가 국민당 정부 총통대리의 신분으로 베이핑에 가서 죄를 청할 테니 중공 대표단에게 전범을 체포하겠다는 이 조항을 취소하도록 설득하라고 하시오. 내전에 대한 죄는 나 혼자 책임을 질 테니 국민당 정부 소속 군정 관계자들의 과거 죄과를 다시 물을 필요가 없다. 기타 조항은 우리 모두가 승인키로 한 것이니 성실하게 집행할 수……"라고 말끝을 흐렸다. 리쭝런은 관건이 되고 있는 해방군의 도강문제에 대해서는 결정하지 못하고 있었다. 그러나 군대를 장악하고 있는 바이충시는 "중공이 도강을 견지한다면 평화협정을 받아들일 수 없다"고 결연한 뜻을 밝힌 뒤에 황사오홍과 서명 여부를 둘러싸고 격렬하게 다투었다.

곁에서 이들의 다툼을 지켜본 리쭝런은 일언반구도 벙긋하지 않았다. 만일 리쭝런이 동의를 표시하면 같은 군대끼리 충돌이 불가피하고, 막후에서 여전히 힘을 행사하는 장제스가 한마디하면 하야下野는 물론 심지어 생명에 위험을 느끼지 않을 수 없었기 때문이다. 또 동의하지 않으면 식언食言으로, 인민들의 불신을 살 수밖에 없어 진퇴양난이었다. 설령 자신이 대표단이 갖고 온 '국내 평화협정안'에 서명한다 하더라도 시행과 관철을 보장할 수도 없었다.

앞뒤를 깊이 생각한 리쭝런은 평화협정을 접수하지 않고, 서명권을 '평화회담 지도위원회'에 떠넘겼다. 리쭝런은 또 장제스의 공격을 피하기 위해 장췬(張群 장 군)을 시커우에 있는 장제스에게 파견해 '국내 평화협정안'을 설명하도록 했다. 보고를 들은 장제스는 "원바이가 무능하고, 주권을 상실하여 국가를 욕되게 했다"고 노발대발했다. 4월 18일에 광저우의 국민당 중앙상무위원회는 장제스의 지시에 따라 '국내 평화협정안'을 거부하는 성명을 발표하고, 성명 내용을 난징의 리쭝런과 행정원장 허잉친에게 통보해 평화협정 체결의 거부를 요구했다. 허잉친은 리쭝런이 참석한 행정원 회의를 주재해 형식상 평화협정 서명을 거부하는 최종 결정을 내렸다. 회의에 참석한 중앙당부 비서장 우톄청(吳鐵城 오철성)과 참모총장 구주퉁(顧祝同 고축동), 행정원 비서장 왕사오구(王少谷 왕소곡) 등은 모두 장제스 사람들로 협정 서명을 일제히 반대했다.

4월 19일, 리쭝런은 평화회담 지도위원회 회의를 열어 중공에 평화협정 서명기한 연장을 요청해 약간의 기본문제를 계속 협의하도록 하는 방안을 채택해 평화담판 대표 장즈중에 전보를 보내도록 했다. 이날 밤에 난징방송은 난징정부가 평화협정 제8조 24항에 동의할 수 없다는 내용의 방송을 내보냈다. 마오는 장즈중에게 평화협정 서명의 연기 요구를 받아들일 수 없다는 중공 쪽의 입장을 리쭝런에게 전달할 것을 통보했다. 20일에 리쭝런과 허잉친은 연명으로 장즈중에게 전보를 보내 중공이 요구한 최종 서명기한에 대해 정부가 고려할 여지가 없다는 뜻을 통보하도록 했다. 결국 난징정부가 최종적으로 '국내 평화협정안' 서명을 거부해 국공 간의 평화담판은 없었던 일이 되고 말았다. 마오쩌둥과 인민해방군 총사령관 주더는 20일 밤 12시를 기해 '전국을 향해 전진'이라는 명령을 21일에 공포하여 100만 명의 인민해방군 정병精兵이 일제히 벌떼처럼 창장으로 진군하기 시작했다.

창장 도강
전역 전야

1949년 3월 초, 국민당 정부 수도 난징의 국방부 건물에서 총통대리 리쭝런, 행정원장 허잉친(何應欽 하응흠), 참모총장 구주퉁(顧祝同 고축동), '징후항(京滬杭 경호항: 난징-상하이-항저우 지역)' 경비 총사령관 탕언보(湯恩伯 탕은백), 작전청장 차이원즈(蔡文治 채문치) 등 정부 고위관료와 고위장령들이 작전회의를 열고 있었다. 리쭝런이 말문을 열었다. 282

"군사적 상황이 오늘날 이런 지경에까지 이르게 되었다. 강을 지키려면 우리의 명운을 창장의 천험에 걸어야 한다. 이미 하책이지만, 우리에게는 강대한 공군과 수십 척의 군함이 있다. 이것은 우리의 장처長處다. 우리가 잘만 이용한다면 공산당군은 나는 듯이 쉽게 강을 건널 수는 없다."

"먼저 당신들 작전청의 계획을 말해보시오."

참모총장 구주퉁이 작전청장 차이원즈에게 말했다.

"우리 군의 강 방어주력은 난징에서 상, 하류로 뻗어 있습니다. 창장의 강폭이 비교적 좁기 때문에 북안의 지류가 매우 많습니다. 공산당군이 도강할 목선과 민간의 배들을 징집해 이런 강기슭에 많이 감춰놓았습니다. 장인(江陰 강음) 밑으로는 강폭이 아주 넓습니다. 공산당군이 몰래 강을 건너는 게 쉽지 않습니다."

차이원즈가 이렇게 보고하고, 강 방어 작전지도가 걸려 있는 앞으로 걸어가 계속 설명하려 할 때 '징후항' 경비 총사령관 탕언보가 차이원즈의 말을 자르고 끼어들었다.

"이 작전방안은 근본적으로 안 됩니다. 총재(장제스)의 의도에 위배됩니다. 나는 주력을 장인 아래의 상하이를 거점으로 집중 배치해야 한다고 봅니다. 난징상, 하류에는 소수부대를 배치해 대응하면 됩니다."

이 말이 떨어지자 주위가 소란해졌다.

"상하이를 지키고 창장을 지키지 않는 것은 하책이오."

참모총장 구주퉁이 말했다.

"탕 사령관은 다시 생각할 수 없겠는가?"

리쭝런이 물었다.

장제스의 심복 탕언보는 장시(江西 강서) 상류 후커우(湖口 호구)에서 하류인 상하이까지 45만 명의 대군을 장악하고 있었다. 장제스는 탕언보에게 난징-상하이 지구 작전방침을 이렇게 지시한 바 있었다. 창장 방어선의 외곽은 상하이-항저우 삼각지대를 중점으로 하고, 쑹후(淞滬 송호: 장쑤성 태호에서 상하이 지역)를 핵심으로 해야 한다. 지구持久 방어전략을 채택해 마지막으로 쑹후를 굳게 지키다가 타이완에서 지원을 받아 반격할 때를 대비해야 한다는 것 등이었다. 이런 작전계획을 리쭝런 등은 전혀 몰랐다.

"이것은 총재(장제스)의 방안입니다. 나는 반드시 집행해야 합니다!"

탕언보는 리쭝런의 작전방침 변경 제의를 묵살해버렸다. 차이원즈는 더 이상 참을 수가 없었다.

"전략과 전술로 볼 때 어떤 국내외 군사 전략가들도 모두 창장을 방치하고 상하이를 지킬 수 있다고 생각하는 사람은 없다고 봅니다. 지금 총통대리와 구 참모총장께서 모두 우리 작전청의 방안에 동의하시는데 어째서 사령관 혼자 이의를 제기하십니까?"

"나는 다른 사람에 대해 상관하지 않는다. 총재께서 어떻게 하든 분부를 내리면 그대로 할 뿐이다."

탕언보는 장제스를 내세워 막무가내였다.

"총재는 이미 하야하셨습니다. 사령관께서 고압적인 태도로 억누르려 하는 것은 참모총장의 작전계획을 거역하는 겁니다. 적들이 도강하면 상하이를 지킬 수 있다고 보십니까?"

차이원즈가 탕언보에 대들었다. 탕언보는 애초 차이원즈를 안중에도 두지 않았다. 탁자를 치며 큰 소리로 노호했다.

"너, 차이원즈가 무엇하는 놈이야?! 강을 지키네, 못 지키네 뭔데 떠들어. 다시 한 번 말하면 내가 총살한다—."

탕언보는 말을 끝낸 뒤 문건을 밀쳐놓고, 회의장 밖으로 뛰쳐나가 활갯짓 걸음을 하며 훌쩍 떠나버렸다. 리쭝런은 회고록에서 장제스와 탕언보에 대해 분노를 터뜨렸다. 283

장 선생(장제스)의 가장 용서할 수 없는 관여는 정부의 창장 방어계획을 파괴한 것이다. 장 선생은 장재將才가 아니다. 둥베이(東北 동북)와 쉬벙(徐蚌 서방: 쉬저우-벙부) 두 곳의 전역을 장제스가 직접 지휘했다. 당시 나와 바이충시는 쉬벙 전역은 마땅히 "강을 지키기 위해서는 반드시 화이허를 방어해야 한다"고 전통적인 원칙적 작전을 역설했다. 장은 듣지 않았다. 쉬저우(徐州 서주)의 4차례 전투에서 일패도지했다. 이후 강의 방어는 하책이었지만 우리는 하늘(상공)을 장악하는 강대한 공군과 수십 척의 전함이 있어 그렇지 못한 공산당군에 대해 잘 이용하면 (그들이) 그렇게 빨리 창장을 건널 수 없었다. 장 선생은 강을 지킬 뜻이 없고, 오로지 상하이의 '죽은 도시'를 방어하려고만 했다. 이런 잘못된 전략을 그(장제스)가 가장 총애한, 실제적으로 가장 쓸모없는 놈인 탕언보가 집행했다.

리쭝런이 난징(南京 남경) 위수사령부에 '난징 방어계획'을 지시해 국방부가 3개월에 걸친 방어공사를 할 즈음, 탕언보는 비밀리에 장닝(江寧 강녕) 요새에 배치했던 대포를 상하이로 빼돌렸다. 난징 샤오링(孝陵 효릉)에 총지휘부를 둔 탕언보는 난징을 사수死守한다는 생각은 추호도 없었다. 수시로 100~200대의 트럭을 대기

시켜 여차하면 난징을 떠날 준비를 해놓고 있었다. 비록 난징을 사수하겠다는 의지는 부족했지만, 그래도 난징은 국민당 정부의 수도였다. 난징을 버리고 달아날 경우에 그 타격은 대단히 클 수밖에 없었다. 리쭝런은 최선을 다해 방어 준비를 했다. 탕언보도 태만할 수는 없었다. 2천4백여 년의 도시 역사를 갖고 있는 난징은 중국의 유명한 고도古都다. 삼국시대 때 제갈량諸葛亮은 "난징은 용이 서려 있고, 호랑이가 버티고 있는 듯한 지세로 제왕의 땅(鐘山龍盤 石頭虎踞 此帝王之宅也 종산용반 석두호거 차제왕지택야)"이라고 부른 바 있다. 손권의 오나라 건업 이후 수隋나라가 통일할 때까지 동진東晉, 송宋, 제齊, 양梁, 진陳 등 여섯 나라(六朝 육조)가 이곳에 도읍을 세웠다. 그 후 주원장이 세운 명나라도 이곳에 수도를 세워 번영을 누렸다. 홍수전의 태평천국군도 난징을 도읍으로 삼았다. 장제스는 1927년 '4·12쿠데타'를 일으킨 뒤 난징을 국도國都로 정했다. 장제스는 항일전쟁 이후에 우한과 충칭으로 8년 동안 천도했다가 항일전쟁을 승리한 뒤 다시 난징을 수도로 삼아 14년을 이어오고 있었다.

공산당군의 창장 도강계획은 1948년 12월에 화이하이(淮海 회해) 전역을 승리로 이끌 무렵 중앙혁명군사위원회, 마오와 총 전적위원회가 만들어낸 작품이었다. 1개월 뒤 류보청이 정치국 회의에서 총 전적위원회를 대표해 국민당군의 일자형 장사진長蛇陣에 맞서 병력을 안정적으로 집중 배치해 한꺼번에 공격하는 도강전략을 제시했다. 1949년 1월 29일, 덩샤오핑은 상추(商丘 상구)에서 중원국 회의를 열어 도강작전 준비와 관련해 집중 토론을 벌였다. 2월 8일, 덩샤오핑은 상추에서 열린 중원국 지도자들이 참석한 총 전적위원회 회의에서 도강작전 시기, 배치, 보급 등의 구체적 문제를 토론해 '도강작전 방안과 준비공작 의견에 관하여'를 혁명군사위원회에 보고했다. 2월 19일, 혁명군사위원회가 화이하이 전역을 승리로 이끈 5인 총 전적위원회를 '창장 도강 총사령부'로 명명해 도강계획이 본격화하게 되었다. 덩샤오핑을 서기로 한 총 전적위원회는 류보청, 천이, 쑤위, 탄전린 등 5명이며, 류보청과 천이는 상임위원이었다. [284]

마오는 3월 5일부터 시바이포에서 열린 중앙 제7기 2중전회에 참석한 덩샤오평 등을 불러 도강작전 문제를 상의했다. 마오는 몇 가지 중요한 문제를 제기했다. 도시와 농촌 문제에 관해 제1차 대혁명 실패 이후 농촌을 무시하고 도시에 중점을 두었으나 제대로 하지 못했다. 지금은 도시로 진입해 정권을 잡아야 하는 시기다. 도시가 정치, 경제, 문화 등의 방면에서 농촌을 이끌어가는 것이다. 농민과 노동자들을 연계하는 '공농연맹'을 잘 일구어내야 한다. 공작의 중심이 도시로 이행하는 것으로써 혁명의 승패가 걸린 전략적 문제라고 강조했다.

3월 26일, 총 전적위원회로 돌아온 덩샤오핑과 천이 등은 3야전군단의 각 병단 지휘관들이 보고한 도강작전 준비 상황을 듣고 '징후항(京滬杭 경호항; 난징-상하이-항저우 지역)' 지구 전역 실시방안을 연구했다. 3월 31일, 덩샤오핑은 총 전적위원회가 주둔한 안후이성 페이둥현 야오강촌(安徽省 肥東縣 瑤崗村 안휘성 비동현 요강촌)에서 '징후항 전역 실시요강'을 기초했다. 총 전적위원회는 4월 1일에 '징후항 전역 실시요강'을 혁명군사위원회에 보고했고, 군사위원회는 이를 3일에 비준했다. 모든 지휘계통과 부대는 긴장된 전투태세 준비에 들어갔다.

국공 양군은 일촉즉발의 팽팽한 긴장감이 감도는 가운데 대회전을 앞둔 정적 속으로 빨려들어갔다. 4월 15일, 혁명군사위원회는 덩샤오핑과 천이의 총 전적위원회 총부와 쑤위, 장전(張震 장진), 류보청, 장지춘(張際春 장제춘), 리다(李達 이달)에게 전보를 보내 "평화담판이 20일 최종 기한으로 결정되었다. 그대들은 이 전보를 받는 즉시 20일에 안칭(安慶 안경)과 양푸(兩浦 양포)뿐만 아니라 모든 북안北岸과 강상의 거점을 공격해 점령하라"고 명령을 내렸다. 국민당군은 1천8백 킬로미터에 달하는 창장 중하류 남안에 70만 대군을 장사진으로 펼쳐 '육해공군의 입체작전'을 꾀하고 있었다. 창장 전역을 총지휘하는 덩샤오핑은 허페이(合肥 합비) 부근의 야오강촌에서 3야전군단인 화둥야전군과 2야전군단인 중원야전군을 총지휘하며 배치를 완료했다.

100만 대군 호령
난징 점령

창장 도강 총 전적위원회는 국민당군이 창장 남안의 강을 따라 펼친 4천 리에 이르는 장사진을 공파攻破하기 위해 뱀의 허리를 자르는 전략을 짰다. 머리와 꼬리가 서로 돕지 못하도록 목과 꼬리를 공격하면서 주력을 집중해 진陣의 한복판을 치고 들어가기로 했다. 4월 20일, 난징정부가 평화담판 서명을 거부함에 따라 중앙혁명군사위원회는 총 전적위원회에 도강명령을 하달했다. 총 전적위원회는 이날 밤 7시 30분, 모든 부대에 일제히 공격명령을 내렸다.

국공 간 최후의 대결전인 창장 전역의 처절한 전투가 시작되었다. 총 전적위원회는 먼저 돌격 집단군이 구이츠(貴池 귀지)에서 우후(蕪湖 무호)에 이르는 중간을 돌파해 국민당군 창장 방어선의 허리를 절단하도록 지시했다. 강안의 공산당군 중中집단군(중군)의 대포가 불을 뿜어댔다. 포탄이 비 오듯이 남안과 강상江上의 국민당군 진영에 쏟아졌다. 천지를 진동하는 굉음이 귀를 찢고 시커먼 연기와 불꽃이 창장을 뒤덮었다. 창장 방어선 허리의 허점을 공격당한 국민당군이 놀라 허둥대자 총 전적위원회는 동 집단군과 서 집단군에게 21일 황혼 무렵 동시에 동쪽 장인(江陰 강음)에서 서쪽 마당馬當까지 약 600킬로미터에 이르는 강상의 적을 집중 공격하도록 명령했다. 도강 공격부대들은 4야전군단의 협동작전과 강대한 대포 화력의 엄호를 받으며 1만 척의 목선과 배를 타고 일제히 진격했다.

"창장을 건너 전 중국을 해방시키자."

개미떼처럼 새카맣게 강상江上을 메운 목선과 돛배에 탄 전사들이 구호를 외치며 산을 밀어내고 바다를 뒤엎는 기세로 남쪽을 향해 쏜살같이 돌진했다. 강상의 국민당군 방어선을 뚫어 승기를 잡은 서 집단군은 국민당군의 깊숙한 방어진지까지 파고들었다. 동 집단군 포병은 창장 동쪽을 봉쇄해 국민당군 함대가 달아나는 퇴로를 끊었다. 또 다른 부대는 창저우(常州 상주)와 단양丹陽 등지의 성을 공격해 '징후(京滬 경호: 난징-상하이)' 철도 교통선을 절단했다. 4월 23일에 류보청, 장지춘, 리다가 지휘하는 서 집단군은 구이츠와 펑쩌(豊澤 풍택) 등지를 점령했다. 주력부대는 '저장-장시' 선상으로 돌진해 도주하는 국민당군을 섬멸하고, 탕언보와 바이충시 집단군의 연계를 끊어버렸다. 쑤위와 장전이 지휘하는 동 집단군은 단양, 창저우, 전장(鎭江 진강), 푸커우(浦口 포구), 우시(無錫 무석) 등지의 성을 점령했다. 제35군단 대부대들이 23일 한밤중에 기세 드높게 이장먼(挹江門 읍강문)을 통해 난징 시내에 진격했을 때 국민당군은 이미 모두 달아났다.

난징은 텅 빈 공성空城이었다. 공산당군의 입성 하루 전인 4월 22일 정오, 리쭝런은 항저우에서 장제스와 상의한 뒤 난징을 포기하기로 하고 국민당군을 철수했다. 리쭝런은 이날 밤 항저우에서 난징으로 돌아온 뒤에 23일 새벽 전용기를 타고 파괴된 난징성 상공을 두 바퀴 돈 뒤 남쪽으로 기수를 돌렸다. 이어 참모총장 구주퉁과 작전청장 차이원즈 등이 비행기를 타고 항저우로 달아났다. 오전 10시에 공군총사령관 저우즈러우(周至柔 주지유)가 마지막으로 난징을 탈출했다. 24일 새벽에 인민해방군 제8병단 제35군단 제104사단의 제312연대 사단 참모장 장샤오안(張紹安 장소안)은 부대를 이끌고 총통부로 진입해 문루門樓에 있던 국민당 정부의 청천백일기를 끌어내리고 홍기紅旗를 달았다. [285]

베이핑 서쪽 교외 샹산의 쐉칭(雙淸 쌍청) 별장에 임시 거주하고 있던 마오는 『런민르바오(人民日報 인민일보)』가 4월 23일 호외로 발행한 1면 머리기사 통단제목 '인민해방군 난징 점령' 기사를 보고 감격과 흥분에 휩싸였다. 마오는 먼저 덩샤오핑과 류보청에게 축하전보를 써 보내고 분출하는 시흥詩興을 가다듬어

'7율七律—인민해방군 난징 점령' 시를 일필휘지했다.

종산(난징의 주산)의 비바람(시국) 변화무쌍하다, 백만 정예 창장을 건넜네.

제왕의 땅 오늘 옛날이 다했구나, 하늘과 땅이 뒤집혀 의기 드높다.

마땅히 남은 힘 궁지 몰린 적 추격해, 초패왕을 배워 따라 해서는 안 되리.

하늘이 (사람처럼) 정이 있다면 늙고, (세상사) 상전벽해 인간의 바른 이치일러라.

鐘山風雨起蒼黃, 百萬雄師過大江. 虎踞龍盤今勝昔, 天翻地覆慨而慷.

宜將剩勇追窮寇, 不可沽名學霸王. 天若有情天亦老, 人間正道是滄桑.

마오는 국민당 정부의 수도 난징을 함락시켜 꿈에 그리던 통일중국을 눈앞에 두게 되었다. 마오는 이 시에서 영용하게 싸운 인민해방군의 용맹 분투한 정신을 기리고, 난징 공격을 앞두고 결렬된 국민당 정부 총통대리 리쭝런과의 평화담판에서 고민했던 일단의 감회를 적었다. 국민당 정부가 제시한 창장을 경계로 한 '분할통치(劃江而治 획강이치)' 방식이 평화담판의 쟁점이었다. 중국의 첫 통일제국 진나라를 멸한 뒤에 초나라의 항우는 천하통일을 목전에 두었으나 참모인 범증의 말을 듣지 않고 서초패왕西楚覇王으로 만족했다. 기회를 놓친 항우는 그 뒤 한의 유방과 천하를 두고 각축을 벌이다 유방을 광무산에 고립시켜 유리한 위치에 있었으나 또다시 성고成皐, 형양을 경계로 한 유방 쪽의 휴전 제의를 받아들였다. 유방은 항우와는 달리 장량의 계책을 받아들여 휴전협정을 깨고 항우를 공격해 해하성垓下城 최후 일전의 승리로 천하를 차지하며 통일제국을 열었다.

이런 고사를 꿰고 있던 마오는 패왕에 만족한 항우의 전철前轍, 여기서는 창장을 경계로 한 두 중국 '남북조'의 분할통치를 거부하고 창장을 도강해 난징을 함락시켜 패왕의 교훈을 되새김했다. 기회는 두 번 다시 오지 않기 때문이다. 또한 세상사는 변화를 예측하기 힘든 불확실성의 풍운조화로 수시로 바뀌고 진화한다. '홍비紅匪'로 몰렸던 공산당이 난징 점령이라는 상전벽해桑田碧海의 변화를 몰고와 중국 통일을 앞둔 마오의 강개한 마음을 한껏 드러냈다.

비슷한 시간에 저장성 평화(奉化 봉화)현의 시커우(溪口 계구)진 고향집에 있던 장제스는 풀이 죽어 맥 빠진 목소리로 아들 장징궈(蔣經國 장경국)를 불러 일단 가족들을 타이완으로 보내도록 지시했다. [286]

도강 전역 총 전적위원회를 이끌고 있던 덩샤오핑과 천이는 4월 27일에 안후이성 허페이(合肥 합비)의 야오강(瑤崗 요강)촌에서 총통부로 입성했다. 덩샤오핑과 천이는 총통부를 둘러보았다. 이들은 장제스의 총통 집무실에 들어갔다. 집무실에는 커다란 탁자가 창가에 비스듬히 놓여 있고 벽에는 유리액자에 넣은 장제스의 대형사진이 걸려 있었다. 1943년, 장제스가 국민당 정부 주석 때 군복 정장을 한 사진이었다. 탁자 위에는 탁상시계, 붓꽂이, 붓, 문진 등이 여기저기 흩어져 있고, '쩡원정(曾文正 증문정: 쩡궈판의 자) 전집'도 보였다. 장제스는 청나라 말기의 중신이었던 쩡궈판(曾國藩 증국번)을 존경했다.

이런 것들을 살펴보던 덩샤오핑은 짙은 쓰촨 목소리로 "장 위원장, 우리가 왔소이다. 우리를 오랫동안 잡으려고 했는데 오늘 우리가 제 발로 들어왔소이다. 또 당신이 어떤 허풍을 치나보겠소이다"라고 익살스럽게 말했다. 천이는 장제스의 책상 앞에 있는 가죽의자에 앉아 쌍칭 집무실의 마오에게 장거리 전화를 걸어 "주석, 저 천이입니다. 제가 지금 장 총통의 의자에 앉아 주석께 보고 드린다"며 난징 해방 소식을 보고했다.

신중국 설계하는
마오쩌둥

탕언보는 난징이 함락되자 우후(蕪湖 무호) 서쪽에 있는 부대를 '저간로(浙贛路 절
감로; 저장-장시)' 쪽으로 철수시키고, 우후 동쪽에 배치한 부대는 각각 상하이와
항저우로 퇴각하도록 했다. 창장을 방어한 국민당군의 나머지 부대들은 남쪽으로
패주했다. 서 집단군을 이끌고 있던 류보청은 제2야전군 비주력군과 제3야전군이
협동작전으로 국민당군이 새로 방어진지를 쌓고 있는 '저간선(浙贛線 절감선)' 공
격에 나섰다. 서 집단군의 제2야전군 3개 병단을 3로路로 나누어 추격했다. 류보
청은 5월 상순에 400킬로미터에 이르는 '저간로'를 장악함으로써 국민당군이 방
어진지를 구축해 저항하려는 기도를 완전히 분쇄했다.

5월 1일, 중공중앙은 인민해방군 도강작전에 참가한 각 부대에 축하전보를 보
내 "난징은 신속히 해방되었다. 국민당의 반동 통치는 이로부터 멸망했음을 선포
한다. 현재의 모든 형세는 인민과 인민해방군에 매우 유리하다. 전선의 장사병들
이 계속 진공해 반혁명 잔여세력을 소멸하고 전국의 인민해방과 통일적이고 민주
적인 신중국을 건립하기 위해 분투하자"고 격려했다. 덩샤오핑, 천이와 쑤위 등은
창장 도강 후에 동東, 중中의 양 집단군을 지휘해 '집게형 공격(협공)'으로 신속하
게 전진했다. 이들 집단군은 낭시(郎溪 낭계)와 광더(廣德 광덕)의 산간지역을 포위

해 국민당군 5개 군단의 8만여 명을 궤멸시켰다. 탕언보 집단군 20만 명은 상하이로 후퇴했다. 덩샤오핑은 제3야전군 8개군으로 '집게형 공격'을 하며 진격해 국민당군의 해상 탈출로를 막았다. 국제도시이자 전국의 경제중심지 상하이는 장제스가 마지막까지 배수진을 치고 버티던 지역 중의 하나였다. 4월 26일, 장제스는 급히 상하이로 달려와 직접 방어 배치를 완료했다. 장제스는 20만 명의 방어군이 상하이를 방어하는 동안 황금과 귀중한 물자를 타이완으로 빼돌리고, 미국의 군사 개입을 촉구하는 등 막바지 방어에 안간힘을 쓰고 있었다. 덩샤오핑과 천이, 쑤위는 상하이 공격작전을 신중하고 세밀하게 짜기 시작했다. 천이는 국제도시 상하이의 특수성을 감안해 '도자기점의 쥐를 잡는' 식으로 매우 조심스럽게 공격하는 방안을 모색했다. 국민당군을 섬멸하되 도시의 건물 등 중요 문화재도 보전해야 했기 때문이다. [287]

덩샤오핑은 구체적인 부대 배치를 하면서 신중에 신중을 거듭했다. 5월 2일, 덩샤오핑 등은 1)장기 포위 전략 2)국민당군의 취약 지점 공격 3)양익으로 우쑹커우(吳淞口 오송구)를 협공해 국민당군의 해상 퇴로를 끊은 뒤 시 교외로 적을 유인해 공격하는 방안 등 3개 작전방안을 놓고 집중 검토했다. 덩샤오핑 등은 세 번째 방안을 채택해 잠시 상하이시 지구 공격을 유보하고, 도시가 최소한의 피해에 그칠 수 있도록 조처하면서 국민당군의 퇴로를 끊기로 했다.

이에 따라 상하이 전역 제1단계는 시 교외의 우쑹(吳淞)과 가오차오(高橋 고교) 지역에서 전투를 벌이도록 했다. 인민해방군은 10일간의 격전을 벌인 끝에 국민당군의 우쑹 외곽방어 체계를 완전히 붕괴시켰다. 덩샤오핑의 제2단계 시 지구 공격은 남쪽에서 북쪽으로 공격 대오를 유지하며 총공격을 펴는 방식이었다. 5월 23일 밤에 상하이시 지구에 대한 공격명령이 떨어졌다. 해방군은 중무기 불사용 사격 규정을 엄격히 지키면서 기민한 기동전술로 시 지구의 중요 거점을 점령하기로 했다. 해방군은 25일에 국민당군 '쑹후(淞滬 송호: 우쑹-상하이)' 경비 부사령관 류창이(劉昌義 유창의)의 기의起義 책동에 성공해 27일 오후 상하이를 완전 해방시켰다. 상하이 전역戰役은 공산당군과 국민당군이 16일 동안 처절한 격전을 벌여 해방군은 2만 4천 명의 사상자가 발생했고, 국민당군은 15만 명이 섬멸당했다. 이로써 한 달여에 걸친 창장 도강 전역이 끝났다. 덩샤오핑은 "이 전역의 승리로 정치적으로는 난징 국민당 정부가 멸망했고, 군사상으로는 창장 이남의 최대, 최고의 무장역량이 사라졌다"고 큰 의미를 부여했다. 1989년 11월 20일, 덩샤오핑은 제2야전군 전사戰史 집필 관계자들을 회견하는 자리에서 창장 도강 전역과 관련해 이렇게 말했다.

"마오 주석이 나에게 말했다. 내가 (창장 전역) 지휘권을 자네(덩샤오핑)에게 주겠다. 이것은 마오 주석이 직접 나에게 말한 것이다. 도강작전으로 부대가 (국민당 군의) 강 방어를 돌파한 뒤 3야전사령부를 지휘했다. 장전(張震 장진)이 참모장이었다. 도강 전역, 바로 '징후항(京滬杭 경호항: 난징-상하이-항저우)' 전역의 실시강요實施綱要는 내가 기초한 것이다."

창장 도강 전역은 인민해방군의 대규모 전역으로 43만 명의 국민당군을 섬멸하고, 국민당 정부 수도 난징과 항저우, 상하이, 난창(南昌 남창), 우한(武漢 무한) 등의 대도시를 해방시켜 장쑤성, 장시성, 안후이성, 푸젠성, 후베이성 등 광대한 남부지역을 점령했다. 이 전역의 승리로 인민해방군은 화난(華南 화남: 중국 남부지역)과 시난(西南 서남: 중국 서남지역)으로 패퇴한 국민당군을 토벌하는 유리한 조건을 마련해 중국통일의 기반을 구축했다. 오척 단구의 대물大物 덩샤오핑은 이 전역의 총 전적위원회 서기로 전투현장에서 100만 대군을 지휘했다. 그의 나이 45세였다. 중공은 3년여의 내전기간 동안 당랑거철螳螂拒轍의 형세를 딛고, 랴오-선(遼瀋 요심), 화이하이(淮海 회해), 핑진(平津 평진)의 3대 전역과 창장(長江 장강) 도강 전역으로 국민당군 주력을 소멸해 국민당 정부를 사실상 붕괴시키고 대부분의 국토를 점령했다. 마오는 화난과 시난으로 달아나 저항하고 있는 국민당군 잔당 소탕을 지휘하는 한편, 새로운 정치협상 회의를 준비해 신중국의 청사진을 그려 나가기 시작했다.

새로운 정치협상 회의가 화베이(華北 화북)에서 곧 개최됩니다. 중국인민혁명이 온갖 어려움을 겪으면서 중산(中山 중산: 쑨원의 자) 선생의 유지遺志를 받들어 지금까지 실현하고 있습니다. 선생께서 북쪽에 오셔서 인민들의 역사적인 위대한 사업에 참가하시기를 바라며, 아울러 신중국을 어떻게 건설할지에 대해 지도해 주시기를 바랍니다.

마오와 저우언라이는 일찍이 1949년 1월 19일 상하이에 있는 쑨원(孫文 손문)의 부인 쑹칭링(宋慶齡 송경령)에게 이런 내용의 전보를 보내 앞으로 열릴 새로운 정치협상 회의에 초청했다. 쑹칭링은 미동도 하지 않고 있었다. 그 후에도 저우언라이가 여러 차례 전보를 보냈으나 마찬가지였다. 마오는 신정치협상 회의에 '쑨푸런(孫夫人 손부인: 쑹칭링)'이 꼭 참석하기를 바랐다. 신해혁명으로 상징되는 중국혁명의 대부 쑨원의 법통을 이어받는다는 상징적 의미가 컸기 때문이다. 게다가 장제스의 부인 쑹메이링의 언니로 장제스에게는 처형이 되는 미묘한 관계가 깔려 있었다. 마오와 저우언라이는 상의를 거듭한 뒤 1949년 6월 19일에 중공 후보 중앙위원이자 저우의 부인 덩잉차오(鄧穎超 등영초)를 상하이로 파견해 '쑨푸런'을 맞이하기로 했다. 마오는 쑹칭링에게 보내는 친필 편지를 써 덩잉차오에게 주었다. [288]

칭링 선생.
충칭에서 헤어진 지 어언 4년이 됩니다. 삼가 뵙고 싶은 마음이 날이 갈수록 더해지고 있습니다. 여기에 전국 혁명 승리가 임박해 (국가)대계大計 건설과 시급히 상의해야 할 일들이 대기하고 있습니다. 덩잉차오 동지를 파견해 문후를 드리며, 선생의 북상을 진심으로 환영합니다. 삼가 베이핑에 오시어 가까이에서 가르침이 있기를 바랍니다. 간절히 바라는 바를 거절하지 마시기 바라며, 이에 특별히 말씀드립니다. 삼가 축하를 드립니다. 평안하시기 바랍니다.

짧은 편지글이었지만 구구절절 쑹칭링에 대한 존경과 믿음, 기대하는 마음이 가득 넘쳐흘렀다. 덩잉차오가 쑹칭링을 맞이하러 상하이에 갈 때 쑨원과 국민당을 이끌다가 암살당한 랴오중카이(廖仲愷 요중개) 딸로 쑹칭링 곁에서 오랫동안 일했던 랴오멍싱(廖夢醒 요몽성)을 대동했다. 랴오멍싱은 쑹칭링을 방문해 찾아온 뜻을 밝혔다.

"구구(姑姑 고고: 손위부인에 대한 경칭), 각계 인사들이 모두 '구구'가 베이핑 회의에 참석하기를 바라고 있습니다. 이를 위해 중앙이 덩따제(鄧大姐 등대저; 등 큰언니로 덩잉차오에 대한 애칭)를 파견해 '구구'를 맞이하러 왔어요."

"(저우)언라이가 몇 통의 편지를 보내 다 읽어봤다. 단지, 베이핑은 내가 상심傷心한 땅으로 그곳에 가기가 겁난다."

쑹칭링이 말하는 뜻을 랴오명싱은 잘 알고 있었다. 쑨중산이 펑위샹(馮玉祥 풍옥상)과 회담하기 위해 베이핑에 갔다가 병사해 쑹칭링은 베이핑을 떠올리면 마음이 아팠던 것이다. 이 때문에 계속 미루고 베이핑에 가지 않았다.

"구구, 베이핑은 홍색중국의 수도가 되었어요. 덩따제가 중앙, 마오쩌둥, 저우언라이를 대표해 특별히 '구구'를 맞이하러 왔어요. 언제 그녀를 만나겠어요?"

쑹칭링은 덩잉차오와 몇 차례 만나 의견을 나눈 뒤, 베이핑에 갈 결심을 했다. 7월 1일, 쑹칭링은 상하이에서 열린 공산당 창당 제28주년 기념식에 참석해 '중국공산당에 경하드린다'는 연설을 했다.

"우리의 지도자를 환영한다. 이 상하이에서 탄생해 장시(江西 강서: 징강산)의 산골에서 성장하고 2만 5천 리 간난신고의 장정을 통해 담금질을 하면서 농촌의 진흙 속에서 지도자로 성숙했다. 중국공산당에 대해 경하를 드린다."

마오는 이 연설 내용을 듣고 극찬했다. 마오는 주변 공작원들에게 "쑹칭링은 걸출한 인물이다. 중국여성의 전형적인 대표로 중국뿐만 아니라 전 세계에서도 유명하다. 그녀는 일찍이 쑨중산을 따라 혁명적 삶을 살았다. 나중에 쑨중산 선생의 (혁명)사업을 배반한 장제스와 결별하고 공산당과 합작했다"고 높이 평가했다. 8월 25일, 마오는 쑹칭링이 베이핑에서 열리는 신정치협상 회의에 참석하기 위해 기차를 탄다는 소식을 전해 듣고 덩잉차오가 당중앙이 준 임무를 완성했다며 크게 기뻐했다.

건국
전야

8월 28일 오후 3시 45분, 마오는 쑹칭링을 영접하기 위해 베이핑 기차역으로 마중 나갔다. 역 주변은 주더와 저우언라이 등 80여 명의 공산당 고위 지도자 등 환영 객들로 북적거렸다. 쑹칭링이 탄 전용열차가 서서히 베이핑역으로 진입해 멈추었 다. 마오는 기차 안으로 올라가 쑹칭링을 직접 영접했다.

"환영합니다, 환영합니다. 오시느라 고생하셨습니다."

"당신들의 초청에 감사합니다. 당신들에게 축하드립니다."

쑹칭링도 마오에게 기쁜 마음으로 인사했다.

"선생이 오셔서 우리와 함께 신중국 건설대업을 준비하게 된 것을 환영합니다."

"공산당이 주석의 지도 아래 위대한 승리를 거둔 것을 축하합니다."

이날 밤 마오는 쑹칭링을 위한 연회를 베풀어 국가대사를 함께 논의하게 된 데 대해 다시 한 번 열렬하게 환영했다. 쑹칭링은 깊은 감동을 받았다. 1949년 9월 21일부터 30일까지 중국 인민정치협상회의 제1기 전체회의가 베이핑 중난하이 (中南海 중남해)의 화이런탕(懷仁堂 회인당)에서 공식 개막되었다. 전국 각지에서 온 민주당파, 인민단체, 인민해방군, 각 지구, 각 민족과 해외 화교 등 634명의 대표 와 300명의 내빈들이 참석했다. 마오쩌둥은 개막사에서 격동적인 연설로 중국의

창건을 국내외에 천명했다. [289]

"인류의 4분의 1을 점유하고 있는 중국인은 지금부터 일어섰다."

"우리는 단결해 인민해방전쟁과 인민대혁명으로 내외 압박자들을 타도하고 중화인민공화국의 성립을 선포한다."

"우리 민족은 다시는 모욕받는 민족이 아니며, 우리는 이미 일어섰다."

쑹칭링도 열정적으로 연설했다.

"우리나라가 오늘의 역사적 위치에 서게 된 것은 중국공산당의 지도 때문이다. 공산당은 유일하게 인민대중을 옹호하는 정당이다. 쑨중산의 민족, 민권, 민생 3대 주의의 승리의 실현이다."

회의는 '중국 인민정치협상 회의 조직법'과 임시 헌법 구실을 하는 '중국 인민정치협상회의 공동강령', '중화인민공화국 중앙인민정부조직법'을 통과시켰다. 마오쩌둥을 중앙인민정부 주석으로, 주더, 류사오치, 쑹칭링, 리지선(李濟深 이제심), 장란張瀾, 가오강(高崗 고강) 등 6명을 부주석으로 뽑았다. 이들 6명의 부주석 가운데 쑹칭링과 리지선은 국민당 좌익 혁명위원회 주석을 역임했고, 장란은 중국 민주연맹 주석으로 공산주의자가 아니었다. 천이 등 56명이 중앙인민정부 위원으로 선출되었다. 회의는 또 베이핑을 중화인민공화국의 수도로 결정하고, 이름을 '베이징北京'으로 바꾸었다. 서력기원을 채택하고 「인민해방군 행진곡」을 국가로, 오성홍기를 국기로 각각 선정했다. 중국 인민정치협상회의 제1차 전체회의는 9월 30일 폐막식에서 마오가 기초한 '중국 인민정치협상회의 제1차 전체회의 선언'을 발표했다. 선언은 "중화인민공화국은 성립을 선포했고, 중국인민은 이미 자신들의 중앙정부를 갖고 있다. 이 정부는 공동강령에 따라 전 중국 경내에 인민민주 전정專政을 시행한다"고 밝혔다.

★

제9장

중화 인민공화국 선포

중국인민
일어섰다

1949년 10월 1일 오후 3시, 톈안먼(天安門 천안문) 성루城樓에서 중앙인민정부 비서장 린보취(林伯渠 임백거)가 건국대전 개회식을 선포했다. 마오가 주석단에서 마이크 앞으로 걸어 나와 장엄한 목소리로 "중화인민공화국 중앙인민정부가 오늘 성립되었다"고 선포했다. 마오는 "우리 중국인민은 일어섰다. 우리의 미래는 무한히 밝다"고 톈안먼 광장에 운집한 30만 명의 군중을 향해 외쳤다. 삽시간에 환희에 찬 군중의 우레 같은 박수와 환호성이 톈안먼 광장을 뒤흔들었다. "인민공화국 만세!"와 "마오 주석 만세!" 소리가 들끓었다. 오후 3시 10분, 린보취가 "마오 주석, 국기 게양"이라고 말하자 마오는 톈안먼 광장의 국기 게양대와 연결되어 있는 식장의 전동단추를 눌렀다. 빨간 바탕에 공산당을 뜻하는 큰 별을 둘러싼 4개의 작은 별, 즉 농민, 노동자, 소자산가, 민족자산가 계급을 상징하는 오성홍기가 장엄한 선율의 국가 「인민해방군 행진곡」이 연주되고, 28발의 예포가 발사되는 가운데 천천히 게양되었다. 예포 28발은 중국공산당이 걸어온 28년의 간난신고의 역정을 상징했다. 이어 열린 열병식에서 인민해방군 총사령관 주더는 열병부대를 지휘한 녜룽전을 대동하고 사열을 받았다. 주더는 다시 톈안먼 성루에 올라가 '중국인민해방군 총사령부 명령'을 하달했다. '명령'은 "전군이 중앙인민정부와 위대한 인민 영수 마오 주석의 모든 명령을 견결하게 집행하고, 국민당 반동군대의 잔여세력을 신속히 소탕하며, 모든 미해방 국토를 해방시키도록 계속 노력한다"고 선언했다. 분열식은 전차사단의 전차가 창안제(長安街 장안가) 중단에서 행진해 들어오는 것과 동시에 톈안먼 상공으로 17대의 비행기가 축하 비행을 하면서 펼쳐졌다.

3시간에 걸친 열병과 분열식이 끝나자 날은 이미 저물어 톈안먼 광장의 창안제 거리는 형형색색의 등불이 일제히 켜졌다. 밤 9시 25분, 캄캄한 밤거리를 화려하게 수놓았던 등불의 행렬시위를 마지막으로 건국 경축행사가 모두 끝났다. 마오는 이날 꼬박 6시간 톈안먼 성루에 서 있었다. [290]

이에 앞서 이날 오후 2시, 중난하이 친정뎬(勤政殿 근정전)에서 열린 중앙인민정부 위원회 제1차 회의에서 린보취를 비서장으로 선출하고 저우언라이를 정무원 총리 겸 외교부 부장(장관)에 임명했다. 저우는 이때부터 사망할 때까지 26년 동안 총리를 지냈다. 회의는 마오를 중앙인민정부 인민혁명군사위원회 주석, 주더를 인민해방군 총사령관, 선쥔루(沈鈞儒 심균유)를 중앙인민정부 최고인민법원 원장, 뤄룽환(羅榮桓 나영환)을 중앙인민정부 최고인민검찰서 검찰장에 각각 임명했다.

신중국 건국을 전후해 서북지역의 인민해방군 제1야전군은 신장(新疆 신강)지역으로 진군해 9월 26일에 신장성을 평화적으로 해방시켰다. 화둥(華東)지역의 제3야전군은 미국의 군사 개입에 대비하면서 타이완과 연해 도서에 대한 부대의 적극적 배치를 해놓고 있었다. 패퇴한 국민당군의 한 갈래는 후난성 남부와 광둥, 광시 등 중난(中南 중남)지구로 퇴각해 방어태세를 구축하고 있었다. 또 한 갈래는 쓰촨(四川 사천), 윈난(雲南 운남), 시캉(西康 서강), 구이저우(貴州 귀주), 시짱(西藏 서장) 지역으로 후퇴해 저항하고 있었다. 중난지구의 국민당군은 구이파(桂 계: 광시군벌)의 바이충시(白崇禧 백숭희) 집단군과 광둥의 위한머우(余漢謀 여한모) 집단군이 주력을 이루고 있었다. 바이충시 집단군은 헝양(衡陽 형양)과 바오칭(寶慶 보경: 지금의 사오양 邵陽)을 중심으로 한 샹난(湘南 상남: 후난성 남쪽 지역)지구를, 위한머우 집단은 '샹웨(湘粤 상월: 후난-광둥)' 연합 방어선을 각각 구축해 해방군의 남진南進을 저지하려 했다. 서남지구의 국민당군은 후쭝난(胡宗南 호종남)과 쑹시롄(宋希濂 송희렴) 집단군이 주력군으로 방어하고 있었다. 여기에 국민당 윈난성 주석 겸 윈난 수정공서 주임 루한(盧漢 노한)과 국민당 시캉성 주석 류원후이(劉文輝 유문휘), 국민당 서남 군정장관 공서부장관 덩시허우(鄧錫侯 등석후), 판원화(潘文華 반문화) 등의 부대들이 가세했다.

'작은 제갈량' 바이충시
무너지다

바이충시는 국민당군에서 '작은 제갈량'으로 불릴 만큼 전략적 두뇌가 뛰어나 작전이 민활했다. 바이충시가 통솔하고 있는 구이파 군대는 전투력도 비교적 강한 데다가 창장전투에서 크게 타격을 당하지 않았다. 바이충시는 병력의 전투력을 보존하려고 인민해방군과 가급적 교전을 피한 채 남쪽으로 후퇴했다. 마오는 "바이충시는 중국에서 가장 교활한 군벌로 그와의 작전은 어려움이 많았다"고 토로한 바 있었다. 마오는 바이충시 부대가 구사한 그동안의 작전을 분석한 결과 궤멸시킬 새로운 작전방법을 고안해냈다. 여우처럼 간교하게 치고 빠지는 바이충시의 전략을 깨기 위해 대大우회 포위전술을 쓰기로 한 것이다. 제4야전군 지휘관 린뱌오와 덩쯔후이(鄧子恢 등자회), 샤오커(蕭克 소극)에 전보를 보내 작전 지시를 내렸다. 291

바이충시의 작전 지점은 샹난, 광시, 윈난의 3곳 가운데 광시일 가능성이 가장 크다. 차링(茶陵 차릉)과 형저우(衡州 형주) 이남의 어떤 지방이나 취안저우(全州 전주)와 구이린(桂林 계림) 등 혹은 그가 있는 곳에 대해 근거리 포위 우회방식 대신, 원거리 포위 우회방식으로 바이충시 후방을 점령해야 한다. 그런 뒤 바이충

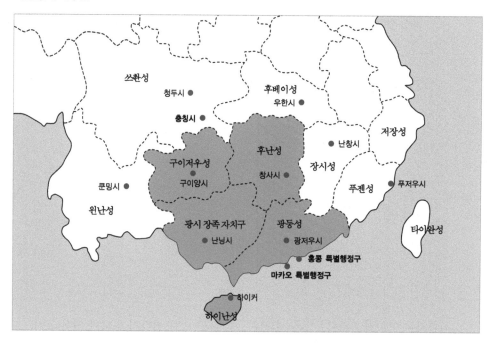

시의 병력 10만 명을 광시 구이린, 난닝(南寧 남령), 류저우(柳州 유주)로 유인해 전멸시킬 준비를 하면 된다. 아니면 쿤밍(昆明 곤명)으로 추격해 들어가 섬멸할 수 있다.

9월 12일, 마오는 제2야전군 지휘관 덩샤오핑과 장지춘, 리다에게 전보를 보내 "바이충시와 서남 각 지역의 적들에 대해 크게 우회해서 적의 후방을 공격하되 먼저 포위한 뒤 다시 되돌아 공격"하라고 명령했다. 대우회 포위전술을 새롭게 적용한 것이다. 이런 새 전략방침에 따라 린뱌오의 제4야전군과 덩샤오핑의 제2야전군의 제4병단은 동, 서, 중 3로로 나누어 9월 중순께 광둥과 샹시(湘西 상서; 후난 서쪽), 샹난(湘南 상남; 후난 남쪽)으로 진격했다. 제4야전군 제13병단으로 이루어진 서로군西路軍은 우익으로 우회해 샹시로 돌진해 들어갔다. 서로군은 바이충시의 '샹웨(湘粤 상월; 후난-광둥)' 연합 방어선을 돌파해 주력군이 구이저우로 후퇴하는 도로를 끊어버렸다. 제4야전군 제12병단으로 이루어진 중로군中路軍은 샹난에서 헝바오(衡寶 형보) 전역을 일으켜 바이충시의 정예부대 약 4개 사단을 전멸시켰다. 또 제2야전군 제4병단과 제4야전군 제15병단으로 구성한 동로군東路軍은 광동으로 쳐들어가 10월 14일에 광저우(廣州 광주)를 해방시켰다.

10월 하순, 상난과 광동을 점령한 뒤 3로군은 즉시 군사를 몰아 광시로 진격해 대우회작전을 펼쳐 먼저 광시군대가 후퇴할 윈난, 레이저우(雷州 뇌주) 반도, 구이난(桂南 계남) 및 베트남 방향 각 도로의 퇴로를 절단했다. 그런 연후에 국민당군 부대를 공격해 12월 24일에 총 17만 3천 명을 섬멸해 광시성 전 지역을 해방시켰다. 바이충시 집단군은 완전 붕괴되었다. 리쭝런과 바이충시가 구축한 구이파의 거대 병단은 산산조각이 나고 말았다. 만사휴의였다.

11월 20일에 리쭝런은 억장이 무너지는 처연한 마음으로 전용기에 몸을 싣고 홍콩으로 탈출했다가, 12월 5일에는 위병을 치료한다는 명분으로 미국으로 건너가 몸을 부렸다. 미국에서 장장 16년의 떠돌이 생활을 하다가 신중국으로 돌아와 1965년 베이징에서 눈을 감았다. 수구초심이었다.

린뱌오의 제4야전군은 충야(瓊崖 경애)군단과 합동작전으로 1950년 3월 상순에 중국의 최남단인 하이난다오(海南島 해남도)에서 전투를 벌여 5월 1일 이 지역을 완전히 해방시켰다. 국민당 정부는 광저우를 거쳐 항일전쟁 당시 수도였던 충칭(重慶 중경)으로 옮겨갔다. 원래의 '촨산(川陝 천섬: 쓰촨-산시 지역)'지구에 있던 후쭝난 집단군도 시난(西南 서남)으로 철수했다. 1949년 8월 중순, 장제스는 천리푸(陳立夫 진립부)와 아들 장징궈(蔣經國 장경국) 등 당, 군 관계자들을 대동하고 타이완에서 충칭으로 날아왔다. 국민당군이 시난지역에 최후 방어선을 구축해 권토중래를 꾀할 작정이었다. 마지막 몸부림이었다. 시난의 중심지역은 쓰촨(四川 사천)으로 삼국시대 때 유비가 촉나라를 세워 위, 오나라와 3국 정립시대를 열었던 곳이다.

저우언라이,
후쭝난을 회유하다

1949년 10월 8일 밤, 난정성(南鄭城 남정성)에 주둔한 후쭝난(胡宗南 호종남)은 시위대장 탕시위안(唐西園 당서원)으로부터 돌연한 보고를 받았다. 1947년 10월에 산베이 칭젠(陝北 淸澗 섬북 청간) 전역에서 포로로 잡혀간 정整 24여단 여단장 장신張新이 최근 시안에서 바오지(寶鷄 보계)를 거쳐 공산당군과 국민당군이 대치하고 있는 친링(秦嶺 진령) 봉쇄선을 넘어와 체포해 시위대 영창에 가두어놓았다는 것이었다. 탕시위안은 중공 쪽에서 장신을 파견한 것이 분명하다고 보고했다. 후쭝난에게 어떻게 처리할지 지시를 청했다. 이틀 뒤인 10월 10일에 후쭝난은 탕시위안과 2명의 무장사병을 대동하고 장신이 갇혀 있는 곳으로 찾아가 면담했다. 후쭝난이 장신을 보고 물었다. 292

"돌아왔나?"

"돌아온 게 아니라 중공 서북국이 파견해 왔습니다."

장신이 단도직입적으로 말했다.

"당신을 파견해 무엇을 하려고?"

"대충 아실 겁니다. 나는 단지 후 선생만 보면 임무를 완성한 겁니다."

"어째서?"

장신은 신었던 신발을 벗어 후쭝난에게 건네며 말했다.

"후궁위안(胡公冤 호공원) 선생이 나보고 전해달라고 한 것입니다. 신발 밑창에 문건과 편지가 있습니다. 내용은 모릅니다. 직접 뜯어보시지요."

"후궁위안은 지금 어디에 있는가?"

충격을 받은 후쭝난은 어안이 벙벙한 채 물었다.

"내가 출발할 때 시안 시징(西京 서경)초대소에 있었습니다."

"후궁위안이 무슨 말을 하지 않았는가?"

"그는 단지 후 선생에게 편지를 전달하고 보기만 하면 된다고 했습니다."

후궁위안은 황푸(黃埔 황포)군관학교의 위병사령 출신으로 후쭝난과 저장성 동향 사람이었다. 황푸군관학교와 북벌 동정東征 때 상당히 친했다. 1927년 장제스의 '4·12쿠데타' 뒤 후궁위안은 중공당원으로 국민당 정부의 수배를 받았다. 후궁위안은 당의 지령에 따라 저장성 고향으로 돌아가 현지에서 농민봉기를 일으키고 홍13군을 만들어 우두머리(軍長 군장)가 되었다. 봉기가 실패한 뒤 1932년 4월에 상하이에서 체포되어 5년 동안 감옥살이를 하다가 1936년에 출옥한 후 시안의 후쭝난에게 몸을 의탁했다. 후쭝난은 후궁위안을 총사령부 막료로 임명했고, 나중에 간쑤(甘肅 감숙)성 민岷현 행정독찰직 등을 추천해 근무했다. 국공내전이 폭발한 뒤 후궁위안은 상하이에서 생활하다가 1947년에 겨울 중공 정보원 우커젠(吳克堅 오극견)과 연락을 맺고 지하공작을 수행했다. 옛날 국민당군 시절의 관계를 이용해 국민당 장령들의 봉기를 부추기는 공작이었다. 이번 후쭝난을 대상으로 한 공작은 저우언라이가 직접 틀어쥐고 추진해왔다. 저우는 황푸군관학교에서 정치주임으로 근무했던 터라 국민당군 황푸 인맥을 훤히 꿰뚫고 있었다. 저우는 후쭝난을 잘 알고 있는 인물을 물색하다 후궁위안이 돈독하다는 사실을 알고 후쭝난을 설득해 기의起義하도록 비밀공작을 맡긴 것이다. 마오는 후궁위안의 후쭝난 회유공작을 매우 중시했다. 1949년 8월 6일, 마오는 서북해방군 지도자 펑더화이와 허룽, 시중쉰(習仲勛 습중훈)에게 후쭝난 공작과 관련해 특별 지시를 내렸다.

"후궁위안이 이미 시안(西安 서안)에 갔다. 당신들은 그가 후쭝난 부대로 들어가 공작하는 것을 주시하기 바란다. 현재 청첸(程潛 정잠)과 천밍런(陳明仁 진명인)

은 후난에서 기의해 우리 쪽에 가담했다. 장, 구이(桂 계; 광시파), 후 부대에 반드시 영향을 미칠 것이다. 우리에게 각 부대를 분화시키는 기회를 줄 것이다."

지시 내용 가운데 장은 장제스, 구이는 리쭝런, 바이충시, 후는 후쭝난을 가리킨 것이었다. 시안에 온 후궁위안은 중공 제1야전군 연락부에 있는 전 후쭝난 집단군 여단장으로 있다 포로가 된 장신張新을 찾아 여러 차례 후쭝난 기의문제를 논의했다. 후궁위안은 후쭝난에게 보낸 친필 서신에서 당면한 형세와 중공 정책 등을 설명하고 신속히 군대를 일으켜 기의하도록 권유했다. 후궁위안은 이 편지와 중공 서북국의 관련 문건을 장신 편에 후쭝난에게 전달하도록 한 것이었다.

장신은 신발 밑창에 편지와 문건을 숨기고 9월 23일에 시안을 떠나 바오지를 경유해 촨산(川陝 천섬)공로를 따라 한중漢中으로 들어가 친링秦嶺을 넘어 국공간 대치하고 있는 봉쇄선을 넘었다. 10월 8일에 산난(陝南 섬남) 바오청(褒城 포성)에 도착해 후쭝난군에 붙잡혀 조사를 받은 뒤 후쭝난을 만난 것이었다. [293]

후쭝난은 장신이 건네준 신발을 들고 방에 들어가 신발 밑창을 뜯어 편지와 문건을 꺼내어 읽었다. 방에서 나온 후쭝난은 장신과 이야기를 나누었다.

"대단히 부끄럽습니다. 칭젠전투에서 후 선생이 제게 준 임무를 완성하지 못했습니다."

장신은 정整 24여단 여단장으로 칭젠전투에 참가했다가 중공군에 포로로 붙잡힌 데 대해 상관인 후쭝난에게 사죄했다.

"그 얘기는 하지 맙시다."

후쭝난은 자리에서 일어나 머리를 설레설레 흔들면서 말했다.

"저는 후 선생의 옛날 부하였습니다. 이번에 와서 장관(長官: 고위직 장령에 대한 존칭)의 근황이 어떤지를 보았습니다. 사실, 저는 이후 항상 같이 지낼 수 있기를 바랍니다."

장신은 은근히 후쭝난의 의중을 떠보았다. 후쭝난은 앙천대소하다 화제를 바꾸었다.

"공산당의 전략전술이나 말해보시오."

두 사람이 이런저런 이야기를 하다보니 2시간이 훌쩍 지났다. 후쭝난은 장신을 영창으로 돌려보내 쉬도록 했다. 하루가 지난 10월 12일, 후쭝난은 늦은 밤에 자신이 거주하고 있는 한타이(漢臺 한대)로 장신을 불러 두 번째 면담을 했다. 후쭝난은 대단히 겸손한 말투로 장신이 영창에서 먹고 자는 것 등을 물었다.

"후 선생, 결심하셨습니까?"

후쭝난은 웃으면서 또 화제를 돌렸다.

"팔로군이 친링 이북에 있소. 펑더화이가 란저우(蘭州 난주)를 치러 갔소이까?"

"예, 펑더화이가 란저우를 공격하러 갔습니다. 만약 해방군이 한중을 공격하러 남쪽으로 갔으면 우리가 이곳에서 얼굴을 볼 수 없지요."

"당신은 공산당이 족치는 것이 겁나지 않소?"

"공산당은 과거의 잘못을 나무라지 않습니다."

장신은 공산당의 정책에 대해 보고 듣고, 체험한 것들을 말했다. 후쭝난은 듣는 척 마는 척하다가 갑자기 자리에서 일어났다가 앉곤 했다. 어떤 때는 얼굴을 닦고, 어떤 때는 히죽거리다가 껄껄대기도 했다. 결론 없이 2시간이 흘렀다. 후쭝난은 지난번처럼 장신을 영창으로 돌려보냈다. 후쭝난은 마음이 흔들려 갈등을 일으켰다. 장제스의 최측근으로 '서북왕西北王' 소리를 들었던 후쭝난이었다. 단지 마음속에 일고 있는 형언할 수 없는 무언가에 갈피를 잡지 못했으나 '사령관 장관'이란 자존심으로 속내를 숨겼을 뿐이었다. 이틀이 지난 10월 15일, 후쭝난은 지난번과 같은 시간대와 같은 장소에서 장신을 세 번째로 면담했다. 후쭝난은 더욱더 사근사근하게 물었다.

"펑더화이 몸은 괜찮소?"

"몸이 아주 좋습니다. 항일항전 초기 두 사람이 이야기를 나누지 않았습니까? 옛 친구라 할 수 있지요."

"자오서우산(趙壽山 조수산)은 그곳에서 잘 지냅니까?"

"중공 쪽에서 환영받고 있습니다. 현재는 중공 제1야전군 부사령관으로 있습니다."

"그곳에서는 나를 어떻게 부릅니까?"

"후쭝난이라고 합니다."

"나를 후페이(胡匪 호비: 후쭝난 비적)라고 부르지 않소?"

"당신이 그들 쪽에 서게 되면 그때는 후 장군이라고 하겠지요. 그러나 어떤 사람들은 후 선생을 반半군벌이라고 하기도 합니다."

"내가 반군벌이라고?"

후쭝난은 노기 서린 목소리로 다그쳤다. 후쭝난은 스스로 평생 혁명을 표방하며 살아온 '혁명군인'이라는 자부심을 갖고 있었다. 사람들이 '군벌'이라고 부르는 것을 제일 겁내고 싫어했다. 후쭝난이 다시 물었다.

"그곳에서 문천상文天祥(남송 때의 충신으로 '정기가 正氣歌'로 유명함. 원나라 세조 쿠빌라이의 회유에 굴하지 않고 죽음을 택함)을 어떻게 생각합니까?"

"문천상은 역사적으로 볼 때 이족에게 굴복하지 않고 민족을 위해 절개를 지켰습니다. 당연히 좋게 보지요. 인민들은 그를 민족의 영웅으로 생각합니다. 단, 후 선생과 내가 하는 일은…… 우리는 문천상으로 변할 수 없습니다."

장신은 후쭝난이 무슨 뜻으로 문천상을 이야기하는지 알았다. 장신은 중공 쪽에서 일러준 논리대로 대답했다. 장신의 말은 후쭝난의 마음을 후벼 팠다. 후쭝난은 짙은 눈썹을 꿈틀대며 무서운 눈초리로 장신의 눈을 노려보다가 정중하게 말했다.

"선비는 자기를 알아주는 사람을 위하여 죽는다(士爲知己者死 사위지기자사)! 당신도 황푸 출신이다. 당신, 교장(장제스)을 생각해봤소?"

실내 분위기가 순식간에 무겁게 내려앉았다.

"후궁위안 선생은 후 선생이 인민의 적이 되면 죄악이 크고, 후 선생이 인민의 품 안으로 돌아오면 공로가 크다고 말했습니다."

후쭝난이 이 말을 듣고 큰 소리로 외쳤다.

"선비는 자기를 알아주는 사람을 위하여 죽는다! 나는 교장을 생각하지 않을 수 없다. 교장에게 죄송스럽게 할 수 없다!"

후쭝난은 감정이 복받쳐 소파에 쓰러져 손으로 얼굴을 감싼 채 눈물을 흘렸다. 방 바깥에 있던 시위대장 탕시위안이 급히 뛰어 들어와 장신을 데리고 영창으로 돌아갔다. 후쭝난은 이후 두 번 다시 장신을 보지 않았다. 장신은 그 후 줄곧 영창에 갇혀 있었다.

장제스, 충칭에서
권토중래

애초 후쭝난은 국민당군의 최후 방어지역을 충칭과 청두(成都 성도)를 축으로 하는 시난(西南 서남)지역보다 구이저우(貴州 귀주) 서중부 쪽인 몐(緬 면) 변계지역을 선호했다. 1949년 8월 11일, 국민당 '촨샹어(川湘鄂 천상악: 쓰촨-후난-후베이 지역)' 변구 수정공서綏靖公署 주임 쑹시롄(宋希濂 송희렴)이 비행기로 한중漢中까지 와 후쭝난과 만나 최후 방어지역을 상의했다. 두 사람은 황푸군관학교 제1기 동기생이다. 이들은 국민당군 최후 방어지역을 구이저우 서중부 몐 변계지역으로 꼽았다. 부대를 이 일대로 집결해 란창장(瀾滄江 난창강), 누장(怒江 노강)과 가오리궁산(高黎貢山 고려공산)의 지형적 이점을 의지해 계속 저항하기로 했다. 이들은 만부득이할 경우 접경지역인 미얀마로 퇴각한다는 방침도 세웠다. 당시 후쭝난은 30만 명, 쑹시롄은 10만여 명의 병력을 거느리고 있었다. 일패도지한 국민당군 대부분의 병력에 해당했다. 쑹시롄은 항일전쟁 시기 제11집단군을 이끌고 인몐(印緬 인면)으로 원정해 구이저우와 미얀마 변경에서 4년 동안 전투를 벌여 이 일대의 지형과 민정民情, 물산 등을 훤히 꿰고 있었다. [294]

이들은 제1단계로 시캉(西康 서강)과 촨시(川西 천서: 쓰촨 서쪽 지역)를 통제해 점차적으로 구이저우와 미얀마 변계지역으로 부대를 이동하기로 했다. 제2단계로는 해방군이 서남쪽에서 진군할 때 곧바로 주력을 구이저우 서쪽의 바오산(保山 보산), 텅충(騰冲 등충), 룽링(龍陵 용릉), 망스(芒市 망시) 일대를 축으로 하는 방어선을 구축하고 란창장, 누장과 가오리궁산의 천험을 이용해 해방군의 진공을 막기로 했다. 그런 연후에 상황에 따라 구이저우 몐타이(緬泰 면태) 변경과 미얀마 경내로 들어가 해방군과 싸운다는 전략이었다.

후쫑난과 쑹시롄은 장제스가 8월 중순 충칭에 도착했을 때 관저로 찾아가 이런 전략계획을 보고했다. 뜻밖에도 장제스는 일언지하에 거절했다.

"안 된다! 이 계획은 절대로 안 된다! 너희들이 쓰촨(四川 사천)과 시난(西南 서남)의 반벽강산半壁江山을 마오쩌둥에게 거저 바치려는 게 아닌가?"

"그런 게 아니고, 사실은 군사상으로 볼 때 쓰촨은 타이완이나 하이난(海南 해남), 저우산(舟山 주산)과 달리 공산당군이 사방에서 포위공격해 온다면 우리가 어떻게 해볼 수 없습니다!"

"안 돼! 절대로 안 된다! 자네들은 군사는 알지만 정치를 모른다! 자네들이 단지 6개월만 지켜준다면 제3차 세계대전이 폭발할 수 있다. 그때 베이핑, 진링(金陵 금릉: 난징), 상하이는 우리 것이 된다."

장제스는 손을 휘저어가며 이들의 계획을 강력하게 반대했다. 나중에 후쫑난이 쓰촨으로 퇴각할 때 그의 수중에는 국민당군의 정예인 제1군단을 포함해 30만 명의 병력이 있었다. 후쫑난은 다시 장제스에게 시창(西昌 서창)과 윈난(雲南 운남)으로 퇴각해 방어할 것을 건의했으나 이 역시 거부당했다.

한편 마오는 국민당군의 최후 방어 저지선인 시난을 공파攻破하기 위해 북쪽에서 치고 들어가는 척하면서 남쪽에서 공격하는 양동작전을 펴기로 했다. 예부터 쓰촨을 공략하는 방안에는 두 가지 길이 있었다. 하나는 산시(陝西 섬서)에서 친링(秦嶺 진령)을 넘어 진격하는 길이다. 또 하나는 '어시(鄂西 악서; 후베이 서쪽)'에서 창장(長江 장강)의 원류를 따라 쓰촨으로 들어가는 길이었다. 장제스는 마오가 펑더화이, 허룽이 이끄는 제1야전군의 주력을 친링으로 보내 쓰촨을 공격할 가능성이 가장 높다고 생각했다. 장제스는 이런 판단에 따라 8월에 시난 군정장관 공서 군사회의를 열어 직접 '쓰촨-산시' 변계를 중점 방어하는 시난 방어를 위한 병력 배치를 완료했다. 후쭝난 집단군의 주력이 친링의 주산맥을 따라 제1방어선을 구축하고, 바이룽장(白龍江 백룡강)과 미창산米倉山, 다바산(大巴山 대파산) 지역에 제2방어선을 설치하는 방어계획이었다. 또 만일의 사태에 대비해 쓰촨 동쪽과 구이저우 방면에 병력을 별도로 배치했다. [295]

하지만 마오는 통상적인 진공노선 대신 제2야전군이 대우회작전을 벌여 후난 서쪽, 후베이 서쪽에서 직접 구이저우로 진격해 쓰촨의 쉬푸(叙府 서부: 지금의 이빈宜賓)와 루저우(瀘州 노주), 충칭(重慶 중경)으로 돌격하도록 했다. 이런 작전은 인민해방군이 출기불의出其不意로 국민당군의 시난 방어선 뒤쪽에서 후쭝난 집단군과 쓰촨 변계에 포진한 국민당군의 퇴로를 끊어버리는 것이었다. 이럴 경우 쓰촨 경내의 국민당군 주력은 대문이 닫히는 꼴로 쓰촨성 내에 고립될 수밖에 없었다. 또 제1야전군 일부 부대가 친링으로 진격해 대거 쓰촨을 공격하는 모양새의 거짓 공세를 펼쳐 후쭝난 집단군이 북쪽 방어선에 주력하도록 했다. 그런 연후에 국민당군의 의표를 찔러 부대를 남하시켜 쓰촨 북쪽과 청두(成都 성도)로 공격해 진격하는 성동격서 전략을 폈다.

이런 군사행동은 예측불허의 전략으로 위험부담도 높았다. 대병단이 '쓰촨-후베이-후난-구이저우'의 수천 미터 높이의 고산과 험난한 협곡을 행군해야 하고, 원활하지 못한 보급을 인내심 있게 극복해야 했다. 또 때때로 궁지에 몰린 짐승이 마지막 발악하듯 목숨 걸고 덤비는 국민당군의 최후 저항에 맞서 싸워야 했기 때문이다. 그러나 이런 작전이 성공함에 따라 장제스가 총력을 기울여 구축한 시난 방어선은 변변한 전투 한번 해보지 못하고 스스로 무너져버렸다.

11월 1일, 일찍이 몰래 후난 서쪽 지역에 집결한 해방군 제2야전군 제3, 5병단은 제4야전군 일부 부대와 합동작전을 펼쳐 쾌속으로 진격해 일거에 '후난-구이저우' 방어선을 돌파했다. 이들은 15일에 구이양(貴陽 귀양)을 점령하고, 21일에는 쭌이(遵義 준의)를 해방시켰다. 인민해방군은 쓰촨성 경내에 있는 국민당군의 구이저우(貴州 귀주) 퇴로를 끊어버렸고, 승기를 잡아 남쪽에서 쓰촨 남쪽을 포위 공격할 수 있는 유리한 기반을 만들었다.

충칭에서 지휘하던 장제스는 허를 찔려 장담했던 철통방어가 남가일몽南柯一

夢이 되자 부랴사랴 후쭝난군을 쓰촨으로 후퇴시켜 방어하게 하고, 쓰촨 동쪽 방어군도 서쪽으로 철수하도록 명령했다. 해방군 제2야전군은 국민당군의 어수선한 부대 배치를 틈타 쓰촨 서쪽으로 철수하는 국민당군 동쪽 방어군과 후쭝난군 일부 부대를 우회해 포위했다. 해방군은 이들을 쓰촨 남쪽 산골짜기에서 궤멸시키고 30일에 충칭을 점령했다. 청두(成都 성도)로 후퇴한 장제스는 고립무원에 빠져 날로 압박해 들어오는 공산당군의 공격에 진땀을 흘렸다. 장제스는 마침내 권토중래의 꿈이 물거품이 되고 대륙을 탈출해야 하는 절체절명의 순간에 놓이게 되었다. [296]

지금까지 장제스의 정확한 탈출 날짜는 이설異說이 분분하다. 1949년 12월 8일, 10일, 13일설이 나돌고 있다. 가장 유력한 설은 12월 10일로 보고 있다. 탈출 비행장도 평황산(鳳凰山 봉황산) 비행장과 신진新津 비행장으로 엇갈리고 있다. 가장 유력한 10일설의 주요 근거는 12월 11일 『신신신원(新新新聞 신신신문)』이 보도한 '장 총재(장제스) 룽을 떠나 타이완으로 가다(蔣總裁離蓉飛臺 장총재리용비대)' 제하의 기사였다. 구체적 시간은 10일 낮 12시 30분으로 보도했다. 당시 국민당 쓰촨성 주석 왕링지(王陵基 왕릉기)도 회고하는 글에서 10일이라고 밝혔다. 왕링지는 "아침을 먹은 뒤 이날 막 잠깐 눈을 붙이려 하고 있는데 장제스가 간다는 소식을 들었다. 나는 곧바로 차를 타고 평황산 비행장으로 환송하러 갔다. 장제스와 몇 마디 이야기했다. 장제스는 비행기를 타고 떠났다"고 술회했다. 장제스의 아들 장징궈(蔣經國 장경국)도 일기에서 그들 부자가 10일 오후 2시에 평황산 비행장에서 비행기를 타고 타이완으로 갔다고 적고 있다. 출발 시간은 신문과 두 사람의 이야기들이 모두 다르다.

장제스가 청두를 허겁지겁 떠난 것은 국민당 윈난성 정부 주석 겸 윈난 수정공서 주임 루한(盧漢 노한), 시캉성(西康省 서강성) 정부 주석 류원후이(劉文輝 유문휘), 시난 군정장관 공서부장관 덩시허우(鄧錫侯 등석후), 판원화(潘文華 반문화)와 이빈(宜賓 의빈) 주둔 국민당 제72군단 군단장 궈루구이(郭汝瑰 곽여괴) 등이 집단으로 '기의起義(봉기해 공산당에 귀순)'를 전화로 통보한 데 따른 것이었다.

류원후이와 덩시허우, 판원화 등이 기의를 통보한 시간은 12일 심야에서 새벽,

귀루구이가 통보한 시간은 12일 오후 등으로 되어 있어 이를 근거로 한 탈출 날짜는 13일로 추정한다. 어쨌든 당시 청두에서 장제스를 보위하고 있던 고위장령들의 집단 봉기는 장제스의 숨통을 죄어 청두에 발붙일 수 없게 만든 긴박했던 순간이었다. 류원후이와 덩시허우, 판원화 등은 장제스가 묵고 있던 황푸러우(黃埔樓 황포루)에 기의 소식을 전화로 통보했다. 장제스는 이 소식을 듣고 아연실색했다.

"베이징 마오 주석, 주더 총사령관과 각 야전군 사령관 및 전국 인민께서 읽어주시기 바랍니다:

도적 장제스가 국권을 도둑질한 지 20여 년으로 죄상이 아주 뚜렷한 것은 나라의 모든 사람이 본 바와 같습니다. —쓰촨, 시캉의 전체 군정 인원이 —인민해방군과 협동해 국민당 반동파의 잔당을 소멸하고 쓰촨, 시캉 전 지역을 이른 시일 안에 해방하도록 노력할 것임을 말씀드리는 바입니다. 삼가 보살펴주시기 바랍니다."

대륙 탈출

이미 먼 곳에서 포성이 울려 퍼지고 있었다. 혼비백산한 장제스는 한시라도 빨리 청두를 떠나고 싶어 했다. 신변 안전을 위한 '호송작전'에 들어갔다. 후쭝난은 비행장으로 향하는 길 주변의 불순분자들을 정리해야 했다. 급히 부대를 동원해 성 남쪽 교통 요지인 우허우츠(武侯祠 무후사)에 주둔하고 있는 류원후이의 파견부대를 공격하도록 명령했다. 우허우츠는 청두 시내 남쪽에 있는 고적지로 삼국시대 유비의 묘인 혜릉과 우허우(武侯 무후) 제갈량을 기리는 사당이 있다. 이곳에는 기의한 류원후이의 제24군단 1개 연대가 주둔하고 있었다. 장제스가 비행장으로 가려면 류원후이가 왕년에 아편을 팔던 검문소가 딸린 우허우츠 세관을 통과해야 했다. 따라서 미리 이 일대의 류원후이 부대를 공격해야 했던 것이다.

장제스는 떠나기 전날 황푸러우에서 참모총장 구주퉁(顧祝同 고축동) 등 이곳에 남아 군대를 지휘하는 사람들과 고별연을 했다. 장제스는 아들 장징궈와 함께 비통한 마음으로 중화민국 국가를 불렀다. 부자父子를 바라보던 사람들은 눈물을 흘렸다. 후쭝난은 장제스가 청두를 떠나는 날 새벽에 압도적인 병력과 화력으로 우허우츠에 주둔한 류원후이 군대를 일거에 쓸어버렸다. 100여 명을 사상하고 대부분은 포로로 잡았다. 후쭝난은 장갑차와 탱크로 장제스의 차를 둘러싼 철갑鐵甲

호송을 하며 비행장으로 떠났다. 장제스는 비행장에 도착해 중메이(中美 중미)호 전용기에 올라 비행기 옆에 도열한 후쭝난 등과 고별인사를 했다. 그렇게 타이완으로 떠난 장제스는 죽을 때까지 대륙 탈환을 부르짖었으나 고향 땅 평화 시커우(奉化溪口 봉화 계구)는 꿈속에서나 볼 수 있었다. 1975년 4월 5일, 그는 심장병으로 파란만장한 삶을 마감했다. 그의 나이 88세였다.

패주한 쓰촨 동쪽 방어군 사령관 쑹시롄은 무선기를 폐쇄해 국민당 국방부와 연락을 끊고 잔여 병력 1만여 명을 분산해 '구이저우-미얀마' 변계지역으로 퇴각하려 했다. 그러나 때가 이미 늦어 쑹시롄은 부대를 이끌고 어(峨 아) 변계에서 다두허(大渡河 대도하)를 막 건너 달아나려다가 12월 19일에 생포되었다. 해방군 제2 야전군과 친링을 남하한 제1야전군 제18병단은 청두(成都 성도)로 퇴각한 국민당 군에 대해 총공세를 펼쳤다. 제2야전군 선두부대는 20일에 '청위(成渝 성유)' 도로에서 젠양(簡陽 간양), 런서우(仁壽 인수) 부근을 압박하고, 민장(眠江 면강) 양안의 선두부대는 이미 신진허(新津河 신진하) 대안에 도착해 후쭝난 제5병단과 강을 사이로 포격전을 벌였다. 해방군 제1야전군은 이미 몐양(綿陽 면양)을 점령하고 남하하고 있었다. 후쭝난은 청두가 매우 위급하다고 판단하고 부대를 시창(西昌 서창)으로 철수했다. 21일, 후쭝난은 신진新津에서 고위군관 회의를 열어 뤄광원(羅廣文 나광문)의 제15병단과 천커페이(陳克非 진극비)의 제20병단이 충칭을 공격하는 척하다 남쪽 포위망을 돌파해 구이저우 비제(畢節 필절)를 거쳐 윈난 변계로 전진하도록 했다. 그런 뒤 후쭝난 집단군 주력의 엄호 아래 시캉(西康 서강)의 포위망을 돌파할 작정이었다. 회의 다음 날, 후쭝난은 전화로 제5병단 리원(李文 이문)에게 지휘권을 넘기고 23일 오전 10시에 참모장 뤄례(羅列 나열) 등과 청두 봉황산 비행장에서 비행기를 타고 시창(西昌 서창)으로 가려 했다. 그러나 비행기가 뜬 뒤 기상악화로 목적지를 바꾸어 하이난다오(海南島 해남도) 싼야(三亞 삼아) 비행장에 내렸다.

후쭝난이 하이난다오에 불시착한 것은 장제스의 동의를 받지 않은 것으로, 이를 안 장제스는 참모총장 구주퉁을 파견해 후쭝난을 조사토록 했다. 구주퉁은 안면을 생각해 후쭝난이 시창으로 돌아가 쓰촨 서쪽 포위망을 뚫고 나온 부대를 수

습해 지휘하도록 주선했다. 후쭝난은 할 수 없이 12월 28일에 시창으로 돌아갔다. 후쭝난은 리원(李文 이문)이 포위망을 뚫지 못해 공산당군에 투항한 사실을 알고 매우 비통해했다. 후쭝난은 묵고 있는 충하이신(邛海新 공해신)촌 자신의 집 문을 걸어 잠근 채 대성통곡하는 등 실성한 사람처럼 울부짖었다. [297]

"다 끝났다! 나의 40만 인마人馬, 3개 병단은 모두 사라졌다! 교장(장제스), 당신이 나를 고통스럽게 했다! 당신이 부대를 모두 날려 보냈다. 나를 시창으로 보내 무엇을 하려 했습니까? 시창은 병가兵家의 궁지입니다!"

깊은 상심에 빠진 후쭝난은 장제스를 원망하며 때로는 벽을 쳐다보고 미친 듯이 고함을 질러댔다. 해방군 제2야전군과 친링을 넘어 남하한 제1야전군 제18병단은 12월 27일에 청두를 점령했다. 장제스의 최대 버팀목이었던 후쭝난 집단군은 완전 궤멸되었다.

후쭝난은 시창(西昌 서창)에서 구차한 생활을 하다가 인민해방군이 시창 비행장을 압박하자, 1950년 3월 26일 시창에 주둔했던 6만여 명의 국민당군의 지휘권을 참모장 뤄례(羅列 나열)에게 넘긴 뒤 비행기를 타고 타이완으로 달아났다. 후쭝난은 1951년 3월에 장제스 정부의 '장시-저장 인민 반공유격 총지휘' 겸 '저장성 정부 주석'에 임명되어 몇 개 섬의 1만 명도 되지 않는 병력을 거느렸다. 한때 40만 명의 병력을 호령해 '서북왕'으로 불렸던 그는 이처럼 신세가 영락零落하자 이름을 친둥창(秦東昌 진동창)으로 바꾸었다. 진(秦)나라 땅이었던 산시(섬서 陝西)지역을 기반으로 서북왕이란 위명을 떨친 만큼 둥산(東山 동산)에서 재기하겠다는 강렬한 뜻을 염원해서였다.

1955년 8월, 장제스는 돌연 거의 60세가 된 후쭝난을 펑후(澎湖 팽호)열도 방수(防守)사령관에 임명했다. 어느 날, 참모총장 펑멍지(彭孟緝 팽맹집)가 비행기로 펑후열도를 시찰하다가 군 비행장에 착륙한 뒤 내리려 할 때였다. 수행부관이 펑후열도 방수사령관 후쭝난이 친히 비행장에서 영접하기 위해 기다리고 있다는 보고를 했다. 펑멍지는 후쭝난의 한참 후배였다. 트랩으로 나가려던 펑멍지는 얼른 자리로 되돌아와 수행부관에게 후쭝난을 돌려보낸 뒤에 내리겠다고 말했다. 수행부관은 후쭝난에게 돌아가도록 전했으나 후쭝난은 방수사령관의 신분으로 상관인 참모총장을 맞이하는 것은 당연한 도리라며 비행기 옆에서 계속 도열해 있었다. 어쩔 수 없이 비행기에서 내린 펑밍지는 눈물을 뿌리며 후쭝난을 얼싸안고 대성통곡했다. 후쭝난의 초연하고 활달한 마음에 감격했다고 한다. '서북왕' 후쭝난은 1962년 3월 13일에 심장병으로 위중하다는 소식을 듣고 문병을 온 장제스를 본 뒤, 감격의 눈물을 흘리며 숨을 거두었다. 66세였다.

원난성 정부 주석 루한, 시캉성 정부 주석 류원후이의 기의로 원난, 시캉 두 성도 평화적으로 해방시켰다. 대륙에서 마지막 남은 시짱(西藏 서장; 티베트)은 1951년 4월에 아페이(阿沛 아패)와 아왕진메이(阿旺晉美 아왕진미)를 우두머리로 한 시짱 대표들이 베이징에 와 신중국 정부와 협상을 벌여 5월 23일 '중앙인민정부와 시짱 지방정부의 시짱 평화 해방 방법에 관한 협의'에 비준함으로써 중국에 귀속되었다. 이로써 마오는 타이완(臺灣 대만), 일부 연해 도서島嶼, 홍콩(香港 향항), 아오먼(澳門 오문; 마카오) 등을 제외하고 중국 통일을 이루었다.

마오쩌둥과
스탈린

1949년 12월 6일, 마오는 전용열차를 타고 스탈린을 만나러 소련 모스크바로 떠났다. 신중국 건국 후 중국공산당과 중화인민공화국 최고 지도자의 첫 번째 해외 공식 방문이자, 마오로서는 평생 처음 외국에 나가는 나들이였다. 수행원은 교수 신분으로 비서인 천보다(陳伯達 진백달), 예쯔룽(葉子龍 엽자룡), 통역인 스저(師哲 사철), 경호간부 왕둥싱(汪東興 왕동흥) 등이었다. 주요 방문 목적은 스탈린과 중소 양국의 정치와 경제 문제를 협의하고, 1945년에 국민당 정부와 소련이 맺은 '중소우호동맹조약'을 폐기해 새로운 우호동맹조약을 체결하기 위해서였다. 마오는 이 조약을 미국, 영국, 소련이 비준한 얄타협정의 산물로 중국의 주권과 이익을 심대하게 침해하고 있다고 여겼다. 또 하나는 12월 21일의 스탈린 70회 생일 축하와 국가 재건에 필요한 소련의 원조 요청이었다.

앞서 류사오치는 6~8월 사이, 비밀리에 스탈린을 만나 중국 정황을 설명하고 소련이 1945년에 국민당 정부와 체결한 중소우호동맹조약 처리 문제, 소련의 중국 지지와 원조 등의 문제를 협의했다. 또 마오의 소련 방문을 타진하고 소련이 3억 달러의 차관 공여와 경제 전문가들을 파견해 중국을 돕고 있는 데 대해 고마움을 표시했다. 류사오치는 국제 형세, 전쟁 위험 및 소련과 미국, 영국과의 관계 등에 관한 스탈린의 분석과 평가, 전망 등을 청취했다. 류사오치의 소련 방문은 마오의 방소訪蘇에 대비한 사전 실무정지 작업이었다. [298]

마오는 크렘린궁에서 열린 스탈린과의 첫 번째 회담에서 세계평화에 관해 물었다.

"지금 제일 중요한 문제는 평화 보장에 관한 것이다. 중국은 경제를 회복시켜 전쟁 전 수준으로 끌어올리고, 국내 정세를 안정시키기 위해서는 3~5년의 평화적 기간이 필요하다. 중국이 이러한 중요 문제를 해결할 수 있느냐 하는 것은 앞날의 평화에 달려 있다. 중앙은 내가 당신에게 어떻게, 그리고 얼마 정도 국제적 평화를 보장할 수 있는지 알아봐줄 것을 위임했다."

"중국은 지금 직접적인 전쟁 위협은 없다. 일본은 아직 안정을 찾지 못하고 있다. 전쟁 준비를 할 수 없다. 미국은 전쟁을 떠들고 있지만 가장 전쟁을 겁낸다. 유럽 각국은 전쟁을 무서워하고 있다. 실제 어느 국가도 중국과 싸우려 하지 않는다. 평화는 우리의 노력에 달려 있다. 만약 우리가 함께 노력하면 5~10년의 평화를 능히 보장할 수 있을 뿐만 아니라 20~25년, 더 나아가 장구한 시간 평화를 보장할 수 있다."

마오는 이어 중소조약에 관한 문제를 제기했다. 이것은 민감한 문제였다.

스탈린은 "1945년에 체결한 소중蘇中우호동맹조약은 마땅히 보류를 선포하거나 고치도록 성명을 발표해야 한다. 혹자는 지금 당장 상응하는 조약으로 바꾸어야 한다고 말한다"며 조약의 폐지나 개정의 필요성을 인정했다. 하지만 스탈린은 "모두가 알다시피 이 조약은 얄타협정에 따라 체결되었다. 이 협정은 조약의 주요 내용을 규정한다. 이 의미는, 조약의 비준은 미국과 영국의 동의를 얻어야만 가능하다는 것이다. 이런 상황을 고려해볼 때 우리는 자기의 소규모 범위 안에서만 결정할 수 있다. 이 조약은 잠시 어떤 개정도 할 수 없다. 미국과 영국에 빌미를 줄 수 있다"며 조약 개정 불가를 시사했다.

회담은 지지부진했다. 스탈린의 생일 축하 행사가 끝나 다른 나라 대표단들은 모두 떠났다. 마오는 계속 소련에 남아 새로운 조약 체결 투쟁의지를 불태웠다. 신중국 초대 소련대사 왕자샹(王稼祥 왕가상)은 외교부 이곳저곳을 쫓아다니며 스탈린과의 회담을 요청했지만 스탈린은 지연작전으로 모른 체했다. 천덕꾸러기가 되어 시간만 죽이던 마오는 끝내 분노를 터뜨렸다. 마오는 소련 쪽 연락관과 통역에게 "내가 모스크바에 온 것은 단지 스탈린 축수祝壽 때문만은 아니다. 당신들은 국민당과 체결한 조약을 계속 유지하려 한다. 잘해봐라. 나는 며칠 있으면 간다. 나는 지금 먹고 똥 싸고 잠자는 일밖에 없다"고 버럭 소리를 내질렀다. 마오는 모스크바에서 세밑새해를 맞이했다. 299

이때 마오의 행적을 추적하던 영국의 통신사가 스탈린이 마오를 연금했다는 뜬금없는 풍설보도를 내보냈다. 온갖 추측과 유언비어가 나돌면서 세계의 관심사가 되었다. 소련은 바짝 긴장했다. 중소 양쪽은 부랴부랴 협의를 거쳐 마오가 소련 타스통신 기자와의 문답 처리 식 인터뷰 기사를 내보내 유언비어를 차단하고, 마오의 건재를 세계에 알리도록 했다. 해가 바뀐 1950년 새해 벽두인 1월 2일, 타스통신 기자의 '기자 질문에 답하다(答記者問 답기자문)' 형식의 기사에서 마오는 이렇게 말했다.

"내가 소련에 머물고 있는 기간의 길고 짧은 것은, 중화인민공화국의 이익에 관한 각 문제를 해결하는 데 필요한 시간이라 부분적으로 결정했다."

"이러한 문제 중에는 우선적으로 현재 중소우호동맹조약 문제, 소련의 중화인민공화국에 대한 차관문제, 양국 간의 무역과 무역협정에 관한 문제, 기타 문제 등이 있다."

"나는 소련의 몇 개 지방과 도시를 방문할 계획이다. 이것은 소련의 경제와 문화, 건설을 더욱 잘 이해할 수 있기 때문이다."

이런 내용의 기사가 나가자 큰 반향을 일으켰다. 유언비어가 사라지고 새로운 정치적 분위기가 일기 시작했다. 스탈린은 더 이상 자신의 뜻을 견지할 수 없다고 판단하고, 저우언라이가 소련으로 와서 협상하는 것에 동의했다. 정치국원인 몰로토프와 미코얀이 마오가 묵고 있는 별장으로 찾아와 스탈린이 회담할 용의가 있음을 통보했다. 마오는 이들에게 "전보가 1월 3일 베이징에 도착하면 저우언라이가 준비하는 데 5일이 필요하다. 1월 9일에 베이징을 출발할 수 있다. 기차로 11일이 걸려 1월 19일에는 모스크바에 도착할 수 있다. 1월 20일에서 월말까지 10일간의 시간에 담판과 각항의 조약을 비준할 수 있다. 2월 초에 저우와 함께 귀국하겠다"고 말했다.

1월 20일, 총리 겸 외교부장(장관)인 '협상의 해결사' 저우언라이가 대표단을 이끌고 모스크바에 도착했다. 1월 22일 밤부터 중소 양국 간에 새로운 조약 체결에 관한 정식 담판이 시작되었다. 스탈린은 더 이상 얄타협정에 대해서는 이야기하지 않았다. 조약에 관한 협상은 '해결사' 저우언라이가 술술 풀어갔다. 2월 14일, 크렘린궁에서 '중소우호동맹호조互助조약' 체결식이 성대하게 열렸다. 이어 '중국 창춘(長春 장춘)철도, 뤼순(旅順 여순)항 및 다롄(大連 대련)항에 관한 협정'과 '소련의 중국 공여 차관에 관한 협정'을 각각 체결했다. 이에 따라 중국은 1952년까지 뤼순과 창춘철도에 대해 영향력 확대, 즉 소련으로부터 넘겨받을 수 있게 되었다. 중국은 얄타협정에 따라 자유항 지위의 다롄에 대해 행정권을 접수하기로 했다.

마오는 첫 소련과의 회담 결과에 대해 만족했다. 중국의 민족 존엄과 국가주권을 지켜 중국의 국제적 지위를 높이고 중소우호협력 관계를 정착시켰다는 평가를 받았다. 회담은 신생 중화인민공화국의 정권을 공고히 하고, 신중국이 신속하게 국민경제를 회복하면서 대규모 경제건설의 새로운 시기를 창조하는 좋은 조건을 마련했다. 또한 국제적으로 중소로 대변되는 사회주의 국가의 단결과 영향력 제고 등의 외교적 성과를 거두었다. 2월 17일, 국가원수가 외국에 2개월 동안 머물며 회담을 하는 유례없는 전례를 만든 마오는 소련 방문을 마치고 귀국길에 올라 하얼빈과 창춘, 선양 등지를 시찰하고 3월 4일 베이징으로 돌아왔다.

김일성, 스탈린 지원으로
무력남침

당시 마오는 스탈린과의 회담에서 한반도에 관한 심상치 않은 이야기를 들었다. 스탈린은 "김일성金日成이 나에게 남한을 취할 행동을 생각하고 있다는 이야기를 했다. 김은 젊고 용감하다. 그러나 그는 너무 유리한 것만 높이 평가했다"고 마오에게 말했다. 마오는 "우리는 마땅히 어린 김(小金 소김)을 도와주어야 한다"면서 "조선은 현재 복잡한 국면에 직면해 있다"고 설명했다. 마오와 스탈린의 통역을 맡은 스저(師哲 사철)는 『나의 일생―스저 자술自述』에서 "기실 마오가 소련을 방문해 스탈린과 회담할 때 스탈린은 이미 김일성이 싸울 생각을 갖고 있다고 말했다. 그리고 김은 싸울 의견만 들을 뿐 싸우지 않는 의견은 들으려고 하지 않았다고 말했다. 단, 스탈린이 이 말을 할 때 마오쩌둥의 의견을 구하는 것이 아니었기 때문에 마오쩌둥은 가부可否를 말하지 않았다"고 기술했다. 그 후 스탈린은 마오와 조선문제에 대해 발전된 토론을 하지 않았다고 한다. [300]

스탈린이 나중에 생각을 바꾸어 김일성의 무력행동을 지지한 것은 미국 정책의 영향이 컸다. 미국 국무장관 딘 애치슨은 1950년 1년 12일에 자유중국과 한국은 미국의 방어권 안에 포함하지 않는다는 성명을 발표했다. 스탈린은 그렇다면 김일성이 한국을 공격하더라도 미국이 간섭하지 않을 것으로 보아 한반도에서 미소 간의 직접적인 충돌은 없을 것으로 판단했다. 또 소련 정보기관이 극동군 사령관 더글러스 맥아더가 워싱턴에 보낸 비밀보고 중에 남북한 간에 충돌이 발생할 경우 미국이 간섭할 필요가 없다고 주장했다는 정보를 수집했다는 것이다. 1950년 1월 30일, 이에 근거해 스탈린은 조선 주재 소련대사 스티코프에게 1통의 비밀서신을 보냈다. 301

> 만약 김일성이 한국을 공격하는 문제로 나를 만나려고 생각한다면 언제라도 회담할 준비가 되어 있다. 나의 입장을 김일성에게 전달하고 대사는 내가 김일성을 도울 만반의 준비를 하고 있다는 점을 강조하라. 우리는 매년 2만 5천 톤의 납을 얻기를 바란다고 전하라.

스티코프가 이런 내용을 김일성에게 통보하자 김일성은 대단히 흥분했다. 김일성은 "스탈린 동지가 남한 공격에 동의했는가?"를 다시 스티코프에게 물었다. 김일성은 10~15일 이내로 소련이 요구하는 납을 보내겠다는 의사를 표시했다. 스탈린은 2월 2일에 다시 스티코프에게 전보를 보내 한국을 공격해 무력으로 조선을 통일하겠다는 계획을 절대비밀에 부칠 것을 김일성에게 신신당부하도록 했다. 스탈린은 전보에서 "조선의 다른 지도자뿐만 아니라 중국 지도자들도 모두 알 필요가 없다. 이것은 적들에게 비밀을 지키기 위한 것"이라고 극도의 보안을 요구했다. 이틀 후 김일성은 스티코프를 만나 조선인민군 10개 사단을 늘리는 편제 확대를 요청하고, 소련이 1951년(내년)에 공여할 7천만 루블의 차관을 앞당겨 쓸 수 있도록 요구했다. 스탈린은 동의하는 회신전보를 보냈다. 김일성은 곧바로 다시 소련 방문 준비에 나섰다.

제2차 세계대전 후, 세계는 자본주의 진영과 사회주의 진영 두 패로 갈라져 '냉전(冷戰)'이 시작되면서 각 나라는 양대 진영의 맹주인 미국과 소련을 상전으로 대하며 그들을 추종했다. 미소 간의 쟁패는 유럽이 주主 전장이었지만, 동북아 문호를 지키는 남북이 대치하고 있는 한반도도 양대 진영의 뜨거운 각축장이었다. 남과 북은 당시 1945년 2월에 미국, 영국, 소련 3국이 체결한 얄타협정에 따라 38선을 경계로 북쪽은 소련, 남쪽은 미군이 진주하고 있었다. 남한이 1948년 8월 15일에 단독으로 대한민국 정부를 세우자, 북한도 9월 9일에 조선민주주의 인민공화국을 건립해 한반도에 2개의 국가가 들어섰다. 남한은 이승만李承晩, 북한은 김일성이 국가원수가 되었다. 한 민족이 2개의 국가로 찢어진 것이다. 이로부터 한국전쟁이 터질 때까지 줄잡아 38선을 경계로 2천 건에 이르는 크고 작은 분쟁이 잇따랐다. 양쪽 모두 통일을 갈망했으나 역량 부족으로 북한은 소련, 남한은 미국에 의존한 채 군사 충돌이 날로 늘어나고 확대되어 아슬아슬한 형세를 유지하고 있었다. 이런 상황에서 김일성은 소련정부에 조선의 정치, 경제, 특히 군사상 전면 원조를 할 수 있는 새로운 조약, 즉 동맹조약을 요구해 체결했다.

1949년 2월 22일, 조선 내각수상 김일성은 조선 정부 대표단을 이끌고 전용열차로 처음으로 공식 소련 방문길에 나섰다. 대표단은 부수상 겸 외무상外務相 박헌영朴憲永, 민족보위성 부상副相 김일金一 등이었다. 3월 3일, 모스크바에 도착한 김일성과 박헌영은 두 차례 스탈린과 회견했다. 김일성과 박헌영은 3월 5일에 스탈린과 처음으로 한국 침공문제를 놓고 비밀회담을 했다. [302]

김일성: 남조선(한국)과 미군 반동세력들의 조선에 대한 도발이 날이 갈수록 격렬해지고 있다. 우리는 비록 육군이 있지만 해군 방어는 거의 제로에 가깝다. 이 방면에 소련의 지원이 필요하다.

스탈린: 미군은 남조선에 얼마나 있나?

김일성: 가장 많을 때 2만 명이다.

스탈린: 남조선에 군대가 있는가?

김일성: 있다. 대략 6만 명 정도다.

스탈린: 이 숫자는 경찰을 포함한 숫자인가?

김일성: 포함되지 않았다. 이것은 정규군의 숫자다.

스탈린: 그들이 겁나나?

김일성: 두렵지 않다. 단, 우리는 해군을 보유하려 한다.

스탈린: 누구의 군대가 더 강한가? 당신들, 아니면 그들?

박헌영: 우리의 군대가 더 강하다.

스탈린: 당신들이 해군을 건립하도록 원조하겠다. 군용비행기도 주고. 당신들의 사람들이 남조선 군대의 내부에 있는가?

박헌영: 있다. 하지만 모두가 하급군관이다. 어떤 일도 할 수 없다.

스탈린: 현재 아무것도 할 수 없더라도 좋은 일이다. 남조선도 당신들의 북쪽에 간첩을 파견하기 때문에 경계를 제고할 수 있다.

스탈린은 38선 부근의 쌍방 간 공방 상황을 들은 뒤 "38선은 마땅히 평화지대다. 이 점은 대단히 중요하다"며 한반도의 형세가 악화되는 것을 꺼렸다. 김일성과 박헌영은 3월 7일에 두 번째 비밀회담을 했다. 김일성과 박헌영은 두 차례에 걸친 회담에서 소련의 군사원조와 한국에 대한 진공進攻 지지를 강력하게 요구했으나 스탈린은 완곡하게 거부했다. 스탈린은 김일성에게 "남침은 허락할 수 없다. 첫째, 조선 인민군이 남조선 군대에 대해 진정한 우세를 형성하고 있다고 볼 수 없다. 병력 수에서 열세다. 둘째, 남조선에는 아직 미군이 있다. 전쟁이 나면 그들이 개입한다. 셋째, 소련과 미국 간의 38선 분할협정은 여전히 유효하다. 만약 우리가 먼저 위반하면 명분과 이치에 맞게 미국의 개입을 막을 수 없다"고 경고했다. 스탈린은 조선의 군사역량이 강대하지 않아 무턱대고 움직일 경우 승리할 수 없다는 것을 고려하고 있었다. 스탈린은 미국의 개입으로 미소 쌍방이 직접적인 군사 충돌을 일으킬 수 있다는 것을 매우 우려했다.

다만, 스탈린은 조선 쪽의 군사원조와 경제협력 요구에 대해서는 흔쾌하게 받아들였다. 쌍방은 3월 17일에 '조소朝蘇경제문화협력 협정'과 '조소朝蘇군사비밀 협정'을 체결했다. 조소朝蘇군사비밀 협정은 소련이 조선의 무기와 장비 원조를 보충하는 것으로 조선인민군 6개 보병사단과 3개 기계화 부대의 수요를 만족시키고, 조선의 공군력을 증강해 충분한 훈련을 보증하는 것 등이었다. 소련은 조선에 정찰기 20대, 전투기 100대, 폭격기 30대를 제공하도록 했다. 또 1949년 5월 20일 전까지 소련이 120명으로 구성한 특별 군사고문단을 조선에 파견하고, 조선에 10만 루블의 물자를 원조하기로 했다.

몇 개월 뒤 소련 군사요원과 대량의 소련 군사장비가 조선에 도착해 조선의 군사력이 크게 증강되었다. 귀국한 김일성은 스탈린이 완곡하게 거부한 조선의 이른바 민족해방전쟁 계획을 포기하지 않았다. 1949년 8월, 김일성은 조선 주재 소련대사 스티코프에게 한국 쪽 영역인 옹진반도 공격계획을 제기했으나 스탈린의 재가를 얻지 못했다. 김일성은 마오쩌둥이 지도하는 중국인민해방군이 파죽지세로 창장(長江: 장강)을 건너 남하해 중국 대부분의 지역을 해방시키고 10월 1일에 중화인민공화국을 건국하자 크게 고무되었다. 김일성은 무력통일을 결심하고 5개월 전에 자신의 특사로 마오쩌둥을 만난 김일의 말을 떠올렸다. 당시 마오는 김일에게 "중국 전쟁이 승리하면 조선의 통일행동을 지지한다"고 밝힌 바 있었다. 게다가 미국 국무장관 애치슨이 미국의 원동(遠東: 태평양 지역)지역 방어권에 한국과 자유중국을 포함하지 않는다고 발표하자, 김일성은 한국을 공격하더라도 미국 군대가 개입하지 않을 것으로 판단했다. [303]

중국 출병 요청하는
김일성

조선의 당정군黨政軍 중요 지도자들이 1월 17일 밤에 부수상 겸 외상인 박헌영의 관저에서 열린 신중국 주재 초대 조선대사로 떠나는 이주연李周淵의 환송연에 참석했다. 김일성은 연회에 참석한 소련대사 스티코프에게 "중국은 이미 해방되었다. 지금은 남조선 인민들을 해방시켜야 할 때"라며 "다시 한 번 스탈린과 회견해(한국 공격) 지지를 얻을 수 있도록 소련 방문을 주선해줄 것"을 요청했다. 이때 조선인민군의 병력은 11만 명에 달했고, 새로운 전투사단을 만들고 있었다. 이틀 뒤 스티코프는 스탈린에게 김일성이 말한 내용을 전문電文으로 보고했다. 304

김일성이 이렇게 말했습니다. 남조선 인민들은 나를 믿고 나와 함께하려고 한다. 근래에는 통일문제를 걱정하느라 잠을 제대로 자지 못한다. 남조선 해방과 조국 통일 실현을 다시 미루면 나는 조선인민의 신임을 잃어버린다. 나는 다시 스탈린 동지를 만나 남부 진공進攻에 대한 승낙을 얻고 싶다. 나에 대한 스탈린 동지의 명령은 법과 마찬가지로 그(스탈린 동지)의 허락은 필수적이다.

스티코프는 전보에서 "김일성이 만일 스탈린 동지를 만날 수 없으면 그때는 마오쩌둥의 모스크바 방문이 끝나기를 기다렸다가 마오쩌둥을 찾아가겠다고 말했다"고 부연 설명했다. 이때 마오는 처음으로 장장 2개월 동안 소련을 방문해 2월 14일에 '중소우호동맹호조互助조약'을 체결하고 중국이 창춘철도와 뤼순항의 일체 권리를 회수하는 등의 협정을 맺었다. 스탈린은 태평양 지역과 세계정세 변화가 급변하면서 새로운 세계질서를 꿈꾸고 있었다. 특히 동북아 지역에서의 부동항, 즉 태평양으로 나아가는 항구 확보에 고심하고 있었다. 소련의 블라디보스토크 항구는 한겨울에는 사용하지 못하는 반半부동항인 데다, 뤼순항을 일시적으로 중국과 공동 사용하기로 했지만 신중국에게 돌려주어야 하기 때문에 대안 마련에 부심했다. 스탈린은 태평양으로 진출하는 출항 기지로 한반도의 4개 천연 양항良港에 눈독을 들였다. 조선의 원산항元山港, 한국의 인천항仁川港, 부산항釜山港, 제주도濟州島였다.

1950년 3월 30일, 1대의 소련 전용기가 모스크바 비행장에 서서히 내리고 있었다. 김일성과 박헌영이 1년 만에 다시 비밀리에 스탈린을 만나 세 번째 회담을 하기 위해 소련에 온 것이었다. 이미 비밀 해제된 소련 문건에 따르면 세 번째 회담에서 스탈린은 김일성이 한국을 공격하는 것을 지지하고, 마오쩌둥의 동의를 꼭 얻을 것을 강조했다. 세 번째 회담에서 스탈린과 김일성이 나눈 기밀 보고에 기록된 내용은 이랬다. [305]

김일성: 마오쩌둥 동지는 우리의 전 조선을 해방시키는 의견을 줄곧 지지해왔다. 마오쩌둥 동지는 중국혁명이 성공하면 우리를 돕겠다고 몇 차례 말한 바 있다. 필요 시에는 병력을 지원하겠다고 했다. 그러나 우리는 스스로의 역량으로 조선의 통일을 이루려고 한다. 우리는 할 수 있다고 믿고 있다.

스탈린: 완벽하게 전쟁 준비를 하는 게 필요하다. 증가한 사단의 무기를 비축하고 기동력과 전투수단의 기계화를 실현해야 한다. 나는 당신이 이 방면의 모든 것을 요구한 데 대해 만족하게 생각한다. 상세한 작전계획을 세우는 게 필요하다. 작전은 기본적으로 3단계로 진행해야 한다. 제1단계는 병력을 38선 부근 지정한 장소에 집결시킨다. 제2단계는 조선 당국이 계속 평화통일의 새로운 제의를 내놓

는다. 상대방이 틀림없이 거부할 것이다. 제3단계는 상대방이 평화통일 제의를 거부한 뒤 돌연히 진공한다. 전쟁은 필연적으로 돌발적이고 신속해야 한다. 남조선과 미국이 숨 쉴 기회를 주어서는 안 된다. 그들에게 강력한 저항과 국제지원을 동원할 시간을 주어서는 안 된다.

스탈린은 "소련이 전쟁에 직접 개입하는 것을 기대해서는 안 된다. 이것은 소련이 다른 지역, 특히 서방에서 도전에 직면하게 된다. 다시 마오쩌둥과 상의해야 한다. 그는 아시아 문제에 대해서는 훤히 꿰고 있다"고 마오와 협의할 것을 강조했다. 이 회담에서 김일성과 스탈린은 한국 침공에 대한 견해를 같이했고, 1950년 여름에 조선인민군 총참모부가 소련 고문단의 도움 아래 구체적으로 남한 공격방안 계획을 짜도록 했다. 1960년대 중반기 소련 외교부 관련문건 기구가 집필한 '조선전쟁의 배경 보고'의 비망록에 따르면 소련은 베트남 지원 방식을 참고했으며, 김일성이 1950년에 소련을 방문했을 때 스탈린에게 한국에 대한 작전계획을 설명했고, 스탈린이 동의한 것으로 기록했다. 비망록은 이렇게 기록했다.

회담이 시작되었을 때 스탈린은 김일성의 반복적인 요구에 대해 보류 태도를 보였다. 스탈린은 '이것은 남조선과 관련한 중대한 문제로 대단히 치밀한 준비'를 해야 한다고 여겼다. 단, 스탈린은 원칙상 이 계획을 반대하지 않았다. 조선인들의 방안에 대해 최종으로 승낙한 것은 김일성이 1950년 3~4월에 모스크바를 방문했을 때였다. 이후 김일성은 5월에 베이징을 방문해 마오쩌둥의 지지를 받았다. 1950년 5월 말, 조선인민군 총참모부와 소련 군사고문단이 공동으로 38선에 군사 집결을 이미 완료했다는 보고를 했다. 김일성은 군사행동 개시 시간을 1950년 6월 25일로 잡았다.

이 보고서는 남북한의 군사력 비교에서 조선의 군대가 한국 군대에 압도적으로 우세한 것으로 기재했다. 남북 역량의 대비는 1대2로 북한이 배 앞서는 것으로 나타났다. 총 1대2, 기관총 1대2, 경기관총 1대13, 탱크 1대6.5, 비행기 1대6으로 비교했다. 보고서는 조선이 속전속결의 진공계획을 세워 매일 15~20킬로미터씩 전진하고, 주요 군사행동은 22~27일 안에 끝내는 것으로 되어 있다. 소련은 김일성과 스탈린 회담 뒤 조선이 요구한 1억 3천8백만 루블 상당의 무기와 탄약을 보냈다. 조선은 금 9톤, 은 40톤, 기타 광석 1만 5천 톤을 소련으로 보내 보답했다.

1950년 6월 25일, 남과 북의 비극적인 민족상잔의 한국전쟁이 터져 3년 동안 계속되었다. 개전 이래 승승장구하며 낙동강 전선까지 남진했던 조선인민군은 9월 15일에 유엔군 사령관 맥아더가 이끄는 7만 명의 병력이 260여 척의 함정을 타고 인천상륙작전에 성공하면서 전세가 뒤집어졌다. 한국군은 9월 28일에 서울을 수복했다. 제공권을 장악한 유엔 연합군은 강력한 공습으로 조선인민군의 중화기 탱크와 야포를 부수며 막대한 타격을 입혔다. 서울 아래 남쪽으로 진군한 조선인민군은 보급과 병력 지원이 끊기면서 급격히 무너졌다. 9월 29일, 전세가 크게 기울자 김일성과 박헌영은 연명으로 스탈린에게 서신을 보내 소련이 출병해 지원해줄 것을 요청했다. 스탈린은 10월 1일에 마오쩌둥에게 전보를 보내 중국이 출병해 조선을 지원할 것을 제의했다. 중국군이 출병할 때는 지원자志願者 신분으로 하고, 중국의 지휘관이 지휘하도록 했다. 같은 날 조선의 부수상 겸 외무상 박헌영이 마오에게 보내는 김일성의 서신을 휴대하고 베이징으로 화급하게 날아왔다. 박헌영은 마오와 저우언라이를 만나 중국인민해방군의 출병을 간청하고 김일성의 서신을 전달했다. 306

조선 인민해방전쟁의 전황: 미국 침략군이 인천상륙을 하기 이전에는 인민군이 대단히 유리했다. 적들은 연전연패해 조선(한국) 남단의 협소한 지구에서 궁지에 몰려 조선인민군이 최후의 결정적 승리를 쟁취할 수 있었다. 미국 군사의 위신은 극도로 땅에 떨어졌다. 그러나 미 제국주의가 떨어진 위신을 만회하고, 조선을 식민화와 군사기지화하기 위해 급거 태평양에 주둔하고 있는 거의 전 병력을 동원해 9월 중순 인천에 상륙한 데 이어 서울을 점령했다. 인민군은 상륙한 적들에게 완강하게 저항했다. 그러나 상륙한 적들과 남부전선 적의 부대들이 이미 함께 연합해 인민군 남북 부대의 연결고리를 끊어버렸다. 남부전선의 인민군이 적들에게 끊기고 분할될 불리한 상황에 놓이게 되었다. 적들이 서울을 점령한 이후 계속 38선 이북지역으로 진공할 것으로 보인다. 인민군이 각종 불리한 조건을 개선하지 않으면 적들의 기도가 실현될 가능성이 크다.

서신은 불리하게 전개되는 전쟁 상황을 기술하고, 중국의 지원 요청과 전투의 지를 다졌다.

조선인민은 사납고 포악한 세력을 두려워하지 않고 미국 침략에 반격해 독립해방을 쟁취하고 끝까지 전투를 할 작정이다. 아울러 중국인민들이 특별한 지원을 해주기를 요청한다. 우리는 반드시 어려움을 극복하고 적들이 조선을 식민화하고 군사기지화하는 것을 막을 결심이다. 우리는 피 흘리는 것을 마다하지 않고 마지막 한 방울의 피를 흘릴 때까지 조선인민의 독립, 해방, 민주를 쟁취하기 위해 끝까지 투쟁할 결심이다! 우리는 지금 전력을 집중해 새로 편제한 훈련사단과 남부의 10만여 명 규모의 부대를 작전상 유리한 지역으로 집결하고, 전체 인민을 동원해 장기작전에 대비하고 있다. 현재 적들이 우리의 엄중한 위기를 틈타 우리에게 시간을 주지 않기 위해 계속 38선 이북으로 진공進攻하면 우리는 스스로의 역량만으로 이 위기를 극복하기 어렵다. 이 때문에 우리는 부득불 우리에게 특별한 지원을 해줄 것을 요청한다. 곧 적들이 38선 이북으로 진공하는 상황에서 중국인민해방군들이 직접 출동해 우리 군의 작전을 지원해줄 것을 애타게 바라는 바이다.

김일성은 이날 밤에 조선 주재 중국대사인 니즈량(倪志亮 예지량) 등을 불러 중국이 이른 시일 안에 군대를 파병해 조선인민군의 작전을 지원하고, 미국 침략을 막아주기를 바랐다. 김일성은 압록강변에 집결하고 있는 중국군 제13병단이 빨리 강을 건너 지원해줄 것을 제의했다. 1950년 10월 1일은 신중국이 건국 후 첫 번째 맞는 국경절이어서 전국이 축제 분위기였다. 바로 이때 한국군이 38선을 넘었다는 소식이 전달되고, 김일성이 중국군의 참전을 요청하며 학수고대하고 있다는 급보가 날아든 것이다. 맥아더는 조선인민군의 무조건적인 항복을 요구하는 성명을 발표했다.

톈안먼天安門 성루에서 열린 국경절 행사가 끝났을 때는 이미 깊은 밤이었다. 마오는 중난하이(中南海 중남해) 집무실로 돌아와 벽에 걸려 있는 큰 세계지도 앞에 서서 오랫동안 한반도와 타이완 해협을 응시했다. 마오는 출병문제를 심사숙고했다. 마오의 생각은 이러했다. 307

하나, 국제주의의 모든 이익에서 출발하는 관점과 미국의 패권주의에 반대하는 세계적인 요구에 비추어볼 때 반드시 출병해 조선인민을 도와야 한다.

둘, 미 제국주의의 침략 확대는 조선민주주의공화국의 생존을 위태롭게 할 뿐만 아니라 중국을 겨누는 것이다. 미 제국주의는 오랫동안 완고하게 장제스 집단을 지지하고, 중화인민공화국을 적으로 하는 정책을 펴왔다.

셋, 우리와 미 제국주의가 한 번 겨루는 것은 피할 수 없는 일이다. 미 제국주의는 경제와 기술, 장비에서 우세를 보이고 있다. 그러나 약점도 있다. 싸워 이길 수도 있다.

마오는 10월 2일에 이렇게 상황을 정리하고 조선 출병을 결정했으나 행동명령은 유보했다. 조선 정부에 통보도 하지 않았다. 마오는 이날 새벽 동북군 사령관 가오강(高崗 고강)에게 전보를 보내 받는 즉시 베이징으로 와 회의에 참석하도록 지시했다. 또 선양(瀋陽 심양)에 있던 덩화(鄧華 등화)에게 제13병단을 이끌고 급히 둥베이(東北 동북) 압록강변으로 부대 이동을 하도록 명령했다. 제13병단은 제4야전군의 주력으로 제38군, 제39군, 제40군으로 구성되어 동북야전군의 3마리 호랑이라고 불릴 정도로 정예부대였다. 이 부대는 모두 린뱌오(林彪 임표)가 지휘했던 부대였다.

마오는 부대 배치를 끝내고 언제든지 출동할 수 있는 만반의 채비를 갖추도록 지시했다. 마오는 이날 오후 중앙서기처 회의를 주재하면서 한반도 상황과 중국 출병문제를 토론했다. 마오는 린뱌오를 조선 출병 수장으로 임명해 보낼 계획이었으나 병病을 핑계로 완곡하게 거부하는 바람에 펑더화이를 보내기로 결심했다. 회의는 10월 4일에 중앙정치국 확대 회의를 소집해 정식으로 조선지원군 문제를 토론하기로 결정했다. 회의가 끝난 뒤 마오는 저우언라이에게 비행기를 시안(西安 서안)으로 보내 펑더화이를 중앙정치국 회의에 참석하도록 통보하라고 지시했다. 이때 펑더화이(彭德懷 팽덕회)는 중공중앙 서북국西北局 제1서기, 서북국 정치위원회 주석, 서북군구 사령관 겸 정치위원이었다. 신중국 건국 후 펑더화이는 중앙인민정부 중앙군사위원회 부주석으로 임명된 바 있다.

마오는 이날 하루 전 스탈린이 중국이 즉시 최소한 5∼6개 사단을 38선에 파병해 조선이 38선 이북을 보위하는 전투를 할 수 있게 하라는 전보에 대한 회신으로 6개항에 이르는 장문의 전보를 직접 기초했으나 발송하지는 않았다. 제1항의 내용은 이러했다. 308

우리는 지원군의 이름으로 일부분의 군대를 조선 경내에 파견해 미국과 그 주구인 이승만의 군대와 싸우는 조선 동지를 지원하기로 결정했다. 우리는 이러한 것이 필요하다고 생각한다. 만약 전 조선을 미국이 점령한다면 조선의 혁명역량은 근본적인 실패를 맞게 되고, 미국 침략자들은 더욱 창궐해 모든 동방이 불리할 것이다.

이렇게 시작한 전문 내용은 중국이 출병해 조선 지원의 필요성과 출현 가능한 각종 정황을 분석하고, 중국 출병작전의 전략 배치와 방법 및 국내 대응부대의 동원 상황 등을 설명했다. 동시에 소련이 작전 승리를 보장할 수 있도록 필수적으로 제공할 수 있는 지원을 제의했다. 애초 이 전문은 이날 열린 서기처 회의 전에 기초해 회의에서 출병이 결정되면 스탈린에게 보낼 계획이었다. 그러나 대다수가 출병을 반대해 전보를 보내는 것을 유보하고, 회의에서 나온 다수의 의견을 소련 대사에게 전달해 스탈린에게 전하도록 했다. 마오는 그러나 정치국의 최종 결정은 아직 내려진 상태가 아니고, 이후 토론 결과에 따라 결정이 날 것이라고 밝혀

출병의 여지를 남겼다.

저우언라이는 10월 3일 오전 1시에 중국 주재 인도대사 파니카를 불러 외교 경로를 통해 미국에 중국의 '통지'를 전달해줄 것을 요청했다. 당시 중국은 미국과 국교를 맺고 있지 않아 인도를 통해 자신들의 뜻을 전달하려 한 것이었다. 저우는 파니카에게 "네루 수상이 제기한 문제로서 긴급한 사안이다. 바로 조선문제다. 미국은 38선을 넘어 전쟁 확대를 기도하고 있다. 미국 군대가 38선을 넘으면 우리는 좌시하지 않겠다. 우리는 관여할 것이다. 이런 점을 귀국 정부의 수상(네루)에게 보고해주기 바란다"며 중국의 강력한 참전 의지를 밝혔다. 이것은 미국이 38선을 넘으면 중국이 한국전쟁에 개입하겠다는 것을 의미했다.

10월 4일, 마오의 주재 아래 중앙정치국 확대회의가 중난하이 이녠탕(頤年堂 이년당)에서 열렸다. 정회원 참석자는 마오, 주더, 류사오치, 저우언라이, 런비스, 린보취, 둥비우, 평전(彭眞 팽진), 천윈(陳雲 진운), 장원톈, 가오강, 그리고 회의 도중에 참석한 평더화이였다. 옵저버 참석자는 뤄룽환, 린뱌오, 덩샤오핑, 라오수스(饒漱石 요수석), 보이보(薄一波 박일파), 녜룽전, 덩쯔후이(鄧子恢 등자회), 리푸춘(李富春 이부춘), 후차오무(胡喬木 호교목), 양상쿤이었다.

마오는 먼저 대부분의 사람들이 출병의 불리한 점을 이야기하는 것을 들었다. 다수가 출병에 반대했고 혹자는 우려했다. 주요 이유는 중국이 막 내전을 끝냈고, 경제가 매우 곤란한 상황이며, 전후 복구의 재건사업 등 화급히 해결할 사안들이 대기하고 있다는 것이었다. 또 새로운 해방구에서 토지개혁이 아직 진행되지 않았고, 중국군의 무장장비가 미군에 비해 월등히 낙후한 데다, 특히 제공권과 제해권이 없어 불리하다는 점 등이 거론되었다.

마오는 "당신들의 말은 모두 일리가 있다. 그러나 다른 사회주의 국가가 위기에 처했을 때 우리가 수수방관한다면 말할 것도 없이 마음이 좋지 않을 것"이라고 말했다. 회의 진행 중에 시안에서 급히 베이징으로 날아온 평더화이가 회의장으로 들어왔다. 마오는 평더화이에게 "평라오쭝, 고생 많았다. 아주 잘 왔다! 미 제국주의 군대가 이미 38선을 넘어 북쪽으로 진공하고 있다. 현재 정치국에서 조선 출병 문제를 토론하고 있다. 모두가 자신의 의견을 말하고 있다. 당신도 견해를 밝히길 바란다"고 반갑게 맞이했다. 펑더화이는 사전에 회의 내용을 몰라 어떤 준비도 하지 못했다. 단지 다른 사람들의 의견을 듣기만 했을 뿐 발언하지 않았다. 펑더화이는 회의가 끝난 뒤 양상쿤으로부터 회의 내용을 상세히 들었다.

　10월 5일 오전, 마오의 지시를 받은 덩샤오핑은 펑더화이가 묵고 있는 베이징호텔을 찾아가 펑더화이를 데리고 중난하이의 쥐샹수우(菊香書屋 국향서옥) 마오의 집무실로 왔다. 마오는 펑더화이의 태도가 대단히 중요하다는 것을 분명하게 알고 있었다. 린뱌오 등 군부에서 반대를 하고 있는 만큼 군부에서 위상이 높은 펑더화이의 의중이 궁금할 수밖에 없었다. 펑더화이를 본 마오가 웃으며 운을 뗐다. 309

　"어제 회의에서 라오펑(老彭 노팽; 펑더화이)은 단 한마디도 안 했다. 당신답지 않았소."

　"베이징에 오면서 무슨 일인가 생각해보았지만 머릿속엔 서북 건설만 떠올랐습니다. 참전參戰 여부를 둘러싸고 견해차이가 그렇게 큰지는 생각지도 못했습니다. 많이 들어야겠다고 생각해 듣기만 했습니다."

　"이 회의는 내가 제의해 열렸소. 당내외의 동지들이 참전에 불리한 이야기만 늘어놓습니다. 어제 밤늦게 린뱌오, 가오강 두 동지가 이곳에 와 오랫동안 이야기했소. 한데 제3차 세계대전 운운하며 여전히 출병을 말립디다."

　펑더화이는 몹시 피곤해 보이는 마오의 얼굴을 쳐다보다 갑자기 일어나 강경한 목소리로 말했다.

　"싸워야 합니다."

　마오가 어리둥절해하며 펑더화이를 물끄러미 쳐다보았다.

　"출병出兵! 이미 다 들었습니다. 나는 어젯밤 많은 생각을 했어요. 출병에 찬동합니다."

　펑더화이가 마오의 조선 출병을 옹호했다. 마오가 밝은 목소리로 물었다.

　"누가 수장이 되었으면 하나?"

　"주석이 결정할 문제입니다."

　"라오펑은 어떻소?"

　마오는 조선 출병의 막중한 임무를 펑더화이에게 맡길 의중을 밝혔다.

"나는 중앙의 결정에 따르겠습니다."

마오는 감개한 마음으로 펑더화이에게 부탁을 했다.

"이제 마음을 놓게 되었소이다. 현재 미군이 이미 무모하게 38선을 넘어 돌진하고 있소. 우리는 가능한 한 빨리 출병해 주도권을 잡아야 합니다. 오늘 오후 정치국 회의가 계속됩니다. 당신의 견해를 밝혀주기 바라오."

이날 오후 중난하이 이녠탕에서 중앙정치국 확대회의가 계속되었다. 여전히 두 가지 의견이 엇갈렸다. 펑더화이가 자신의 견해를 털어놓았다.

"출병해 조선을 돕는 것은 필요하다. 무르익었다. 미국이 전 조선을 점령하면 앞으로의 문제는 더욱 복잡해진다. 미군이 우리 집 대문 앞인 압록강변과 타이완에 진출해 군대를 배치하면 그들은 침략할 생각을 하게 된다. 수시로 그런 빌미를 줄 수 있다. 나중에 싸우는 것보다 일찍 싸우는 게 낫다. 전쟁을 끝낸 뒤 다시 건설하자."

마오가 서둘러 펑더화이의 말을 받아 발언에 나섰다. [310]

"요 며칠 동안 많은 동지들이 출병해서 안 되는 많은 이유를 말했다. 그러나 조선인민과 조선 당의 동지들은 우리와 항일, 해방전쟁을 하며 중국혁명 사업을 위해 많은 피를 흘렸다는 사실을 잊어서는 안 된다. 현재 그들 민족이 위급한 상황에 처해 있다. 100가지 이유, 1천 가지 이유가 있더라도 한 가지 이유, 즉 우리가 마땅히 갖고 있는 애국주의와 국제주의, 이웃이 어려울 때 나아가 지원하는 것을 논박할 수는 없다. 정의를 보고 용감하게 뛰어드는 것은 중화민족의 미덕이다! 100년 동안 중국인들은 늘 얻어맞았다. 중국을 기름진 고깃덩어리로 여겼다. 그러나 중국인민들은 이미 일어섰다! 맞다, 미국의 대포는 우리보다 많다. 단, 역사는 대포가 쓰는 게 아니다. 우리가 마음을 다잡아 그들이 원자탄으로 싸우면 우리는 수류탄을 들고 싸운다는 마음가짐이 중요하다. 결론적으로 말해 오늘의 세계는 어떤 사람이 제멋대로 다른 사람을 억압하고 유린하는 것을 용인하지 않는다! 돌을 머리로 옮기려다 떨어뜨리면 자기 발등을 찍는다. 자업자득이다."

10월 2일부터 5일까지 3일간 열린 회의는 이날 출병하기로 최종 결정하고, 펑더화이가 수장이 되어 지원군(군대)을 이끌고 조선에 들어가기로 했다. 출병이 결정되자 중앙과 마오는 어떤 명분으로 한국전쟁에 개입하는 것이 유리한지 '작명作名'에 고심했다. 마오와 저우언라이는 애초 '지원군志願軍'과 '지원군支援軍'을 놓고 연구에 연구를 계속하다 마오가 경험이 풍부한 민주당파 인사들의 의견을 구하는 게 좋겠다고 제의해 의견 청취에 나섰다. 마오와 저우언라이는 경제계의 원로인사이자 비공산당원인 부총리 황옌페이(黃炎培 황염배)와 얼굴을 마주했다. 황옌페이가 먼저 입을 열었다. 311

"예부터 출사(出師: 군대 출동)할 때는 명분을 달았습니다. 이름이 바르지 않으면 싸움을 잘할 수 없었어요."

"우리는 '지원군志願軍'이나 또는 '지원군支援軍'으로 부르려고 합니다."

저우언라이가 말했다.

"지원군支援軍이라고 부르는 것은 정당한 이유 없이 군대를 출병하는 게 아닙니까? 고려가 필요해요."

황옌페이는 출병에는 명분이 중요한 만큼 그에 합당한 이름을 지어야 한다는 논리였다.

"왜, 정당한 명분의 출병 이름이 아니라고 생각합니까?"

"지원군支援軍이란 뜻은 파견한다는 뜻입니다. 누가 파견해 지원한다는 말입니까? 국가? 우리가 미국과 싸우자고 선전포고하자는 뜻이 아닌가요?"

"아, 일리가 있습니다!"

마오가 무슨 뜻인지 얼른 알아채고 옆에 놓여 있던 붓을 들어 '지원志願'이라고 큰 글씨로 쓴 뒤 말을 이었다.

"우리는 미국과 선전포고하고 싸우는 게 아니다. 국가와 국가의 싸움이 아니다. 우리는 인민들이 자발적으로 지원하는 민간의 일이다. 인민들이 지원해 조선 인민들을 돕는 것으로 국가와 국가의 대립적 관계가 아니다."

"맞다! 세계 역사에 많은 '지원군志願軍'의 선례가 있습니다. 스페인의 마드리드 보위전은 각국의 지원군들이 참여했습니다."

저우언라이가 들뜬 목소리로 손을 휘저어가며 말했다.

"정당한 명분으로 출병한 군대는 싸우면 반드시 이겼다(出師有名則戰無不勝 출사유명즉전무불승)."

황옌페이는 머리를 끄덕이며 웃으면서 이렇게 말했다. 마오는 동북에 집결한 수십만 명의 인민해방군들에게 '국제복'이란 군복으로 갈아입혀 '지원志願' 아닌 '지원군支援軍'을 만들어 한국전쟁에 개입했다. 중국의 '캉메이위안차오(抗美援朝 항미원조: 미국에 저항해 조선을 돕는다)'의 '지원군志願軍'은 국제적 꼼수였다.

큰아들 전장 보내는
마오쩌둥

10월 7일 정오, 마오가 거주하고 있는 중난하이 쥐샹수우(菊香書屋 국향서옥) 위로 펼쳐진 하늘에 엷은 구름이 한가로이 노닐며 피를 부르는 전쟁을 아는지 모르는지 유유히 흘러가고 있었다. 삽상한 가을바람이 청량함을 더하고, 뜰에 흐드러지게 핀 황금색 국화는 옥호 쥐샹수우에 걸맞게 그윽한 내음을 뿜어대고 사위가 적요해 유아幽雅한 기풍이 흘렀다. 피비린내 나는 전쟁터와 천양지차天壤之差의 도원경을 방불케 했다. 마오는 담배를 피워 물고 거닐며 각양각태의 현란한 자태를 뿜내는 국화꽃을 바라보면서 무언가를 읊조리고 있었다. [312]

"어질고 재능 있는 장재將才를 얻으면 군사력을 강화해 나라를 강성하게 하고, 어질고 재능 있는 장수를 얻지 못하면 군사력을 약화시켜 나라를 망하게 한다. 得賢將者, 兵强國昌, 不得賢將者, 兵弱國亡 득현장자, 병강국창, 부득현장자, 병약국망."

강태공으로 더 잘 알려진 태공망 여상呂尙이 지은 『육도삼략六韜三略』에 나오는 한 구절이었다. 마오는 한국전쟁에 지원군을 이끌고 출병하는 지원군 사령관 겸 정치위원 펑더화이를 초청해 집무실 겸 사랑으로 쓰고 있는 쥐샹수우에 딸린 곁채에서 조촐한 장행壯行 연회를 베풀고자 뜰을 거닐며 펑더화이를 기다리고 있었다. 아들 마오안잉(毛岸英 모안영)이 펑더화이를 안내해 들어오고 있었다. 마오는 펑더화이와 악수를 하며 "라오펑(老彭 노팽: 펑더화이)아, 내일이면 동북으로 달려가 임지에 부임해야 하는 만큼 오늘밤에 시간이 없을 것으로 보여 간단한 식사나 할까 해 불렀다"고 말을 건넸다. 식사는 평소 마오가 먹는 4가지 반찬과 1탕에 두어 가지 반찬을 더 곁들인 소박한 메뉴였다. 펑더화이는 식탁에 놓인 음식을 바라보며 "좋은 음식입니다. 후난(湖南 호남)의 풍미風味"라며 반색했다. 마오는 "모두 안잉이 어른들(楊開慧 양카이후이의 모친 등)을 찾아뵈러 고향에 갔다가 갖고 온 것이다. 오랫동안 고향의 음식을 맛보지 못했다"고 화답했다. 펑더화이는 "그래요. 나도 오랫동안 후난의 라러우(臘肉 납육: 말린 고기), 라위(臘魚 납어: 건어물), 라자오(辣椒 날초: 고추)를 먹지 못했습니다"라고 맞장구를 쳤다. 두 사람은 샹장(湘江 상강)이 흐르는 후난지방의 동향이었다. 술을 몇 잔 마신 뒤 마오가 더듬거리는 목소리로 펑더화이에게 말했다.

"라오펑아, 부탁이 하나 있소."

"주석, 말씀하시지요."

펑더화이가 젓가락을 탁자에 놓고 마오를 쳐다보았다.

"내 아들이 공장에서 일하고 싶어 하지 않네. 이 녀석이 펑쫑을 따라 조선에 가 싸우고 싶어 하오. 캉메이위안차오(抗美援朝 항미원조)는 정치국 동지들이 집체토론을 거쳐 결정했소. 아들이 지원군으로 신청한 것은 자기가 선택했소이다. 이 녀석은 내가 허락해주기를 바라오. 내게 이런 권한은 없습니다! 당신이 사령관이오. 당신이 보기에 이 녀석을 병兵으로 거두어줄 수 있겠소이까?"

펑더화이는 얼이 빠져 멀거니 곁에 있는 마오안잉을 쳐다보며 말했다.

"너는 네가 있는 공장에서 중요한 책임을 맡고 있다. 그만둘 수 없을 텐데? 조선에 가는 것은 위험하다. 미국 비행기가 도처에 폭탄을 투하한다. 너는 후방에 있어라. 국내에서 사회주의 건설을 잘하는 것도 항미원조를 지지하는 것이다."

펑더화이의 얘기를 듣고 있던 마오안잉이 황급히 말했다.

"아저씨, 농담이 아니에요. 오랫동안 생각했습니다. 가도록 허락해주세요. 제 눈으로 직접 미국의 종이호랑이가 어떤 모습을 하고 있는지 보고 싶습니다. 제가 소련에 있을 때 군사학교에 들어가 탱크병과로 기갑 교육을 받았어요. 소련이 대반격을 할 때 탱크를 몰고 베를린으로 쳐들어가며 독일군과 싸웠습니다."

"용기가 있어 좋다! 너는 제2차 세계대전에 참전해 탱크를 지휘하는 중위로 히틀러 군대와 싸웠다. 현대화 작전 경험이 풍부한 사람이 많지 않다."

이렇게 말하며 마오를 쳐다보는 펑더화이의 얼굴 표정은 주석이 결정할 수밖에 없지 않겠느냐 하는 모습이었다. 마오는 별다른 반응을 보이지 않고 젓가락을 들며 "천천히 이야기하자. 사람은 먹는 게 하늘이라고 했으니 우선 식사가 중요하다"며 펑더화이에게 식사를 재촉했다. 마오안잉은 펑더화이의 술잔에 술을 가득 부으며 권했다.

"펑 아저씨, 우리 아버지는 술을 마시면 안 되니 많이 드십시오. 제가 아저씨께 한 잔 올리겠습니다. 이 술은 아저씨가 좋아하는 마오타이주(茅台酒 모태주)예요!"

"그래, 안잉아. 네가 장가간 지도 곧 1년이 되는구나. 그러고 보니 너의 결혼 술을 마시지 않았구나!"

"이것 좀 들어보시오. 이것도 들어보시오."

마오가 부지런히 펑더화이의 접시에 이것저것 음식을 젓가락으로 집어다 놓고 웃으며 말했다.

"항미원조抗美援朝는 내가 적극분자고 당신, 라오펑은 100퍼센트 나를 지지했어요. 그러나 이 결심은 쉽지 않았소. 한마디 명령으로 3군이 출동하고, 그것은 수십만 명의 목숨이 걸려 있습니다. 잘 싸워야 하는 것은 말할 필요도 없지만, 잘못되면 국내 정국이 위태롭고 심지어는 우리 강산을 잃어버릴 수 있어요. 그리 되면, 나 마오는 역사와 인민에게 모두 할 말이 없어집니다!"

"주석, 마음 놓으십시오. 우리는 출병합니다. 반드시 이 싸움을 이길 겁니다."

펑더화이가 견결하게 말했다.

"일이 어디 그렇게 간단하겠소. 미국은 경제력이 대단할 뿐만 아니라 군사도 많고 장령들도 폭넓게 포진하고 있어요. 우리나라의 강철 생산량은 65만 톤이지만 미국은 9천8백만 톤이나 됩니다. 우리의 150배입니다. 미국은 85년 동안이나 전쟁으로 인한 파괴가 없었고, 무기나 장비도 우리보다 강하고 많습니다.

미국은 1개군軍마다 각종 포炮가 1천5백 문인 데 반해 우리는 36문이오. 새 발의 핍니다. 차이가 너무 크지요."

"차이가 확실히 크고 위험도 확실히 존재합니다. 그러나 조선이 위난에 처했고, 국제주의적으로나 애국주의적으로 볼 때 우리 모두 좌시하거나 오불관언해서는 안 됩니다."

펑더화이가 고리눈을 부릅뜨고 힘차게 말했다. 마오가 동의하는 뜻으로 머리를 끄덕이며 말했다.

"제국주의는 약한 자를 업신여기고 강한 자는 두려워합니다. 미국도 예외는 아니오. 내가 보기에 한번 찔러보면, 뭐 대단할 것도 없을 것이오!"

"관건은 이기느냐, 지느냐입니다. 이기면 위험은 적고, 지면 위험이 큽니다. 그래봤자 그들이(미국) 온다면 다시 산골짜기로 들어가 전투하며 몇 년 지나면 늦더라도 승리할 수 있습니다. 이것도 대단한 겁니다!"

"라오펑아, 이것은 옌안(延安 연안) 보위전에 비해 아주 힘들고 복잡한 전쟁이오. 어찌해야 적을 이길 수 있는지 생각해보았소?"

마오는 자신들이 맞설 상대는 썩어 문드러진 국민당 군대가 아니라 제2차 세계대전을 통해 단련된 세계 최강의 군대라는 것을 알고 있었다. 게다가 더욱 선진적이고 많은 무기를 보유해 실제로 매우 힘들다는 것을 인정하지 않을 수 없었다. 313

"정보에 따르면 맥아더는 강한 것을 믿고 교만 방자하여 안하무인하다고 들었습니다. 우리는 그 교만을 파고들어 주석이 말한 대로 '그들이 원자탄을 갖고 싸운다면, 우리는 수류탄을 갖고 싸운다'는 굳건한 정신력만 있다면 우세를 발휘해 끝내 적을 패배시킬 수 있습니다. 또 세계인민들, 미국인민들을 포함해 그들은 도의적으로나 정신적으로 우리를 지원할 겁니다."

"맞소, 맞소이다! 라오펑아, 내가 보기에 첫 전투는 우선 미국을 두려워하는 '쿵메이빙(恐美病 공미병)'을 날려버리는 것이오. 펑쭝의 어렸을 때 이름이 돌을 뚫는다는 '스촨(石穿 석천)'이고, 나의 아명이 '스싼야즈(石三伢子 석삼아자)'로 나는 이 돌(石)을 트루먼에게 던지고, 펑쭝의 돌은 맥아더에 던지면 그들을 깨부수지는 못해도 놀라게 해 바지에 오줌을 지리게 할 겁니다!"

두 사람은 쥐상수우가 떠나가도록 가가대소呵呵大笑했다.

이때 마오안잉이 두 그릇의 죽을 들고 들어왔다. 마오가 웃으며 "안잉아, 너 방금 펑 아저씨가 싸운다는 얘기를 듣지 못했느냐?"고 물었다.

마오안잉은 "예, 방금 펑 아저씨가 말씀하시는 것을 들었습니다"라고 대답한 뒤 펑더화이 곁에 다가가 "펑 아저씨, 지금 허락해주세요"라고 졸랐다.

펑더화이는 난처하게 되자 어쩔 수 없다는 듯이 마오안잉에게 "좋다! 내가 조선지원군에 신청한 첫 번째 전사로 너를 거두마. 너는 내가 하는 대로 따라야 한다"고 덧붙였다.

마오안잉은 "예, 어떤 명령이라도 따르겠습니다. 조선으로 갈 수 있다면 무슨 일이라도 하겠습니다"라고 들뜬 목소리로 대답했다.

펑더화이는 "너는 소련 말을 하지 않느냐? 그러니 너는 내 곁에서 통역관을 해라. 앞으로 소련과 교섭할 일이 많을 것"이라고 말했다.

마오안잉은 "감사합니다, 펑 아저씨"라고 기뻐했다.

펑더화이는 "에이~" 하며 "앞으로 다시는 아저씨라고 부르지 마라. 나는 너의 사령관이다. 너는 나의 참모다. 네가 다시 펑 아저씨라고 부르면 너를 조선으로 데리고 가지 않겠다"고 설핏 으름장을 놓았다.

마오안잉은 "예, 펑쭝(彭總 펑총; 펑 총사령관)!" 하고 손을 들어 경례를 했다.

펑더화이는 마오에게 "주석, 주석이 친히 아들을 항미원조를 위해 전선으로 보낸다는 것을 기자들이 안다면 1면 기삿거리인데……"라고 말끝을 흐렸다.

마오는 "그들이 알아서는 안 된다. 트루먼이 알게 되면 나를 호전好戰분자라고 할 것이다. 전투를 잘하려면 군사기밀을 누설해서는 안 된다"고 했다.

펑더화이는 마오안잉의 조선 참전을 허락했지만 심적 부담이 컸다. 처음으로 벌이는 미국과의 전쟁을 앞두고 친미親美, 숭미崇美, 공미恐美파가 적지 않았다. 마오는 이들의 우려를 불식시키기 위해 아들을 전선으로 보내 일종의 시범을 보이고자 한 것이다. 그러나 펑더화이는 마오가 안잉을 대단히 아끼고 사랑한다는 것을 알고 있었다. 마오안잉은 마오가 마음속으로 사랑하고 그리워하는 양카이후이(楊開慧 양개혜)와의 사이에서 낳은 큰아들이었다. 마오안잉은 8세 때 어머니 양카이후이가 총살당하기 직전인 1930년 11월, 후난성 창사 육군감옥소에 함께 갇혀 있었다. 마오는 자신 때문에 안잉이 세상에 태어나자마자 모진 고생을 한 데 대한 죄의식과 연민의 정으로 더욱 사랑하고 아꼈다. 그러나 전쟁은 아이들의 놀이가 아니기 때문에 펑더화이는 둔중한 부담을 느끼지 않을 수 없었다. 펑더화이는 다시 마오에게 숙고하도록 말했다. 마오는 "방금 라오펑이 응답하지 않았나? 군자가 말한 한마디는 4필의 말이 끄는 수레로도 따라잡을 수 없다(君子一言, 駟馬難追 군자일언, 사마난추)"고 단호하게 말했다.

"주석, 내 말을 들어……."

펑더화이가 무슨 말을 할지 알고 있는 마오는 말을 자르며 부드럽고 간곡한 어투로 말했다.

"라오펑아, 당신이 그 애를 거두어주기 바란다. 안잉을 대신해 사정하오! 전쟁은 사람이 전장에서 싸우는 것으로, 꼭 어떤 사람들은 희생되기 마련이오. 내가 중앙군사위원회 주석으로 마땅히 먼저 내 아들을 전선에 보내는 것은 당연하다. 안잉이 러시아어와 영어를 할 줄 아오. 라오펑이 조선에 가면 소련인, 미국인들과 소통해야 합니다. 당신 곁에 두어 각 방면에 연락할 때 쓰도록 하시오."

펑더화이는 더 이상 만류를 하지 못한 채 눈물만 글썽였다.

1950년 10월 8일, 중앙군사위원회 주석 마오쩌둥은 '지원군' 결성에 관한 첫 명령을 선포했다. 저우언라이를 비밀리에 소련에 보내 출병 결정을 통보하고 전쟁 지원을 협의하도록 했다. 신중국 건국 직후라 재정상태가 턱없이 부족해 경제적 지원이 시급한 데다 전쟁 수행에 필요한 무기 탄약, 운송 수단, 공군 지원 등 부문에서 소련의 지원이 필수였기 때문이다. 저우언라이는 스탈린을 만나기 위해 지원군 사령관직을 고사한 린뱌오, 통역관 스저(師哲 사철)와 함께 모스크바로 날아갔다. 스탈린은 이때 흑해 휴양지에서 휴가를 보내고 있었다. 저우언라이와 린뱌오는 10월 10일에 흑해로 가서 스탈린을 만났다. [314]

스탈린: 미군이 이미 38선을 넘어 조선 북부로 진격하고 있다. 조선이 지원을

받지 못하면 기껏해야 1주일 정도 버틸 수 있을 것이다. 조선은 이미 중대한 패배를 해 형세가 엄중한데, 중국이 조선을 돕기 위해 파병을 결정했다니 잘한 일이다. 그러나 마땅히 다른 방면을 고려해야 한다. 미국은 오늘날 세계의 군사강국이다. 미국은 막강한 해군과 공군을 보유하고 있고 군사기술과 장비가 우세하다.

저우언라이: 우리는 조선과 미국 군대의 전투, 미국이 중국에 대한 전쟁 상태 선포, 미국의 중국에 대한 공중폭격 등에 대비하는 문제를 고려해야 한다.

스탈린: 중국 동지들이 고려하는 문제는 깊고 심각하다. 당연히 현재뿐만 아니라 예측하기 어려운 이후의 모든 문제까지 염두에 두어야 한다. 어떻게 출현하는 상황에 대응할지에 대해 반드시 고려해야 한다.

저우언라이: 이 때문에 마오쩌둥 주석이 나를 파견해 출현 가능한 상황에 대처할 수 있게 준비하도록 했다. 소련 정부가 군사원조와 공군을 지원해주기를 희망한다.

스탈린: 우리는 이 문제를 검토해보았다. 우리도 어떻게 직접 조선 동지를 도울지에 대해 고려했다. 단, 소련 정부가 일찍이 성명에서 발표했듯이 조선에서 우리 군대는 이미 철수했다. 현재 우리가 다시 조선에 출병한다는 것은 곤란하다. 이것은 미국과 직접 교전하자는 것과 다름없기 때문이다. 중국 출병에 대해 우리는 무기와 장비를 공급하겠다. 아울러 일정 대수의 공군이 엄호할 수 있도록 출동시키겠다. 당신들이 제기한 무기 장비 개선에 대해서는 우리가 제2차 세계대전 이후 남은 무기들이 많기 때문에 우리 군부 쪽과 중국 동지들이 잘 협의해 해결하기 바란다. 조선 동지들이 전쟁 발발 시 순조롭게 진군해 적을 가볍게 보았던 것 같다. 미제의 반격을 막을 수 없게 되었다. 만약에 강력하게 저지하지 못하면 적들은 전진을 멈추지 않을 것이다. 인민군이 적들에게 무망한 저항으로 최종 소멸당하느니보다, 곧바로 그들에게 조직을 추슬러 철수하도록 일러주어야 한다. 그들의 주력을 중국 동북에 철수할 수 있도록 (중국 정부가) 승낙해야 한다.

저우언라이: 우리는 김일성 동지에게 그들의 주력이 우리나라의 동북에 철수할 수 있도록 전달하겠다.

스탈린: 당신들 출병의 첫 번째 싸움의 관건은 버티는 데 달려 있다. 일단 당신

들의 부대가 미군의 진공을 감당하지 못한다면 소련이 출병해 지원한다. 이것은 필연적으로 미국 군대와의 직접적 대항이다. 그렇게 되면 제3차 세계대전을 불러 일으키게 되고, 인류는 또 재난을 맞게 될 것이다.

저우언라이: 우리는 스탈린 동지가 말한 이런 상황이 나타나지 않을 것으로 본다. 전쟁 승부의 결정적 요인은 인심 향배에 달려 있다. 5억 명의 중국인민과 전 세계 인민들은 미 제국주의의 침략에 반대하는 우리를 지지할 것이다. 우리는 꼭 승리한다. 지금 미국 침략자들이 조선에 왔다. 침략자들을 물리치면 능히 평화를 보위할 수 있다.

스탈린: 전쟁과 평화 문제는 대단히 복잡하다. 중국 동지(저우언라이)가 말하는 방식대로 꼭 그렇게 이루어지는 것은 아니다.

저우언라이: 도리가 그렇다는 것이다. 바로 제2차 세계대전 초기 히틀러가 많은 약소국가들을 먹어 치우는 것을 좌시해 히틀러의 야심이 더욱 커져 세계대전을 피할 수 없었다.

회담을 끝내면서 스탈린은 먼저 중국 10개 사단에 대한 장비 공급을 약속하고, 아울러 중국 연해 대도시의 방어를 위해 안둥(安東 안둥; 지금의 단둥)에 공군을 파견해 주둔하는 것에 동의했다. 저우언라이는 모스크바로 되돌아와 마오에게 즉시 회담 결과를 보고했다. 그러나 그날 밤 몰로토프가 저우언라이에게 전화를 걸어 소련은 중국이 즉각 출병하는 것에 반대하고, 공군 지원을 할 수 없다는 내용을 통보했다. 소련이 공군 파견 준비가 안 되어 있고, 스탈린이 중국의 지원군 파견 문제를 더 고민하고 있다는 이유였다. 스탈린은 중국의 지원군 파견이 세계대전을 불러올까봐 걱정하며, 심지어 조선이 패퇴할 경우 김일성이 중국 동북지방으로 철수해 '망명정부'를 세울 것을 주장했다. 저우언라이는 곧바로 소련 쪽에 "막 결정한 사안을 당신들은 뒤집을 참인가"라고 불만을 터뜨리며 "소련이 어떻게 하든 관계없이 우리나라는 이미 조선 출병을 결정했다"고 통보했다. 저우언라이는 소련의 번복을 즉시 마오에게 보고했다.

마오는 곧바로 긴급회의를 소집하고 동북군 사령관 가오강과 조선지원군 사령관 펑더화이를 급히 베이징으로 불렀다. 10월 12일, 조선 내무상 박일우朴一禹는 안둥(단둥)에 와 있는 펑더화이에게 전쟁 상황을 설명하기 위해 압록강을 건너왔다. 박일우는 미군 3개 사단, 영국군 1개 여단과 남조선군 1개 사단이 38선 이북의 개성과 금화金化 지구에 집결해 평양 공격을 준비하고 있다고 말했다. 조선의 수도 평양이 위급한 상황에 처한 것이었다. 박일우는 동부전선은 남조선군 주력 2개 사단이 이미 원산을 점령했고, 다른 3개 사단이 원산 부근지역에 집결하고 있다고 설명했다. 또 미국의 제8군 사령부 3개 사단은 대전과 수원 지구에서 북진 준비를 하고 있다고 말했다. 또 한국 남부 쪽에 진군했던 5만여 명의 인민군이 북쪽으로 철수하고 있으며, 나머지 대부분은 남조선에 묶여 있다고 밝혔다. 박일우는 상황을 설명한 뒤 다시 한 번 김일성 수상과 조선 당중앙이 이른 시일 안에 중국군이 출병해 지원해주기 바란다는 내용을 전달했다. [315]

마오는 10월 13일에 주더, 류사오치, 덩샤오핑, 펑더화이, 가오강과 긴급회의를 열어 소련이 공군을 파견해 엄호할 수 없다는 문제를 논의한 결과 소련의 공군 파견 지원 여부와 관계없이 출병하기로 결정했다. 마오는 회의 내용을 저우언라이에게 보내 소련 쪽에 전달하도록 했다. [316]

1. 중앙정치국 동지와 협의한 결과 우리 군이 조선에 출병하는 것이 유리하다는 데 견해를 일치했다. 제1시기는 전적으로 한국군을 공격한다. 우리 군은 한국군 대응에 우세하다. 원산과 평양 이북의 큰 산 지구에 조선의 근거지를 만들어 조선인민들을 진작시킨다. 제1시기에 단지 몇 개의 한국군 사단을 전멸시키면 조선의 형세는 우리에게 유리하게 변화할 수 있다.

2. 우리가 이런 적극 정책을 채택한 것은 대중국, 대조선, 대동방, 대세계 모두에 극히 유리하다. 우리가 출병하지 않으면 적들이 압록강변을 압박해 국내외적으로 반동의 위세가 더욱 높아진다. 그렇게 되면 각 방면에 불리하게 된다. 먼저 동북이 아주 불리해진다. 모든 (동북)변방군이 대응해야 하고 남만주 전력을 통제당한다.

결론적으로 우리는 마땅히 참전하고, 반드시 참전해야 한다고 여기고 있다. 참전은 이익을 극대화시키고, 불참전은 손해를 극대화시킨다.

마오쩌둥
1950년 10월 13일

이날 오후 저우언라이는 다시 스탈린 집무실을 찾아갔다. 스탈린은 저우언라이가 공군 지원 문제를 또다시 요구하러 온 것으로 여겼다. 저우언라이는 스탈린의 말을 기다리지 않고 명확하고 견결하게 말했다.

"중국공산당과 중국 정부는 이미 소련의 공군 출동 여부와 관계없이 출병해 조선을 돕는 정책을 채택했다."

"중국 동지들이 이렇게 결심했다니 얼마나 큰 불행을 맞이할지 모르겠다. 참으로 큰 희생을 치러야 하는데……."

"마오쩌둥 동지와 정치국 동지들이 이 문제를 모두 진지하게 연구하고, 신중하게 고려했다."

"중국 동지들이 위대……."

스탈린은 감동한 표정을 지었다.

중공군, 압록강 철교 건너
한국전 참전

북한 신의주에서 1킬로미터 남짓한 강폭의 압록강鴨綠江을 건너면 안둥이다. 동북으로 날아온 펑더화이는 10월 8일부터 도강 시점인 19일까지 짧은 시간 안에 동북군 제13병단을 주축으로 한 26만 명의 조선지원군을 꾸렸다. 제13병단 지휘부는 사령관 덩화(鄧華 등화), 부사령관 훙쉐즈(洪學智 홍학지)와 한셴추(韓先楚 한선초), 참모장 제팡(解方 해방), 정치주임 두핑(杜平 두평) 등으로 구성되었다.

펑더화이는 1차로 26만 명의 대군을 이끌고 안둥에서 압록강 철교를 건너 북한으로 들어갈 계획을 짰다. 마오와 중앙, 조선지원군 사령관 펑더화이는 중국군의 참전을 극비에 부쳤다. 출기불의出其不意로 첫 전역戰役을 치러 주도권을 잡기 위해서였다. 유엔군 총병력은 42만 명으로 비행기 1천1백 대, 군함 300여 척을 보유하고 있었다. 그중 미군이 3개군 6개 사단, 한국군이 9개 사단으로 총 15개 사단의 병력을 차지했다. 또 영국, 프랑스, 터키, 호주, 태국, 필리핀 등 연합군 병력이 버티고 있었다. 유엔군 사령관 맥아더는 10월 17일에 '유엔군 제4호 작전명령'을 내려 4개군 부분병력 13만 명을 동원해 평양과 원산 두 지역을 동, 서부 전선으로 나누어 압록강을 향해 계속 전진하도록 명령했다.

이날 펑더화이는 조선지원군 각 군 군단장과 정치위원이 참가한 가운데 회의를 열어 제1차 조선 진군進軍부대를 배치했다. 제39군, 제40군, 제38군, 제42군의 순서에 따라 이들 부대가 평양과 원산 이북의 구성龜城, 태천泰川, 박천博川, 영변寧邊, 덕천德川, 영원寧遠, 노오리老五里 주변 선선線을 따라 북진하는 유엔군과 한국군을 저지하도록 했다. 10월 19일, 제39군은 안둥과 창뎬(長甸 장전) 하구河口에서, 제40군은 안둥에서, 제38군과 제42군은 지안(輯安 집안)에서 각각 비밀리에 도강하도록 명령했다.

마오는 지원군이 압록강을 건너가는 이날 중앙 중난(中南 중남), 화둥(華東 화동), 시난(西南 서남), 시베이(西北 서북) 국국의 지도자들에게 일제히 전보를 보냈다. 317

중국을 보위하고 조선을 지원하기 위해 지원군이 오늘 출동한다. 지금부터 수개월 동안 이 일에 대해 말을 하거나 신문에 공개적으로 보도해서는 안 된다. 당내 고급 지도간부들은 이 일을 명심해 일을 안배해 준비토록 하라.

펑더화이는 이날 각 부대들이 무선기를 통제하고, 엄밀하게 위장해 밤에 행군하고 새벽에 취침하며, 대로를 피하고 은폐하면서 지정한 작전지구에 집결하도록 각별히 지시했다. 또 각급 조직과 구성원들이 지원군의 일체의 행동, 부대 명칭을 포함해 지휘관 관등성명, 부대 배치, 서열, 기동 등 모든 행동에 대해 대외선전을 일절 금하고, 모두 엄격하게 비밀을 지켜 친한 사람에게도 말하지 말도록 엄명을 내렸다.

황혼 무렵, 석양 노을이 이미 압록강상江上에 떨어져 하늘가에 걸려 있는 검은 구름만이 새까맣게 개미 떼처럼 압록강변에 몰려들고 있는 중국군의 한국전쟁 참전 장면을 지켜보고 있었다. 강 건너 신의주 상공 저편에는 미군기의 폭격으로 대지가 불타오르고 새까만 연기가 하늘로 솟구치고 있었다. 북국의 짧은 겨울 해가 하루를 다하고 어스름한 밤이 되자 중국군의 도강이 시작되었다. 펑더화이는 안둥 하늘에 새까만 구름이 몰려오면서 부슬부슬 이슬비가 내리기 시작한 오후 5시께 압록강 철교를 따라 도강하는 병력을 바라보고 있었다. 펑더화이의 군사비서 양펑안(楊鳳安 양봉안)은 조선 외상 박헌영이 김일성과의 회동을 안내하기 위해 신의주에서 기다리고 있다고 보고했다. 펑더화이는 차에 올라 압록강을 건너며 장병들이 등화관제 속에서 홍수의 물결처럼 조선 쪽 대안으로 흘러가는 모습을 지켜보았다. 예의 '개미군단'인 민공民工과 트럭, 대포의 행렬이 끊임없이 이어졌다.

10월 21일 새벽, 펑더화이는 신의주 수풍발전소에서 박헌영의 안내를 받으며 평안북도 대유동大楡洞 부근 터널에 전쟁 지휘사령부를 설치하고 전투를 독려하고 있는 김일성과 만났다. 펑더화이가 먼저 중국의 전략방침과 병력 배치에 대해 말했다. 318

"1차로 조선에 들어온 지원군 부대는 12개 보병사단, 3개 포병사단 등 20만여 명이다. 앞으로 20개 사단 규모의 지원군이 2차, 3차로 조선에 투입된다. 우리는 평양, 원산 이북의 덕천과 영변 일선 이남지역에 방어선을 구축하려고 한다. 현재의 문제는 근거지 확보 여부다. 세 종류의 가능성이 있다. 첫째는 근거지를 확보해 적을 섬멸하면서 조선문제의 평화적 해결을 쟁취하는 것이다. 둘째는 근거지를 확보해 쌍방이 대치 상태를 유지하는 것이다. 셋째는 근거지를 확보하지 못해 본국으로 돌아가는 것이다. 우리는 첫째 가능성을 쟁취하려 한다."

김일성은 마오와 중공중앙이 조선 출병을 결정한 데 대해 대단히 고맙다는 인사를 건네고 전쟁 상황을 설명했다.

"미 침략군들이 미쳐 날뛰고 있다. 적들은 우리보다 비행기, 대포가 훨씬 많고, 또 원자탄까지 갖고 있다. 최근 며칠 동안 적들의 진공 속도가 대단히 빠르다. 당신들이 방어진지를 구축하는 데 대단히 힘들 것으로 보여 걱정이다."

"적들의 진공 상황은 우리도 알고 있다. 우리는 현재의 실제상황에 따라 준비하려 한다. 적들에 대한 조선인민군들의 지연 상황은 어떤가?"

"적들의 병력이 우세한 데다 대포 등 화력이 강하고, 비행기가 많아 우리 부대가 적들의 진공을 지연시키는 데 큰 어려움을 겪고 있다."

"조선인민군의 현재 병력은 얼마나 되나?"

"다른 사람들에게는 절대로 말하지 않는다. 그러나 펑 총사령관에게 솔직히 말하면 우리는 현재 겨우 3개 사단 정도를 갖고 있다. 1개 사단은 덕천, 영변 이북, 1개 사단은 숙천肅川, 1개 탱크 사단은 박천에 있다. 여기에 1개 노동연대와 1개 탱크연대가 장진長津 부근에 주둔하고 있다. 남쪽에 차단된 부대들이 점차

북쪽으로 철수하고 있다."

평더화이와 김일성은 조중부대朝中部隊 연합지휘에 관한 문제를 상의하고, 지원군 사령부를 김일성의 전쟁 지휘사령부가 있는 대유동에 설치하기로 했다. 또 조선에서 내무상 박일우를 전권대표로 지원군 사령부에 파견해 지원군 부사령관 겸 부정치위원으로 임명하고 부서기를 맡도록 했다. 10월 25일, 평더화이는 대유동 지원군 지휘총사령부에서 지원군 사령부 정식 선포식을 열고 제1차 작전회의를 열었다. 작전처 부처장 청푸(成普 성보)가 평더화이에게 종합적인 전황을 보고했다. 319

"적군들은 각자 부대를 나누어 북으로 돌진하고 있습니다. 선봉에 선 남조선군 제6사단의 선두부대는 이미 고장동古場洞을 점령하고, 곧바로 초산楚山으로 진격하고 있습니다. 남조선군 제8사단은 영원寧遠에 도착해 희천熙川에서 강계江界를 압박하고 있습니다. 제1사단이 영변에서 창성昌城으로 향하고, 영국군 제27여단은 안주安州를 지나 신의주로 진공할 태세입니다. 또 미국 기병 제1사단과 보병 제2, 24, 25사단은 평양에 집결해 있고, 미 해병 제1사단과 보병 제7사단은 원산에 상륙했습니다."

청푸는 벽에 걸린 쌍방의 병력 배치도에서 운산雲山의 온정溫井 지구를 가리키며 "이 일대는 적들이 진공하는 중점지역으로 우리는 이 요충지를 방어해야 한다"고 설명했다. 평더화이는 11월 1일 오전 9시에 작전명령을 하달했다.

"제38군은 구장球場 지구의 적을 신속히 섬멸하고 청천강淸川江 왼쪽 연안에서 원리院里, 군우리軍隅里, 신안주新安州 방향으로 돌격해 적의 퇴로를 끊는다. 제42군 제125사단은 덕천으로 돌격해 점령하고 동쪽과 남쪽 양쪽에서 지원하는 적들을 견결하게 저지한다. 제40군 주력은 영변의 남조선군 제1사단 주력을 포위하여 기회를 잡아 전멸한 뒤에 계속 남쪽으로 돌격해 용산동龍山洞의 적의 퇴로를 차단한다. 제39군은 운산의 적을 공격해 전멸시킨 뒤에 제40군과 협동작전을 벌여 용산의 미 기병 제1사단을 포위해 섬멸하고 제66군 일부는 구성龜城 서쪽에서 미 제24사단을 견제한다. 그런 연후에 상황을 보아 적의 뒤쪽으로 돌격해 섬멸한다."

미국과 중국,
한국전장에서 사상 첫 교전

중국과 미국의 양국 군대가 마침내 한국전장에서 현대사 사상 첫 전투를 벌이게 되었다. 평안북도 운산은 주위가 산으로 둘러싸인 1천여 가구가 사는 소도시였다. 운산을 지키는 군대는 미 기병 제1사단 제8연대와 한국군 제1사단 제12연대 병력이었다. 중국의 지원군은 애초 11월 1일 밤 7시 30분에 운산을 방어하고 있는 미군과 한국군에 대해 공격할 계획이었다. 그러나 이날 오후 3시 30분에 미군과 한국군이 방어진지 교대임무에 들어가 시간을 앞당겨 황혼 무렵인 오후 5시에 일제히 공격을 개시했다.

치열한 공방전 끝인 밤 11시에 중국군 제116사단이 운산에 진공했을 때 적의 대부분이 한국군이 아닌 미군인 것을 뒤늦게 알았다. 2일과 3일까지 미군은 비행기와 탱크의 지원을 받으며 중국군의 포위망을 뚫으려 총공격을 폈으나 역부족이었다. 중국군의 승리였다. 중국군은 이 운산전투에서 미 기병 제1사단 제8연대 대부분의 병력과 한국군 제1사단 제12연대의 일부분 병력을 전멸시키고 포로 2천여 명을 사로잡았다. 그중 1천8백여 명이 미군이었고, 비행기 3대를 격추하고 4대를 노획했다. 또 탱크 28대, 트럭 등 차 170여 대, 각종 화포 119문을 파괴하거나 노획했다. 펑더화이는 운산전투가 끝난 뒤 총결에서 기염을 토하며 연설했다.

"우리 지원군이 조선에 들어와 제1차 전역에서 승리했다. 이 전역에서 모두 1만 5천8백여 명의 적을 전멸시켰다. 마오 주석이 대단히 기뻐했다. 처음에 제공권이 없는 상황에서 미군과의 전투가 우리에게 불리할 것으로 걱정했다. 지금 볼 때 이런 곤란은 극복할 수 있다. 우리의 근접전과 야간전투의 자랑은 비행기가 없고 대포와 탱크가 부족하지만 이렇게 싸우면 승리할 수 있다는 것이다! 미국 군대는 뭐, 대단한게 아니다. 우리는 괴뢰군(한국군)뿐만 아니라 미국 제일의 군대이자 조지 워싱턴이 건국 당시 만들었던 기병 제1사단도 이겼다. 이 군대는 미국에서 유명하다. 이제까지 진 일이 없는 군대인데 이번에 패전했다. 우리 제39군의 손에 패전했다!"

미군과 한국군은 압록강으로 북진하다 운산에서 돌연한 중국군의 기습을 받아 서부전선은 부득불 청천강 이남으로, 동부전선은 장진호 이남으로 각각 후퇴했다. 맥아더가 추수감사절 안에 전쟁을 끝내 크리스마스는 집에서 보낼 수 있도록 하겠다고 한 호언장담도 물거품이 되고 말았다. 미국 당국은 발칵 뒤집어졌다. 뜻하지 않았던 중국군의 출현 때문이었다. 중국군의 참전 의도 파악과 대응책 마련에 부심했다. 11월 9일에 1차로 미국 정부의 참모장 긴급 연석회의가 열렸다. 참모장 연석회의 의장 오마 넬슨 브래들리가 말문을 열었다. [320]

"지금 한국전쟁 상황에 뜻밖의 변화가 발생했다. 우리는 원래 중국이 참전할 것으로 생각하지 않았다. 그런데 현재 북한 지역에서 대규모의 중국군이 참전하고 있는 것으로 밝혀졌다. 중국군이 한국에서 정규군으로 참전하고 있다는 소식은 도쿄(맥아더 유엔군 사령부)보다 워싱턴(트루먼 정부)에서 더욱 우려하고 있다."

미국 중앙정보국 국장 스미스가 정보 보고를 했다.

"우리는 현재 중국이 얼마나 북한에 출병했고, 다시 얼마만큼의 부대를 파병하고, 그들의 (출병) 목적이 무엇인지 조사하고 있다. 중국은 동방의 거인이다. 그들은 거대한 인력자원을 보유하고 있다. 중국의 육군 규모는 세계에서 가장 방대하다. 중앙정보국은 중국군 부대가 소련의 물자원조 아래 참전해 우리와 충분히 겨루어볼 수 있다고 판단하는 것 같다. 소련은 거인 중국이 미국과 전면전쟁을 벌이는 것을 대단히 바라고 있는 것으로 판단된다. 소련은 단지 공군 엄호와 군용물자 지원만 하고 있다. 이럴 경우 우리의 전략적 중점을 한국으로 이동해야 한다고 본다. 우리가 소련의 공군 지원을 받고 있는 중국과의 전면적 전쟁에 직면해 전진하든지 아니면 후퇴하든지 선택해야 한다."

브래들리가 상황 분석을 내놓았다.

"각 방면의 정보 분석에 따르면 나는 중국인들이 북한에 출병한 동기를 3가지로 본다. 첫째는 압록강변의 전력시설을 힘써 보호하고, 강남 연안에 경계선을 구축하기 위한 것이다. 둘째는 중국이 '선전포고도 하지 않은 전쟁'을 벌이는 것은 미국의 군사력을 한국에서 견제해 우리의 군사력을 약화시켜 제한적인 소모전을 펼치려는 것이다. 셋째는 소련의 해·공군력의 지원 없이는 중국이 성공할 수 없다. 유엔군을 서둘러 한국에 파견한 것과 관련해 소련이 간여하는 것은 제3차 세계대전의 시작이라는 것을 상징한다. 결론적으로 현재의 상황을 볼 때 중국은 이제 막 건국했다. 해야 할 일이 산적한 상황에서 미국과 대규모로 대결할 수 없다. 유엔군이 한국군 퇴각으로 부산 방어에 급급했던 유리한 때와 인천상륙의 관건 시기에는 중국이 출병하지 않았다. 우리가 북한과 중국의 변계를 압박하자 출병했다. 따라서 첫째 가능성이 제일 크다. 중국이 소수의 부대를 강 건너로 파병해 압록강 연안의 전력시설을 보호하고 일종의 완충지대를 만들려는 심산이다."

국무장관 딘 애치슨이 상황 파악이 제대로 안 되어 답답한 심경을 토로했다.

"내가 매우 곤혹스럽고 엄중하게 느끼는 것은 중국이 북한에 얼마의 군대를 파병했느냐 하는 문제다. 그들의 진정한 기도企圖와 한시적 여부다."

브래들리가 설명에 나섰다.

"맥아더가 최근 보고한 바에 따르면 북한에 들어온 부대 병력은 2만여 명으로 많아야 6만 명을 넘지 않는다고 했다. 가장 큰 가능성은 중국이 '지원군' 명의로 비밀리에 북한군을 지원해 전멸을 막아 근거지를 유지하려는 것이다. 맥아더는 중국인들이 감히 미국과 전쟁을 할 수 없다는 것을 굳게 믿고 있다. 그들 부대는 이미 승리의 문 앞에 다다랐다. 전진을 막을 수 없다. 압록강이 얼기 직전에 북한을 점령할 것이다."

미국 국방장관 조지 마셜은 맥아더가 더욱 군사적인 모험을 채택해 미국을 재난으로 끌어들일까봐 조바심을 하며 걱정했다.

"한반도의 군사 형세는 너무 낙관할 수 없다. 우리는 북한의 동쪽 방어선이 너무 넓기 때문에 공격받기 쉽다. 제10군과 제1사단이 만주 쪽으로 진공하면 그들과 서부전선 제8군단의 간격이 너무 벌어진다. 만약 중국군이 대규모 전투를 벌인다면 세계에서 전투 시간이 가장 길고, 지상전투 경험이 풍부한 군대이기 때문에 절대로 경시해서는 안 된다."

브래들리가 낙관적 전망을 내놓았다.

"중국은 감히 정규군 참전을 선포하지 못하고 '지원군'이란 단어를 사용했다. 이것은 주력이 아니라는 설명으로 임시 규합한 공안부대일 가능성이 높다."

마셜이 답답해하며 참견했다.

"나는 제2차 세계대전과 전쟁이 끝난 뒤 중국에 가보았다. 당신들은 중국인을 얕잡아 봐서는 안 된다. 세계 고대의 대병법가 손자孫子가 중국인이다. 그들의 전략전술은 대단히 유명하다. 중국공산당 군대는 일본을 깨고 장제스의 수백만 군대를 패배시켰다. '지원군'은 무슨 지원군인가. 우리를 속이는 것이다. 그들의 정예부대일 가능성이 크다. 마오쩌둥은 일관되게 첫 싸움은 반드시 이겨야 한다고 주장한다. 우리 미군과 교전하기 위해 반드시 뛰어난 장군과 정예병을 선택했을 것이다. 소련은 이미 중국에 200대의 비행기를 보냈다고 한다. 소련은 직접 출병의 모험을 하지 않는다. 그러나 중국은 수수방관하지 않는다. 우리는 신중해야 한다."

브래들리가 다시 입을 뗐다.

"승리를 앞두고 있는 시점에서 필요하다면 중국 만주도 폭격할 수 있다는 것을 마다해서는 안 된다."

말을 아꼈던 국무장관 애치슨이 한마디 던졌다.

"진공進攻 이외에 더 적합한 방법을 찾아 한반도 문제를 해결하면 그게 제일 좋다. 우리가 전 한반도를 정복하는 것을 승낙하는 것은 아니다."

마무리 발언은 의장인 브래들리가 했다.

"됐다. 회의는 여기까지다. 우리의 방침은 마땅히 다시 공세를 펼쳐 강력한 승리를 거두는 것이다. 맥아더에게 압록강의 물이 얼기 전에 북한을 완전히 점령하도록 한다. 단, 만주 폭격은 안 된다."

미군기 폭격으로
마오의 아들 전사

중국군은 11월 25일부터 제2차 전역戰役에 들어갔다. 이날 오전 11시께 4대의 미군 폭격기가 중국 지원군 총사령부가 있는 건물 상공 쪽으로 비스듬히 지나 북쪽으로 날아갔다. 전날 오전에는 미군 정찰기 1대가 총사령부 상공 주위를 근 1시간 정도 선회하다가 돌아간 바 있었다. 이날 4대의 폭격기가 날아오자 적기가 왔다며 부근 산언저리에 있는 방공호로 피하라는 대피령이 내렸다. 펑더화이는 괜찮다고 했으나 안전을 책임지고 있는 부사령관 홍쉐즈(洪學智 홍학지)가 강제로 일으켜 세웠다. 홍쉐즈는 작전실에 있던 펑더화이를 이끌고 마오의 아들 마오안잉(毛岸英 모안영) 곁을 지나 방공호로 대피했다. 마오안잉은 전보 발송을 마무리하고 있었다. 마오안잉은 러시아 통역 업무를 담당했으나 비교적 한가했기 때문에 전보 수발 업무를 병행하고 있었다. 북쪽으로 날아갔던 4대의 미군 폭격기가 다시 작전실 상공 위를 지나갔다가 방향을 돌려 되돌아오면서 100여 발의 네이팜탄을 퍼부었다. 작전처 부처장 청푸(成普 성보)가 작전실에서 아직 대피하지 않았던 마오안잉과 가오루이신(高瑞欣 고서흔)을 부르려 했으나 때는 이미 늦었다. 곧바로 화염이 치솟으며 불바다로 변해버렸다. 마오안잉의 나이 28세였다. [321]

펑더화이가 한국전쟁이 한창인 1951년 2월 하순에 한반도 상황과 작전방침 지시를 받으러 베이징에 가 마오를 만났을 때 마오안잉의 주검을 송환하는 문제를 거론했다. 마오는 "청산青山 곳곳에 충골忠骨들이 묻혀 있다. 구태여 조국을 위해 몸 바쳐 싸우다 죽었는데 송환해 장사지낼 필요가 있겠는가. 지원군의 영웅 자녀들은 적과 피 흘려 싸웠다. 수없이 많은 우수한 전사들이 희생되었다. 안잉도 희생된 수많은 열사 중의 한 사람이다. 내 아들이기 때문에 특별한 대우를 받아서는 안 된다. 그곳의 황토에 모두 묻혀 있다. 안잉은 희생된 우수한 전사들과 함께 조선의 국토에서 장사지내면 된다"고 말했다.

중국군은 11월 25일부터 12월 24일까지 벌어진 제2차 전역에서 인해전술을 앞세워 치열한 공방전을 벌여 평양을 탈환하고, 38선 이북 전역을 회복했다. 100여 년 동안 외국의 침략을 받아 희망 없는 나라로 멸시받던 중국이 일약 최강의 군사대국 미국을 꺾었다는 것은 중국공산당은 물론 중국인민들에게 큰 자부심을 심어주었다. 정권 붕괴 직전까지 몰렸다 구사일생한 김일성은 중국군의 승리에 고무되어 12월 3일에 중국군 후방사령부가 있는 선양에 들러 동북군 사령관이자 지원군 후방사령관인 가오강(高崗 고강)과 함께 비밀리에 베이징으로 마오쩌둥을 찾아갔다. 김일성은 이날 밤 마오의 집무실인 중난하이 펑쩌위안(豊澤園 풍택원) 쥐샹수우에서 마오와 회견했다. 322

마오쩌둥: 원래는 두 가지 문제를 걱정했다. 첫째는 지원군이 도강한 뒤에 조선에서 근거지를 마련할 수 있느냐 없느냐 하는 문제였다. 제1차 전역을 통해서 이 문제가 해결되었다. 둘째는 현재의 장비로 현대화된 미군과 교전해 승리할 수 있느냐 없느냐 하는 문제였다. 현재 이 문제도 해결되었다. 사실이 증명하듯 우리는 미군과 교전했을 뿐만 아니라 승리를 했다. 보아하니 원래의 걱정은 할 필요가 없었다.

김일성: 나는 먼저 조선노동당과 조선인민을 대표해 중국공산당과 중국인민들의 사심 없는 원조에 감사를 드린다. 중국인민의 우수한 자녀를 파병해준 데 감사하고, 특별히 공로가 탁월한 펑더화이 장군을 파견해 우리가 미국 침략자를 타격하는 데 도움을 주어 감사드린다. 조선인민은 대대손손 중국인민들의 깊은 호의

를 마음속에 기억할 것이다. 당신들은 우리가 가장 곤란한 때에 가장 강력한 원조를 해주었다!

마오쩌둥: 우리 한 집안은 두 집안 얘기를 할 필요가 없다. 우리 양당, 두 국가 인민들은 서로 지지하고 서로 원조한다. 현재 전쟁은 아직 끝나지 않았지만 승리는 이미 공중누각空中樓閣이 아니다. 이후 어떻게 할지 우리가 잘 연구하자.

김일성: 나도 이 일 때문에 왔다. 며칠 전인 11월 30일, 미국 대통령 트루먼이 기자회견에서 조선전장에 원자탄 사용을 배제하지 않는다고 했다. 이 소식은 전 세계 각 방면에서 공포와 엄중한 항의를 불러일으켰다. 마오 주석께서 이에 대해 어떻게 생각하시는지?

마오쩌둥: 이런 식으로 위협하는 것은 적나라한 핵 공갈이다. 소련은 이미 핵 무기를 장악하고 있다. 트루먼은 감히 원자탄 전쟁의 모험을 할 수 없다. 일본에 했던 것처럼 조선에 원자탄을 투하할 수 없다. 트루먼의 이런 방법은 실질적으로 위협과 협박이다. 그럼, 중국공산당 사람들이 트루먼의 위협에 겁을 먹겠는가? 겁 먹지 않는다. 오늘의 중국인민은 이미 선진계급의 지도 아래 일어선 인민이다. 다시는 어떤 외세의 압력에도 굴복하지 않는다. 중국 지원군은 제1, 2차 전역에서 승리했다. 그러나 충분하지 않다. 또 싸워야 한다. 그들은 감히 38선을 넘어 북진北進했다. 그렇다면, 우리라고 어째서 38선을 넘어 남진南進할 수 없는가?

김일성: 마오쩌둥 동지의 방법에 완전 동의한다. 응당 승세를 타고 전진해야 한다. 중국 지원군들은 대단히 영용하게 잘 싸운다. 이번에 전멸시킨 3만 6천 명 중에 미군이 2만 4천 명이다. 이것은 대단한 승리다.

배석했던 저우언라이가 대화에 끼어들었다.

저우언라이: 스탈린 동지가 제2차 전역 상황을 통보받고, 우리 군이 삼리소三里所, 용원리龍源里, 송골봉松骨峰에서 비장하고 참혹한 저지전(阻擊戰 조격전)을 벌인 것을 알았다. 눈물을 흘리며 위대한 군대라고 칭찬했다.

마오쩌둥: 이것이 바로 중국 선진계급의 군대다. 명확히 자기가 걸머진 사명감

을 알면 반드시 용감하게 매진한다. 전사들은 조국과 인민을 위해 싸운다. 이런 인식에 의존한다. 이것이 혁명의 정기다. 내가 보기에 지원군이 미군을 패배시킨 것은 바로 이런 인식의 힘이다. 미군은 안 된다. 그들은 강철 같은 힘이 부족하다. 김일성 동지는 어떻게 보나?

김일성: 맞다. 지원군은 무기와 장비에서 열악했지만 미군을 이겼다. 혁명정신과 두려워하지 않는 기개 때문이다.

저우언라이: 당연하다. 또 마오쩌둥 주석과 펑더화이 사령관의 정확한 지도, 이것이 아주 중요했다. 중조中朝 양국 군대가 어떻게 협조해 통일지휘를 할 수 있느냐 하는 문제에 관해서 펑더화이 동지가 여러 차례 전보를 보내 자문을 구했다. 이 문제가 이른 시일 안에 빨리 해결되어야 한다.

중국 동북군 사령관이자 지원군 후방사령관인 가오강이 지원하고 나섰다.

가오강: 그렇다. 전장에서 지휘관의 통일명령은 작전에 유리하다. 지난번 내가 조선에 갔을 때 펑더화이 사령관이 중조 양국 군대 간에 지휘가 통일되지 않아 때때로 오해가 생긴다고 말했다. 심지어 어떤 때는 자기편끼리 전투하는 바람에 포위당한 미군이 달아날 수 있었다고 말했다.

마오쩌둥: 이 문제는 당장 해결해야 한다. 비록 오해지만 범죄행위다. 마땅히 중조 양국 군대의 통일지휘가 이루어져야 한다.

김일성: 알겠다. 통일지휘 문제에 관해서 나의 의견은 이렇다. 중국 지원군은 작전 경험이 풍부하다. 중조 연합사령부를 만들면 마땅히 중국 동지가 정正이 되고, 조선 동지가 부副가 되어야 한다. 이 문제를 노동당 정치국에서 토론해 이미 동의를 얻었다.

마오쩌둥: 아! 그러면 우리는 사양하지 않겠다. 우리 쪽에서는 펑더화이 동지를 지원 연합군의 사령관 겸 정치위원으로 추진토록 하겠다. 당신들은 어떻게 생각하나?

김일성: 아주 좋다. 우리 쪽은 노동당 정치국에서 김웅金雄 동지를 부사령관,

박일우 동지를 부정치위원으로 결정했다.

마오, 저우언라이: 잘되었다.

저우언라이: 이후 연합사령부의 명령은 펑, 김, 박 3인이 서명하고 통일지휘한다. 그러나 후방의 동원, 훈련, 군정軍政, 경비 등의 업무는 조선 정부가 직접 관할하고, 연합사령부는 후방에 요구하고 건의할 수 있도록 하자.

가오강: 그러나 철도운수와 수리修理는 전쟁과 대단히 밀접하다. 마땅히 연합사령부 지휘를 받도록 해야 한다.

마오쩌둥: 연합사령부는 내외와 통합하고 분할하는 기능이 있다. 연합사령부는 대외에 공개하지 않는 게 좋다. 대내에서만 사용하도록 하자. 이밖에 연합사령부는 중국 인민지원군 사령부와 조선인민군 참모부 등 2개의 기구로 나누고, 한 사무실을 쓰면서 협력하고 연구해 문제를 해결할 수 있도록 해야 한다.

김일성이 동의를 표시하고, 트루먼과 영국 수상 클레멘트 애틀리가 워싱턴에서 회담한 내용에 관해 의견을 나누었다. 323

저우언라이: 트루먼은 조선전장에서 핵무기를 사용한다고 선포해 국내외에 혼란을 불러일으키고 있다. 영국노동당 의원 100명이 청원서명을 해 애틀리 수상에게 미국의 핵무기 사용을 반대할 것을 요구했다. 적들의 형편도 좋지 않다.

마오쩌둥: 그렇다. 영국은 홍콩에 이해관계가 있다. 절대로 우리 공산당에게 함부로 할 수 없다. 내가 보기에 미국은 쉽게 조선을 방치하지는 않을 것이다. 그러나 현재 전장의 주도권은 이미 우리가 쥐고 있다.

김일성: 조선전쟁의 앞으로의 진전문제에 관해 마오쩌둥 주석의 견해를 듣고 싶다.

중국 최고 지도자의 해법과 계획은 김일성에게는 절박한 관심문제로 이번 방문의 주요 목적이었다.

마오쩌둥: 내가 볼 때 전쟁은 신속하게 해결될 것이다. 그러나 의외의 상황이 발생해 시간을 끌 수도 있다. 우리는 최소한 1년을 싸울 준비를 해야 한다. 조선도 장기적인 계획을 갖고 자력갱생을 하면서 외국 원조를 보충해야 한다.

김일성: 옳은 말이다. 우리는 마땅히 장기계획을 세우면서 단기적 해결을 쟁취해야 한다. 과거 우리는 확실히 장기계획이 부족했다. 단지 빨리빨리 해결하려고 생각해 곤란을 극복할 준비가 부족했다. 미군의 인천상륙에 관해서도 필요한 준비가 부족했다. 마땅히 과거의 교훈으로 명심해야 한다.

저우언라이: 조선전장에서 다시는 제2의 '인천 실패'는 하지 않을 것이다. 우리는 동서 해안의 방어를 강화하고, 특히 앞으로 전선戰線을 길게 끌게 될 경우에 대비해 유비무환有備無患의 자세를 가져야 한다. 수시로 적들의 상륙작전에 대한 반격 준비를 해야 한다.

김일성: 만약에 적들이 정전담판을 요구하면 우리는 어떻게 처리해야 하나? 적들이 패배하면서 이미 전쟁을 중지해야 한다는 분위기가 일고 있다.

저우언라이: 적들이 정전을 요구할 가능성도 있다. 현재 인도 등 13개의 아시아와 아프리카 국가들이 의안을 제기해 유엔안전보장이사회에 제출하려고 한다. 핵심은 먼저 전쟁을 중지하고 우리가 38선에서 멈추는 것이다.

마오쩌둥: 당신들의 분석이 맞다. 적들이 정전을 요구할 가능성이 있다. 미군은 인천상륙 이후 대군이 38선을 넘어 북진했다. 왜 정전을 제기하지 않았나? 지금은 패퇴하니까, 정전을 들고 나온다. 정전을 할 수 있다. 단, 조건이 있다. 반드시 조선에서 철수하는 것을 승인하고, 먼저 38선 이남으로 철수해야 한다. 제일 좋은 것은 평양뿐만 아니라 서울을 우리 수중에 넣는 것이다. 주요한 것은 적을 소멸하는 것으로, 먼저 괴뢰군(한국군)을 전멸시키고 미 제국주의가 철병하도록 촉진할 수 있는 역량을 가져야 한다. 미 제국주의가 철병을 승인하면 유엔이 중소中蘇가 참가하는 것을 동의하는 조건하에 전 조선인민이 유엔 감시 아래 자신들의 정부를 선택하는 것을 주장해야 한다. 그러나 미제美帝와 장제스는 같아서 언약이나 협정은 모두 믿을 수 없다. 따라서 제일 나쁜 상황 방면에 대해 준비해야 한다.

김일성: 나는 전적으로 마오 주석의 의견에 찬동한다. 우리는 적들이 숨 쉴 틈

을 주지 말아야 한다. 승세를 타고 전진해 평양과 서울을 취하고 적들이 조선에서 철병하도록 압박해야 한다.

마오쩌둥: 내가 곧바로 펑더화이에게 일지—支 부대를 평양으로 진공시켜 점령하라는 전보를 보내도록 하겠다. 평양은 당신들의 수도다. 이 도시를 수복하는 것은 정치적으로 의미가 크다. 서부전선 부대는 연속적인 작전으로 이미 대단히 피로하다. 쉬면서 정비하고 양초糧草와 탄약을 보충해야 한다.

김일성: 우리는 이미 이에 대해 각 지역의 당 조직에 지시를 내렸다. 최대한도로 중국 지원군을 지원하겠다. 지원군들이 양초문제를 해결할 수 있도록 가능한 한 빨리 돕도록 하겠다. 이 문제에 대해서 당신들은 마음을 놓기 바란다.

쌍방은 부대 보급 문제에 관해 진지한 토론을 벌였다. 저우언라이는 자신과 가오강이 상의해 동북에서 철도운수 회의를 소집했고, 경험에 비추어볼 때 철도 통행은 반드시 보장해야 한다고 말했다.

마오쩌둥: 트루먼이 장기전을 한다면 우리도 그렇게 한다.

김일성: 마오쩌둥 주석, 중국이 우리에게 주는 도움은 대단히 크다. 조선인민들은 영원히 잊지 않을 것이다.

마오쩌둥: 고마워할 것 없다. 우리는 전우다. 만약에 고맙다고 한다면 오히려 트루먼에게 감사해야 한다. 그는 우리가 미군의 밑바닥을 들춰보도록 했다. 단지 종이호랑이라는 것을 알았다.

12월 5일, 중국은 대외에 정식으로 '중국 지원군'이란 부대 명칭과 조선 출병을 선포했다. 이날 인도, 이집트, 인도네시아, 이란 등 아시아-아프리카 유엔 13개국 대표단은 성명을 내어 "북조선 당국과 중국은 즉각 그들이 통제하고 있는 어떠한 부대들도 38선 이남으로 진격할 뜻이 없다는 성명을 발표하라"고 호소했다. 주중 인도대사 파니카는 12월 7일에 저우언라이를 방문해 13개국 대표들이 곧 '선정전, 후 협상'안을 유엔안전보장이사회에 제출할 계획이라고 전했다. 파니카는

"중국이 38선을 넘지 않는다고 선포하면 이들 국가의 환영과 도의적 지지를 받을 것"이라고 말했다.

중국은 5개 조건을 내걸었다. [324]

1. 모든 외국 군대는 조선에서 철수하라.
2. 미국 군대는 타이완 해협과 타이완에서 철수하라.
3. 조선문제는 조선인민 스스로 해결해야 한다.
4. 중화인민공화국의 대표가 유엔에 참가하고, 유엔은 중국을 대표해 참가하고 있는 장제스 대표를 축출하라.
5. 미국과 소련 등 5대국 외상회의를 소집해 대일對日 평화조약을 준비하라.

중국은 유엔이 이 5개 조항을 받아들이면 즉시 5대국 대표회의를 소집해 정전 조건에 서명한다고 밝혔다. 중국 정부는 12월 7일에 주중 소련대사를 통해 스탈린의 의견을 구했고, 스탈린은 중국 정부의 5개 조건에 동의했다. 마오는 제2차 전역으로 한국전에서 반전의 기회를 마련했다고 판단하고, 미국이 수용할 수 없는 이런 조건을 제시한 것이다. 12월 11일, 저우언라이는 13개국 제안과 관련해 "미군이 이미 38선을 넘었다. 38선은 이미 맥아더가 파괴한 만큼 다시 존재하지 않는다"며 "우리는 38선을 넘지 않겠다고 선포하지 않겠다"고 제안을 거절했다.

마오는 12월 13일에 펑더화이에 보낸 전보에서 지원군이 모든 곤란을 극복하고 인내심을 발휘하여 38선을 돌파해 남쪽으로 진격할 것을 명령했다. 마오는 미국과 영국 등 각국이 중국군이 38선 이북 정지 요구를 받아들이면 유엔군이 군사력 정비 시간을 벌어 다시 공격할 것으로 보고 시간을 주어서는 안 된다는 판단이었다. 38선 이북에서 머물 경우 정치적으로 볼 때도 불리하다고 판단했다. 마오는 개성開城에서 서울까지의 거리가 얼마 떨어지지 않은 만큼 한국군과 유엔군의 서울 방어력을 시험해 서울을 견고하게 지킬 경우 개성으로 물러나 부대를 정비하면서 서울 공략 준비를 해도 늦지 않다고 생각했다. 몇 개 사단을 한강漢江 중류 북안北岸에 주둔시켜 북한군이 한강을 건너 한국군을 공격하는 것을 지원한다는 속셈이었다. 만약 서울을 버리고 달아나면 서부전선에 배치한 6개 군단이 평양과 서울에서 일정한 기간 한꺼번에 휴식을 취하며 부대를 정비해 다시 전투에 대비할 방침이었다. 마오는 춘계 대공세를 펼쳐 새로운 일격으로 한국군과 유엔군에 패전 심리를 가중시켜 전황을 유리하게 이끌 계획이었다. 당시 38선 대치 병력은 한국군과 유엔군이 20만 명, 중국군은 30만 명이었다.

펑더화이는 김일성과 협의해 중국 인민지원군과 조선인민군 연합사령부를 만들어 펑더화이가 연합사령관 겸 정치위원, 조선 쪽에서 김웅이 부사령관, 박일우가 부정치위원을 각각 맡았다. 조중朝中 연합사령부는 38선 돌파를 지휘하기 위해 12월 중순에 평양 동북쪽의 강동江東과 성천成川 사이에 있는 사통팔달四通八達의 광산지역인 군자리君子里로 이동해 둥지를 틀었다. 미국은 12월 하순에 제8군사령관 워커 중장이 38선 이남 철수 과정에서 교통사고로 숨지자 후임으로 리지웨이 장군을 임명했다. 펑더화이는 제3차 전역 공격 시기를 1950년 12월 31일 오후 5시로 잡았다. 펑더화이는 이때가 음력 중순으로 달이 밝아 야간공격이 수월한 데다, 미군과 한국군이 크리스마스를 보내고 세밑새해를 맞는 어수선한 분위기여서 야간방어에 비교적 소홀한 시기일 것으로 보고 공격 날짜로 택했다. 325

한국 빠진
판문점 정전협정

38선 돌파 공격의 모든 채비를 끝낸 중국과 북한군은 12월 31일 밤에 38선 전 전선에서 일제히 기습공격을 감행했다. 급습을 당한 미국과 한국군은 1951년 1월 3일 서울을 포기하고, 다시 남쪽으로 철수하기 시작했다. 이른바 '1·4후퇴'였다. 1월 4일 낮 12시에 중국군 제50군단, 제39군단의 일부 병력과 북한군 제1군단이 서울에 진주했다. 중국군은 또 1월 25일부터 2월 16일까지 대규모 제4차 전역을 개시하며 퇴각했던 한국군, 미국군과 한강을 사이에 두고 처절한 전투를 벌였다. 유엔군과 한국군의 대반격으로 중국군과 북한군은 3월 14일에 서울을 버리고 북으로 후퇴했다. 4월 11일, 미국 대통령 트루먼은 확전론으로 이견을 보인 유엔군 사령관 맥아더를 해임하고, 후임에 리지웨이를 임명했다. 중국군은 4월 22일부터 6월 1일까지 임진강臨津江을 사이에 두고 제5차 전역의 대규모 총공세를 폈으나, 일진일퇴하는 양상을 보여 38선에서 맞서는 교착국면에 들어갔다.

1951년 6월 3일, 김일성은 베이징을 방문해 마오와 저우언라이를 만나 미국이 제의한 정전담판 문제를 협의하고, 미국과 정식으로 정전담판을 하기로 결정했다. 미국은 정전담판을 제의하면서 우세한 공군력을 앞세워 북한 북부지역의 전력시설과 평양에 대한 대대적인 폭격을 가해 회담을 압박했다. 김일성은 결국 미국의 휴전협정 제의를 받아들였다. 마오와 저우언라이도 동의해 7월 17일에 저우언라이가 기초한 정전담판 내용을 스탈린에게 보내 동의를 얻었다. 저우언라이는 8월 15일부터 9월 22일까지 중국 대표단을 이끌고 소련을 방문해 스탈린과 만나 중국의 제1차 경제개발 5개년 계획과 정전담판 등 조선 형세에 관한 문제를 협의했다. 9월 초에 북한의 김일성, 박헌영과 중국의 펑더화이가 모스크바에서 스탈린을 만나 구체적인 정전담판 문제를 조율했다. 한국전쟁의 정전협상은 한국이 불참한 가운데 미국, 북한, 중국 대표가 1951년 7월 말부터 시작해 2년여에 걸쳐 밀고 당기는 협상 끝에 1953년 7월 27일 판문점板門店에서 체결되었다.

정전회담 시작 무렵인 1951년 7월, '중국 포병의 아버지' 무정武亭은 김일성의 군사적 문책을 받고 인민군 제2군단 사령관직에서 해임된 뒤 평양에서 병사했다. 그때 나이 46세였다. 1952년 11월에는 아이젠하워가 미국의 새 대통령에 당선되었고, 1953년 3월에는 스탈린이 사망해 흐루쇼프가 뒤를 이었다. 스탈린과 김일성의 주도로 발발한 한국전쟁은 중국군 참전 이후에는 마오쩌둥이 핵심구실을 했다. 동족상잔으로 민족의 파탄을 부르고 한반도를 폐허로 만든 전화戰火의 인적·물적 피해는 상상을 절絶했다. 이런 유·무형의 엄청난 대가를 치렀음에도 한반도는 여전히 휴전선으로 허리가 잘린 채 세계 유일의 반동강이 국가로 오늘에 이르고 있다.

신중국은 '항미원조抗美援朝'의 전쟁을 벌이기 전 항일전쟁과 내전으로 피폐화한 전후 복구의 국가 재건과 경제건설이 최우선의 국가 과제였다. 특히 5억 명의 인구를 먹여 살리는 문제, 즉 경제문제는 최고의 숙제였다. 마오와 중앙은 본래 3년 안에 전국의 토지개혁을 완성해 사회주의 경제체제의 기초적 기반을 구축할 계획이었다. 그런 연후에 공업과 상업 부문을 조정하고 국가기구의 대량 비용 절감 등을 통해 국민경제를 회복시킨 뒤 본격적인 국가건설에 돌입한다는 방침이었다. 하지만 '항미원조'로 차질을 빚어 전쟁을 하며 토지개혁 등 사회개혁과 국가경제 건설을 병행하는 투 트랙의 정책결정을 채택했다.

마오는 1951년 2월에 소집한 중앙정치국 확대회의에서 '3년 준비, 10년 계획

경제 건설'의 발전전략을 제시했다. '3년 준비'는 실제적으로 군사, 정치, 경제, 문화 등 각 방면에 대한 사상적 통일작업 완수였다. 마오는 특히 3대 임무를 강조했다. 항미원조와 토지개혁, 반혁명 진압공작이었다. 항미원조는 전국에서 전쟁의 정당성을 선전하고 교육운동을 펼쳐 국민 단합을 꾀하도록 했다. 토지개혁은 농민 대표회와 토지개혁 훈련반을 편성해 토지개혁을 완료한 뒤에 농업생산성 향상을 위한 생산과 교육훈련을 강화하는 프로그램이었다. 반혁명 진압공작은 통일 이후 장제스 정부 관련자들에 대한 처리와 그들에 대한 사상 개조, 군정기관 내부에 암약하는 반혁명분자들의 색출이었다. 마오는 이런 공작이야말로 신중국이 앞으로 추진할 계획경제 건설의 필수적인 선결 준비작업이라고 강조했다. [326]

중앙은 '3년 준비' 작업이 성공적으로 마무리되자 제1차 경제개발 5개년 계획과 사회주의 국가로 이행하는 과도기의 총노선 정책을 제정해 사회주의 공업화의 터전 마련에 매진했다. 중앙은 특히 국방의 기초가 되는 낙후한 중공업 발전에 심혈을 기울이면서 재정 증대와 안정화 정책에 각별한 관심을 쏟았다.

이런 국가발전 전략을 추진하는 과정에서 마오와 류사오치, 저우언라이 사이에 재정과 경제발전 속도에 관한 이견이 표출되기 시작했다. 마오는 사회발전 단계에서 신민주주의로부터 사회주의 국가체제로의 전환을 다그쳤다. 급진적인 마오는 류사오치와 저우언라이의 점진적 사회개혁과 경제발전 속도에 불만을 터뜨렸다. 생존 가능한 사회주의 국가의 경제모델 방법론을 놓고도 갈등을 빚었다. 이때의 권력구도는 류사오치와의 '동맹제휴'로 구축한 1945년 중국공산당 제7차 전국대표대회의 5대 서기 체제였다. 마오가 당정군黨政軍을 총괄 지배하는 1인 우두머리였고, 당은 류사오치, 정부는 총리 저우언라이, 군은 인민해방군 총사령관 주더, 일반 행정을 맡았던 런비스가 1950년에 사망해 천윈(陳雲 진윈)이 뒤를 이은 순서로 중앙정치국 서기처가 구성되었다.

중앙은 1952년 상반기에 '10년 건설', 즉 대규모 계획경제 건설 등의 시기가 도래함에 따라 필수적인 유능한 인력을 발탁해 중앙의 지도부를 강화하기로 했다. 이는 마오의 제의에 따른 것이다. 류사오치는 '중공중앙 판사기구辦事機構 강화에 관한 실시 방안'을 제정하고, 중앙판공청 주임 양상쿤(楊尙昆 양상곤)과 중앙

조직부 부부장 안쯔원(安子文 안자원) 등에게 중앙기구의 설치 문제를 공동 연구하도록 지시했다.

류사오치는 6월 22일에 직접 소련 주재 중국대사 장원톈(張聞天 장문천)에게 소련 중앙기구의 설치 상황을 파악했다. 양상쿤과 안쯔원은 '당중앙 판사기구 강화에 관한 의견'을 기초해 지역을 맡고 있는 중앙국 서기들을 발탁해 베이징으로 불러들여 중앙의 지도부를 강화하는 방안을 제시했다. 이럴 경우 중앙이 관할하고 있는 각 부, 위원회, 판공청의 조직과 공작을 강화할 수 있다고 밝혔다. 이들은 또 몇 개의 새로운 부서나 위원회 증설을 제기했다. 류사오치는 7월 18일에 이 의견서를 마오, 저우언라이, 주더, 천윈, 펑더화이에게 회람했다. 이때 마오는 펑더화이를 한국전장에서 불러들여 저우언라이가 맡고 있던 중앙군사위원회 부주석에 임명했다. 저우언라이는 공산혁명 이래 계속 맡아왔던 군사업무를 접고 행정부 일에만 전념하게 되었다. 8월 4일, 마오는 류사오치에게 "즉시 사오치 동지의 건의대로 준비해 각지에서 일단의 인력을 선발하고, 기구를 만들어 배치하라"고 비준했다. 327

★

제10장

권력투쟁

가오강,
류사오치에 도전

당시 신중국의 통치 시스템은 당정군黨政軍을 틀어쥐고 있는 중앙의 지도기구 아래, 전국을 동북국(제1서기 가오강), 화동국(제1서기 라오수스), 중남국(제1서기 린뱌오), 서북국(제1서기 펑더화이), 서남국(제1서기 덩샤오핑) 등 5개 권역으로 나누어 지배하고 있었다. 이들 지역 서기는 현지 당정군의 권력을 한 손에 거머쥐고 지역을 다스렸다. 1952년 8월, 서남국西南局의 제1서기 덩샤오핑(鄧小平 등소평)이 맨 먼저 중앙에 올라와 정무원 부총리를 맡아 중앙의 지도공작에 참가했다. 이어 동북국東北局의 제1서기 가오강(高崗 고강), 화동국華東局의 제1서기 라오수스(饒漱石 요수석), 중남국中南局의 제2서기 덩쯔후이(鄧子恢 등자회), 서북국西北局의 제2서기 시중쉰(習仲勳 습중훈), 그리고 일단의 중요 지도간부들이 중앙의 발탁으로 중앙 지도기구에서 일을 하게 되었다.

마오는 총애하는 가오강을 중앙인민정부 편제에 근거해 새로 만든 국가계획위원회 수장에 앉혔다. 국가계획위원회는 저우언라이가 이끌고 있는 정무원에서 독립한 중앙인민정부 직속기구로 국민경제계획과 예산을 다루는 최고 행정기관이었다. 당시 47세의 가오강은 단박에 실세의 반열에 올라 주목을 받았다. 위원회 구성원도 호화 멤버였다. 주석인 가오강은 이 직을 맡기 전 중앙인민정부 부주석,

동북국 제1서기, 동북 인민정부 위원회 주석직에 있었다. 부주석은 동남국 제2서기 덩쯔후이였으며, 위원으로는 천윈, 덩샤오핑, 펑더화이, 린뱌오, 라오수스, 펑전(彭眞 팽진), 보이보(薄一波 박일파) 등 십수 명이었다. 328

사람들은 가오강이 지역에서 올라온 5명의 서기 중 가장 잘나간다는 뜻으로 "현재 5마리의 말이 서울로 올라왔는데, 1마리가 앞장서고 있다(五馬進京一馬當先 오마진경 일마당선: 대장 말이다)"고 빗댔다. 그중 1마리인 라오수스도 만만찮은 인물이었다. 화동국 제1서기 라오수스는 화동 군정위원회 주석을 겸하는 등 화동지역의 당정 부문에서 1인자였다. 라오수스는 베이징에 올라와 중앙조직부 부장(장관) 자리를 꿰찼다. 가오강은 1905년에 산시성(陝西省 섬서성) 헝산(橫山 횡산)에서 태어나 시안(西安 서안) 사범대학을 졸업한 뒤 류즈단(劉志丹 유지단)과 산베이(陝北 섬북) 소비에트 지구를 개척했다. 마오가 장정을 마무리하고 산베이에 근거지를 마련하는 데 류즈단과 가오강의 도움이 컸다. 가오강은 1945년에 정치국 위원에 진입했고, 1949년 신중국 건국 때 국가 부주석이 되었다. 6명의 국가 부주석 중 중앙의 베이징 주재가 아닌 유일한 지역국 인사였다. 가오강은 산베이에서 몸을 일으켰지만, 권력기반은 중공업 지역인 동북3성이었다. 한국전쟁 때는 동북군구 사령관 겸 후방지원군 사령관으로 병참업무를 총괄 지휘했다.

가오강의 활동 공간은 비교적 단순했다. 대부분 서북 황토고원에서 동북 흑토지대로 이동해 군사 경력을 쌓았다. 어쩌다 길을 지날 때 화북을 경유해 가오강은 북北자字 돌림인 '서북-동북-화북'을 지칭하는 '3북北'을 떠나지 않은 사람으로 불렸다. 가오강의 근거지 동북지역은 당시 선진적인 곳이었다. 중국의 전통적인 중공업지대로 선양(瀋陽 심양)과 창춘(長春 장춘), 하얼빈(哈爾浜 합이빈) 등 대도시가 발달했다. 소련과 국경을 맞대고 있어 선진국 소련과의 교역도 활발해 경제적 기반이 비교적 탄탄한 편이었다. 특히 소련은 창춘철도를 중국과 한시적으로 공동 관리하고, 다롄(大連 대련)과 뤼순(旅順 여순)의 해군기지를 운용해 많은 소련인들이 거주하고 있었다. 자원이 풍부한 이 지역을 중시한 소련에게 동북지역 제1서기 가오강은 특별관리 대상이었다. 스탈린이 가오강에게 승용차를 선물할 정도였다. 가오강은 스탈린을 내세워 자신의 위상을 과시했다. 대표적인 친소인물로 꼽혔다. 만주의 1인자로 불려 '동북왕'이란 소리까지 들었다.

이런 이유로 중공중앙이 가오강을 베이징으로 불러들인 것은 그를 통제하기 위한 것이란 설도 나돌았다. 야심만만하고 권력의지가 강한 가오강은 신민주주의에서 사회주의로 이행하는 과도 총노선을 둘러싼 마오와 류사오치, 저우언라이와의 갈등의 틈새를 파고들었다. 가오강은 마오 다음의 권력을 노렸다. 최대의 걸림돌은 류사오치와 저우언라이였다. 마오의 기치를 내걸고 제거작업에 들어갔다. 권력의 화신化身이 된 가오강은 신중국 건국 후 첫 권력투쟁의 불길을 당겼다. 329

세제稅制를 둘러싼 논쟁에서 첫 포문을 열었다. 신중국의 세제는 당분간 옛 세법을 따른다는 방침에 따라 1950년 초에 제정되었다. 경제규모가 발전하면서 원래의 세제가 경제 활성화의 폐단현상으로 나타났다. 이 때문에 정무원 재경財經위원회는 1952년 12월 31일에 '세제의 약간 수정 및 실행 시기에 관한 통고'와 '상품유통세 시행방법'에 관한 법안을 공포했다. 당시 중앙재경위원회 부주임 겸 재정부 부장인 보이보는 '공사公私일률적인 평등납세'를 뼈대로 한 세제안을 내놓았다. 이 법안이 공포되자, 마오는 "'공사일률 평등납세'의 구호는 중공중앙 제7기 2중전회의 결의에 위배된다. 수정 세제를 사전에 중앙에 보고하지 않고, 자본가들과 상의했다. 자본가들을 당중앙보다 더 중하게 대했다. 이 세제는 자본가들이 좋아하는 우경 기회주의의 잘못을 저질렀다"고 엄중하게 비판했다. 마오는 공격의 창끝을 정무원 수장인 저우언라이를 겨냥해 '분산주의'의 과오를 범했다고 신랄하게 비판했다. 중앙정부의 조직개편에 착수했다. 정무원은 5월 15일에 중앙의 결정에 따라 22개 부서 중 경제개발 5개년 계획을 입안하고 추진하는 핵심부서인 중공업부, 1기부一機部, 2기부二機部, 연료공업부, 건축공정부, 지질부, 경공업부, 방직공업부 등 8개 부서를 가오강이 이끌고 있는 국가계획위원회에 배속시켰다.

마오의 말 한 마디로 핵심적인 국가조직을 떼었다 붙였다 하는 것은 이미 중앙의 의사결정 과정에서 민주협의체적 논의구조가 무너졌다는 것을 뜻했다. 마오의 1인 독재체제가 고개를 들기 시작했다. 그동안 경제계획을 주도해왔던 저우언라이는 이 부문에서 도중하차했다. 총리로서 형식상 정부의 전 부서를 이끄는 모양새였지만 행정과 외교 등 몇 개 부서만 관할하도록 했고, 그나마 다른 부서도 직접 중앙에 책임지도록 하는 정부조직 개편이 이루어졌다. 권한이 대폭 축소되어 허울뿐인 총리로 전락했다.

반면, 날개를 단 가오강의 국가계획위원회는 막강한 권한을 갖게 되어 실세 '경제내각'으로 불렸다. 예나 이제나 권력의 추에 따라 사람이 모이고 흩어진다. 가오강 진영에 권력을 좇는 사람들이 들끓었다. 권력의 속성을 너무 잘 알고 있는 마오는 한발 더 나아갔다. 나흘 뒤인 5월 19일, 류사오치와 양상쿤에게 편지를 보내 "모든 중앙 명의로 발송하는 문건, 전보는 반드시 모두 내가 본 뒤에 발송하라. 그렇지 않으면 무효니 주의하기 바란다"고 류사오치를 옥죄기 시작했다. 편지 내용에 '그렇지 않으면 무효(否則無效 부즉무효)'라고 쓴 4글자에 중요 표시를 했다. 마오는 또 이날 류사오치, 저우언라이, 펑더화이, 양상쿤에게 지시 공문을 보내 "1)지난해 8월 1일부터 올해 5월 5일까지 중앙과 중앙군사위원회 명의로 발송한 전보와 문건 가운데 내가 보지 않았던 것이 있는지 여부와 있으면 얼마나 되는지, 그 결과를 나에게 보고하라(내가 순시했을 때나 병가를 냈을 때는 제외). 2)과거 여러 차례 중앙회의 결의를 내가 보지 않은 채 멋대로 내보낸 것은 잘못이고, 기율을 파괴하는 것"이라고 으름장을 놓았다. 마오가 정부의 저우언라이를 비판한 것처럼 당중앙의 지도 과정에서의 '분산주의'를 경고하고 류사오치를 강도 높게 비판한 것이다. 마오의 이런 행위에 고무된 가오강은 본격적으로 류사오치와 저우언라이 타도에 앞장서기 시작했다. 330

그러나 가오강의 경륜과 경험 부족 등으로 1953년 상반기에 국가의 재정경제 부문에서 문제가 생겼다. 국가 예산집행 결과 21억 5천만 위안의 적자가 발생한 것이다. 중앙은 이 문제 해결과 함께 사회주의 과도기의 총노선 문제와 제1차 경제개발 5개년 계획 문제를 논의하기 위해 제1차 재경회의를 소집했다. 회의는 6월 14일부터 8월 12일까지 장장 2개월 동안 계속되었다. 가오강은 재정적자 문제에 대해 책임을 회피한 채 회의의 본질에서 벗어난 이념공세를 펴고 나왔다. 비판의 화살을 신세제를 실시한 중앙재경위원회와 재정부장 보이보에게 쏟아부었으나, 공격의 창끝은 점점 류사오치로 향했다. 가오강은 "보이보가 농촌정책을 집행하면서 당중앙과 마오가 지시한 '자영농을 점차 (합작경영의) 집단체제 방향으로 발전시키라'는 방침을 배척해 농촌경제의 발전은 실질적으로 부농富農정책을 지향하고 있다"고 강력 비판했다.

　　당시 가오강의 비서였던 자오자량(趙家梁 조가량)이 훗날 밝힌 바에 따르면 이때 가오강이 발표한 연설문은 여러 명의 비서들이 참가해 기초했다. 재경회의 이튿날 마오가 과도기의 총노선과 자산계급의 우경사상을 비판하는 보고 연설을 했다. 사유제私有制와 부농富農경제, 개인 자본주의 경제를 깨고, 집단 공유제의 사회주의 체제로 향하라는 진군나팔을 불어댔다. 비서진은 가오강의 연설 내용을 마오의 견해와 일치시키는 연설문으로 작성했다. 이는 단순히 보이보를 비판하는 게 아니라 류사오치를 겨냥했다는 것이다. 작성된 원고를 본 마오와 저우언라이는 모두 동의했다. 마오는 한술 더 떠 연설문 가운데 '우경右傾' 단어의 앞에 '자산계급資産階級' 4글자를 보태는 등 가오강을 격려했다.

　　가오강은 이 회의에서 그동안 수집해놓은 류사오치의 문제 발언들을 열거하면서 집요하게 물고 늘어졌다. 그중 하나가 톈진(天津 천진) 발언이었다. 류사오치가 톈진에서 연설할 때 "착취도 공功이 있다. 착취가 많으면 많을수록 좋다"고 한 발언을 들고 나왔다. 이는 당시 민족자본이 국민경제를 회복시키고 발전시키는 과정에서 일정한 구실을 하고 있다는 뜻의 해학적 언사였다. 가오강은 이 발언을 문제 삼아 류사오치가 무산자계급의 처지를 망각하고, 자본가들에게 투항했다는 것을 뜻한다고 비판했다. 산시성山西省위원회에서 연설한 농업생산 호조互助합작 문제 발언도 빌미가 되었다. 류사오치는 산시성위원회의 급격한 사유제 폐지로 농민들이 반발한 것과 관련해 신민주주의 경제건설의 일정한 시기 안에서 점진적 추진을 요구하며 산시성위원회를 질책한 바 있었다. 이 발언은 나중에 마오로부터 크게 비판을 받은 적이 있었다. 가오강은 이런 사례를 내세워 우경 기회주의고, 주자파走資派의 '주요 증거'라며 류사오치를 몰아붙였다. [331]

　　가오강의 류사오치 견제는 오래전부터 시작되었다. 신중국 건국을 앞두고 마오의 소련 방문 사전 정지작업을 위해 류사오치가 1949년에 소련을 방문했을 때 대표단의 일원으로 가오강을 대동했다. 가오강은 소련으로 떠나기 전 동북지역 경제고문인 소련인 커와야오프(柯瓦廖夫 가와료부)에게 아무런 근거도 없이 류사오치가 중공 내부에서 '친미파親美派'라고 불린다며 소련과 류사오치를 이간하는 요언妖言을 했다. 커와야오프는 귀국해서 스탈린에게 '중공중앙의 약간의 정책과 실제에 관한 문제'에 대한 보고서를 제출했다. 커와야오프는 이 보고서에서 "당내의 중앙위원 중 과거에 친미적이고 반소적인 인사들이 있다. 중앙의 지도자들은 현재 그들을 지지하고 있다. 류사오치 조직과 지도자들은 근거 없이 가오강을 비판한다"고 기술했다. 류사오치와 일단의 지도자들이 가오강을 비판했다는 내용은 개인 자본주의 경제정책에 대한 가오강의 지나친 '좌'적 경향을 경고한 것을 지칭한 것이었다. 류사오치와 가오강이 귀국한 뒤 가오강은 "스탈린은 류사오치를 좋아하지 않는다. 류사오치에 대해 불만이 많다"고 헐뜯으면서 스탈린의 입을 빌려 자신을 높였다. 그해 12월에 마오가 소련을 방문했을 때 스탈린은 커와야오프가 작성한 보고서를 귀국하는 마오에게 건넸다. [332]

1950년 7월, 중앙 중남국의 제3서기 덩쯔후이(鄧子恢 등자회)가 중남지구 총공회總工會(노동조합) 주비위원회 확대회의 보고 연설에서 노동조합이 노조 구성원 군중의 이탈 현상을 지적한 일이 있었다. 덩쯔후이는 "일부 노조간부들이 명확한 계급의식의 결핍으로 노동자들의 정당한 권리를 중시하지 않는 현상이 나타나고 있다"면서 "노조공작의 입장문제, 노조가 구성원들의 이익을 대표하는 문제, 노조공작의 방법과 기풍문제 등"을 제기했다. 덩쯔후이의 문제제기는 사회주의 과도기 총노선의 방침에 따라 사기업이 공영기업화하면서 노조의 일부 간부들이 노조원들을 '공장의 부품화'하는 현상에 대해 제동을 건 것이었다. 노조는 노동자들의 이익을 대표하는 만큼 노동자 군중의 일상적인 밀접한 이익을 보호해야 한다는 내용이었다.

7월 29일, 덩쯔후이는 마오에게 전문을 보내 회의 상황과 자신이 만든 회의 줄거리를 보고했다. 그리고 30일에 중남국의 기관지 『창장르바오(長江日報 장강일보)』에 보고 내용을 실었다. 류사오치는 덩쯔후이의 보고 내용을 보고 긍정적 반응을 보였다. 류사오치는 8월 4일에 자신이 기초한 중공중앙의 지시 문서를 통해 "노조공작은 현재 우리 당의 주요 공작 중 하나다. 그런데도 각 지역의 당위원회가 노조에 관해 충분한 주의를 기울이지 않고 있다. 덩쯔후이의 (노조 관련) 보고가 잘되어 있다. 이런 방법으로 각급 당위원회가 노조에 대해 더욱 주의를 기울여 노조공작을 개선할 것"을 요구했다. 류사오치의 지시 문서는 마오와 저우언라이, 전국 총공회 주석 리리싼(李立三 이립삼) 등의 회람을 거쳐 발송되었다. 덩쯔후이가 보고에서 지적한 노조의 새로운 문제와 관점은 지도간부와 노조 공작자들의 광범한 관심과 격렬한 토론을 불러일으켰다.

중국 노동운동의 초창기 대부인 류사오치는 1951년 2월 3일의 중화 전국 총공회 상임위원회 확대회의 연설에서 덩쯔후이의 노조공작 문제의 보고와 관점을 거론하며 일정부분 지지를 표시했다. 그러나 모두가 찬성하고 지지한 것은 아니었다. 먼저 가오강의 동북지역에서 이의를 제기했다. 가오강은 일찍이 덩쯔후이가 보고를 발표하기 전인 7월 21일의 동북 총공회 집행위원회 확대회의에서 "당정공黨政工은 하나의 목적으로 친밀하게 단결해 생산을 해야 하며, 절대로 대립해 문제를 제기하는 것은 삼가야 한다"고 밝힌 바 있었다. 무늬만의 노조를 강조한 것이었다. 이에 따라 동북지역 공작회의에서는 당연히 덩쯔후이가 기회주의 원칙과 이론을 선전한다고 비판했다. 가오강은 회의 총결 연설에서 "타당하지 않으며 사상을 헷갈리게 한다"고 논박했다. 가오강은 1951년 4월에 관련 전문가를 동원해 덩쯔후이의 글을 비판하는 문건을 작성했다. 가오강은 이 글을 기관지『둥베이르바오(東北日報 동북일보)』에 실으려고 사전에 마오에게 편지를 보내 문건을 검토해 수정하고, 신문 발표 여부를 비준해줄 것을 요청했다. 마오의 신문, 잡지 등 간행물 및 선전 담당 비서 후차오무(胡喬木 호교목)는 글과 편지를 읽어보고 마오와 류사오치에게 이렇게 말했다. [333]

"덩쯔후이 동지의 견해가 확실히 만족스럽지 못한 곳도 있습니다. 그러나『둥베이르바오』에 글을 실어 정면으로 논박하는 것도 적당하지 않습니다. 덩쯔후이가 제기한 구체적 입장에 대한 다른 관점이 원인입니다. 노조는 응당 노동자들의 직접적 복리를 더 중시해야 합니다. 많은 노조가 주의를 기울이지 않은 것은 옳지 않습니다. 그러나 노조와 국영기업, 정부의 구체적 입장이 다르다는 것을 제기할 필요는 없습니다. 일단의 노조간부들이 이 점을 강조해 공장 쪽과 대립하는 것은 맞지 않습니다."

후차오무는 "이 글을 『둥베이르바오』에 싣거나 또는 『런민르바오』에 싣는 게 좋은지 고려한 뒤 비준해줄 것"을 요청했다. 5월 10일, 류사오치는 가오강의 글과 후차오무의 편지를 보고 후차오무에게 보낸 공문에서 "내 의견은 가오강 동지의 글을 잠시 발표하지 않는 게 좋다. 4중전회를 기다렸다가 이 문제를 명확하게 토론하는 게 낫다. 가오강의 글을 덩쯔후이 동지에게 열람하도록 보내라"고 지시했다. 류사오치는 가오강에게 서신을 보내 "당신이 쓴 글을 보았고, 주석에게 보냈다. 주석은 아직 보지 않은 것 같다. 나의 의견은 4중전회가 곧 열리는데 그때 이 문제를 토론했으면 한다. (덩)쯔후이 동지도 참석한다. 그때 토론할 수 있다. 따라서 당신의 글은 잠시 발표하지 않는 게 좋다"고 신문에 싣는 것을 반대했다. 류사오치는 가오강의 글을 신문에 게재하는 것을 찬성하지 않았다. 첫째는 당내에 통일적인 인식이 이루어져 있지 않아 공개할 경우 이 문제가 복잡한 방향으로 전개되리라 판단했다. 둘째는 가오강의 글이 너무 강해 공개적인 비판 방식을 채택하는 것이 적절하지 않다고 보았다. 셋째는 류사오치 또한 아직 이 문제에 대한 확정된 관점이 없었다. 그러나 덩쯔후이의 관점과 비슷했다. 이 때문에 류사오치는 좀더 나은 해결책을 연구하기 위해서는 5~6개월의 시간이 필요하다고 생각했다.

류사오치는 이때 '덩쯔후이와 가오강 동지의 글 2편을 읽고 쓴 수상(讀鄧子恢和高強同志兩篇文章的筆記 독등자회화고강동지양편문장적필기)'에서 근 9천 자에 이르는 글로 자신의 노조공작 문제의 관점과 인식을 상세하게 서술했다. 류사오치의 이 글은 나중에 발생하는 인민 내부의 모순에 관한 문제를 일찌감치 예상해 논술했다. 이 글은 류사오치 생전에는 발표되지 않았다. 다른 지도자들에게 회람하거나 의견을 교환한 적이 없었기 때문에 이 글 존재 자체를 알지 못했다. 그러다가 1985년 『류사오치 선집』 하권을 출판할 때 발굴되어 30여 년 만에 세상에 알려지게 되었다.

류사오치는 애초 4중전회에서 노조공작 문제를 집중 토론할 계획이었으나 상황 변화로 실현하지 못했다. 10월 초, 전국 총공회 주석 겸 당조黨組 서기 리리싼이 당내 노조공작 방침 문제를 둘러싼 쟁론을 마오에게 보고했다. 2개의 의견이 서로 엇갈렸다. 하나는 국영기업에서 공사公私이익은 완전히 일치해 모순이 없다.

따라서 하나로 일치하는 만큼 국가의 공적 부분과 개인의 사적 부분을 두루 챙기는 '공사겸고公私兼顧'의 정책은 국영기업에 맞지 않는다는 주장이었다. 노조 본래의 목적을 부정한 것이다. 또 하나는 국영기업에서 공사이익은 기본적으로 일치한다. 그러나 관련 노동자 생활과 노동조건 등의 문제에서는 모순이 존재한다. 이 모순의 성질은 노동자계급 내부의 모순으로 협조적인 방법을 사용해야 한다. 즉 공사 모두를 살피는 '공사겸고'의 방법으로 문제를 풀어야 한다는 입장이었다. 334

리리싼은 "'공사겸고'는 현재 국영기업뿐만 아니라 장래 사회주의 시기의 각종 대내외 문제에서도 하나의 주요 문제다. 국영기업에서 '공사겸고' 원칙의 운용을 부인하는 것은 타당치 않다"고 명확하게 자신의 의견을 표시했다. 결과적인 얘기지만 이런 리리싼의 보고와 류사오치가 쓴 미공개의 글은 누가 본 적이 없는데도 놀라우리만치 비슷한 관점을 보였다.

그러나 마오는 리리싼의 생각과 달랐다. 마오는 리리싼이 노조공작 과정에서 과오를 범했다며 강력 비판하고, 리리싼의 전국 총공회 주석과 당조 서기직을 박탈했다. 대신 류사오치, 리푸춘(李富春 이부춘), 펑전(彭眞 팽진), 라이뤄위(賴若愚 뇌약우), 리리싼, 류닝이(劉寧一 유녕일) 등 6인으로 전국 총공회 당조간사회黨組干事會를 만들어 총공회 공작을 지도하도록 했다. 그해 12월에 총공회 논쟁을 통한 가오강 집단의 끈질긴 공격으로 리리싼이 자아비판을 한 데 이어 덩쯔후이도 중남국 회의에서 스스로 비판을 했다. 건국 후 최대의 논쟁을 불러일으켰던 총공회 공작 문제는 더 이상 진전되지 않은 채 논의가 중단되었다.

이처럼 가오강은 당내 2인자인 류사오치를 집요하게 물고 늘어져왔다. 가오강이 재경회의에서 정무원 부총리 겸 재정부장 보이보를 줄기차게 공격한 것도 류사오치를 끌어내리기 위한 계산된 투쟁이었다. 가오강이 원래의 회의 의제인 예산, 지방재정과 대도시 재정, 세수稅收, 경제 5개년 계획, 군비軍費 등의 토론문제를 제쳐놓고 마오의 비위를 건드린 신세제 문제를 물고 늘어지자 마오는 공개토론으로 이 문제를 정리하도록 저우언라이에게 지시했다. 보이보는 7월 13일에 131명이 참가한 영도소조 확대회의에서 책임 추궁을 당한 끝에 1차 자아비판을 했다. 보이보는 나중에 이날 열렸던 회의를 이렇게 회상했다.

"나는 저우언라이가 보낸 서신에 따라 1차 자아비판을 했다. 회의 분위기가 즉시 긴장 상황으로 빠져들었다. 나는 '공개석상 토론'의 집중 타깃이 되었다. 7월 14일부터 7월 25일까지 잇따라 제8차 영도소조 확대회의가 열렸다. 나에 대한 비판이 봇물을 이루었다. 나는 성의를 다해 나의 잘못에 대해 말했다. 하지만 회의 참가자들은 끝없는 비판을 날렸다. 그러다보니 2개월 동안의 회의에서 마오 주석이 부의한 총노선 문제, 경제개발 5개년 계획, 재정문제, 민족자산계급 문제 등에 대한 진지한 토론이 이루어지지 못했다. 원래의 회의 목적을 달성할 수 없었다. 나는 당시 왜 회의가 이런 모습으로 변질되었는지, 사상적 의문이 들었다. 나에게 부단히 큰 모자(大帽子 대모자; 죄명이나 딱지를 붙이는 것)를 씌우려 했다. 이것은 바로 홍문연에서 '항장이 검무를 추지만 사실은 패공 유방을 찌르려는 형국'과 같았다. 나를 비판하는 체하면서 류사오치 동지를 타도하려는 목적이었다."

몇 개월 뒤에 진상이 밝혀졌다. 마오의 뒷배를 믿고 위세를 부리던 가오강이 라오수스와 한패가 되어 분탕질을 한 것이었다. 이들은 도처에 '동맹군'을 끌어들여 보이보를 공격하라고 부추겼다. 가오강은 사람들에게 노골적으로 이번 회의에서 류사오치의 내막을 파헤칠 것이라고 공공연하게 말했다. 보이보는 그때를 이렇게 회상했다. [335]

"가오강과 라오수스의 교란으로 회의가 마오 주석이 생각했던 것과는 달리 아주 동떨어진 방향으로 흘러가자, 마오 주석은 저우 총리에게 이른 시일 안에 회의를 끝낼 것을 주문했다. 그러나 회의에서 나에 대한 비판은 줄어들지 않았다. 나는 가오강과 라오수스가 나를 공격하는 것뿐만 아니라 중앙영도의 핵심인 류사오치와 저우언라이를 겨냥하는 것을 알고, 이후로는 한마디의 말도 하지 않았다. 당시 회의는 나에게 3차 자아비판을 요구했으나 거부했다. 저우 총리는 나의 태도를 마오 주석에게 보고했다. 마오 주석은 '보이보 동지는 자아비판을 할 필요가 없다'고 말했다고 저우 총리가 전했다."

회의가 쉽게 끝나지 않자, 마오는 베이다이허(北戴河 북대하)에서 휴가 중인 천원과 덩샤오핑을 '구원병'으로 불러 회의에 참가하도록 지시했다. 8월 3일에 덩샤오핑은 회의에 참가해 이렇게 말했다.

"모두가 보이보 동지의 과오를 비판한다. 나도 찬성한다. 개개인 모두 과오를 범한다. 나 스스로도 적지 않은 과오가 있다. 자리에 앉아 있는 다른 동지들도 과오가 없다고 말할 수 없다. 보이보 동지는 대단히 많은 과오를 저질렀다. 한두 근斤이 아니라 1~2톤 정도다. 그가 범한 과오가 더 많더라도 노선의 과오라고 말할 수 없다. 그가 몇 년 동안 일하면서 이런저런 과오를 저질렀다고 할 수는 있으나, 노선상의 과오를 범했다는 것은 맞지 않다. 나는 찬성하지 않는다."

천원은 8월 6일에 열린 재경회의 영도소조 회의에서 "신세제의 결과는 분명하다. 사회주의 경제에 불리하고 자본주의 경제에 유리하다. 보이보는 중앙재경위원회에서 많은 일을 했다. 일을 하다보면 서로 다른 의견이 있을 수 있다. 그러나 중앙재경위에 2개의 노선이 있다고 말해서는 안 된다"고 보이보 구원에 나섰다. 천원과 덩샤오핑이 회의에서 보이보의 공작에 긍정적 평가를 하면서 서슬이 시퍼렇던 회의 분위기는 수그러들었다. 8월 11일, 중난하이 화이런탕(懷仁堂 회인당)에서 열린 전국 재경회의 대회에서 저우언라이가 총결보고를 했다. 마오는 보고에서 (류사오치를 겨냥한) 분산주의에 대해 비판하면서도 실제적으로는 가오강과 라오수스 등의 당 단결을 해치는 지나친 행위에 대해서 경고 발언을 했다.

역린

가오강은 10월 3일부터 11월 2일까지 한 달 동안 항저우(杭州 항주) 등 남방지역으로 휴가를 간 적이 있었다. 그때 린뱌오가 시후(西湖 서호)에서 양병養病을 하며 쉬고 있었다. 린뱌오는 가오강과 동북해방전쟁 때 친밀한 관계를 유지했다. 건국 후에는 가오강이 동북지역, 린뱌오가 중남지역을 관할하면서 돈독하게 지냈다. 항저우에 온 가오강은 마오의 '확산 금지' 엄명에도 불구하고 린뱌오를 찾아가 '3월 명단' 사건을 떠벌려 린뱌오를 충동질했다.

요컨대 1953년 3월 초, 가오강이 중앙조직부 부부장 안쯔원(安子文 안자문)에게 "마오가 중앙정치국 구성원을 개편해 중앙 각부 기구를 강화한다는 말을 자신에게 말했다"고 전해줬다. 안쯔원은 가오강의 말만 듣고 중앙의 권한을 부여받지 않은 채 중앙정치국 위원 명단 등을 작성해 7월 말에 경고처분을 받고 자아비판을 한 일이 있었다. 중앙 지도층의 명단은 고도의 보안을 유지해야 하는 기밀사항이었기 때문이다. 가오강과 조직부 부장 라오수스는 류사오치가 제멋대로 명단을 만들었다며 허위사실을 유포해 그를 해코지했다. 이런 사실을 안 마오는 근거 없는 '3월 명단'과 관련한 유언비어를 확산시키지 말 것을 경고한 바 있었다. 가오강은 한발 더 나아가 류사오치를 거론하며 현재 당을 '백구파白區派(류사오치 등 장제스 통치지역에서 지하운동을 한 그룹)'가 장악해 공산혁명의 주류인 '근거지파와 군부'가 끈 떨어진 쪽박이라고 린뱌오를 끌어들이려 안간힘을 썼다. 뿐만 아니라 남방지역을 돌아다니며 당정군 고위 지도자들을 만나 군이 당을 장악해야 한다는 '군당론軍黨論'을 설파하며 류사오치 공격을 계속했다. 그러나 '군당론'은 마오의 '당이 군을 지배한다'는 공산혁명의 철칙을 어기는 것으로 마오의 역린逆鱗을 건드리는 꼴이 되었다. [336]

권력의 부나방이 된 가오강은 이 문제를 도외시해 자신이 나락으로 떨어질 줄은 생각지도 못했다. 가오강은 "총구에서 당이 나온다"와 "당은 군대가 창조한다"는 이론을 내세워 마오가 제기한 "당이 총을 지휘한다"는 원칙을 공개적으로 반대했다. 또 중공중앙 제6기 7중전회가 통과시킨 '약간의 역사문제에 관한 결의'를 고쳐야 한다고 주장했다. 이 결의는 류사오치가 한 백구공작은 정확한 노선을 대표했다는 것을 공식적으로 확인한 것이었다. 그러나 가오강은 잘못된 것으로 새로 결론을 내야 한다고 주장했다. 가오강은 예민한 당의 역사문제도 들쑤셔댔다. 당을 '백구당'과 '근거지와 군대의 당' 두 부류로 나누고 마오가 '홍구紅區(근거지)'를, 류사오치가 '백구白區'를 각각 대표한다며, 당을 '이원화二元化'시켰다. '군대의 당'이 당의 주체고, 자신이 주체를 대표하는 인물이라고 스스로를 치켜세웠다. 가오강은 "현재 당과 국가의 지도 권력이 '백구당'의 수중에 들어갔다. 백구 간부가 당을 찬탈한 것이다. 마땅히 철저하게 바꾸어야 한다"고 목소리를 높였다. 가오강은 이런 주장을 펴면서 '동맹자'를 끌어들이는 데 혈안이 되어 천윈, 덩샤오핑 등에까지 손을 뻗쳤다. 덩샤오핑은 훗날 이렇게 회상했다.

"이 일은 내가 아주 뚜렷하게 알고 있다. 마오쩌둥 동지가 1953년 말에 '중앙 1선線, 2선線'을 제기한 뒤 가오강은 매우 적극적이었다. 그는 먼저 린뱌오의 지지를 얻자 광범하게 손을 뻗쳤다. 그때 동북은 자신이 관할했고, 중남은 린뱌오, 화동은 라오수스, 서남은 내가 관할했다. 그는 나를 끌어들이기 위해 나에게 정식으로 이야기했다. 류사오치 동지는 성숙하지 못하니 자신과 함께 류사오치 동지를 끌어내리자고 했다. 나는 명확하게 태도를 표시했다. 류사오치 동지의 당내 지위는 역사적으로 형성된 것이며, 총체적으로 말하면 류사오치 동지는 잘하고 있다. 이렇게 역사적으로 형성된 지위를 바꾸려 하는 것은 합당하지 않다. 가오강은 또 천원 동지를 찾아가 자리 흥정을 했다. 그는 천원 동지에게 몇 개의 부주석은 당신과 내가 하자고 제의했다. 천원 동지와 나는 비로소 문제가 심각하다는 것을 느꼈다. 곧바로 마오쩌둥 주석을 찾아가 주의를 환기시켰다. 가오강은 류사오치 동지를 넘어뜨리려고 거래를 한 것이다. 음모적이고 모략적인 방법으로 대단히 비정상적 행위였다."

마오는 가오강 문제를 해결하기 위해 마침내 칼을 빼들었다. 마오는 가오강을 지지했던 린뱌오에게 천원을 시켜 가오강을 지지하지 않는다는 확답을 받은 뒤 가오강 반당사건 처리 과정에서 제외했다. 린뱌오를 구제하기 위한 배려였다. 마오는 가오강 사건을 처리하기 위해 12월 24일에 중앙정치국 확대회의를 소집했다. 마오는 이 회의에서 "베이징에는 2개의 사령부가 있다. 하나는 내가 이끄는 사령부로 밝은 바람이 불고, 밝은 불이 타오른다. 다른 하나는 다른 사람이 이끄는 사령부로 음산한 바람이 불고, 음산한 불이 타오른다. 지하에서 불길이 타오른다. 도대체 정치가 하나의 문門에서 나오나, 그렇지 않으면 정치가 여러 개의 문에서 나오는 것인가?"라며 가오강과 라오수스를 겨냥한 폭탄발언을 했다.

1954년 2월, 마오의 건의로 베이징에서 중앙 제7기 4중전회가 열려 '당의 단결 증강에 관한 결의'를 통과시켰다. 류사오치는 보고 연설에서 "일부분의 간부, 심지어 모 고급간부들이 당 단결의 중요성에 대한 인식 부족과 집체영도의 중요성에 대한 인식 부족, 중앙 위신 공고와 제고의 중요성에 대한 인식 부족 등으로 개인의 역량을 과대평가하고 개인의 위신을 강조해 스스로 천하제일인 양 찬양만 들으려 하고 비판이나 감독을 받으려 하지 않는다. 비판자에 대해서는 억압과 보복을 하고, 심지어 자신이 이끄는 지구나 부문을 개인의 밑천이나 독립왕국으로 여기고 있다"고 신랄하게 비판했다. 회의에서 주더, 저우언라이, 천원, 덩샤오핑 등은 가오강과 라오수스의 '반당 분열 활동'을 엄히 비판하고 그들이 잘못을 뉘우치고 과오를 고치기를 바란다는 내용의 발언을 했다. [337]

2월 17일, 이런 와중에서 궁지에 몰린 가오강의 자살 미수 사건이 터졌다. 당중앙은 당에 대한 항거로 규정하고 전면적으로 가오강과 라오수스의 반당 음모 조사에 들어갔다. 중앙서기처는 2월 18일부터 3일 동안 가오강 문제에 관해 토론회를 열었다. 저우언라이는 마지막 날의 총결발언에서 가오강의 당 분열 및 당과 국가권력 탈취 음모 활동의 '10대 범죄행위'를 나열했다. 그런 연후에 가오강의 자살행위는 당과 인민을 스스로 끊어버리는 범죄행위라고 준열하게 비판했다. 10대 범죄행위 가운데 당연히 마오의 역린을 건드린 '총구에서 당이 나온다'와 '당은 군대가 창조한다'라는 '군당론軍黨論'이 제일 앞자리에 나붙은 것은 불문가지였다. 가오강이 군당론을 내세워 당을 분열하고, 지도 권력을 탈취하려는 도구로 이용했다는 죄목이다.

"가오강은 4중전회와 이후의 좌담회에서 두 차례 표면적으로는 자아비판을 했으나 실제적으로는 반성을 거부했다. 종국에는 자살이라는 치욕적인 행위로 당과 인민을 스스로 저버렸다. 비록 자살이 동지들의 저지로 미수에 그쳤지만 이것은 실제적으로 당에 대한 배반행위란 것이 완전히 드러났다. 부인할 수 없는 일이다."

가오강은 이해에 끝내 자살하고 말았다. 라오수스는 이때 숙청되어 옥살이를 하다가 1975년에 감방에서 병사했다. 덩샤오핑은 1955년 3월 21일부터 31일까지 열린 전국대표대회 '가오강과 라오수스 반당 연맹에 관한 보고'에서 가오와 라오의 당적 박탈을 통과시키고, 당내외의 모든 직무를 철회했다. 마오는 회의 개막과 폐막식 총결에서 가오와 라오수스 사건의 교훈에 관해 연설했다.

"장기적인 혁명투쟁에서 가오강이 혁명의 일면에 정확한 공이 있고, 당의 신임을 폭넓게 받았더라도 그의 개인주의 사상(순탄할 때 돌출적인 교만과 자만, 오만방자와 발호, 여의치 못했을 때 일득일실一得一失에 전전긍긍하고, 울분을 터뜨리며 동요함)과 방탕한 사생활은 오랫동안 고치거나 제지하지 못하고 전국 승리 후 더욱 심해졌다. 이것은 그의 어두운 일면이다. 가오강의 최근 시기의 반당행위는 바로 그의 어두운 면이 발전한 필연적인 결과다."

1956년 11월 15일, 마오는 중앙 제8기 2중전회에서 "여기서 말하는 외국과의 내통문제(里通外國 이통외국)와 관련해 우리 중국에 이런 사람이 있는가? 중앙에 기대어 외국인에게 정보를 전달하는 사람? 내가 보기에 있다. 예를 들면 가오강이 바로 그런 사람이다. 이것은 많은 사실들이 증명한다"고 말했다. 이 말은 가오강과 소련이 심상치 않은 관계를 맺고 있었음을 드러낸 것이다. 이때는 중소분쟁의 시기였다. 마오는 오래전부터 알고 있었으면서도 소련과 우호관계를 유지했을 때는 거론하지 않아 알고도 모른 체했다는 것을 의미했다. 마오는 과거에 가오강을 신임했고, 그의 강한 권력욕도 일찍이 간파했던 것으로 알려졌다. 그럼에도 "가오강이 능력이 있다"고 총애해 중용했다. 1980년 3월 19일, 이와 관련해 덩샤오핑은 중공중앙 책임자들과의 담화에서 일정 부분 마오의 책임을 지적해 눈길을 끌었다. 338

"가오강이 감히 그렇게 활동할 수 있었던 것은 어른(老人家 노인가)에게도 책임이 있었다. 어른은 해방 초기에 류사오치 동지, 총리(저우언라이)와 이견이 있었다. 가오강을 비교적 높게 평가해 '경제내각'을 구성했다. 바로 (국가)계획위원회다. 몇 개 큰 지역의 우두머리들이 모두 위원이어서 권력이 대단히 컸다. 정무원이 관여하는 경제의 대권을 모두 가져갔다. 가오강은 또 마오 주석의 주변 소식을 탐지해 기분을 맞추었다. 어른이 그를 중용했다. 또 4개의 큰 지역에서 그를 지지해 이때문에 (가오강의) 머리가 돌아버렸다."

건국 초기에 권력투쟁으로 번진 가오강 사건은 이렇게 일단락되었지만 마오의 리더십에도 적지 않은 상처를 남겼다. 가오강과 라오수스가 철저한 위계질서가 생명인 공산당 지도기구를 무시한 채 방약무인으로 휘젓고 다닌 것은 마오가 류사오치와 저우언라이를 견제하기 위해 용인하지 않았으면 불가능했기 때문이다. 마오가 마음대로 뗐다 붙였다 했던 정부기구의 8개 부서를 가오강 사건 뒤 다시 정무원에 배속시켜 총리 업무를 정상화했지만 금이 간 마오 리더십의 흠결을 덮을 수는 없었다. 신중국의 신민주주의에서 사회주의 체제로 이행하는 과정에서 마오와 류사오치, 저우언라이의 견해차이는 이후 생산성 제고를 둘러싼 '돌격주의'로 파열음을 냈다. 또 다른 가오강 무리에 둘러싸여 소통 부재의 1인 권력을 휘두른 마오의 우격다짐은 '대약진운동'으로 질주했고, '대약진'은 대재앙이 되면서 이념적 권력투쟁의 불길이 치솟기 시작했다.

경제개발 속도 싸고
'마오-저우' 충돌

마오는 간난신고 끝에 신중국을 창업創業했지만 접수한 것이라곤 사망 직전의 만신창이 구중국 사회였다. 사회 구석구석 어느 한 곳도 성한 데가 없었다. 게다가 중국 정치사회에서 누구도 가보지 않은 사회주의 국가 통치구조의 틀을 짜 안착시켜야 했다. 마오와 중앙은 '3년 준비, 10년 계획경제'의 비전을 제시하며 '3년 준비'의 핵심부문인 토지개혁과 반혁명 진압공작에 총력을 기울였다. 사회주의 국가 건설 과정의 과도기간 총노선 투쟁 현장으로 인민들을 몰아쳤다. 토지개혁과 사유재산의 공유제에 대한 지주, 자산계급의 격렬한 저항과 농업 합작화 운동에 대한 농민들의 거부, 사회주의 개조에 대한 공상업계의 반발이 잇따랐다. 뿐만 아니라 통일은 되었지만 장제스 타이완 정부의 대륙 탈환 노선에 따른 국민당 잔류세력의 무력도발, 사회 곳곳에 잠복한 비공산세력의 도전도 끊임없이 이어졌다. 마오와 중공중앙은 이 3년 동안에 철권통치로 반혁명분자들을 척결하며, 강력한 사상 통일과 사회주의 사회 개조 드라이브 정책을 펴 어느 정도 마무리했다.

당시 국민당 패잔병을 주축으로 한 무장토비와 일반 비적의 무리 200만여 명을 비롯해 간첩, 악질토호, 당정군黨政軍에 침투한 국민당 첩보요원, 지하 비밀결사 조직 등의 활동이 창궐해 사회 치안질서가 극도로 혼란했다. 중앙은 3년 동안 대규모의 진압작전을 펼쳐 280만여 명을 체포, 구금해 70만여 명을 사형에 처했다. 또 유·무기 징역형 120만여 명, 나머지는 사상 개조 작업을 벌이는 등 반혁명 진압공작이란 명분으로 숙청했다. 이런 위하威嚇정책과 토지개혁을 펼쳐 단기간에 농업 생산성이 신속하게 회복되는 등 농민 생활수준이 빠르게 개선되었다. 그러나 급진적인 사회주의 과도기 총노선을 밀어붙이면서 다시 생산성이 크게 떨어지는 현상이 나타났다. 이런 과정에서 마오를 비롯한 일단의 급진파 '돌격주의(冒進主義 모진주의)'와 저우언라이 등 경제개발 실무계획 진영을 주축으로 한 점진적 개혁 그룹의 '반反돌격주의' 간에 갈등을 빚기 시작했다. 339

가오강의 몰락으로 저우언라이가 다시 경제개발 5개년 계획을 추진하는 수장이 되었다. 독립적인 '경제내각'이었던 국가계획위원회는 리푸춘(李富春 이부춘)이 맡았으나 저우가 관할해 정치적 입지가 다시 넓어졌다. 경제기구인 재경위원회의 천원이나 경제위원회의 보이보와 긴밀한 협력관계를 유지했다. 가오강으로 인해 틈새가 벌어졌던 마오와 저우의 관계가 복원되었으나, 국가 전반을 통일적으로 이끄는 마오의 리더십과 현장에서 마오의 구상을 집행하며 처리하는 저우의 리더십이 아슬아슬한 관계를 유지했다.

마오쩌둥과 저우언라이 두 사람은 중국 현대사에서 물과 고기의 관계인 수어지교水魚之交의 사이로 일컬어진다. 흔히 중국 한漢나라를 세운 유방과 소하, 삼국시대 촉蜀나라의 유비와 제갈량의 관계로 비유된다. 또 근현대에서는 태평천국의 홍슈취안(洪秀全 홍수전)과 양슈칭(楊秀清 양수청), 무술유신戊戌維新운동 때의 캉유웨이(康有爲 강유위)와 량치차오(梁啓超 양계초), 신해혁명 시기의 쑨원(孫文 손문)과 황싱(黃興 황흥), 공산당 창당 전후의 '남진북이南陳北李'인 천두슈(陳獨秀 진독수)와 리다자오(李大釗 이대교) 등처럼 숙명적인 짝으로 꼽히기도 한다. 이들 조합의 특성은 두 사람 중 한 사람이 주도적인 주연이고, 다른 한 사람은 주연급 조연으로 호흡이 잘 맞는다는 것을 뜻했다. 이들 짝들은 서로가 의존하고 보충하면서 공동으로 추구하는 세계를 일구어나갔다. 이들은 서로 다른 재능을 상호 보완해 힘을 배가시키며 추구하는 목표를 효율적으로 달성했다. 공산당 제1기 지도집단에서 '마오-저우(毛周 모주)'라는 표현법은 없지만 두 사람의 찰떡궁합은 중국 사람들은 다 아는 일이었다. 주도적 구실을 하는 사람은 당연히 마오다. 덩샤오핑은 "마오 주석이 없다면 우리는 지금까지 어둠의 세계에서 헤매고 있을지 모른다. 마찬가지로 마오쩌둥이 없었다면 저우언라이도 우리가 지금 보는 저우언라이가 될 수 없었을 것이다"라며 두 사람의 불가분리不可分離의 관계를 말했다. 마오가 가장 의존했던 사람이 저우언라이였다는 사실도 부정하지 못한다.

이들은 공산혁명과 신중국 통치 과정에서 대부분 마오가 전반적인 통찰력으로 큰 방향을 잡아 생각을 이끌어가면, 저우는 마오의 방향과 생각을 주도면밀하게 구체화하고 집행하는 역할분담을 해왔다. 마오와 저우는 1924년 광저우(廣州 광주)에서 처음 만나 1976년에 세상을 뜰 때까지 52년의 세월을 함께했다. 저우는 신중국 건국 후에 정부에서 마오 주석의 유일한 총리로 26년 동안 역임했다. 당에서는 마오가 중앙위원회 주석일 때 5대 서기 중의 한 사람이었고, 이후 부주석이었다. 군부에서 마오가 중앙군사위원회 주석일 때 저우는 부주석이었다. 각 방면에서 마오가 주도적 구실을 했고, 저우는 마오를 보좌해 모든 일을 실무적으로 처리하는 집행자 구실을 했다. 저우언라이는 다른 사람들이 따라잡을 수 없는 특장特長을 갖고 있었다.

첫째, 수십 년 동안 다양한 부문에서 겪은 풍부한 경험으로 정치, 경제, 군사, 문화, 외교 등 방면의 일을 훤히 꿰뚫고 있었다. 이런 다재다능한 능력을 갖춘 인사는 거의 찾아볼 수 없었다.

둘째, 저우언라이의 업무 스타일은 세밀하고 주도면밀하게 여러 업무를 챙기면서도 전심전력을 쏟는 형型이다. 중국의 유명한 역사학자이자 철학자인 궈모뤄(郭沫若 곽말약)는 "나는 저우 공公에게 진심으로 기쁘게 탄복한다. 사물에 대한 조밀함, 일 처리의 민첩함이 전광석화 같다. 모든 헌신하는 정신은 마치 영원히 피로하지 않은 듯하다. 몇 날 며칠 잠을 안 잔 채 쉬지 않고 일하지만 피로한 기색이 없다. 처리하는 일은 조리 있고 논리정연하다. 엄격한 규율의 긴장 속에 있으면서도 해학과 힘찬 율려律呂가 스며 있다"고 극찬했다. 그처럼 저우는 오랜 업무 처리에도 활기찬 정력으로 복잡다단한 문제를 용의주도하게 잘 처리하는 능력의 소유

자였다. ³⁴⁰

셋째, 50여 년 동안 공산당의 최고 지도기구에서 고위 지도자로 일해 당의 간부에 대해 누구보다도 잘 알았다. 저우는 국민당 통치 지구에서 일할 때 당 밖의 민주인사나 지식인들과 폭넓은 교류로 돈독한 관계를 유지했다. 사람을 대할 때 성실하고 겸손하며 너그럽고 후덕하게 대해 많은 인심을 얻었다. 이런 처신은 사람들을 단합시켜 공동으로 업무를 추진하는 밑바탕이 되었다.

넷째, 저우언라이는 청년 시절을 일본과 프랑스, 독일 등 현대화한 국가에서 보내 해외 견문을 넓혔다. 신중국 건국 후에는 경제원조, 국방, 외교 문제 등에 대해 소련, 동유럽과 외교적 교섭을 통한 다양한 외교적 경험으로 국제 감각과 식견이 높았다. 반면 마오는 두 차례 소련을 방문한 것 이외에는 중국을 떠나본 적이 없다. 그 때문에 마오는 자신이 갖지 못한 부분을 저우를 통해 보완하는 바늘과 실의 관계를 맺었다.

급진 사회주의 유토피아 꿈꾸는 마오

1952년 7월 초, 저우언라이는 마오와 류사오치에게 경제건설에 관련한 서신을 보낸 적이 있었다. 제1차 경제개발 5개년 계획을 세우는 작업내용이었다. 당시 중국은 부분적 경제발전 계획은 있었으나 대규모적이고 장기적인 연차적 발전계획은 전무해 경험이나 관련 자료 등이 없어 큰 어려움을 겪고 있었다. 저우는 서신에서 "7월부터 나의 업무중심을 5년 (경제)계획 연구와 외교부문에 두려고 한다. 5년 계획은 종합공작으로 중요한 만큼 중앙에 전반적 의견을 제출하기 위해서는 자료 수집 교섭 준비를 해야 한다"고 밝혔다. 여기서 자료 교섭은 소련과의 협상을 통해 요구한 경제지원과 소련 경제개발 방식에 관한 자료였다.

저우는 1개월 동안 압축공작을 벌여 '3년래 중국 국내 주요 정황의 보고'를 작성해 5년 계획의 방침과 임무를 제시했다. 저우는 이를 기초로 8월 중순에 '중국 경제상황과 5년 건설의 임무'를 작성해 경제개발 5개년 계획 방침과 주요 지표 등을 상세하게 밝히면서 설명했다. 저우는 8월 15일에 경제부문을 담당하고 있는 천원과 리푸춘 등 중국 정부 대표단을 이끌고 소련을 방문해 경제원조를 요청하고, 경제개발 관련 자료 등을 수집했다. 저우는 5개년 경제건설의 큰 방침을 확정한 뒤에 1954년 11월 광저우에서 마오와 류사오치 등이 참석한 가운데 토론과 수정을 거쳐 이듬해 제1기 전국인민대표대회 제2차 회의에 부의해 정식으로 통과시켰다.

이런 국가의 대역사大役事와 사회주의 과도 총노선의 사회개조 과정에서 마오의 급진적 리더십과 저우의 점진적 리더십이 충돌하면서 상호 보완적인 두 사람의 관계가 틀어지게 되었다. 균형적 점진 개혁론을 편 저우는 마오로부터 번번이 비판을 당하는 시련을 겪었다. 결과적으로 마오의 급진노선은 이후 3천만 명이 굶어 죽는 대재앙인 대약진大躍進운동의 실패로 엄청난 좌절을 맛보게 되었다.

마오는 중국에서 권력과 정치문화의 상징적 '부호符號'로 통하는 진시황秦始皇에 대한 평가와 관련해 통일 이후 변화한 모습을 보여 리더십 형성에 큰 영향을 미친 것으로 짐작할 수 있다. 마오는 통일 이전 장제스의 부패한 권력집단에 저항한 혁명투쟁의 연대에서는 군사를 일으켜 진시황을 토멸하는 것은 농민의 저항운동으로 '농민혁명 전쟁'이라고 높이 평가했다. 그런 마오가 통일 이후 "많은 일들을 실행할 수 없는 상황에서 460명의 지식분자를 죽이고 책을 불태웠다(焚書坑儒 분서갱유)"는 것은 비교적 이해할 만하다며, 진시황에 대해 긍정적 평가를 하기 시작했다. 폭군暴君적 리더십을 인정한 것이다. 1954년 1월 3일, 마오는 소련의 외빈을 접견하는 자리에서 진시황의 사적을 들추며 평가한 적이 있었다. 마오의 통역을 맡았던 스저는 자신이 쓴 『역사거인의 곁에서—스저 회억록回憶錄』에서 마오의 진시황 평가에 대한 기록을 이렇게 남겼다. [341]

마오쩌둥은 우리 당내, 혹은 국내에서 소동이 일어날 수 있다고 말했다. 물론 내가 오늘 말하는 것은 단지 하나의 가능성이다. 장래 상황이 어떻게 변화하는지 기다려봐야 한다. 이 소동의 성질은 한마디로 말하면 바로 어떤 사람이 나를 타도하는 것이다. 우리나라 중국 역사에서 진나라가 6국을 멸망시킨 일이 있다. 진秦나라가 초楚나라를 멸망시켰다. 진은 바로 그들 산시(陝西 섬서; 마오는 손으로 나를 가리킴)에 있던 나라고, 초는 바로 후난(湖南 호남; 마오는 손으로 자신을 가리킴)이다. 이것은 역사적 사실이다. 그럼 현재는 어떤가? 또 기다려봐야 한다.

마오는 여러 차례 진시황과 한무제漢武帝의 업적을 말했다. 마오는 1953년 7월 7일에 쓴 한 서신에서 "진시황과 한무제의 업적은 고대 봉건제왕의 일로서 진시황의 역사적 공업功業은 먼저 전국시대의 전란을 끝내고 중국 역사상 최초로 중앙집권제의 대일통大一統제국을 건립했다는 것을 들 수 있다. 진나라의 정치체제는 실질적으로 2천여 년 중국 정치의 기본 틀을 짜놓았다"고 밝혔다. 마오는 또 진시황을 현실적 정치가로 규정하고 여러 차례에 걸쳐 인물평을 했다. 시대 상황에 따라 서로 다른 관점으로 평가했다. 1926년, 마오가 광저우 농민운동 강습소에서 '중국 정치사와 중국 지주계급' 제목의 강의를 했을 때였다. 마오는 진왕조의 역사를 이렇게 분석해 강의했다.

"중국의 정치는 지주계급의 정치라고 할 수 있다. 황제는 지주의 상징이었다. 따라서 여러 왕조의 황제를 엎어버리는 것은 지주계급의 분열이었다. 진나라 말 2세 때 대규모 토목공사를 벌여 인민의 인적·물적 재부를 소진했다. 한나라 유방劉邦, 초나라 항우項羽, 진승陳勝, 오광吳廣이 들고일어났다. 한고조(유방)가 함곡관에 제일 먼저 들어가 진나라 부로父老(고을의 어른)들과 약법3장約法三章을 맺어 진나라 사람들이 모두 좋아했다. 이것은 소수 지주를 일컫는 말이다."

마오는 진승과 오광이 진시황의 악정惡政으로 어려움을 견디다 못해 기의起義의 깃발을 올린 것은 농민들의 이익을 대표한 것으로, 기실은 진나라 2세 때지만 진시황의 정책을 부정한 것이라고 긍정적 평가를 내렸다. 마오는 1944년 4월 29일에 리딩밍(李鼎銘 이정명)에게 보낸 편지에서도 진나라 말기의 농민기의를 높이 평가했다.

사실 진나라 이래 2천여 년 동안 우리 사회를 진보적 방향으로 추동한 것은 농민전쟁이었다. 지주계급이 농민들에 대해 잔혹한 경제적 착취와 정치적 압박을 가해 농민들이 수백여 차례 기의를 일으켰다. 이것은 지주계급 통치에 대한 농민들의 반항이었다. 모두가 농민들의 저항운동이고, 모두 농민의 혁명전쟁이었다. 중국 역사상 농민기의와 농민전쟁의 규모가 큰 것은 세계 역사에서 보기 드문 일이다. 중국 봉건사회에서 이런 농민의 계급투쟁, 농민의 기의와 농민의 전쟁은 역사 발전의 진정한 동력이었다. 진승과 오광의 기의는 폭정을 펼친 진나라에 반대, 포괄적으로 진시황에 반대한 것으로 완전 정의正義다.

그러나 마오는 1950년대 중기부터 진시황의 통치를 전제정치나 독재정치로 폄하하는 것에 명확하게 반대했다. 진시황의 '명예 회복'을 주장하고 나섰다. 마오는 진시황과 공자孔子를 비교할 때 진시황이 더 위대하다는 논리를 폈다. 마오는 1958년 5월 8일의 제8차 전국대표대회 제2차 회의 연설에서 진시황 옹호론을 펼쳤다. [342]

"나는 최근에 판원란(范文瀾 범문란) 동지가 쓴 1편의 글인 '역사 연구는 반드시 옛것보다 현재의 것을 중시해야 한다(歷史研究必須厚今博古 역사연구필수후금박고)'를 읽고 대단히 기뻤다. (마오는 이렇게 말한 뒤 자리에서 일어나 연설하기 시작했다.) 이 글은 풍부한 사실을 인용해가며 '후금박고厚今博古(현재를 과거보다 중하게 평가함)'를 사실적으로 증명한 전통적 사학史學이다. 글은 사마천司馬遷, 사마광司馬光을 인용했는데 아쉽게도 진시황을 인용하지 않았다. 진시황은 '이고비금자족以古非今者族(옛것으로 현재를 재단하는 사람이 아님)'을 주장한 사람으로 '후금박고'의 전문가다. 당연히 나도 진시황을 인용하는 것은 찬성하지 않는다. (이때 린뱌오가 자리에서 진시황은 분서갱유를 한 사람이라고 참견했다.) 진시황을 어떻게 생각하나? 그는 단지 460명의 유가儒家를 땅에다 묻었지만 우리는 4만 6천 명의 지식인을 묻었다. 우리가 반혁명분자를 진압할 때 일단의 반혁명 지식분자들을 죽이지 않았나(1957년에 지식인 등을 대대적으로 탄압한 '반우파 투쟁'을 말함)! 내가 민주인사들과 논쟁할 때 그들은 우리를 진시황이라고 욕한다. 틀렸다. 우리는 진시황을 백배 초과했다. 우리를 진시황이라고 욕하는 것은 독재를 하고 있다는 말이다. 우리는 일관되게 그들이 말한 것은 충분하지 않고, 왕왕 우리는 더 보태야 한다는 것을 인정한다."

그해 8월에 마오는 베이다이허(北戴河 북대하)에서 열린 회의에서 "마르크스와 진시황을 결합해야 한다. 민주와 집중을 결합해야 한다"며 진시황의 1인 전제정권의 정책을 '(권력)집중集中'에 비유했다. 마오는 후반으로 갈수록 진시황을 더욱 더 높이 떠받들었다. 1964년 6월 24일, 마오는 외빈을 접견하는 자리에서 공자와 진시황을 비교하면서 이야기한 적이 있었다.

"공부자孔夫子(공자에 대한 존칭)는 훌륭한 점이 있다. 그러나 아주 훌륭하지는 않다. 우리는 마땅히 공평하게 말해야 한다. 진시황이 공부자보다 더 위대하다. 공부자는 빈소리(空話 공화)만 했다. 진시황은 최초로 중국을 통일한 인물이다. 정치상 중국을 통일했을 뿐만 아니라 중국의 문자를 통일했고, 중국의 각종 제도와 도량형을 통일했다. 이런 제도는 나중에까지 계속 사용해왔다. 중국의 지난날 봉건군주들 중에서 그를 초월한 사람은 없다. 그런데도 수천 년 동안 욕을 얻어먹고 있다. 욕을 먹는 것은 두 가지다. 460명의 지식인을 죽이고, 책을 불태웠다는 것이다."

진시황에 대한 마오의 평가는 시대 진전에 따라 고도화되다가 1970년대에 이르러서는 절대적 경향성을 띠면서 찬양의 극치에 이르게 된다. 마오는 문화대혁명이 최고조에 이르렀던 1973년 9월 23일에 이집트 부통령을 접견하는 자리에서 또 진시황의 이야기를 꺼냈다.

"진시황은 중국 봉건사회에서 제일로 유명했던 황제다. 나도 진시황이다. 린뱌오는 나를 진시황이라고 욕했다. 중국은 예부터 두 파가 있다. 한 파는 진시황이 훌륭하다고 말한다. 또 한 파는 진시황은 나쁘다고 한다. 나는 진시황에 동의하고, 공부자는 동의하지 않는다. 진시황은 첫 통일중국을 이루고 문자를 통일했으며, 넓은 도로 수축과 나라 속의 나라를 인정하지 않은 중앙집권제의 통치구조를 만들었다. 중앙정부에서 각 지방으로 관리를 파견해 다스리고 기간에 따라 바꾸면서 세습제도를 허용하지 않았다."

마오가 이때 '나도 진시황이다'라고 한 말은, 린뱌오의 아들 린리궈(林立果 임립과)가 마오를 제거하기 위해 만든 비밀계획서인 '571 공정기요'에서 "마오쩌둥이 당대의 진시황이다"라고 기술한 데 대한 해학적 언사라고 한다. 이처럼 마오가 통치사상의 변화 과정을 겪으며 전제적이고 급진적 정책을 추진함에 따라 마오의 통치철학을 현장에서 집행하는 저우언라이는 마오와의 숙명적 관계인 '주연과 조연'으로서 숱한 갈등과 수모를 감내해야 했다. 마오는 신중국 건국 후 세계에서 가장 많은 인구를 거느린 사회주의 국가로 세계 최강인 자본주의 국가 미국을 따라잡아야 한다는 강박관념 속에 '강대국의 꿈'과 사회주의 유토피아를 꿈꾸고 있었다.

마오는 1955년 3월에 열린 전국대표대회에서 "우리는 현재 새로운 역사적 시기에 처해 있다. 6억 명 인구의 동방국가가 사회주의 혁명을 하고 있다. 이 국가는 역사의 방향과 국가면모를 바꾸어야 한다. 대략 3차 5개년 계획 기간 안에 기본적인 공업화 국가를 이루고, 아울러 농업, 수공업과 자본주의 공상업工商業을 사회주의로 개조해야 한다. 대략 몇십 년 안에 세계에서 가장 강대한 자본주의 국가(미국)를 따라잡거나 추월해야 한다"고 강조했다. 이것은 마오가 신중국 성립 5년여 만에 처음으로 중국이 미국을 추월하겠다는 담대한 국가목표를 제시한 것이다. 급격한 사회주의 이상세계와 유토피아를 말하기 시작한 것이었다. [343]

돌격주의와
반돌격주의

마오는 공업화의 기반인 농업부문에 대한 급격한 사회주의 개조, 농촌의 집체화 集體化를 다그쳤다. 농업부문을 이끌고 있는 부총리 덩쯔후이와 저우언라이는 전 래의 개인소유와 공동체 해체에 따른 부작용을 최소화하기 위해 점진적 개혁을 주장했다. 마오는 못마땅해했고, 이들을 우경 보수주의라고 찍어 눌렀다. 1955년 10월에 열린 중앙위원회는 마오의 주장대로 농촌 집체화의 가속페달을 밟았다. 1955년 말까지 63.5퍼센트의 농촌 가구가 합작사에 가입했다. 1956년 11월까지 는 96퍼센트가 참여했다. 지도부는 애초 15년 계획으로 생각했던 농촌의 사회주 의 개조가 불과 4년 만에 이루어졌다고 선언했다.

고무된 마오는 수공업과 공상업 부문에 대해서도 바짝 다그쳤다. 강압적인 공 권력으로 자본주의 기업경영체제를 사회주의 과도 총노선의 공사합영체제로 전 환할 것을 옥박질렀다. 1956년 말까지 사기업의 99퍼센트, 상업의 82퍼센트가 각각 공사합영체제로 전환했다. 수공업 분야도 1956년 말까지 92퍼센트의 노동 자가 집단기업 체제에 가입했다. 이런 급격한 전환 속도는 마오의 머리를 뜨겁게 달구었다. 산업화의 가속에도 불을 지펴 국가 전반적 계획목표를 상향 조정하는 등 목표 달성 돌격 지상주의가 맹위를 떨쳤다. 마오는 1956년 1월 21일에 중앙이

소집한 '지식분자 문제' 회의에서 중국제일中國第一의 전략목표를 설정했다. [344]

"우리나라는 땅이 넓고, 인구가 많다. 위치가 좋고, 해안선이 가장 길다. 마땅히 세계 제일의 문화, 과학, 기술, 공업 선진국가가 될 수 있다. 우리는 사회주의 제도를 갖고 있어 더욱 노력하면 능히 이룰 수 있다. 6억 명의 인구가 근로와 용감하지 않으면 무엇을 할 것인가? 몇십 년 이후 세계 제일의 대국이 되지 않으면 안 된다. 현재 미국은 단지 10여 개의 수소폭탄, 1억 톤의 강철이 있다. 내가 보기에 그리 대단한 게 아니다. 중국은 수억 톤의 강철을 생산할 수 있다. 국가통계국의 자료에 따르면 1955년 중국의 강철 생산량이 285만 톤이지만 1996년에는 1억 톤이 넘고, 2008년에는 5억 톤을 돌파한다."

1956년 2월 8일, 저우언라이는 국무원 제1차 전체회의에서 "각 부문이 제정한 계획, 12년 장기계획뿐만 아니라 올해와 내년도 계획을 모두 실사구시實事求是에 입각해 처리해야 한다. 당연히 우경 보수주의에 반대하는 것은 중요하다. 군중들의 적극성에 찬물을 끼얹어서는 안 된다. 그러나 지도자들의 뜨거운 머리를 찬물로 식혀 두뇌를 맑고 깨끗하게 해야 한다"고 주문했다. 마오는 한 달 전에 경제발전 과정에서 속도를 늦추거나 신중한 자세로 접근하는 것은 인민들의 사회주의 열정을 꺾는 우경 보수주의라고 맹렬하게 비판하고 산업화 속도를 다그쳤었다. 저우는 그동안 산업현장에서 속도에 매달려 맹목적이고 비현실적인 계획을 추진하기 위해 무조건 돌진하거나 실현이 어려운 목표치 설정, 수치 부풀리기 등의 풍조가 만연하자 견제에 나선 것이었다.

저우는 이해 11월의 중앙 제8기 2중전회에서 '1957년 국민 경제계획에 관한 보고' 연설에서 "과거에 세운 미래계획의 발전 속도가 방만한 것은 아닌지? 제8차 전국대표대회 전후의 연구를 통해서 우리는 방만하다는 것을 알았다. 우리는 경험과 지식이 부족하기 때문에 부단히 잘못을 발견하고, 이런 과오를 수정하는 과정에서 전진할 수 있다. 1953년이 '소돌격주의'라면 올해는 '대돌격주의'가 나타나고 있다"며 무턱대고 달려드는 무모한 돌격주의(冒進主義 모진주의)를 다시 경계했다. 마오는 5일 뒤 같은 회의에서 "간부와 인민들의 적극성을 보호해야 한다. 그들의 머리에 찬물을 끼얹어서는 안 된다. 우리는 이미 찬물을 끼얹었다. 농업사회주의 개조 문제에 찬물을 끼얹어 퇴보시키지 않았나? 그때 우리는 '퇴보위원회'였다. 우리가 찬물을 끼얹지 않을 때 '촉진회'가 된다. 본래 우리가 계획했던 것은 (경제발전 계획) 18년이다. 매우 빨리 촉진시켜야 한다"고 말했다. 경제발전 속도를 둘러싸고 저우에 불만을 품고 있던 마오는 이날 회의에서 비판 대상의 실명을 거론하지는 않았지만 저우를 겨냥한 비판 발언이 분명했다.

1957년 11월 6일, 마오는 모스크바에서 열린 10월혁명 제40주년 기념식에 참석하기 위해 생애 두 번째이자 마지막으로 소련을 방문했다. 마오는 기념식에서 흐루쇼프가 소련이 각종 제일 중요한 생산품 생산량에서 15년 안에 미국을 따라잡을 수 있을 뿐만 아니라 미국을 앞설 수 있다는 연설을 하자 깊은 감명을 받았다. 흐루쇼프의 연설에 자극과 영향을 받은 마오는 15년 후에 중국이 강철 생산량과 주요 공업생산품 생산량에서 영국을 추월한다는 생각을 다시 고려하기로 했다. 국가경제 발전을 급속하게 이루겠다는 성급한 마음으로 바뀐 마오는 현재의 경제계획 시간표를 대폭 수정해 앞당기기로 작정했다.

마오는 흥분한 나머지 소련에서 베이징 중앙 지도부에 전화를 걸어 "1956년의 '판마오진(反冒進 반모진; 돌격주의 반대)'은 옳지 않다. 이후 다시는 '판마오진'을 거론하지 말라"고 단호한 의지를 전달했다. 마오의 이런 조급증이 대약진운동을 발동하기에 이르렀다. 마오의 리더십은 이성에서 비이성적으로, 실사구시에서 주관주의로 흘러 실패의 좌절을 겪으면서 폭압적 통치 스타일로 줄달음치게 되었다.

『런민르바오(人民日報 인민일보)』가 1958년 1월 1일 원단元旦에 실은 '어려움을 이기고 용감하게 나아가자(乘風破浪 승풍파랑)' 제목의 사설을 실어 새해 벽두부터 심상치 않은 한 해를 예고했다. 사설은 "사람들의 사고는 항상 실제에서 낙후되어 있다. 빠르게 변하는 객관적 형세 발전을 따라가지 못한다. 현재 전국 농업은 이미 공전의 생산 최고조最高潮를 열었다. 각 지역의 당위원회는 반드시 이런 고조를 적극적이고 적절하게 이끌어 1958년 농업생산의 대약진과 대풍년을 쟁취하자"고 역설했다. 사설은 또 "우리는 어려움을 이기고 용감하게 나아가자! 우리는 서풍을 압도하고 동풍으로 전진하자! 우파를 압도하고, 관료주의를 압도하고, 보수사상을 압도하는 공산주의 바람(風 풍)으로 전진하자!"는 선동적 구호를 외쳤다.

마오는 1월 2일부터 4일까지 항저우에서 부분 성시省市 서기회의를 소집했다. 마오는 이 회의에서 1958년 국민경제계획 초안 보고와 제2차 경제개발 5개년 계획의 수정문제를 빌미로 저우언라이가 주장한 돌격주의 반대를 직접 비판했다.

항저우 회의가 끝난 며칠 뒤 중난하이 쥐런탕(居仁堂 거인당)에서 서기처 회의에 참석했던『런민르바오』총편집 겸 신화사 사장인 우렁시(吳冷西 오냉서)는 광시성(廣西省 광서성) 난닝(南寧 남녕)회의에 참가하라는 '통지'를 받고 깜짝 놀랐다. '통지'는 마오가 직접 쓴 글인데, 회의 참석자 27명의 명단 가운데 자신의 이름이 제일 앞에 씌어 있었기 때문이다. 자신의 이름 뒤에는 총리, (류)사오치 순이었고 명단 끄트머리에 마오쩌둥이라고 적혀 있었다. 모두 참석자의 이름을 썼는데 저우언라이만 총리로 씌어 있었다. 심상치 않은 분위기를 느낀 우렁시는 회의가 신문과 통신에 관련한 것으로 보고 곰곰이 생각하다 1월 1일치에 실은 새해 사설 '승풍파랑乘風破浪'을 떠올렸다. 이 사설은 당시 마오가 항저우에 있었기 때문에 류사오치와 저우언라이의 검토를 거쳐 실었다. 사설 내용에 문제가 없는지 더듬어보았다. 15년 안에 영국을 따라잡고 추월한다는 내용으로, 마오가 모스크바에서 흐루쇼프 연설에 고무되어 감명받은 것을 뼈대로 한 글이었기 때문에 문제될 게 없어 보였다. 지난해 11월 18일자 사설도 생각해보았다. 농업 합작화 고조의 도래를 맞아 농업생산성을 고조시키고, 공업생산을 고조시켜 생산의 대약진을 이룩하자는 내용으로 역시 큰 문제가 없을 것으로 판단했다. '대약진大躍進'의 명사는 이때『런민르바오』를 통해 처음으로 출현했으며, 이후 중국은 물론 전 세계에 광범하게 퍼진 용어가 되었다. 우렁시는 근래의 사설 몇 편도 머릿속으로 떠올려보았지만 문제될 게 없어 궁금증이 더했다. 우렁시는 마오의 언론담당 비서 후차오무(胡喬木 호교목)와 서기처 양상쿤에게 회의 명단 배열의 미스터리를 물어보았다. 그들도 오리무중五里霧中이었다. 단지, 후차오무의 얼굴에서 어떤 심상치 않은 일이 발생했구나 하는 것만 느낄 수 있었다. 345

1958년 1월 12일, 마오는 광시성 난닝의 회의에서 작심하고 1956년의 '돌격주의 반대'는 잘못이라며 질타했다. 마오가 말한 '돌격주의 반대'는 1956년도 국가

경제계획이 수정되어 모든 분야의 목표가 상향 조정되었다. 적지 않은 지방과 부문에서 수리시설 건설 등 중구난방식 과도한 사업 집행으로 재정적자가 심화되고 원자재 고갈 등으로 인한 혼란이 발생했다. 저우언라이는 국가경제계획을 토의하는 회의를 주재했을 때 자본투자나 철강, 석탄, 양곡, 목화와 같은 일부 주요 품목의 연 생산량 목표를 상향 조정하기보다는 오히려 낮추었다. 국무원과 정치국 회의에서 정부예산을 삭감해 자본투자 비율을 줄이고 생산량을 낮추자고 제안했다. 그러나 마오가 주장한 '더 많이, 더 빨리'의 돌격주의를 반대할 수 없어 '보수주의에 반대한다'는 '돌격주의'와 저우언라이의 '조급한 돌격주의에 반대한다'는 '반돌격주의'를 동시에 채택해 어정쩡한 상태가 되었다. 저우는 11월의 중앙 제8기 2중전회에서 한발 더 나아가 중국의 산업화는 15년 이상 걸릴 것이며, 경제 각 분야에서 적정한 균형을 달성하지 못하면 이런 목표를 이룰 수 없다고 주장했다. 경제 각 분야의 균형 달성은 중공업 분야의 성장 완화를 뜻했다. 마오의 조급한 성장주의에 대한 명백한 반대였다.

마오는 이때 저우언라이가 내놓은 정책의 잘못을 지적하며 비판한 것이었다. 돌격주의에 대한 반대는 간부들과 군중들의 적극성을 손상시키고, 특히 농민들의 적극성을 꺾는 잘못된 방침이라고 꾸짖었다. 마오는 국무원의 정부공작과 재정공작, 계획공작 보고를 엄히 비판한 뒤에 1956년 6월 20일자의 '반돌격주의'를 다룬 『런민르바오』 사설(제목은 '보수주의에 반대하며, 조급한 의욕도 반대한다')은 매우 잘못되었다고 지적했다. 우렁시는 비로소 자기의 이름을 난닝회의 명단 첫머리에 올린 이유를 알고 진땀을 흘렸다. 회의가 끝난 뒤 혼비백산한 우렁시는 후차오무와 사설의 잘못된 부분을 논의했으나 명확한 해답을 찾지 못했다. 우렁시와 후차오무는 베이징 『런민르바오』에 전화를 걸어 6월 20일자 사설과 사설 집필, 수정, 확정 과정의 상황을 작성해 난닝회의 장소로 급히 보낼 것을 긴급 지시했다.

애초 이 사설은 『런민르바오』 편집부가 기초해 중앙선전부에서 여러 차례 토론을 거친 뒤에 다시 루딩이(陸定一 육정일)가 작성했다. 루딩이는 기초한 사설을 류사오치에게 보내 지시를 청했다. 류사오치는 중앙정치국 회의 규정에 따라 직접 중앙선전부 구성원을 꾸려 왕쯩이(王宗一 왕종일)가 사설을 다시 기초하도록 했다. 중앙선전부는 수차례 토론을 거쳐 수정한 사설을 류사오치와 저우언라이에게 보내 검토를 받도록 했다. 두 사람이 상의한 뒤 일정 부분 수정과 일부 의견을 추가할 것을 요구해 루딩이가 사설을 수정했다. 마지막으로 류사오치와 마오에게 보내 심사를 거치도록 했다. 류사오치는 몇 군데를 고친 뒤 마오에게 보냈다. 마오는 비준란의 자기 이름에 동그라미를 치고 "나는 보지 않겠다"고 몇 글자를 쓴 뒤 사설을 돌려보냈다. 마오는『런민르바오』의 사설 요지를 인쇄해 회의 참석자들에게 배포하도록 지시하면서 '비준 지시글'을 첨부했다. 내용은 "졸렬하고 속된 마르크스주의, 졸렬하고 속된 변증법, 글은 마치 '반좌反左' 또는 '반우反右'같이 썼으나 실제적으로는 '반우'가 아니고, 전적으로 '반좌'다. 그리고 날카롭게 나를 겨냥했다"고 적었다. 마오는 회의에서 여러 차례『런민르바오』의 사설을 비판하고, 이 사설은 당시 일부 동지의 '반돌격주의'를 증명한다며, 사설을 자근자근 준엄하게 씹어댔다. '일부 동지'는 바로 5일 전인 6월 15일에 국무원을 대표하는 부총리 리셴녠(李先念 이선념)이 제1기 전국인민대표대회 제3차 회의에서 '1955년 국가결산과 1956년 국가예산에 관한 보고'를 하면서 "조급한 돌진의 결과는 사회주의 사업 발전에 도움이 되지 않고 손실을 초래할 뿐"이라고 한 발언을 지적한 것이었다.

마오는 이 말을 걸고넘어지면서 이것은 바로 "중앙이 이미 돌격주의를 반대하기로 결정한 명백한 증거"라고 통렬하게 논박했다. 마오는 이날 회의에서『런민르바오』의 사설 '반돌격주의'는 전국시대 때 초나라 문학가 쑹위(宋玉 송옥)가 덩투쯔(登徒子 등도자) 대부를 공격하는 수법이라며 장황하게 고사까지 동원해 '반돌격주의'에 맹공을 퍼부었다. 마오는 아예 다음 날 회의에 쑹위의 글(賦 부)을 인쇄해 회의 참석자들에게 배포하도록 지시했다. 반면에 마오는 원단 사설 '승풍파랑 乘風破浪(어려움을 이기고 용감하게 나아가자)'에 대해서는 극찬을 아끼지 않았다. 마오는 우렁시와 후차오무를 별도로 불러 사설을 누가 썼는지 각별하게 묻는가 하면 잘 쓴 사설이라고 칭찬했다. 제목이 눈길을 끈다고 말한 마오는 표제를 남북조 시대 송나라 쭝췌(宗愨 종각)가 '원승장풍파만리랑 愿乘長風破萬里浪'이라고 쓴 글에서 따왔다며 출전을 들먹였다. 마오는 지금 우리는 동풍東風(중국의 사회주의를 지칭)을 타고 서풍西風(서구의 자본주의)을 압도해 15년 안에 영국을 따라잡아야 한다고 사설 제목에 빗대 돌격주의의 필요성을 강조했다. 마오는 이들에게 신문의 제목달기 강론도 잊지 않았다. 마오는 "자네들이 신문을 만들 때 글을 잘 쓰는 것도 중요하지만 좋은 제목을 달아 사람들이 글을 읽고 싶어 하는 마음을 이끌어내야 한다. 신문은 눈길을 끄는 제목을 달아야 한다"고 주문했다. 마오는 당시 6월 20일자 사설을 비준할 때 "나는 보지 않겠다"고 쓴 데 대해 "나를 욕하는 것을 내가 왜 봐야 하느냐"고 반문했다.

1월 16일 오전, 마오는 공개적인 회의석상에서 마침내 저우언라이의 실명을 거론하며 혹독하게 비판했다. 마오는 상하이시위원회 제1서기인 커칭스(柯慶施 가경시)가 쓴 '어려움을 이기고 용감하게 나아가자, 새로운 사회주의 상하이를 건설하자'라는 보고서를 칭찬하고 주요 신문에 싣도록 지시했다. 마오는 저우언라이에게 "(저우)언라이, 당신은 총리다. 이런 글을 쓸 수 있겠느냐?"고 직접 추궁했다. 저우는 "나는 쓸 수 없다"고 간단하게 대답했다. 마오는 커칭스를 띄우고 저우를 끌어내렸다. 마오에 맞장구를 치며 캉성(康生 강생), 커칭스가 저우의 '반돌격주의'를 비판했다. 회의에 참석했던 보이보(薄一波 박일파)는 이때를 이렇게 회상했다. [346]

"이 회의에서 마오 주석의 총리에 대한 비판은 대단히 준열했다. 마오 주석은 '당신은 반돌격주의가 아닌가? 나는 돌격주의에 반대하는 것에 반대하는 판판마오진(反反冒進 반반모진)이다'라고 총리를 몰아붙였다. 회의에서 캉성이 설쳐댔고, 커칭스와 리징취안(李井泉 이정천)이 대단히 적극적으로 총리를 비판했다. 그들의 비판 태도가 어찌나 심했는지 사람들을 난감하게 했다."

★

제11장

삼면홍기

광풍 몰아치는
대약진운동

저우는 1월 19일 밤에 침통한 마음으로 회의에서 자아비판을 했다. 저우는 돌격주의에 반대한 방침에 대한 동요와 잘못을 저지른 책임은 전적으로 자신에게 있다고 말했다. 저우는 "이런 잘못은 생산관계를 개혁해 (경제의) 약진적 발전을 시키는 것을 인식하지 못했거나 불완전한 인식으로 군중을 발동해 사회주의 혁명과 경제건설을 방관하고 위축시켰다. 종종 사물만 보고 사람을 보지 못했다. 특히 많은 다른 현상을 일반 현상이거나 주요 현상으로 과장했다. 일종의 우경 보수주의 사상이다"라고 스스로를 비판했다. 저우는 돌격주의에 반대해 1957년의 농공업 생산에 영향을 받았고, 일정 부분의 건설도 감소했다. '반돌격주의'의 과오는 전적으로 자신의 책임이라고 말했다. 당시 회의장에 있었던 보이보는 "저우언라이 총리는 자아비판을 했지만 진정으로 자신의 생각을 바꾼 것은 아니었다. 조직의 원칙상 부득불 자아비판을 한 것"이라고 회상했다. 저우는 마오의 조급한 생각이 필연적으로 난닝회의의 '반반모진反反冒進(돌격주의 반대의 반대)' 바람을 조장해 당내에 조급한 돌격주의 생각을 더욱 팽창시킨다는 것을 명확하게 알고 있었다. 저우는 특수한 상황에 처한 당과 조직생활에서 어쩔 수 없는 선택을 할 수밖에 없는 자신의 처지를 자책하며 번민과 우울한 나날을 보냈다.

마오는 난닝회의를 계기로 개인숭배個人崇拜에 대한 태도에 중대한 변화를 보였다. 마오는 회의에서 저우가 관할하고 있는 국무원 경제부문을 '분산주의'라고 매섭게 비판하고 권력집중을 강조했다. 마오는 그러면서 "큰 권력은 독점하고 작은 권력은 분산한다. 당위원회가 결정하고 각 방면이 일을 한다. 하는 일에는 결정권이 있고 원칙을 벗어날 수 없다. 일은 점검하고 당위원회에 책임이 있다(大權獨攬, 小權分散, 黨委決定, 各方去辦, 辦也有決, 不離原則, 工作檢查, 黨爲有責)"는 구결口訣을 읊었다. 347

저우의 시련과 수모는 여기에서 끝나지 않았다. 난닝회의 이후 당내의 성급함을 경계하는 '반돌격주의'의 목소리는 사그라지고, 실사구시와 온당하게 사회주의 및 경제 건설을 하자는 생각은 뒷전으로 밀려났다. 대신 돌격 지상주의가 득세해 '좌경' 사고가 판을 치면서 '대약진'의 광풍狂風이 전국적으로 휘몰아치기 시작했다.

1958년 2월 초, 저우언라이는 부총리 리셴녠이 제1기 전국인민대표대회 제5차 회의에 보고하기 위해 작성한 '1957년 국가 결산집행 상황과 1958년 국가 예산초안에 관한 보고' 초안을 검토했다. 저우는 원고에서 "15년 안에 강철과 기타 중공업 생산품의 영국 생산량을 따라잡거나 추월하기 위해"의 자구 중에서 '15년' 뒤에 '혹자는 더 많은 시간'의 9개 글자를 추가하고, "이후 10년, 혹자는 더욱 짧은 시간 안에 전국 농업발전 실현 강요綱要"의 글귀에 '혹자는 더욱 짧은 시간 안에'의 8개 글자를 빼버렸다. 이처럼 보태고 뺀 글자에서 저우의 차가운 이성과 함께 주도면밀한 성격의 단면은 물론 철저한 실사구시적 의식을 엿볼 수 있다. 난닝회의 이후 '대약진' 사고의 물꼬가 터졌지만 마오는 여전히 '반돌격주의'에 대한 비판을 늦추지 않았다. 2월 23일, 마오는 베이징에서 소집된 정치국 확대회의에서 '반돌격주의'는 자신의 발등을 스스로 돌로 내려치는 행위라며 꺼진 불도 다시 본다는 식으로 쐐기를 박았다.

1958년 3월, 막 60세가 된 저우는 창장(長江 장강) 싼샤(三峽 삼협)를 현지 시찰한 뒤 3월 8일부터 26일까지 마오가 소집한 청두(成都 성도)에서 열리는 중앙 공작회의에 참석했다. 마오는 집요하고 끈질겼다. 다시 '반돌격주의'에 대한 비판을 들고 나왔다. 마오는 "돌격은 마르크스주의고, 반돌격은 비마르크스주의"라고 개념을 정리하고, 우리가 어느 것을 취할 것인가?라는 당연한 논리를 내세우며 '돌격'을 내세웠다. 마오는 "군중의 적극성을 타격한 반돌격 사건이 생겨날 줄은 예측하지 못했다. 그것은 우파들을 미친 듯이 진공하게 해 상당한 영향을 받았다. 이후 누가 반돌격 행위를 할지 주의해야 한다"고 경고했다. 저우언라이는 3월 25일 회의에서 또다시 '반돌격'에 대한 자아비판을 했다. [348]

"나는 '반돌격' 보고를 제기한 주요 책임자로서 군중의 생산 고조 흐름에 찬물을 끼얹었다. 이로 인해 촉진이 아닌 퇴보가 이루어졌다. (사회주의 건설에서) 더 많이, 더 빨리, 더 좋게, 더 생산적인 정책을 펴지 못했다. 그리고 더 적게, 더 느리게, 더 나쁘게, 더 낭비적으로 정책을 폈다."

마오는 청두회의에서 개인숭배 문제를 거리낌 없이 꺼냈다. 마오는 "개인숭배는 두 종류가 있다. 한 종류는 정확한 숭배, 이를테면 마르크스, 엥겔스, 레닌, 스탈린 같은 정확한 것들로 우리는 반드시 숭배하고, 영원히 숭배해야 한다. 숭배하지 않으면 안 된다. 진리는 그들의 손에 있다. 왜 숭배를 하지 않나? 다른 하나는 부정확한 숭배로 분석하지 않고, 맹목적으로 복종하는 것으로 이것은 옳지 않다"고 말했다. 천보다(陳伯達 진백달)는 회의에서 왕밍(王明 왕명)이 말한 옌안 정풍운동의 두 가지 발언, 즉 민족주의와 개인숭배에 관해 이야기를 했다. 이때 마오가 천보다 발언에 끼어들어 "개인숭배를 말한 것은 바로 나를 숭배하는 말이었다. 나를 숭배하지 않는 것은 바로 그(왕밍)를 숭배하는 것이다. 내가 보기에 나를 숭배하는 것은 괜찮다"고 말했다. 마오가 진시황적 사고와 절대권력을 추구하는 길목으로 나아가고 있음을 보여주었다.

저우언라이는 5월 5일부터 베이징에서 열리는 1천여 명의 대표들이 참가하는 제8차 전국대표대회 제2차 회의를 앞두고 깊은 고민에 빠졌다. 마오를 떠받드는 자아비판을 또 해야 했기 때문이다. 저우의 비서 판뤄위(范若愚 범약우)는 당시를 이렇게 회상했다. [349]

"1958년 4월, 총리가 제8차 전국대표대회 제2차 회의의 발언 원고를 준비할 때였다. 어느 날 (총리가) 나에게 말했다. 내가 이번에 발언하는 주요 내용은 자아비판이다. 내가 '반돌격의 과오'를 저질렀기 때문에 이번 발언 원고는 과거 다른 사람들이 기초했던 것처럼 해서는 안 된다. 내(저우)가 구술하면 자네가 받아 적어 작성하도록 하자고 했다. 총리가 구술할 때 천원(陳雲 진운) 동지의 전화가 왔다. 전화 통화가 끝난 뒤 총리의 구술은 대단히 느렸다. 어느 때는 심지어 5~6분이 지나도 한마디의 말도 하지 않았다. 나는 '반돌격 문제'에 대해 총리가 내심의 모순(양심상의 갈등)을 겪고 있다는 것을 알았다. 그 때문에 총리가 말하고자 하는 적당한 단어를 찾지 못해 시간을 허비했던 것이었다."

저우는 그동안 체면불고하고 수없이 자아비판을 했다. 매번 자아비판을 할 때도 사회주의 건설 과정에서 자신의 정치적 판단이 틀리지 않았다는 신념을 갖고 있었다. 그러나 당과 조직, 마오가 저지르면 자신은 뒤치다꺼리를 하는 관계 등이 맞물리며 신념에 반한 비판을 해왔다. 저우는 또다시 1천여 명이나 되는 수많은 대표들 앞에서 자아비판을 해야 하는 자신에 대해 절망하고 있었다. 5월 5일, 중국공산당 제8차 전국대표대회 제2차 회의가 베이징에서 성대하게 열렸다. 류사오치가 당중앙을 대표해 마오의 생각대로 정리한 공작보고를 했다.

"우리나라는 현재 2개의 착취계급과 2개의 노동계급이 있다. 사회주의 사회를 이룩하기 전에는 무산계급과 자산계급의 투쟁, 사회주의 길과 자본주의 길의 투쟁은 시종 우리나라 내부의 주요 모순이었다. 마오쩌둥 동지는 15년에 영국을 따라잡거나 추월한다는 구호를 제기했다. 의욕을 북돋우고, 앞서기 위해 분투 노력으로 더 많이, 더 빨리, 더 좋게, 더 생산적으로 사회주의를 건설하는 구호다. 촉진파의 구호고, 퇴보파의 구호가 아니다. 신속하게 수억 명의 인구가 노동대군으로 위대한 물질적 힘을 장악하고 이룰 수 있도록 해야 한다."

'보고'는 마오가 주장한 사회주의 건설 사업에서 촉진파가 되고 퇴보파가 되어서는 안 된다는 구호를 외치고, 1956년 약진 중 '반돌격'의 잘못을 저질러 '그 결과는 군중의 적극성을 손상시켰다'고 당내 문건으로 형식상 확인했다. 전국대표대회에서 정식으로 '반돌격'의 과오를 확인함에 따라 '반돌격주의'의 우두머리인 저우언라이를 비롯해 천원, 리셴넨, 보이보 등은 회의에서 다시 자아비판을 해야 했다. 천원이 자아비판을 한 다음 날인 5월 17일에 저우는 구술조차 제대로 하지 못할 정도로 양심의 갈등을 겪으며 고통스러워했던 자아비판을 했다. 350

"이번 회의는 사상 해방의 대회다. 또한 공산주의 풍격이 충만한 대회다. 대회의 발언도 풍부하고 다채롭고 생동적으로 인민의 생산 대약진, 사상 대해방大解放으로 건설한 기적과 혁명의 기개를 반영했다. 정말로 하루가 20년, 반년이 수천년을 추월했다. 이런 위대한 시대에 처해서 단지 하나의 진정한 혁명가, 공산주의의 씩씩한 기백, 당중앙과 마오 주석의 (사회주의) 건설노선의 정확성을 충심으로 인정하지 않으면 안 된다. 아울러 더욱더 '반돌격주의'의 잘못에 대한 엄중함을 인식해야 한다. '반돌격'의 잘못은 우연히 발생한 게 아니다. 이런 잘못의 사상적 근원은 주관주의와 형이상학에 있다. 사상방법상의 이런 잘못은 결과적으로 (사회주의) 건설 과정에서 우파 보수주의 과오를 저지르는 결과가 되었다. 이렇게 해 마오 주석이 일관적으로 주장한 사회주의 건설의 총노선과 총방침을 위배했다."

저우는 처절한 심경으로 자아비판을 한 뒤 이런 잘못의 주요 책임자로 잘못을 통해 더욱 큰 교훈을 얻었다는 자신의 신념과 양심에 어긋나는 발언을 해야 했다. 목적을 달성한 마오는 만족했다. 자신에 도전하는 어떠한 사람도 용납할 수 없다는 것을 이번 회의를 통해 명명백백하게 보여주었다고 흡족해했다. 통치의 수단인 채찍과 당근에서, 이제는 당근이 필요한 관용을 베풀 때였다. 마오는 '반돌격주의' 문제는 해결되었고, 현재는 중앙이 단결했으며, 전당이 단결했다고 선언했다. 하지만 마오는 "대회에 참가한 동지들은 주의해야 한다. 중앙위원회는 특별히 주의해야 한다. 대국을 고려해야 한다. 누구도 대국을 생각하지 않으면 곤두박질친다는 것을 명심해야 한다"고 경고하는 것을 잊지 않았다.

저우가 이와 관련해 직접 사직서를 썼다거나 구두로 사의를 표시했다는 등의 기록은 밝혀진 바 없다. 그러나 당의 문건에 중앙이 저우의 사직문제를 토론했다는 간략한 기록이 남아 저우가 어떤 형식을 밟았든 사의를 표시한 것은 확인되고 있다. 중앙은 전국대표대회가 끝난 뒤인 6월 9일에 저우가 제출한 '계속 국무원 총리를 맡는 것에 대한 합당 여부'를 정치국 상무위원회 확대회의를 소집해 토론했다. 참석자들은 '마땅히 현재 맡고 있는 공작을 계속 맡는다. 다시 바꿀 필요가 없다'고 만장일치로 결정했다. 저우의 총리 직무는 그대로였다.

　그러나 제8차 전국대표대회 제2차 회의 이후 중국은 '대약진운동'의 광풍 속으로 질주하기 시작했다. 저우 등 무모한 돌진을 경계했던 '반돌격주의' 일단의 지도자들은 중국 경제건설 과정에서 발언권을 잃어버려 어떠한 경고음도 내지 못했다. 저우는 자아비판 첫머리에서 "(마오) 주석은 늘 전략적으로 문제를 보고, 나는 왕왕 전술적 고려에서 문제를 본다"고 했다. 저우는 마오가 멀리 앞을 내다보는 탁월한 식견이 있다는 것을 알고 있었다. 수십 년 동안 같이 일하며 겪었던 역사적 사실에 비추어 마오가 자신보다 멀리 보고, 깊이 있게 통찰하고 있다는 것을 인정하고 있었다. 숙명적으로 엮인 '주도자' 마오와 '집행자' 저우의 관계가 리더십 충돌로 한때 위기를 겪기도 했지만 두 사람은 같은 해 세상을 뜰 때까지 우호적 협력관계를 유지하며 중국을 이끌어갔다.

루산회의의
진면목

루산(廬山 여산), 장시성(江西省 강서성) 주장(九江 구강) 남쪽에 해발 1천5백~1천8백 미터 높이의 산봉우리들이 운무雲霧와 노닐고 있다. 기암기봉의 빼어난 루산의 자태는 예부터 숱한 시인묵객들을 불러들였다. 루산은 특히 인문적人文的 명산으로 이름이 높다. 이 산은 특수한 지형조건과 기후가 조화를 부려 시시각각으로 피어오르고 사라지는 운무를 만들어내 루산과 어울리며 그려내는 풍경이 볼 만하다. 도연명陶淵明으로 더 잘 알려진 4세기 동진東晉 때 도잠陶潛이 이곳에 은거하며 "돌아가리라, 전원에 잡초가 무성하니 어찌 돌아가지 않으리오(歸去來兮 田園將蕪 胡不歸 귀거래혜 전원장무호불귀)"로 운을 떼는 '귀거래사歸去來辭'를 쓴 뒤 수많은 사람들이 이 산을 찾아오기 시작했다. 당나라 때 시선詩仙 이백李白은 루산의 폭포에 넋을 잃어 '여산폭포를 바라보며(望廬山瀑布 망여산폭포)'라는 시를 지어 중국 특유의 과장으로 루산을 예찬했다.

햇살이 향로봉에 비추니 푸른 안개 자욱이 피어오르고, 멀리 바라보이는 폭포 긴 내를 걸어놓은 듯하다. 흩날리며 내려 쏟아지는 폭포 3천 척이나 되네, 은하수가 마치 하늘에서 쏟아지는 것 같구나.

日照香爐生紫煙, 遙看瀑布掛長川. 飛流直下三千尺, 疑是銀河落九天

일조향로생자연, 요간폭포괘장천. 비류직하삼천척, 의시은하낙구천.

당송唐宋8대가 중 한 사람인 송나라의 동파東坡 소식蘇軾이 '제서림벽題西林壁'이란 시에서 루산을 철학적 물음으로까지 끌어올린 '여산진면목'의 글귀는 지금도 회자膾炙되고 있다.

앞에서 보면 마루 같고, 옆에서 보면 봉우리로다. 멀고 가까운 데서 높고 낮은 데서, 보는 모습이 서로 다르구나. 여산의 참모습을 알지 못하는 것은, 단지 몸이 산속에 있기 때문일세.

橫看成嶺側成峰, 遠近高低各不同. 不識廬山眞面目, 只緣身在此山中

횡간성령측성봉, 원근고저각부동. 불식여산진면목, 지연신재차산중.

마오는 1959년 7월 2일부터 한 달 예정으로 루산(廬山 여산)에서 중앙정치국 확대회의를 열었다. 마오가 루산에서 회의를 연 것은 자신이 모든 것을 던져 추진하고 있는 사회주의 과도기 총노선, 인민공사운동, 지난해부터 시작한 대약진운동 등 '중국식 공산주의'인 '삼면홍기 운동'을 펼쳤으나 상황이 극도로 나빠져 이에 대한 대책을 세우기 위해서였다. 모처럼 중앙 지도자들이 머리를 식히고 여유를 가지면서 차분한 토론을 벌여 실패 원인을 분석하고, 앞으로의 방안을 짜기 위해 여름 피서지인 산 좋고 물 좋은 루산을 택한 것이었다.

마오는 저우언라이를 압박하며 대약진의 '돌격주의'를 강행했으나 저우가 우려했던 폐해들이 곳곳에서 드러나 속수무책이었다. 지방간부들의 맹목적 사업 집행과 농공업 부문의 생산목표를 허위로 부풀리는 바람에 재정이 악화되고, 생산력이 급속히 떨어져 인민경제가 파탄 위기에 직면하고 있었다. 인민들은 식량난에 허덕여 몇몇 지방에서는 굶어 죽는 사람들도 나타나기 시작했다. 마오는 자신의 조급한 정책이 실패의 수렁으로 빠져들고 있다는 것을 알고, 일정 부분 바꿔야 한다는 생각을 갖게 되었다. 인민들의 맹목적 열정을 부추겼던 자신과 지도자들의 뜨거운 머리를 식혀 '좌' 편향적 정책을 수정해 저우언라이가 내세웠던 '반돌격주의' 방향으로 조정할 심산이었다.

마오는 회의 개막식에서 지도자들이 회의 기간 부족한 지식, 특히 경제발전 추진 과정에서 나타난 빈약한 경제지식을 보충할 수 있도록 독서를 하고, 형세를 분석하며 올해의 추진사업을 차분히 정리하도록 했다. 또 군중 동원에 대한 선전과 부작용이 만연한 인민공사의 식당 운영 등 19개 문제와 관련해 지도자들이 지역별로 조를 나누어 집중 토론을 거쳐 대안을 마련할 것을 주문했다. 351

마오는 전반적 형세 분석에서 좋지 않은 문제점이 존재하고 있으나, 지난해의 성과를 긍정적으로 평가하고 밝은 미래를 제시했다. 국민경제 종합평가 부문에 대해서는 추진 과정에서 맹목적 열광성의 문제점을 지적하면서도 열정은 중요하다고 평가했다. 마오는 그동안 강대국가 건설을 위해 애초 15년 안에, 심지어 7년 안에 영국을 따라잡겠다고 조급하게 추진했던 중공업 제일주의 정책을 펴왔다. 하지만 중소분쟁으로 소련의 경제원조와 기술지원이 점차 끊기고, 기초자원과 기술력 부족 등으로 적수공권의 열정만으로는 안 된다는 것을 뼈저리게 느꼈다. 오히려 경제구조 왜곡 현상을 불러 농업생산이 급격하게 떨어져 식량난에 허덕이는 인민들이 굶어 죽는 사태에까지 이르게 되었다. 마오는 뒤늦게 균형경제의 중요성을 깨닫고 국가 경제개발 우선순위를 종전의 중공업, 경공업, 농업 순에서 다시 농업, 경공업, 중공업 순으로 바꾸었다. 만시지탄이지만 6억 5천만 명의 의식주 문제 해결이 무엇보다 급선무라는 냉엄한 현실을 깨닫게 된 것이었다.

마오는 독서문제에 대한 연설에서 "지난해 많은 동지들이 사회주의 경제 문제에 대한 이해력 부족과 경제발전 규율을 제대로 알지 못해 행정 실무주의에 매몰되었다"면서 "중앙, 성, 시, 지방위원회 1급 및 현縣 위원회 서기들이 소련의 '정치경제학'을 독서할 것"을 권했다. 마오는 또 19개 의제의 문제와 관련해서 자신이 발동한 '삼면홍기'의 방향은 정확하다고 발언해 '좌'적 지도사상의 기조는 고수했다. 단지 '좌'적 열광성에 따른 부작용은 시정해야 한다고 생각했다.

이런 기조 위에서 '루산회의'는 7월 3일부터 10일까지 소조小組를 짜 토의를 하기로 했다. 조組는 지역에 따라 구분해 동북, 화북, 화동, 중남, 서남 지역 등 6개조로 나누었다. 조원들은 마오가 제기한 '19개의 문제'에 대해 서로 정보를 교환하고, 기탄없는 의견을 발표하도록 했다. 이에 따라 '루산회의'는 낮에는 회의를 열어 자유토론을 하고, 독서를 하며 업무와 관련한 문건을 처리하는 회의 프로그램으로 이루어졌다. 저녁에는 자유 시간으로 연극을 보거나 춤을 추고 휴식을 취하도록 했다. 일요일에는 회의가 없어 등산하거나 일출을 보고 시를 짓는 등 자유로운 분위기를 만끽했다. 마오는 루산에 오기 직전 32년 만에 고향 사오산(韶山 소산)에 들른 감회를 '사오산에서(到韶山 도소산)'와 '루산에 올라(登廬山 등여산)' 등 2편의 시로 옮겼다.

마오를 비롯한 모든 사람들은 도연명이 읊은 '귀거래사'처럼 편안하고 여유롭게 신선놀음을 한다고 하여 루산회의를 '신선회神仙會'라고 불렀다. 한데 소동파의 철리哲理적 물음인 루산 속에 있다보니 루산의 진면목을 모르듯, 이후 회의 상황이 상전벽해로 급변해 이태백의 '비류삼천척'처럼 중앙의 고위 지도자들이 '3천 척' 아래로 굴러떨어질 줄은 그 누구도 생각지 못했다. 더 나아가 루산회의의 피바람으로 중국의 명운이 20년 동안 그 역사의 수레바퀴를 중세 봉건사회로 역전시킬 줄 또한 아무도 몰랐다.

루산과 공산당은 깊은 인연을 맺고 있다. 마오는 건국 후 죽을 때까지 루산에 세 번 올라 중앙회의를 주재하며 공산당의 중요 결책抉策을 결정했다. 루산 제1차 회의는 1959년 7월 2일부터 8월 1일까지, 8월 2일부터 16일까지 열린 정치국 확대회의와 중앙 제8기 8중전회로 '대약진'과 '인민공사' 등의 문제풀이 회의였다. 그러나 급격한 상황 변화로 당의 고위 지도자인 펑더화이와 장원톈 등이 우경 기회주의로 몰려 숙청을 당하는 현장이 되었다. 마오 스스로 좌경적 요소를 줄이며 이성적 통치자로 거듭날 수 있었던 기회였다. 그런데 도리어 좌경노선을 강화해 전제적 통치로 나아간 데다 대약진의 실패와 자연재해까지 겹쳐 최소 3천만 명 이상의 인민들이 굶어 죽는 처참한 비극을 불러왔다.

루산 제2차 회의는 1961년 8월 23일부터 9월 16일까지 열린 중앙 공작회의였다. 이 회의는 아직도 안개 속 회의로 통하고 있다. 회의에 관한 언론 보도가 일체 없는 데다 참석자 명단을 밝히지 않고 있다. 회의를 주재한 마오쩌둥의 이름을 비밀에 부쳤으며, 당사黨史 기록에서도 숨기고 있다. 하지만 대약진 실패에 따른 경제조정 회의로 실제적으로는 국정운영 실패의 책임을 지고 마오가 2선으로 후퇴한 회의로 알려지고 있다. 루산 제3차 회의는 1970년 8월 23일부터 9월 6일까지 열린 중앙 제9기 2중전회로 헌법 수정과 국민경제계획, 전비戰備 강화 등의 회의였다. 문화대혁명 기간 중에 열린 이 회의에서 린뱌오의 앞잡이 구실을 했던 천보다(陳伯達 진백달)는 린뱌오 진영을 대표해 마오에 대한 '천재론天才論'을 내세우며 국가주석직을 부활시켜 마오가 다시 국가주석이 되어야 한다는 논리를 폈다. 사실은 린뱌오를 국가주석에 앉히기 위한 전략이었다. 속내를 알고 있는 마오는 천보다를 숙청했고, 린뱌오 그룹이 서리를 맞았다. 린뱌오는 이듬해 소련으로 탈출하다 몽골에서 비행기 추락으로 사망했다.

이처럼 '루산회의'는 중국 공산당사에서 중요한 한 페이지를 차지하고 있다. 루산에서 과연 어떤 일이 일어난 것일까? 신선회라고 불린 루산회의와 관련해 마오의 비서였던 리루이(李銳 이예)는 『루산회의 실록』에서 "왜, 신선회라고 불렀는가? 루산은 천하명산이다. 역사고적이 풍부하고, 신선들의 이야기가 많이 전해 내려오고 있다. (마오의) 마음이 대단히 유쾌하고 편안해 보였다. 서로가 마음껏 진언進言하는 등 대단히 화기애애했다"고 회의 초반 분위기를 전했다. 마오는 분임 토론에 참석하지 않고 전·현직 비서인 리루이, 후차오무, 톈자잉(田家英 전가영) 등이 수집한 자료로 토론 내용을 파악했다. 7월 3일의 토론 내용은 이러했다. [352]

"1957년의 반反우파정풍 이래 정치와 경제의 승리로 당의 위신이 높아졌다. 당의 위신이 높아지자 체신머리가 없어졌다. 중요한 문제다. 결론적으로 머리가 너무 뜨거워 뚜껑이 열렸다."

"마오 주석 고향의 인민공사는 지난해 증산增産이 두드러졌다고 하나, 실제적으로는 16퍼센트 증산에 그쳤다. 내가 저우샤오저우(周小舟 주소주; 후난성 서기) 동지에게 물어보니 단지 14퍼센트라고 하더라. 국가가 많은 지원을 하고 대출을 해준다. 주석도 이 공사에 갔었다. 내가 주석에게 '어떻게 보십니까'라고 물었더니 이 일에 대해 말씀을 하지 않고……."

재회

7월 4일에도 난상토론이 계속되었다.

"무산계급 전제정치 이후 관료주의를 범하기 일쑤다. 제도상의 문제가 아니다. 당의 위신이 높아졌기 때문에 군중의 신임을 얻었다. 이로 인해 행정명령이 많아 졌다. 마르크스는 파리코뮌에서 무산계급의 독재는 관료주의를 방지해야 한다고 했다. 방지하기 위한 방법은 두 가지다. 하나는 선거로 공작인원을 뽑아, 군중이 언제든지 파면할 수 있는 권한을 주어야 한다. 또 한 가지는 기술인원의 임금은 최고 대우를 해주어야 한다. 그렇지 않으면 외국으로 달아난다. 또 인민들의 이익 과 일치하도록 일해야 한다. 우리는 할 수 있다. 인민들의 이익에 위배되는 일을 없애야 한다. 당이 군중에게 위신이 높기 때문이다."

"경험과 교훈을 찾아야 한다. 수원수구를 해서는 안 된다. 책임을 추궁해서는 안 된다. 사람들 모두가 책임이 있다. 마오쩌둥 동지를 포함해서 사람들 모두가 역할이 있다."

류사오치(劉少奇 유소기)는 이날 서남구 소조小組 토론에서 "1958년에 큰 성취 를 이룩한 것은 교훈을 얻었기 때문이다. 전당과 전 인민은 깊은 교훈을 얻었다. 추호도 비관할 필요가 없으며 원망할 필요도 없고 비난해서도 안 된다. 성과에 대해 충분히 이야기했고, 결점도 투명하게 이야기해야 한다"고 했다. '영원한 총사령관'으로 덕망이 높은 주더(朱德 주덕)는 7월 6일에 열린 중남구 소조小組 토론회에서 "농민들은 아직도 소유제의 일면을 갖고 있다. 공급제는 공산共產제다. 농민들이 이 공산제를 원하고 있는가? (인민공사의) 식당이 전부 무너졌는데도 보지 않으려고 하는 것은 나쁜 일이다. 농민들은 부富를 필요로 하고 부자가 되려고 한다. 부자농富者農 노선을 이룰 수 없다. 공업부문에서 중요한 것은 강철제련 작업이 엉망진창이 되었다"고 거리낌 없이 발언했다.

서북구 소조 토론에 참석한 국방부장이자 부총리인 펑더화이(彭德懷 팽덕회)는 3일부터 10일까지 7차례 발언을 했다. 펑더화이는 "1957년 '반우파투쟁' 이래 정치·경제적으로 승리를 거두어 당의 위신이 높아졌다. 머리가 뜨거워졌다. 돈 없이 식사할 수 있다는 그런 큰일을 시험도 하지 않은 채 시행했다"고 지적했다. 펑더화이는 흙으로 만든 재래식 용광로에 의한 강철제련과 인민공사화 운동에 대해 "베이다허(北戴河 북대하) 회의 이후 '좌'경 노선을 부추겨 전 인민을 강철제련 현장에 투입했다. 이 구호가 맞는 것인가? 인민공사화는 시험을 거치지 않고 시행했다. 1년 정도 시험한 뒤 시행했어야 했다"고 목소리를 높였다.

펑은 당내 민주주의에 대해서도 통렬한 비판을 했다. 펑더화이는 "현재 당위원회는 집체 지도제가 아니다. 개인이 결정한다. 제1서기 혼자서 다 한다. 당내에서 '좌'파적 사고를 고치기 쉽지 않다. '우'파적 사고는 비교적 잘 고쳐졌다. '좌'파적 사고가 모든 것을 압도해 많은 사람들이 말을 하려고 하지 않는다. 각종 딱지를 붙여 깔아뭉갠다. 광범한 언로言路를 여는 데 영향을 미친다" 등이었다. 펑더화이는 총결발언에서 "마오 주석과 당은 중국인민 속에서 위신을 높였다. 전 세계에서 찾아보기 어렵다. 하지만 이런 위신을 남용해서는 안 된다"고 강조했다. 회의 참석자들의 토론 열기가 한층 높아져갔다. 353

이런 가운데 마오는 7월 9일 밤, 두 번째 부인이었던 허쯔전(賀子珍 하자진)을 자신이 묵고 있는 '메이루美廬'에서 22년 만에 은밀하게 만났다. 354

허쯔전은 1937년에 마오와 헤어져 병을 치료하기 위해 소련으로 갔다가 1947년 중국으로 돌아왔다. 이후 당은 허쯔전이 마오가 있는 베이징으로 오지 못하도록 결정했다. 장칭(江青 강청)이 마오의 부인으로 버티고 있었고, 옌안(延安 연안)에서 허쯔전이 마오와 헤어진 뒤 당 조직에서 이혼을 공식 결정한 바 있기 때문이었다. 허쯔전은 자신이 마오를 떨치고 소련으로 간 것을 몹시 후회했다. 중국에 돌아와서는 마음속으로 마오를 사무치게 그리워했다. 그러나 조직의 결정으로 만날 수 없었다. 그러던 1954년 9월, 제1기 전국인민대표대회 기간에 우연히 라디오를 켰다가 매우 익숙한 목소리가 흘러나오는 것을 들었다. 마오의 연설 목소리였다. 충격을 받은 허쯔전은 그대로 혼절해 소파에 쓰러졌다. 응급치료를 받고 깨어난 허쯔전은 정신적 충격으로 정신분열증 현상을 보였다. 상하이에서 생활하던 허쯔전은 정신건강 상태가 좋지 않아 장시성 난창(南昌 남창)으로 가 외부와 격리한 채 휴양하며 치료를 받았다. 증상이 심해져 발병했을 때는 누가 자신을 해치려 한다는 과도한 공포 증세에 시달렸다. 심할 때는 아무것도 먹지 못해 몸이 급속도로 나빠져 폐인이 되다시피 했다. 이런 소식을 들은 마오는 눈물을 뿌렸다고 한다. 마오는 허쯔전과의 사이에서 난 딸인 자오자오(嬌嬌 교교; 李敏 리민)를 여러 차례 허쯔전에게 보내 간병하도록 했다. 마오는 허쯔전에게 구하기 힘든 약과 편지를 보내 위로하기도 했다. 허쯔전은 그 후 점차 건강을 회복해 정상적 상태로 돌아왔다.

장시성의 제1서기 양상쿠이(楊尙奎 양상규)는 루산회의가 열리고 있던 7월 7일에 부인인 수이징(水靜 수정)에게 "마오 주석이 허쯔전 동지를 만나고 싶어 한다. 난창에 들러 허쯔전 동지를 모시고 루산에 갈 때 주단화朱旦華(마오의 둘째 동생 마오쩌민의 전 부인) 동지도 대동하라"고 마오의 지시를 전했다. 양상쿠이는 "이 일은 아주 특수한 임무다. 주석이 절대 비밀 엄수를 강조했다. 허 따졔(大姐 대저; 허쯔전)에게 주석을 만나러 간다고 하지 마시오. 혹시 감정이 격해져 발병할 수도 있어요. 주석이 직접 이야기할 수 있도록 하라"고 신신당부했다. 양상쿠이는 거듭 장칭이 알면 시끄러워지므로 각별한 주의를 당부했다. 7월 8일에 수이징은 허쯔전 등을 대동하고 루산으로 가서 회의 참가자들이 묵고 있는 숙소 쪽과는 다른 지역인 한둥(涵洞 함동) 왼쪽의 28호 집에 도착했다. 루산의 해발 1천 미터 남짓한 분지 일대는 19세기 때부터 중국에 온 유럽인과 미국인들이 여름 휴양지를 건설해 유럽풍의 크고 작은 별장이 수백 채 들어서 있다. 마오가 묵고 있는 180호 집 '메이루(美廬 미려)'는 영국 여성 바루이(巴瑞 파서)가 장제스 부인 쑹메이링(宋美齡 송미령)에게 선물한 별장이었다. 쑹메이링의 루산 별장이란 뜻으로 '메이루'라고 불렀다. 7월 9일 밤 9시, 수이징은 허쯔전을 수행해 마오가 있는 '메이루'에 도착해 2층 경호원 당직실로 들어갔다.

수이징은 이곳에서 대기하고 경호원이 허쯔전을 마오의 방으로 안내했다. 이때 마오의 나이 66세로 인생 황혼기였다. 1시간 정도 지난 뒤 경호원 당직실로 벨이 울렸다. 경호원이 마오의 방으로 들어가 허쯔전을 부축해 당직실로 들어온 뒤 주석이 찾는다고 수이징에게 전했다. 마오의 방에 들어선 수이징은 마오의 안색이 좋지 않은 것을 금방 알아챘다. 마오는 수이징에게 "안 되겠다. 머리가 좋지 않다. 말이 잘 안 통한다"며 한숨을 내쉬었다. 마오의 얼굴에 수심이 가득 차 창백했다. 마오는 수이징에게 "허쯔전이 너무 감정이 격해 있다. 당신이 그의 감정을 잘 살펴야 한다. 내일 허쯔전을 데리고 산을 내려가라. 잠시도 허쯔전 곁을 떠나서는 안 된다. 지금 허쯔전은 이미 내가 산에 있다는 것을 안다. 그가 바깥에 나갔다가 아는 사람을 만날까봐 겁난다. 그럼 좋지 않다. 옌안 시절에 아는 사람이 많다. 당신이 꼭 곁에 있어야 한다"고 신신당부했다.

허쯔전과 수이징은 다음 날 난창으로 돌아왔다. 마오와 허쯔전의 만남은 옌안에서 헤어진 뒤 22년만의 첫 만남이자, 이승에서의 영결永訣이 되었다. 혹자는 루산회의가 파국으로 치달은 원인 중의 하나로 허쯔전을 만나 상심한 마오의 정신적 충격을 보태기도 한다.

마오쩌둥과
펑더화이의 악연

루산회의에서는 시간이 갈수록 '삼면홍기'에 대한 비판이 거세졌다. 펑더화이와 장원톈은 담을 사이에 둔 숙소에 배정되었다. 그 때문에 회의가 끝나거나 식사 후 또는 산책을 하다 자연스럽게 만나는 편이었다. 두 사람은 만나면 '좌' 편향성으로 인민들을 광적으로 몰아붙이는 행태에 우려를 표시했다. 당시 철강을 생산하겠다고 9천만 명의 인민들을 동원해 집 뜰에다 흙으로 수백만 개의 용광로를 만드는 등 난리법석을 떨었다. 함량 미달인 원시적 제철방법의 용광로 제작 해프닝은 물적 낭비를 가져왔을 뿐만 아니라 농촌 인력의 일손 부족을 가중시켜 농업 생산성을 크게 떨어뜨리는 악영향을 끼쳤다. 또 연료용 나무와 철광석을 찾아 전 국토를 헤집고 다녀 산림자원을 훼손하고 고갈시켰다. 이런 광풍은 결과적으로 엄청난 인적·물적·국가적 낭비를 초래해 국가경제를 거덜 내는 상황으로까지 몰고 갔다. 펑더화이와 장원톈은 또 당내 민주집중제 문제를 걱정하고, 스탈린이 만년에 저지른 과오와 마오의 반민주의식 등을 이야기하기도 했다. 355

마오는 비서들을 통해 그날그날 배포하는 회의 내용을 추려 실은 『간보簡報』를 통해 회의 진전 상황을 파악하고, 이러저런 관련 정보를 수집했다. 7월 10일, 마오는 조장회의 연설에서 당 밖의 우파들을 부정하고 일부 간부들이 지난해 대

약진이 '얻는 것보다 잃는 게 더 많았다'고 우려하는 것을 비판했다. 마오는 대약
진은 총체적으로 볼 때 잃을 게 없다, 대약진과 인민공사화 운동에 나타난 문제점
은 이미 점차적으로 해결되었다는 등의 낙관적 전망을 했다. 문제가 되고 있는
'좌' 편향적 과오를 바로잡는 것에 대해서는 이렇다 할 대책을 언급하지 않았다.
회의 참석자 다수들, 특히 펑더화이나 장원톈 등은 깊은 우려를 나타냈다. 마오는
이날 회의에서 15일에 루산회의를 끝내기로 결정했다.

　펑더화이는 '좌'경의 과오를 철저하게 바로잡지 않고 회의를 마치는 것에 대
해 큰 걱정을 하며 번민하고 노심초사했다. 잠도 제대로 자지 못한 채 고민하다
마오의 비서를 지냈던 저우샤오저우(周小舟 주소주)에게 자문을 구했다. 펑더화이
는 "주석과 이야기를 하고 싶은데 (마오의) 개성 때문에 잘못될까봐 이야기하기
겁난다"고 말했다. 저우샤오저우는 자신의 체험을 이야기하고 펑이 주석에게 직
언을 하도록 권했다. 펑더화이는 다음 날 마오를 찾아가 이야기할 내용을 밤새워
준비했다. 아침 식사를 마치고 마오를 면담하러 나섰다. 머릿속에 온갖 상념이
뭉게구름처럼 피어올랐다. 아직 논의해야 할 많은 문제가 산적해 있는데 회의를
이대로 끝내서는 안 된다고 거듭 생각했다. 회의 참석자들의 인식도 일치하지 않
고 있었다.

　'좌' 편향성 문제를 그대로 놓고 '삼면홍기' 운동을 벌이면 엄청난 역풍을 맞
을 것으로 펑더화이는 확신했다. 마오의 들뜬 머리를 식혀야 하는 직언直言이 필요
했다. 천하를 좌지우지하는 마오를 움직여 세상을 바로잡아야 한다고 여긴 펑더화
이는 가시가 목구멍에 걸린 듯 말을 내뱉지 않고서는 마음이 편치 않았던 것이다.
마오가 묵고 있는 '메이루'에 도착한 펑더화이는 경비를 서고 있는 초병에게 마오
의 기상 여부를 물었다. 아직 일어나지 않았다는 대답이었다. 마오의 잠 습관은 중
앙 지도부에서는 모르는 사람이 없었다. 새벽녘까지 일을 한 뒤 아침 느지막하게
일어났다. 일단 잠에 떨어지면 누가 업어가도 모를 지경이었다. 펑더화이는 전쟁
이 끝났고, 루산의 수려하고 그윽한 분위기 속에 편안하고 포근한 잠을 이룰 수 있
는 만큼, 일어나 있을 것으로 생각했다. 마오의 잠 습관은 여전했던 것이었다. 펑
더화이는 하릴없이 서성거리다 가볍게 탄식을 내뱉고 천천히 뒤돌아섰다.

역사는 '만약'을 허용하지 않지만 이때 마오가 일어나 펑더화이와 허심탄회하게 이야기를 했다면? 많은 당사연구가나 사학자들은 신중국의 퇴보적 역사 발전과 문화대혁명의 처참한 비극을 막지 않았을까 하는 애석한 생각들을 토해내기도 한다. 또 최소한 펑더화이의 개인적 삶이 처참하게 무너져 참혹하게 죽어가지는 않았을 것으로 보았다. 역사는 냉엄한 현실의 집적물集積物이다. 인간이 주체적 의지로 역사를 열어나가지만, 때로는 우연과 필연의 교직交織이 역사를 만들어가기도 한다. 숙소로 돌아온 펑더화이는 말 대신에 글로 마오에게 자신의 견해를 전달하기로 마음먹고 편지를 쓰기 시작했다. '주석'으로 시작하는 이 글은 펑더화이가 새벽녘까지 쓴 것으로, 구구절절 애국충정과 강직한 품성이 녹아 있는 간언諫言이었다. 장장 4천 자에 이른다. 편지 끝에는 '경례敬禮!' 펑더화이로 끝을 맺고 있어 중국인들의 마음을 애잔하게 했다. 356

주석, 이번 루산회의는 중요하다. 나는 서북 소조小組에서 몇 차례 이야기했다. 소조에서 전부 이야기하지 못한 일단의 의견을 써서 보내니 참고하시기 바란다. 단지 내가 단순해 사람들이 장비張飛로 부를 만큼 확실히 거칠고, 세밀하지 못한 구석이 있다. 그런 만큼 (이 글이) 참고 가치가 있는지 여부를 헤아려 살피시기 바란다. 타당하지 않으면 번거롭지만 가르침 있기를 바란다.

이렇게 허두를 뗀 펑더화이는 글 형식을 갑甲과 을乙 부분으로 나누어 기술했다. 갑甲 부분은 펑더화이가 긍정한 '삼면홍기'의 정확한 노선과 성과, 그리고 결점과 시행착오를 열거하고 해결방법을 제시했다. 펑더화이는 "대약진의 성과는 긍정적이고 의심의 여지가 없이 정확하다. 국민경제의 성장 속도는 세계 각국에서 예를 찾아볼 수 없다. 대약진을 통해 기본적으로 더 빨리, 더 생산적 정책인 총노선은 정확했다"고 서술했다. 인민공사와 관련해 펑더화이는 "위대한 의의가 있는 것으로, 우리나라 농민들이 빈곤으로부터 탈출하게 할 뿐만 아니라 사회주의가 공산주의로 가는 정확한 길을 더욱 빠르게 건설하도록 하고 있다. 소유제 문제에 대한 혼란이 있지만 심각한 현상은 공작 추진 과정에서 나타나는 결점과 잘못"

이라며 이를 시정할 것을 제시했다. 펑더화이는 전 국민 강철제련과 관련해 "흙으로 만든 조그만 용광로에서 철을 생산한다며 물력과 재력, 인력을 낭비해 큰 손실을 입혔다. 그러나 적지 않은 기술인력을 배양하고 수많은 간부들이 단련되어 기술이 제고되었다. 비록 '학비'(20여억 위안)를 지출해 잃은 것도 있지만, 얻은 것도 있다"고 평가했다.

편지의 을乙 부분은 갑甲 부분보다 지면을 더 많이 할애했다. 어떻게 공작과정에서의 경험과 교훈을 얻을 것인가에 중점을 두고 강조했다. 펑더화이는 "정치 우선은 경제법칙을 대신할 수 없다. 경제공작 과정에서의 구체적 조처는 더욱 대체할 수 없다. 정치 우선과 경제공작 과정에서의 확실한 유효 조처는 양자 모두 중요하다. 편중하거나 편애해서는 안 된다"고 지적했다.

편지를 쓴 목적은 마오를 통해서 회의에 참석한 사람들이 '좌' 편향성을 바로잡고, 경험과 교훈의 중요성을 깨닫기를 바랐다. 펑더화이가 편지글을 '참고용'으로 한 것은 당의 조직과 원칙에도 부합하는 것이고, '삼면홍기'의 결점과 잘못을 서술한 것도 마오 스스로 여러 차례 언급한 것으로 문제될 것이 없었다. 문제는 펑더화이가 경험과 교훈을 강조하는 과정에서 제1차 정저우(鄭州 정주) 회의 이래 마오쩌둥의 주재로 추진하고 있는 '좌' 편향 정책을 오른쪽으로 클릭해주기를 바라며 내비친 불만이었다.

펑더화이는 '좌' 편향적 정치사상의 근본 지도노선과 방침을 바꾸지 않으면 계속 '좌'적 과오를 범할 수밖에 없다고 판단했다. 이 지점에서 마오가 7월 10일에 연설한 내용과 펑의 해법이 크게 이견을 보이고 있었다. 마오는 연설에서 이미 '반좌反左'적인 분위기로 '우경右傾' 정서를 이끌어가는 현상이 나타났다고 경고한 바 있었다. 마오는 펑더화이가 지적한 "소자산 계급의 열광성은 우리가 쉽게 '좌'적 잘못을 저지르게 하거나, "철강 생산에서 유실유득有失有得(잃은 것도 있지만 얻은 것도 있다)"을 말하며 '실失'을 '득得'보다 앞서 언급한 것 등을 의혹의 시선으로 바라보았다.

펑더화이는 루산회의 참석에 앞서 소련과 동유럽을 순방하고 흐루쇼프와 회담한 후 귀국한 지 채 한 달도 되지 않았다. 마오는 소련 수상 흐루쇼프가 스탈린 격하운동을 벌인 것을 못마땅하게 여기고 있었다. 게다가 '삼면홍기'를 부정적으로 평가해 좋지 않게 보고 있는 터였다. 마오는 펑더화이의 '좌' 편향성 과오의 글이 흐루쇼프와 연계된 것이 아닌가 하는 의심을 했다. 펑더화이가 이 편지를 쓴 궁극적 목적이 무엇인가? 펑더화이가 일단의 그룹을 대표하고 있다는 것은 의심할 바가 없었다. 이런 태도가 당면한 형세와 대국大局에 어떤 후과를 가져올 것인가? 마오는 골똘히 이러저런 생각을 하다 분노를 터뜨렸다. 마오는 "도대체 무얼 하자는 것인가?"라고 의문부호를 달았다. 마오는 자신이 '좌' 편향성과 관련해 형세를 바라보는 해법의 불일치를 여러 차례 이야기하며 단결을 강조했다. 그런데 펑더화이를 비롯한 일단의 사람들이 들으려 하지 않는다고 판단한 것이었다. 그들의 속내에 무슨 꿍꿍이가 있다고 여겼다. 마오는 자신에 대한 '도전'으로 간주했다. [357]

마오는 펑더화이의 편지를 받은 지 3일째 되는 날인 16일, 펑의 글을 인쇄해 회의 참가자들에게 참고용으로 배포하도록 지시하고 '펑더화이 동지의 의견서'라는 표제를 달았다. 그런 뒤 정치국 상무위원회에 '이 편지의 성질을 평론할 것'을 제의했다. 마오는 이날 갑자기 루산회의를 1주일 연장하고, 베이징에 있는 펑전(彭眞 팽진)과 천이(陳毅 진의), 황커청(黃克誠 황극성) 등에게 루산회의에 참가하도록 긴급지시를 내렸다. 회의 참가자들은 돌연한 회의 연장의 심상치 않은 분위기를 파악하느라 촉각을 곤두세우며 정보 수집에 동분서주했다. 7월 17일, 베이징에 있다가 루산회의에 참석한 총참모장 황커청은 당시를 이렇게 회상했다.

"산에 올라와 막 숙소에 들어갔을 때 펑더화이가 마오 주석에게 보냈던 편지를 나에게 보여주었다. 나는 자세히 읽은 뒤 말했다. 편지에서 제기한 의견에 나도 찬성한다. 그러나 글을 쓴 방식이 좋지 않다. 글 중에 제기한 방법이 자극적이다. 왜, 그렇게 했는가?라고 물었다. 펑더화이는 실제상황이 그렇게 엄중하다. 회의 참석자들이 예민한 문제를 이야기하려고 하지 않는다. 주의를 환기시키기 위해 그렇게 썼다고 말했다. 나는 펑쫑은 항상 감정적으로 일을 처리한다. 펑쫑과 주석은 오랫동안 함께 일을 해오지 않았나? 서로 이해하는 마음이 비교적 깊은 관계다. 이런 말을 어찌 주석과 대화를 하지 않고 구태여 편지로 썼느냐고 말했다."

펑더화이는 자신의 개인 편지를 마오가 '펑더화이 동지의 의견서'라는 표제를 붙여 회의 참가자들에게 회람시킨 데 대해 불만을 터뜨렸다. 펑은 개인 편지로 사람들에게 토론을 요구하지도 않았는데 마오가 무슨 뜻으로 회람을 시켰는지 의아해하며 분노와 불안이 교차했다. 편지를 회람한 참석자들은 다수가 펑더화이의 의견이 실제상황에 부합한다고 지지의 뜻을 밝혔다. 그런가 하면 소수는 펑더화이의 해법에 반대하고 일부 용어를 들어 질책했다. 다수와 소수의 견해차이가 점점 벌어지면서 토론은 쟁론으로 번져 더욱 격렬해졌다. 편안한 기분으로 생동감이 넘쳐흘렀던 '신선회'는 팽팽한 긴장감이 돌며 경직된 회의로 돌변했다.

마오는 7월 17일 오후에 다시 전·현직 비서인 저우샤오저우, 저우후이(周惠 주혜), 리루이(李銳 이예), 후차오무, 톈자잉 등 '수재秀才' 그룹을 소집해 회의 진행 상황 등에 대해 의견을 청취했다. 마오는 "총노선을 얼마나 많은 사람들이 지지하고 있는가?"라고 물었으나 꼭 대답을 필요로 하지는 않았다. 이어서 마오는 "내가 보기에 옹호하는 사람이 100분의 70이 되지 않는 것 같다. 옹호자 중 진정한 골간은 100분의 30이 되지 않고, 대부분은 대세를 따른다"고 말했다. 358

회의 진전 상황의 정보가 부단히 마오에게 전해졌지만 마오의 표정은 갈수록 어두워지고, 마음도 점점 무거워졌다. 펑더화이의 편지글을 얼마나 많은 사람들이 찬성하는지 확실한 통계가 없었기 때문이다. 게다가 찬성 숫자가 확실히 적지 않은 것 같았고, 동북조는 거의 찬성했다는 정보가 날아왔다. 황커청과 저우샤오저우, 장원톈의 발언이 급기야 마오를 격노케 했다. 황커청은 중앙서기처 서기이자 인민해방군 총참모장으로 베이징에서 군사위원회의 공작을 하느라 애초 루산 회의에 참석하지 않았다. 7월 19일, 황커청은 소조회의 발언에서 펑더화이의 의견을 지지했다. 황커청은 "펑더화이의 편지는 전체적 정신이 잘 정리되어 있다. 그는 발언에서 공사제도는 우월하다고 했다. 그러나 지난해 잘됐는가 아니면 잘못됐는가? 나는 잘됐다고 생각하지만, 그렇지 않을 수도 있다. 멀리 내다볼 때 잘했다고 말할 수 있지만 단기적으로 볼 때 그렇지 못했다"고 지적했다. 저우샤오저우도 "펑쭝(펑더화이)의 편지에 완전히 동의한다. 전체적 정신이 좋다. 제기 방식과 분별, 용어 등을 헤아릴 수 있다. 각자들은 공작 방면이 서로 다르고, 접촉 사물도 같지 않기 때문에 해법도 서로 다르다. 모두가 함께 토론해 각 방면의 문제를 끄집어내 분석을 통해야만 일치할 수 있다"고 말했다. 펑더화이는 이날 회의 참석자 모두의 의견에 따라 자신의 편지글의 배경을 설명했다. '의견서'는 주석에게 참고용으로 쓴 것으로 황급하게 썼다. 글 중에 부정확한 부분이 있을 수 있다. 총노선의 정확성에 대해 조금도 회의懷疑하지 않는다. 우리의 당이 소자산계급의 정당이라고 내가 말한 데 대해 모두들 오해하지 않기 바란다. 펑더화이는 '소자산계급의 열광성'과 관련해 "지난해 하반기 당내에 일단의 '좌' 편향성이 확실히 두드러졌다. 예를 들면 허풍이 생겨났다. 과학을 대신한 열정만으로 일거에 전국의 모든 사람이 돈 없이 밥을 먹을 수 있고, 어떤 지방에서는 며칠 사이에 수없이 많은 집들을 철거해버렸고, 짧은 시일 안에 문맹을 퇴치하겠다고 주장하는 등등을 들 수 있다. 이런 것들은 '좌' 편향성이 생겨나 소자산계급의 열광성으로 나타난 것"이라고 설명했다. 359

사상투쟁
전운

7월 21일, 화동華東 소조에서의 장원톈(張聞天 장문천) 발언은 비상한 관심을 모았다. 마오의 비서이자 중앙서기처 후보 서기인 후차오무는 한바탕 폭풍우가 몰아칠 것을 예감하고 장원톈에게 전날 짧게 발언할 것을 권유했다. 장원톈은 1935년 1월의 쭌이(遵義 준의)회의 때 왕자샹과 함께 보구를 쳐버리고, 마오를 지지해 마오가 중공의 최고 지도자가 되는 데 큰 기여를 했다. 장원톈은 이때 중공중앙 총서기가 되었으나 옌안 정풍운동 때 마오의 배척을 받고, 핵심 지도부에서 밀려났다. 당내의 뛰어난 이론가였으나 마오의 미움을 사, 건국 후 소련대사와 유엔 중국대표부 단장을 거쳐 저우언라이 밑에서 외교부 부부장(차관)을 맡고 있었다. 장원톈은 이론가답게 장장 3시간 동안 대약진의 성과, 결점의 후과, 생산 결점의 원인, 주관주의와 편면성, 정치와 경제, 민주와 집중, 펑더화이 동지의 의견서에 관해 등 13개 문제로 나누어 발언을 했다. 발언은 대약진 이래 나타난 엄중한 문제와 후과後果를 이론적으로 체계적 분석을 통해 설명했다. 장원톈은 생산 결점의 원인에 대해 "경험 부족으로만 말해서는 안 되며, 생각하는 방법과 기풍을 연구 토론해야 한다"고 지적했다. 또 황당무계한 주관주의의 폐해를 비판하고, 경제를 이끌어가는 데 정치를 우선해서는 안 되며, 객관적인 경제 규율에 따라 일을 처리

318

해나가야 한다고 주장했다. 장원톈은 "목표에 달성했다는 성취감은 사람들의 머리를 뜨겁게 하고, 오만하고 자만하게 만들어 다른 의견을 들으려 하지 않는다. 따라서 당내에 민주적인 기풍을 확장해야 한다"고 지적했다. 당내에서 다른 의견을 들으려 하지 않는 소통 부재의 문제에 대해서도 강도 높게 비판했다. 360

"주석은 다른 의견을 개진하기 위해 능지처참당할 각오를 하고, 머리가 떨어져 나가는 것을 두려워해서는 안 된다고 말한다. 옳은 말이다. 그러나 머리가 떨어져 나가는 것을 두려워하지 않는 것을 요구만 해서는 안 된다. 문제의 다른 일면은 지도자들이 그런 분위기와 환경을 만들어 아래에서 마음껏 다른 의견을 발표할 수 있도록 해야 한다. 생동적이고 활발하게 충분히 의견을 나눌 수 있는 국면을 형성해야 한다. 겁날 게 무엇이 있나? 진정으로 실사구시를 견지하고, 군중노선을 견지하는 사람은 꼭 (다른 의견을) 충분히 들어야 하고, 반드시 들으려고 해야 한다. 다른 일면의 의견을 듣는 것은 군중노선을 견지하는 것이고, 실사구시를 견지하는 하나의 중요한 조건이다. 마오 주석은 군중노선, 실사구시에 관한 이야기를 한다. 나는 말하기는 쉬우나 실제 행하기는 어렵다고 본다. 진정한 것은 이런 기풍을 배양하는 것이 쉽지 않다는 것이다."

장원톈이 마지막으로 펑더화이의 편지에 지지를 표하고, 글 속에서 언급한 '소자산계급의 열광성'과 '각 부문에서의 허풍과 우쭐증'에 관해 펑더화이를 옹호하는 방식으로 이야기를 했다. 이때 '좌' 편향성을 지지하는 사람들이 불시에 말참견을 하거나 발언을 중단시켜 회의장의 분위기가 아연 험악해지기도 했다. 장원톈은 당시 이런 상황을 자신의 비서에게 기록하도록 지시해 훗날『장원톈 문집』과 『장원톈 선집』에 '루산회의에서의 발언'이라는 제목으로 회의 상황이 수록되었다. 장원톈의 이날 발언은 참석자들에게 강력한 반향을 일으켰다. 소수의 '좌'파 쪽 사람들은 장원톈을 강력 비판했다. 장원톈의 발언은 마오의 특별한 주의를 끌었다.

마오는 7월 22일에 상하이 시장 커칭스(柯慶施 가경시), 리징취안(李井泉 이정천) 등 몇 사람을 불러 대화를 나누었다. 커칭스와 리징취안은 '좌' 편향성을 바로잡는 문제에 대해 불만을 토로했다. 커칭스는 한술 더 떠 마오를 충동질했다. 커칭스는 지금은 마오 주석이 회의장에 나가 의견을 개진해 버팀목이 되어야 한다, 그렇지 않으면 대오가 산산이 흩어진다, 펑더화이의 편지는 총노선에 대한 정면 대항이고 마오 주석에 대한 저항이라며 불씨에 풀무질을 해댔다. 마오는 이날 밤 류사오치, 저우언라이와 대책회의를 열고 다음 날 마오가 직접 회의장에 나가 연설할 내용들을 준비했다. 361

7월 23일, 마오는 오전 회의에 참석해 반격의 포문을 열었다.

"당신들은 오랫동안 이야기했다. 내가 1시간 정도 이야기할 수 있도록 허락해 달라. 괜찮겠소? 수면제를 세 번 먹었으나 잠을 이룰 수 없었다. 내가 동지들의 발언 기록과 문건을 보고, 일부 동지들과 이야기를 했다. 두 가지 경향이 있는 것 같다. 하나는 건드리지 않으려고 하고, 또 하나는 건드리면 터질 것 같은 일촉즉발과 같은 부류다. 일부분의 동지들은 압력을 받고 있다. 즉 좋지 않은 말을 하려고 하지 않는다. 단지 좋은 말만 하기를 바란다. 좋지 않은 말을 들으려 하지 않는다. 나는 이런 동지들에게 들어야 한다고 권한다. 좋은 말이나, 좋지 않은 말이나 모두 말이다. 모두 들어야 한다."

"현재 당 안팎에서 우리를 협공하고 있다. 우파들은 말한다. 왜 진시황은 쓰러졌는가? 만리장성을 쌓았기 때문이라고 한다. 현재 우리는 톈안먼(天安門 천안문)을 수축하고 있지만(사회주의 건설), 붕괴될 것이라고 한다. 우파들의 이야기다. 우리는 군중을 이탈했다고 한다. 잠시다. 군중들은 역시 우리를 옹호한다. 현재 군중과 우리와의 결합은 아주 좋다. 소자산계급의 열광성은? 그렇게 말할 수 없다. 광범한 군중운동에 찬물을 끼얹어서는 안 된다. 그들은 소자산계급이 아니다. 빈농, 하중농下中農, 무산계급, 반무산계급이다. 이렇게 긴급한 고비에서 동요하지 말라. 일부 동지들은 동요하고 있다. 대약진, 총노선, 인민공사는 정확하다. 방향이 어느 쪽으로 가야 하는지 그것을 말해야 한다. 예를 들면 '유실유득有失有得'이라고 했는데 '득得'을 뒤에 놓았다. 헤아려볼 때 만약에 모자를 씌운다면(죄나 딱지를 붙이는 것) 이것은 자산계급의 동요성이다."

마오의 이야기 중 '자산계급의 동요성'은 펑더화이가 편지에서 쓴 '소자산계급의 열광성'에 대한 마오의 되치기이며, '유실유득'도 실명을 거론하지 않았지만 펑더화이를 겨냥한 것이었다.

"만약에 10건의 일을 처리하는데 9건이 나쁘면 반드시 망한다. 그때 나는 농촌으로 들어간다. 농민을 이끌고 정부를 엎어버리겠다. 당신들 해방군이 나와 같이 가지 않으면, 나는 홍군을 조직한다. 따로 해방군을 조직한다. 내가 볼 때 해방군은 나와 함께 갈 것이다."

회의장의 분위기가 일순 얼어붙기 시작했다. 마오가 국방부장 펑더화이와 총참모장 황커청을 겨냥해서 한 발언이었다. 펑과 황을 배제할 수도 있다는 함의含意였다. 전제적 카리스마를 갖고 있는 마오의 공갈, 협박과 다름이 없었다.

"일부분의 동지들은 말하는 방향에 주의해야 한다. 말하는 내용은 기본적으로 정확하지만 부분적으로 타당하지 않다. 이런 동지는 내가 볼 때 우파는 아니고 중간파다. 좌파가 아니다. 일부 사람들은 못에 찔려 머리에서 피가 흐르면 근심걱정으로 애달파 안정적으로 버티지 못하고 동요한다. 중간파에 선다. 또다시 1956년 하반기와 1957년 상반기 때 잘못을 범한 동지들의 길로 간다. 그들은 우파가 아니다. 그러나 그들은 스스로를 우파의 가장자리로 던져버렸다. 우파와 30킬로미터 거리를 두고 있다. 우파들은 이런 논조를 대단히 환영한다. 이런 유의 동지들은 '(우파의) 가장자리 정책'을 취하게 되는데 상당히 위험하다. 믿지 말고 앞을 바라보라."

마오의 발언은 '우파와의 거리가 30킬로미터 떨어져 있다'는 비유를 들어 펑더화이의 편지에 동의하는 참석자들에게 경고를 보낸 것이었다. 그런가 하면 애초 루산회의에서 어느 정도 바로잡으려 했던 '좌' 편향성 문제는 온데간데없고, 난데없이 '우파' 문제가 불거지면서 참석자들은 사색死色이 되어 깊은 숨을 몰아쉬어야 했다. 사상 이데올로기 투쟁은 '붉은 피'를 필요로 했기 때문이다. 362

"나는 두 가지 죄가 있다. 하나는 강철 1,070만 톤 문제다. 철강 생산은 내가 결심한 것이다. 대代가 끊길 정도의 죽일 놈은 나다(始作俑者 시작용자). 주요 책임은 내게 있다. 또 하나는 인민공사다. 인민공사는 전 세계가 반대하고, 소련도 반대했다. 인민공사는 내가 만든 것은 아니지만 널리 보급한 책임이 있다. 동지들 스스로의 책임을 모두 분석하기 바란다."

마오의 연설은 큰 충격을 몰고 왔다. 무언가 터질 것만 같은 불안하고 음습한 기운이 참석자들의 간담을 서늘케 했다. 인민해방군 총참모장 황커청은 마오의 연설을 이렇게 회상했다.

"주석의 연설은 우리의 머리를 한 방 가격한 것이었다. 모두들 크게 놀랐다. 내가 주석에 대해 한 이야기가 통하지 않아 마음이 무거웠다. 펑더화이의 부담은 엄청 컸다. 우리 두 사람은 모두 저녁을 먹지 못했다. 숙소가 같은 동에 있었으나 얘기하는 것을 피했다. 나는 주석이 왜 갑작스럽게 생각을 바꿨는지 알 수 없었다. '좌' 편향성 교정矯正회의가 '반우反右' 회의로 바뀌어버렸다. 아무리 생각해봐도 도저히 이해할 수 없었다."

마오가 연설을 끝내고 회의장을 떠날 때였다. 펑더화이가 마오의 앞으로 나와 "주석, 그 편지는 내가 참고용으로 써서 보낸 것입니다. 왜, 인쇄해 배포했습니까?"라고 언짢은 기색으로 항의했다. 마오는 멍하니 쳐다보다가 "당신도 인쇄해 배포하지 말라고 이야기하지 않았다"고 퉁명스럽게 말했다. 펑더화이는 그날 쓴 수기에서 "나는 당시 격동하는 감정을 억제하고 말다툼을 피하기 위해 무진 애를 썼다"고 적었다. 마오는 뤄루이칭(羅瑞卿 나서경), 커칭스, 타오주(陶鑄 도주), 왕런중王任重 등과 언덕에 있는 강당을 떠나 아래로 내려가고 있었다. 그때 앞서 내려가던 펑더화이가 뒤돌아보다 마오와 눈길이 마주쳤다. 마오가 걸음을 멈추고 소리쳤다. 363

"펑쭝, 우리 얘기 좀 하자!"

얼굴이 벌겋게 상기된 펑더화이는 눈을 치켜뜨고 한 번 노려보더니 멈추지 않고 앞으로 성큼성큼 걸어가면서 외쳤다.

"얘기는 무슨 얘기입니까? 뭐, 좋은 얘기도 아니면서."

마오는 순간 얼이 빠져 멍청히 서 있다가 몸을 반쯤 굽힌 채 펑더화이를 쳐다보며 다시 말했다.

"뭐, 좋은 얘기가 아니더라도 앉아서 얘기하자."

"무슨 좋은 얘기 있습니까? 뭐, 좋은 얘기도 아니지 않습니까?"

펑더화이는 큰 소리로 퉁명스럽게 말하고 멈추지 않은 채 휘적휘적 팔을 흔들며 가버렸다. 마오 곁에서 이런 모습을 지켜본 마오의 시위대장 리인차오(李銀橋 이은교)는 당시를 이렇게 회상했다. [364]

"많은 중앙의 수장들이 지켜보는 면전에서 펑더화이가 주석에게 이런 태도를 보이자 주석은 대단히 기분 나쁜 표정을 지었다. 공분公憤을 일으켰다. 마오 주석이 숙소에 도착하면 원래는 산을 내려갈 준비를 했었다. 나중에 일부 수장들이 똘똘 뭉쳐 일을 잘해보자는 문제가 해결되지 않았다고 주석에게 말한 이야기가 반영되었다. 밤에 하산하지 않는다는 것을 알았다. 중앙 전체회의를 소집해 노선문제 해결을 토론했다."

황혼 무렵, 마음이 무겁고 산란한 펑더화이는 이날 발생했던 이런저런 일을 곱씹으며 산책을 하다 우연히 한 사람을 만났다. 그는 펑더화이에게 오전에 있었던 마오의 발언에 대한 느낌을 물었다. 펑더화이는 "시비곡직是非曲直은 일이 지나고 나면 자연히 밝혀진다"고 대답했다. 이 사람은 "조금도 마음에 두어서는 안 된다. 주석은 발언에서 정치, 조직, 노선상으로 이미 고도의 원칙을 제기했다. 당신은 당과 인민에 대해 어떤 것이 이로운지 고려해야 한다. 서면으로 발언(자아비판)하는 것이 좋을 것 같다"고 좋은 뜻으로 펑더화이에게 권유했다. 펑더화이는 "지금 대단히 피곤하다. 글이 써질 것 같지도 않고, 명확하게 쓸 수도 없다"고 응답했다. 펑더화이는 숙소에 돌아와 필기장에 이렇게 적었다. [365]

16일에 중앙판공청이 (펑더화이의 편지를) 인쇄해 배포한 뒤 22일까지 각 소조가 6일 동안 토론을 벌였다. (회의 참석자들이) 편지의 내용에 대해 완전히 동의했다. 단지 한 동지가 반대했고, 한 동지가 기본상 동의하지 않았다. 그 외에 발언한 대다수의 동지들은 기본적으로 동의했다. 주석이 편지 내용에 있는 일부의 문제를 고려해주기를 희망했는데 주석은 문제를 이렇게 매우 엄중하게 언급하고 날카롭게 비판했다. 현실 상황에서 벗어난 '고도의 원칙'을 이야기했다. 이로 인해 경제건설 과정에서 나타나고 있는 많은 문제를 해결할 수 없을 뿐만 아니라 '좌'경 조급성으로 돌진하는 '돌격주의'와 다시 맹렬하게 우경 기회주의를 반대하는 노선 투쟁의 문제를 제기했다. 그것은 예측할 수 없는 손실을 조성하고, 더욱 엄중한 균형 파괴로 당내외에 일정한 기간 혼란을 일으키며, 생산과 인민의 생활수준을 떨어뜨리는 결과를 초래할 것이다!

펑더화이는 이런 걱정으로 전전반측하며 잠을 이루지 못하고 날밤을 새우다시피 했다. 펑더화이는 '내가 비록 주석과 비교적 늦게 만났지만 30여 년을 같이 지냈다. 내 편지가 이렇게 엄중한 잘못을 저질렀다면, 어째서 나를 찾아 이야기를 하지 않았을까?'라며 아무리 생각해보아도 이해할 수가 없었다. 펑더화이는 '만일 마오쩌둥 동지를 우두머리로 하는 중국공산당의 위신이 손상을 입으면 국제 무산자계급 운동도 막대한 손실을 입을 것'이라고 곱씹던 펑은 자아비판을 하지 않으려고 한 애초의 마음이 흔들리기 시작했다. 그러던 차에 날이 밝자, 펑더화이에게 호의적인 두 사람이 찾아와 오랜 시간 이야기를 하며 "전체적 국면을 생각해 자아비판을 할 것"을 완곡하게 권유했다. 그들과 펑은 눈물을 글썽이며 헤어졌다. 감격한 펑더화이는 자아비판을 하기로 결심했다.

상황은 완전히 반전되었다. 회의 참가자들은 각 소조 회의에서 마오의 관점을 충실히 따르는 인간 '하이에나'가 되어 펑더화이와 그를 지지했던 장원톈, 황커청, 저우샤오저우에 대해 무차별 비난을 퍼붓기 시작했다. 당의 근본노선과 마오의 정확한 지도를 반대하는 '반당집단'이라는 딱지를 붙였다. 하이에나들은 증거를 찾는 데 혈안이 되었다. 형체도 없는 바람과 그림자를 쫓아다니며 '물건'을 만들어야 했다. 이들은 펑, 황, 장, 저우를 실체도 없는 '군사구락부軍事俱樂部'를 만든 '반당집단'으로 몰아세우며 굴비 엮듯 줄줄이 엮기 시작했다. 오동 이파리 하나가 떨어지면 얼른 가을이 온 것을 알아야 했다(梧葉一落 知天下秋 오엽일락 지천하추). 그랬다. 어제까지만 해도 펑더화이를 지지했던 사람들은 줄을 바꾸어 서느라 난리법석을 떨었다. 권력을 좇는 자들의 비애悲哀였다. 다투어 자아비판을 하며 펑더화이 등과 명확한 선긋기를 선언했다. 회의는 '반우反右'와 펑더화이 등에 대한 강도 높은 비판의 소용돌이 속으로 급속히 빠져들었다.

마오는 부지런히 펑더화이 등을 궁지에 몰아넣을 만한 자료들을 인쇄해 회의 참가자들에게 배포했다. 그중에는 흐루쇼프가 중국인민공사를 비판한 신화사 보도와 국내외에서 '삼면홍기'를 비판한 자료들도 들어 있었다. 정치국 상무위원회는 7월 28일에 중앙 제8기 8중전회를 열기로 결정했다. 마오는 이날 중앙 상무위원회를 주재하며 펑더화이에게 수십 년 동안 같이 일하면서 '3할 협력, 7할 불협력'으로 몇 차례 당내 노선투쟁 중 모두 잘못된 노선에 서 있었다고 펑더화이를 비판했다. 이런 잘못된 노선으로 군벌주의, 대국주의와 몇 차례의 과오 노선을 걸었다고 질타했다. 펑더화이는 최소한 '5할 협력, 5할 불협력' 정도는 했다며 마오에게 불만스럽게 이야기했다. [366]

곁에 있던 린뱌오(林彪 임표)가 펑더화이 공격에 나섰다. 린뱌오는 "군사력을 증강한 것은 음모가이고 야심가이며, 위선자를 증명한 것"이라고 지적하면서 "중국은 단지 마오 주석만 대영웅이고, 누구도 영웅이 아니다"라며 맹렬하게 비판했다. 마오는 한때 펑더화이를 '나의 유일한 대장군'이라고 극찬했지만, 지금은 과오만 헤집고 있었다. 펑더화이는 중국공산당 혁명과정에서 수십 년 동안 무장투쟁을 벌이면서 혁혁한 전공을 세웠다. 1955년 신중국 건국 후에 논공행상으로 10대 원수를 선발할 때, 그는 '인민해방군의 아버지'로 불리는 주더 다음 서열인 2위의 원수元帥가 되었다. 마오와는 1928년 12월에 징강산(井岡山 정강산)에서 만나 장제스의 포위공격 소탕전으로 마오와 주더가 푸젠성 변계지역으로 철수할 때 홀로 고군분투하며 징강산을 지키기도 했다. 마오가 항미원조抗美援朝를 결정할 때 군부에서 린뱌오를 비롯한 대부분의 장령들이 반대했다. 마오는 서북국 제1서기이자 서북군구 사령관인 펑더화이를 급히 불러들여 그를 방패막이로 내세워 군부의 반대를 막았다. 펑더화이를 '항미원조' 사령관으로 임명했었다. 지금은 무장혁명의 시기가 아니라 '사상혁명'의 시기였다. 펑더화이는 '토사구팽兎死狗烹'의 신세가 되고 있었다. 공로는 필요 없고 과오만 부풀려야 했다. 권력은 잔혹 무비한 투쟁을 부르고 있었다.

마오는 역시 책략策略에 능했다. 8월 1일, 초대 소련대사를 지낸 왕자샹(王家祥 왕가상)에게 비준 글로 쓴 1통의 편지를 보여주며 말했다. 마오는 "백화제방百花齊

放, 인민공사, 대약진 등 이 3건은 흐루쇼프 등이 반대하고 혹자들은 회의적이었다. 그들은 피동적이었고, 우리는 대단히 능동적이었다. 당신은 어떻게 생각하나? 이 3건과 관련해 전 세계와 당내의 대규모 반대파 그리고 회의파에 대해 (공격)작전을 펴야 한다"고 반응을 떠보았다. 마오는 얼마 전 소련과 동유럽을 순방하면서 흐루쇼프와 회담한 펑더화이와 소련대사를 지낸 장원톈을 흐루쇼프와 결탁해 '외국과 내통'했다는 큰 모자(죄명)를 씌우려 획책한 것이었다. 신선회에서 돌발적으로 파생한 중앙 제8기 8중전회가 8월 2일 오후에 숨 막힐 듯한 팽팽한 긴장감 속에서 열렸다. 회의는 중앙위원과 후보 중앙위원 147명, 회의 참관자 15명 등 모두 162명이 참석한 가운데 열렸다.

국방부장 해임당한
펑더화이

마오는 8월 2일에 열린 중공중앙 제8기 8중전회 개막식에서 두 가지 문제를 거론했다. 하나는 농공업 부문의 각종 생산목표의 지표를 재조정하는 문제였다. 또 하나는 노선문제였다. 그러나 회의의 핵심은 펑더화이와 장원톈 등 이른바 '반당집단'에 대한 확실한 분쇄였다. 마오는 연설에서 "현재 분열적 경향이 있고, 이미 뚜렷한 조짐이 나타나고 있다"면서 "우리는 9개월 동안 '좌左'에 대한 교정 작업을 벌였지만 현재는 이 방면의 문제가 아니다. '반우反右'에 대한 문제다. 우경 기회주의가 당과 당의 지도기관에 미친 듯이 진공進攻하고 있다. 6억 명 인민의 기세 드높은 사회주의 사업을 향해 진공하고 있다"며 우경주의 타도를 선언했다. 회의 참석자들에게 펑더화이, 장원톈 등에 대한 공격을 교시한 연설이었다. 회의의 기조는 '반당집단의 분열 활동'으로 정해졌다. 마오는 회의 전에 장원톈에게 조롱하는 투로 써 보낸 편지에서 처음으로 '군사구락부軍事俱樂部' 호칭을 사용했다. 367

당신은 어떻게 해서 군사구락부에 들어갔는가. 정말로 사물은 비슷한 것끼리 모이고, 사람도 무리지어 나뉜다. 유유상종이다. 그대는 무슨 생각으로 그리했는가? 그렇게 사면팔방으로 부지런히 힘들이고 어렵게 뛰어 그런 시꺼먼 단체를 찾았다. 정말로 보배로다! —나는 그대가 옛날 병이 도졌다고 생각한다. 옛날 학질의 원충을 멀리 떼어버리지 못해 지금 또 오한과 신열을 앓고 있다. 그대는 마르크스의 진리를 모두 잊어버리고 군사구락부로 뛰어 들어갔다. 정말로 문무文武(문은 장원톈, 무는 펑더화이를 일컬음)를 다 갖추어 돋보이는도다. 지금 무슨 생각을 하고 있는가? —두 글자로 말하노니 '철저하게 고칠지어다(痛改 통개).'

마오는 장원톈에게 크게 불만을 터뜨렸다. 펑더화이와 함께하는 것을 대단히 꺼려했기 때문이다. 8월 3일부터 10일까지의 회의는 펑더화이의 편지와 펑더화이, 황커청, 장원톈, 저우샤오저우 등이 정치국 확대회의 기간 동안 발언한 내용을 집중적으로 비판했다. 뿐만 아니라 이들이 루산회의 기간 동안 개별적으로 만나 이야기한 내용과 수십 년 동안 당내 투쟁의 행적을 뒤져 결점과 과오를 끄집어내 집중포화를 날렸다. 펑, 황, 장, 저우 등은 악다구니처럼 덤벼드는 인간 '하이에나'들의 압박과 공격을 이겨내지 못하고 백기를 들었다. 이들은 8월 13일부터 15일까지 억울하지만 어쩔 수 없이 자신들의 양심에 반하는 자아비판을 할 수밖에 없었다. 펑더화이는 당중앙과 마오의 위신을 고려해 '하이에나'들이 요구하는 자아비판을 했다. 하지만 '외국과의 내통'과 '군사구락부' 문제에 대해서는 견결하게 부인했다.

8월 16일, 마오는 '기관총과 박격포의 내력과 기타'라는 글을 통해 "루산에서 벌어진 이번 투쟁은 하나의 계급투쟁으로, 과거 수십 년 동안 사회주의 혁명 과정에서 자산계급과 무산계급의 양대 세력이 대항했던 생사투쟁의 연속이다. 중국에서, 우리 당에서, 이런 유의 투쟁은 최소한 20년이 필요하다. 반세기를 투쟁할 수도 있다. 결론적으로 계급이 완전히 사라질 때 투쟁은 비로소 종식된다"고 밝혔다. 마오는 "어제의 공신이 오늘은 화근덩어리의 원흉이 되는 것은 우연한 일이 아니다"라며 펑더화이 등을 강력 비판했다. 중앙 제8기 8중전회는 8월 16일에 '펑더화이 동지를 우두머리로 한 반당집단의 과오에 관한 결의' 등을 통과시켰다. 또한 "펑더화이를 우두머리로 한 반당집단은 루산회의 기간과 이전의 활동을 살펴

볼 때 목적성을 갖고 준비와 계획을 한 조직적 활동이었다. 이런 활동은 '가오 강-라오수스 반당연맹 사건'의 계속이고 발전"이라고 규정했다. 전회는 펑더화이에게 '위선자, 야심가, 음모가'라고 온갖 욕설을 퍼부었다.

마오는 펑더화이가 '결의決議'를 통해 명확한 태도를 밝힐 것을 요구했다. 펑더화이는 "어떤 상황에서도 반혁명을 하지 않는다. 어떤 상황에서도 자살自殺하지 않는다. 이후 공작(업무)을 하지 못하면 노동생산을 통해 스스로의 힘으로 생활하겠다"고 3가지를 보증했다. 장원텐은 이날 조롱한 편지를 보낸 마오에게 편지를 띄워 "이번 대수술은 건강이 좋아지는 데 좋은 약이 될 것이다. 나는 충심으로 주석과 중앙의 다른 동지들이 도움을 준 데 대해 감사를 드린다. 나는 반드시 어제의 그런 반동의 나와 영원히 결별하겠다. 주석의 많은 지도를 바란다"고 밝혔다. 마음에 없는 패자의 처절한 절규였다. 368

주더(朱德 주덕)는 루산회의에서 드러난 비정상적 투쟁과 펑더화이 등에 대한 불공정한 처리에 절망했다. 주더는 루산회의가 끝난 뒤 주변인사에게 매우 격정적인 말투로 "누가 우리를 한솥밥을 먹었던 사람들이라고 믿겠는가?!"라고 허탈해했다. 당내에서 '인민해방군의 아버지'로 존경받고 있는 주더는 마오의 전제적 독주를 제어하지 못하는 자신의 처지를 못내 한스러워했다. 이로부터 마오의 개인 전제와 개인숭배가 당내에 만연해지고 이후 좌경사상의 범람으로 심각한 권력투쟁이 확대일로를 걷게 되었다.

46일간의 루산회의가 끝난 지 얼마 안 된 9월, 베이징에서 중앙군사위원회 확대회의가 열렸다. 중앙은 펑더화이가 '외국과의 내통'과 '군사구락부' 문제를 인정하지 않아, 군대 사단 이상 간부 1,061명, 참관간부 508명이 참석하는 중앙군사위원회 확대회의를 소집해 펑더화이와 황커청에 대한 비판을 계속했다. 이 회의는 시종 비밀리에 진행되었다. 그래서 현재 이에 관한 자료는 거의 찾아볼 수 없다고 한다. 단지 회의 참석자들의 기록에 의존하고 있다.

기록에 따르면 이 많은 군 간부 중에 단지 베이징군구 참모장 중웨이(鍾偉 종위) 소장만이 정의正義를 내세워 펑더화이의 억울함을 해명하다 회의장에서 끌려 나가 '반혁명' 분자로 처벌을 받았다고 한다. 회의 분위기를 단적으로 보여주는 사례였다. 많은 고급장령들은 펑더화이를 일제히 비판하고 나섰다. 이들은 대부분 펑더화이의 원칙적 근무태도나 거친 지휘기풍에 불만을 품고 있던 장령들이었다. 이들은 이때다 싶어 사적 감정을 담아 '끈 떨어진 상관'을 향해 종주먹질을 해댔다. 원수 서열 3위인 린뱌오는 펑더화이의 추락을 자신의 권력기반을 확충할 절호의 기회로 활용했다. 일대 효웅梟雄 린뱌오의 독랄한 비판은 타의 추종을 불허했다. 369

"이 사람은 아주 영웅주의고, 대단히 교만하며, 매우 오만방자해 사람을 깔보는 등 안하무인이다. 사람에 대한 평등한 태도가 없다. 아랫사람은 애들 대하듯 욕하고, 윗사람에 대해서는 존경하려 하지 않는다. 위아래 알기를 우습게 안다. 그는 야심이 매우 크다. 크게 한바탕할 꿍꿍이를 갖고 있다. 큰 공을 세워 크게 이름을 날리고, 대권을 잡아 큰 자리에 앉아 명성을 날리고 싶어 한다. 죽은 뒤에는 아름다운 이름을 후세에 남기려 한다. 그는 대단히 날뛴다. 높은 곳을 쳐다보며 영웅이 되기를 바란다. 늘 대영웅을 생각한다. 마오 주석만이 진정한 대영웅이다. 그는 자신도 대영웅이라고 생각한다. 자고로 두 영웅은 공존할 수 없다. 이 때문에 마오 주석을 반대하는 것이다. 이것이 사건의 본질이다."

십자포화를 맞은 펑더화이는 어쩔 수 없이 9월 4일에 마오에게 편지를 보내 자아비판을 했다. 펑더화이는 "중앙 제8기 8중전회와 군사위원회 확대회의는 나의 잘못에 대한 철저한 폭로 비판으로 내가 잘못을 바로잡는 데 마지막 기회를 주었다"면서 "중앙이 내가 학습을 하거나 베이징을 떠나 인민공사에서 학습하며 부분 노동을 할 수 있도록 허락해줄 것"을 청원했다. 마오는 편지를 받고 펑더화이에게 전화를 걸어 자아비판 태도를 환영한다고 말했다. 마오는 "나이가 많은 만큼 육체 노동은 적합하지 않다. 시간 있을 때 공장이나 농촌에 내려가 조사연구를 하는 게 좋겠다"고 말한 뒤 펑더화이가 이야기할 틈도 주지 않고 전화를 끊어버렸다. 펑더화이는 마음속으로 승복하지 않으면서 마오에게 편지를 보낸 것을 후회했다.

9월 9일, 마오는 펑더화이의 편지를 비준하는 글에서 "나는 열렬하게 펑더화이 동지의 편지를 환영한다. 그의 입장과 관점은 정확하고, 태도가 성실하다. 지금부터 철저하게 변해 다시는 큰 동요를 하지 않으면(작은 동요는 피할 수 없음) '즉시 부처가 될 수 있고', 즉시 마르크스주의자로 바뀔 수 있다. 나는 전당 동지들이 펑더화이 동지가 편지에서 밝힌 태도를 환영할 것을 건의한다. 엄숙히 그의 잘못을 비판하면서 항상 진보하는 그에 대해 모두 환영을 표시한다. 이런 두 가지 태도는 우리와 31년 역사를 같이한 노 동지를 돕는 일이다'라고 밝혔다. 마오는 비준 글을 전당에 배포했다. 이틀이 지난 뒤 마오는 군사위원회 확대회의에서 비준 글과는 180도 다른 발언을 했다. [370]

"동지들, 펑(더화이)은 마르크스주의자가 아니다. 단지 같이 가는 사람일 뿐이다. 음모를 꾸며 분열활동을 획책해 당의 규율을 위반하고 무산계급 전정專政을 파괴했다. 조국을 배신해 외국과 내통했다. 자고이래로 외국과 내통한 사람은 종래에 결과가 좋지 않았다."

펑더화이의 앞날이 순탄치 않을 것임을 예고했다. 펑더화이는 당연히 국방부장 직에서 해임당했고, 린뱌오가 9월 17일에 그 자리에 앉았다. 루산회의를 마치고 8월 20일에 베이징으로 돌아온 장원톈에게도 넘어야 할 관문이 기다리고 있었다. 부인 류잉(劉英 유영)이 근심스러운 얼굴로 장원톈을 원망하며 안타까움을 표시했다. [371]

"당신은 외교업무를 담당하고 있다. 구태여 경제문제에 대해서 많은 시간을 발언할 필요가 없었다! 무엇 때문에 루산 발언으로 화를 초래하나?"

"후회하지 않는다. 후회해봐야 무슨 소용이 있는가? 일은 이미 벌어졌다. 사실상 내가 말하지 않으면 인민들이 빨리 밥을 먹지 못한다! 경제가 이렇게 내리막인데 인민들의 생활은 어떻겠는가? 머릿속에 많이 들어 있고, 마음속에 할 말이 많은데 어찌 말을 하지 않을 수 있겠는가? 나는 공산당원이다. 마땅히 사실을 말해야 한다."

장원톈은 부인에게 물었다.

"당신이 보기에 내가 발언한 내용 가운데 사실이 아닌 게 어디 있는가? 루산의 연설에서 생각하는 방법과 민주적인 기풍을 이야기할 때 일부는 날카로운 부분이 있었으나, 이 문제는 해결하지 않으면 안 된다. 그렇지 않으면 스탈린이 만년에 범했던 과오를 피하기 어렵다. 봉건사회에서도 임금의 안색이 흐려지는 것을 무릅쓰고 직간을 한다. 공산당원이 무엇이 두려운가? 만약에 누구도 말을 하지 않으면, 모든 사람이 침묵을 지킨다. 어떤 상황이 벌어지겠는가? 당의 회의에서 어떤 의견이 있으면 모두 말하게 해야 한다!"

8월 24일, 저우언라이는 공안부 강당에서 외교부 당위원회 위원과 귀국한 대사들에게 루산회의 상황을 설명했다. 외교부장 천이(陳毅 진의)는 이날 외교부문 회의(통칭 外事會議 외사회의)를 소집해 장원톈(외교부 부부장) 비판대회를 열었다. 대회大會와 소회小會를 열어 집중적으로 '반당집단'과 '외국과의 내통' 문제를 들추어 강력 비판했다. 8월 28일, 장원톈은 '나의 자아비판'이라는 글에서 "루산에서 펑더화이와의 대화 중 '중앙정치국 회의 토론 때 다른 의견을 거론하기 쉽지 않다. 민주적이지 않다'는 것을 거론했다. (우리) 두 사람은 '마오 주석은 개인이 말하면 그것으로 그만이다. 집체 지도가 부족하다. 스탈린의 만년의 위험을 방지해야 한다'고 말했다"고 기술했다. 장원톈은 9월 5일에 또다시 두 번째 자아비판을 했다. 장원톈은 '나의 제2차 자아비판'이라는 글에서 "외국과의 내통 죄명과 관련해 '사상적인 관점'에서 소련공산당 지도자와 내가 '우리 당의 총노선을 반대한다'는 '공통점'은 있다. 이것을 정치사상적으로 '외국과의 내통'이라고 표현한다면 나는 인정할 수 있다. 그러나 조직상, 즉 정보관계에서 내가 외국과 내통했다고 하면 나는 인정할 수 없다. 근본적으로 이런 일은 없었기 때문이다"라고 밝혔다. 장원톈은 9월 15일에 외교부 부부장직을 박탈당했다.

이처럼 루산의 '신선회'는 급기야 우경 기회주의 숙청의 처절한 계급투쟁으로 변질되어 360만 명 이상의 당 간부들이 조사를 받는 등 전국에 '좌'경 회오리가 몰아쳤다. 마오에 대한 개인숭배도 더욱 확대되었다. 졸지에 '반당집단' 우두머리가 된 펑더화이와 마오의 관계는 루산회의 이전부터 미묘한 변화가 감지되었다.

마오는 '항미원조抗美援朝'로 중국의 위신을 높인 펑더화이를 중앙군사위원회 부주석과 국방부장에 임명해 인민해방군 현대화 작업에 박차를 가했다. 마오는 당이 군을 지배하지만 군부를 가장 중시했다. 군에 관한 정책결정 과정에서 펑더화이의 권한이 강화되고 때로는 마오의 지시를 충분히 수렴하지 않는 경우가 나타나기도 했다. 마오는 펑더화이의 영향력이 커지면서 점점 다루기가 만만찮다는 것을 느꼈다. 이것은 마오가 루산회의 때 펑더화이에게 '3할 협력, 7할 불협력' 했다고 비판한 데서도 잘 드러난다. 펑더화이가 1956년 11월에 어떤 부대를 시찰한 적이 있었다. 펑더화이는 벽에 붙어 있는 '군인의 맹서' 제1조에 '우리는 마오 주석의 지도 아래—'로 시작하는 글을 보았다. 펑은 "이 문장은 잘못되었다. 현재의 군대는 국가의 것이다. 어떤 사람의 지도 아래라고 해서는 안 된다. 우리는 유물唯物주의자들이다. 마오 주석이 죽으면 누가 지도하는가? 고치라"고 지시했다. 또 펑은 1959년 1월 30일의 병참학교 졸업식 연설에서 "육체는 모두 죽기 마련이다. 사람들은 만세를 부른다. 받들어 모시는 것인데 거짓말이다. 어떤 사람도 일만세一萬歲를 사는 사람은 없다"고 했다. 마오에 대한 개인숭배의 연대에 이런 말은 일종의 '금기'를 깨는 처신으로 쉽지 않은 행위였다. [372]

1958년, 중국공산당 제8차 전국대표대회 제1차 회의 때 덩샤오핑(鄧小平 등소평)은 당장黨章 개정을 보고하면서 개인숭배를 반대하는 연설을 했다. 흐루쇼프의 스탈린 격하운동의 영향으로 이런 개인숭배 반대 풍조가 세계 공산권에 번져 국가의 위신 등을 고려해 중국에서도 당장을 손보자는 여론이 조심스럽게 일어났었다. 회의에서는 이런 의견을 반영해 당장에 '당의 지도사상은 마오쩌둥 사상이다'라고 규정한 내용을 삭제했다. 마오는 겉으론 용인했지만 속내는 그렇지 못했다. 이때 당장에서 마오쩌둥 사상을 빼자고 제의한 사람이 바로 펑더화이였다. 펑의 제의에 류사오치와 덩샤오핑이 찬성했다. 중공 당사黨史에서 대단한 사건이었다. 5월 6일, 마오가 제8차 전국대표대회 제2차 회의 연설에서 "당의 분열에 대처하는 준비를 해야 한다"고 한 발언은 바로 당장에서 마오쩌둥 사상을 빼자고 주장한 펑더화이를 겨냥한 것이었다. 마오는 5월 25일, 중앙 제8기 5중전회에서 수년 동안 양병養病하던 린뱌오를 펑더화이보다 서열이 위인 중공중앙 부주석과 중앙정치국 상무위원에 임명했다.

처지가 묘해져 거북해하던 펑더화이는 중앙에 국방부장 사직을 요청했다. 6월 9일, 중앙정치국 상무위원회는 그해 1월 난닝(南寧 남녕)회의에서 '반돌격주의'로 마오한테 심한 비판을 받아 총리 사직을 요청한 저우와 펑의 문제를 함께 다루어 모두 유임시켰었다. 마오는 펑더화이가 사의를 표시한 것은 자신에 대한 불만이라고 여겼다. 1959년 3월, 펑더화이는 상하이에서 열린 정치국 확대회의에서 다시 마오에게 사의를 표했다. 마오는 펑더화이에게 "부총리 겸 국방부장으로도 부족한 것인가?"라고 심하게 쏘아붙였다. 펑더화이는 할 말을 잃었다. 마오는 펑더화이를 견제하고 있었다. 그 후 미묘한 긴장관계를 유지했던 마오와 펑더화이는 급기야 공개적으로 충돌하는 단계까지 발전했다. 마오는 상하이에서 열린 국가계획위원회 공작을 비판하는 자리에서 화제를 돌려 뜬금없이 펑더화이에게 "펑더화이 동지, 당신은 내가 비판했다고 해서 나를 대단히 증오하고 있다. 당신을 비판한 것은 당신을 위해서다. 나는 편견을 갖고 있지 않다"고 말했다. 또 "당신, 펑더화이는 일관되게 나를 반대하고 있다. 나는 다른 사람이 나를 건드리지 않으면 나는 그 사람을 건드리지 않는다. 어떤 사람이 만약에 나를 건드리면 나는 반드시 그 사람을 그냥 두지 않는다. 나는 나이가 많다. 뒷일을 준비해야 한다. 당신을 구하기 위해서다"라고 말했다. 마오의 이런 경고는 펑더화이에게 매우 심각한 선입견을 갖고 있다는 것을 보여준 것이었다. 펑더화이도 정치적으로 뭔가 위기를 느꼈으나 영문을 몰라 다른 사람들에게 "주석이 왜 나를 두드리느냐"고 묻기도 했다. 당시 총참모장 황커청은 훗날 마오와 펑더화이의 관계를 이렇게 회상했다. [373]

"이른 시기에 한번은 이런 일이 있었다. 주석이 펑더화이에게 농담 비슷하게 말했다. '라오쭝(老總 노총: 군인 등에 대한 존칭), 우리 합의를 하자. 내가 죽은 뒤 당신은 반역하지 마라, 알았소?' 주석은 펑더화이를 대단히 꺼리고 있는 것으로 보였다. 펑은 이런 경계심을 줄이지 않고 자신이 하고 싶은 대로 했다. 말도 하고 싶은 대로 해버렸다."

어떤 사람들은 루산회의가 엉뚱한 방향으로 물꼬를 틀어 비극을 초래한 원인 중의 하나로 펑더화이의 직정적直情的인 품성을 들기도 한다. 강직하고 원리원칙의 소유자로 화끈한 성품은 좋으나 감성적이고 즉흥적으로 쉽게 달구어지는 불같은 성격이 마오를 도발했다는 논리다. 차분한 이성적 대응을 했더라면 루산회의가 이런 엄청난 사태로까지 비화하지 않았을 것이라는 기대 어린 추론이다. 루산회의에서 '반당집단'으로 몰린 펑더화이와 장원톈 등은 또다시 문화대혁명 때 온갖 수난과 박해를 당하다가 처참하게 숨지거나, '유배지'에서 고단한 삶을 정리하는 등 비극적 종말을 고했다.

이들이 억울한 누명을 벗고, 명예회복으로 복권하기까지는 20여 년의 세월을 기다려야 했다. 루산회의 이후 거꾸로 굴러가는 역사의 수레바퀴는 이들을 깔아 뭉개면서 마오의 개인숭배와 1인 독재체제를 강화했다. 하지만 대재앙인 '대약진'은 처참한 말로로 치달았다. 하늘도 돕지 않았다. 루산회의를 전후해 자연재해가 중국 대륙을 휩쓸기 시작했다. 엎친 데 덮친 격이었다. 1959년부터 1961년까지 3년 동안은 최악의 경제파탄 시기였다. 주검이 대륙에 넘쳐났다.

중앙은 사상 유례를 찾아볼 수 없는 경제적 곤란을 극복하기 위한 각종 대책을 쏟아 부었다. 밑 빠진 독이었다. 1960년 여름, 마오는 대약진과 인민공사화 운동 등에 총력을 기울였지만 백약이 무효였다. 마오는 동요하기 시작했다. 중앙은 1960년 6월 14일부터 18일까지 상하이에서 정치국 확대회의를 열었다. 화급한 경제와 국제문제에 관한 대응책 마련 회의였다. 회의 마지막 날 마오는 이른 아침부터 2시간에 걸쳐 '10년 결산'의 글을 썼다. 말은 10년이었지만, 사실은 대약진운동 3년의 총결이었다. 마오는 오후에 열리는 폐막식에서 불만을 터뜨렸다. 국가계획위원회가 제출한 '신방안新方案'도 뾰족한 대책이 없었기 때문이다. 마오는 "이후 3년의 생산목표도 여전히 큰 위험을 내포하고 있다. 실제 가능하려면 지표를 크게 하향 조정해야 한다. 그런데도 당사자는 된장인지 똥인지도 모른다"고 질타했다. 마오는 "어제 상무위원회와 몇몇의 경제 책임자 동지들과 이야기를 했다. 한데 이 조정방안을 또 하향 조정해야 한다고 동지들이 말했다"며 분노했다. 중앙서기처 서기인 덩샤오핑은 "이번 회의에서 모두들 개량주의로 나아가야 한다고 했다"고 분위기를 전했다. 374

마오는 '10년 총결'에서 "나, 본인도 많은 과오를 범했다. 일부분은 당사자와 함께 (과오를) 범했다"고 자아비판을 했다. 조급한 목표 달성을 위해 비과학적으로 부풀린 높은 생산목표를 고칠 결심을 했다. 마오는 "주도권은 아주 중요한 일이다. '파죽지세와 같은 것이다.' 실사구시를 가져오고, 사람들의 머릿속에 있는 진실한 것을 반영하는 객관적 상황을 가져온다. 즉 객관적 외부 상황에 대한 사람들의 변증법적 인식 과정이다'라며 자발적이고 주도적인 의식을 제기했다. 마오는 "우리는 사회주의 시기의 혁명과 건설에서 대단히 큰 맹목성, 또 대단히 큰 인식의 필연적인 왕국을 이루지 못했다. 우리는 깊이 있게 그것을 인식하지 못했다. 우리는 다음 10년 동안에 그것을 조사하고 연구해야 한다. 인식의 고유한 법칙을 찾아내 사회주의 건설과 복무하는 법칙으로 이용해야 한다"고 객관적 인식의 필요성을 강조했다.

마오의 '10년 총결'은 마오가 체계적으로 10년을 회고하고, 특히 '대약진'을 총결하면서 스스로 대약진과 인민공사운동 과정에서 나타난 과오를 처음으로 인정한 것이었다. 그러나 마오는 지도사상의 '좌'경 과오에 대해서는 언급하지 않았다. 마오는 상하이 회의에서 심각한 상황으로 치닫고 있는 농업 상황과 관련해 저우언라이와 이야기를 했다. 저우는 "근년의 높은 생산목표, 높은 예상 수확고는 엄중한 후과를 가져왔다. 2년 동안의 흉년으로 내년에는 생산량을 확보하기가 대단히 어렵다. 많은 사람들이 극복해야 한다. 1962년 계획 예측은 비교적 믿을 수 있는 수치이기 때문에 생산량을 실현하거나 초과할 수 있다. 주석이 '10년 총결'에서 말했듯이 주도권을 갖고 이번에 철저하게 해야 한다"고 말했다. 마오는 "바로 자유롭게 생각해야 한다. 그렇지 않고 손발을 묶어놓으면 스스로 변신할 수 없다. 나는 이렇게 오랫동안 해방군을 했는데 결과적으로 스스로 해방되지 못했다"고 저우의 견해에 지지를 표시했다. [375]

저우언라이는 마오의 말을 받아 식량과 면화棉花, 양돈의 목표를 낮춰야 한다고 했다. 저우는 농업의 목표를 높게 잡으면 인민 생활에 직접적 영향을 미칠 뿐만 아니라 경공업의 원료에도 영향을 준다. 그러면 또다시 인민 생활에 간접적 영향을 주게 된다. 모두가 (인민들이) 제대로 먹는 것을 반영하지 못하면 우리가 불안하다고 했다. 류사오치는 "(생산)목표를 바꾸는 것에 전적으로 동의한다. 마오 주석의 이번 총결은 대단히 중요하다. 이미 경험을 했다. 학습이 필요하다. 우리는 농업부문의 목표에서 3년 동안 피동적으로 움직였다. 일차적으로 자발적 전환이 좋다"고 거들었다. 덩샤오핑도 "이번 회의에서 자발성(주도권) 쟁취를 제기한 것은 아주 좋은 일이다"라면서 "진정으로 문제를 결정하는 것은 바로 우리다"라고 결연한 뜻을 보였다. 중앙의 주요 지도자들이 문제풀이에 대한 인식을 같이하면서 주도적으로 계획목표를 조정해 경제적 어려움을 극복해나가는 초보적 기초를 다지기 시작했다.

이처럼 루산회의 이후에 새로운 '대약진'의 발동과 농촌 인민공사화 운동에서 나타난 '좌'경적 열광성이 되레 엄중한 경제적 어려움을 초래했다. 이런 경제난국을 돌파하기 위해 중공중앙은 부득불 과장된 생산목표치를 현실에 맞추어 대폭 낮추는 등 경제 각 부문에 대한 전반적 조정정책을 시행하기로 했다. 1961년 3월, 중앙은 광저우(廣州 광주)에서 공작회의를 열어 '농촌인민공사 공작조례(초안)', 즉 '농촌 60조'를 통과시켰다. 중앙은 회의 마지막 날 성실하게 (현장) 조사연구를 진행하는 문제와 관련한 서신을 각 중앙국, 각 성, 시, 자치구 당위원회에 발송했다. 중앙은 당의 고위간부들이 최근 몇 년 동안의 공작과정에서 얻은 경험과 교훈을 살려 성실하게 마오의 '조사공작에 관하여'를 학습하도록 지시했다. 서신은 "최근 몇 년간 농업과 공업 부문의 구체적 공작과정에서 나타난 결점과 주요 잘못은 조사연구 공작을 소홀히 해 호언장담하거나 나쁜 기풍에 태연했기 때문"이라고 지적했다. 중앙은 현縣 이상의 당위원회 지도자들이 조사업무를 최우선적으로 수행하면서 제도를 만들고 분위기를 조성할 것을 지시했다.

광저우 회의 이후에 당의 각급 지도간부들은 잇따라 기관을 떠나 기층 속에 들어가 현장 조사연구 활동을 벌였다. 덩샤오핑은 베이징 근교의 순이(順義 순의) 농촌에 들어가 15일 동안 조사연구를 벌였다. 덩샤오핑은 먼저 현장실습을 하고 농민, 공사간부 등과 토론하며 농촌의 실제 문제와 간부들의 행태를 상세하게 알 수 있었다. 간부들은 총노선, 대약진, 인민공사, 즉 삼면홍기三面紅旗를 공격했다는 이유로 '반우파' 투쟁 과정에서 비판을 받아 우물쭈물하며 직언하지 않았다. 루산회의 이후에 더욱 기승을 부리고 있는 '좌'경 열광성과 '반우 투쟁'으로 간부들이 적극적인 공작활동을 하지 않는다는 것도 파악했다. 인민공사의 식당도

사원들이 이용하지 않고 집에서 식사하는 등 본래의 목적과는 달리 전혀 딴판으로 운영되고 있는 사실도 알았다.

류사오치는 4월 1일부터 5월 15일까지 44일 동안 후난성(湖南省 호남성) 창사(長沙 장사)의 농촌으로 들어가 조사연구 활동을 했다. 당시 류사오치를 수행한 보건의사 쉬페이민(許佩珉 허패민)은 "당시 창사의 날씨는 대단히 춥고, 습도가 높았다. 4월 2일, 우리는 왕자완(王家灣 왕가만) 생산대에 도착했다. 성省 부서기가 조사대장을, 류사오치 동지가 부대장을 맡았다. 사오치 동지는 모두에게 '주석'이나 '수장首長'이란 호칭 대신에 그냥 '대장隊長'으로 부르도록 했다. 백성들이 그가 누구인지를 모르게 하기 위한 것으로 비밀 엄수를 요구했다"고 말했다. 류사오치는 인민공사 '완터우(萬頭 만두) 양돈장'이라고 써 붙인 것을 보고 양돈장에 들어갔다. 양돈장에는 피골이 상접한 돼지 2마리만 있을 뿐 사육사는 없었다. 집도 텅 비어 있었다. 류사오치는 이 양돈장에서 6박 6일을 보냈다. 쉬페이민은 "모두들 침대에 짚을 깔고 잘 요량으로 짚을 구하러 다녔는데 구경조차 할 수 없었다. 후난은 물고기와 쌀의 고장(魚米之鄕 어미지향)으로 벼농사가 잘되었다. 그런데 짚을 찾아볼 수 없었다. 식량문제가 얼마나 심각한지를 알 수 있었다. 류사오치 동지는 충격을 받고 줄곧 담배만 태우고 말을 하려 하지 않았다"고 당시를 술회했다. 참혹한 농촌 실상은 여기에서 그치지 않았다. [376]

"다음 날, 류사오치 동지는 상황을 살피러 마을 뒤에 있는 조그만 산에 올라갔다. 나무는 거의 없었다. 다 베어갔다. 산에서 내려올 때 어린아이가 눈 것으로 보이는 대변을 보았다. 나뭇가지로 대변을 헤쳐보니 한 톨의 곡식도 없는 섬유질뿐이었다. 통상적으로 집안에서 어른들은 가장 맛있는 것을 아이들에게 준다. 아이들은 보통 음식을 급히 먹어 소화가 불충분해 대변에 옥수수 등 입자들이 섞여 나온다. 사오치 동지는 이 지방의 식량문제가 얼마나 엄중한지를 알 수 있었다."

쉬페이민은 "3년 재해를 극복하기 위해 이 기간 동안 류사오치 동지는 우유도 마시지 않고, 돼지고기도 안 먹었다. 나중엔 기름조차도 먹지 않았다. 유일하게 비교적 영양가가 있는 것이 계란이었는데 하루에 1개를 먹었다. 류사오치 동지의 업무가 대단히 과중해 약간의 영양을 섭취하지 않으면 견딜 수가 없었기 때문이다"라고 말했다. 저우언라이도 1961년 봄에 몇 주 동안 허베이성(河北省 하북성)의 몇 개 마을을 둘러보았다. 저우는 인민공사의 공동 취사제도와 관련해 모든 사람들이 자기 집에서 먹을 것을 요구하고 공동 취사제도를 폐지할 것을 바라고 있다는 사실을 알았다. 한 농부는 "인생이 더 고달파졌다"고 탄식하며, 손으로 저우를 가리키며 "만일 지금과 같은 상황이 계속된다면 당신도 굶어 죽을 것"이라고 경고했다. 저우는 어떻게 그럴 수 있는가를 물었다. 그 농부는 "우리는 우리 자신을 지킬 수밖에 없기 때문에 곡물 판매를 중단할 것이다. 당신은 우리로부터 어떤 것도 살 수가 없다. 그래서 당신은 먹을 게 하나도 없어 굶어 죽게 된다"는 이야기였다. 저우언라이는 기아를 해결하기 위해 백방으로 방안을 짜내느라 고심에 고심을 거듭했다. 저우는 리푸춘(李富春 이부춘), 리셴녠(李先念 이선념), 탄전린(譚震林 담진림), 시중쉰(習仲勛 습중훈) 등 부총리들과 '식량대용 영도소조'를 만들어 직접 지휘했다. 소조는 사람들에게 옥수수나 조류藻類와 같은 곡물 대용품을 찾도록 권유하고, 집에 야채를 심고 토끼나 병아리 등 가금류를 길러 먹을 수 있도록 선전했다. [377]

루산 제2차 회의가 8월 23일부터 9월 16일까지 중앙과 각 성, 시, 자치구 책임자들이 참석한 가운데 25일 동안 열렸다. 주요 의제는 식량문제, 시장문제, 제2차 경제개발 5개년 계획과 공업문제, 공업기업관리 문제 등이었다. 공업부문에서 경제 조정정책에 따라 1961년의 철강 생산목표는 애초 1천9백만 톤에서 850만 톤으로 낮추고, 1962년은 750만 톤으로 줄이도록 했다. 마오는 "나는 공업에 대해 발언권이 없다"고 스스로 말해 전체회의에서 연설은 하지 않고, 중앙상무위원회 확대회의에서 몇 차례 연설했다. 마오는 8월 23일 회의에서 이렇게 말했다. [378]

"사회주의 혁명을 말하면 잘 알지 못한다. 인민공사 공작 제60조, 즉 소유제, 분배, 사람과 사람의 관계 모두가 사회주의다. 이 문제를 도대체 어떻게 할 것인가? 당신들은 방법이 있다고 하나, 나는 그리 믿지 않는다. 광저우나 베이징 회의처럼 할 수 있다는 맹목적 믿음을 가져서는 안 된다. 철저하게 문제를 해결해야 한다. 3년을 맞이해서 큰 장애를 만났다. 망할 것인가? 안 망한다. 많은 좌절과 실패를 겪을 것인가? 그럴 것이다. 현재 장애를 만나 좌절과 실패를 겪고 있다. 아직 충분하지 않다. 더 많이 겪을 것이다. 사회주의에 대해 우리는 현재 조금 알고 있을 뿐 잘 알지 못한다. 우리가 사회주의를 하는 것은 건설하면서 학습하는 것이다. —경험 없이 이미 12년을 해왔다. 단지 12년이다. 우리는 현재 스탈린 시대, 즉 제2차 경제개발 5개년 계획 시기에 처해 있다. 우리는 원자탄이 없다. 우리가 이상한 게 아니다. 우리의 시간은 짧다. 예를 들면 공업에 대해 나는 잘 알지 못한다. 계획공작을 어떻게 할 것인지, 현재는 좋지 않다."

덩샤오핑은 9월 5일 회의에서 먼저 국민경제가 심각하게 균형을 잃어 엄중한 상황에 처해 있는 현실을 설명하고 경제 조정 방침의 절박성을 호소했다. 덩샤오핑은 "대약진은 도가 지나쳐 객관적인 법칙을 위반했다. 지나친 것은 끌어내려야 한다. 조정의 목표까지 충분히 끌어내려야 한다. 공업은 석탄 생산에 역량을 집중하고, 농업은 식량과 면화 생산에 총력을 기울여야 한다"고 강조했다. 루산 제2차 회의는 경제 조정회의 형식으로 열렸으나 실제적으로는 대약진운동 등 삼면홍기 정책 실패로 국가경제가 파탄하면서, 마오가 국정운영의 책임을 지고 2선으로 후퇴하고, 앞서 국가주석직을 류사오치에게 넘겨준 뒷정리 회의로 알려지고 있다.

7천인 대회

1961년 말이 되면서 경제 조정정책 효과가 조금씩 나타나기 시작해 농촌 형세가 호전되고, 공업 분야에서도 하향 추세가 수그러들었다. 그러나 불균형으로 인해 도시 상황은 여전히 나빴다. 공업 분야도 피동적 국면을 벗어나지 못했다. 중앙은 이런 당면한 경제적 난국을 돌파할 해법 마련을 위해 1962년 1월에 현縣급 이상 당위원회 주요 책임자와 일단의 중요 공장, 광산, 부대 책임 간부들이 참여하는 '중앙 확대 공작회의'를 소집하기로 했다. 회의 참가자가 무려 7천여 명이나 되어 '7천인 대회'로 불렸다. 역사상 이처럼 대규모의 참가자가 참석하는 회의는 공전절후空前絶後한 일이었다.

당시 턱없이 부족한 식량 공급문제 해결은 최우선적인 국가적 과제로 절박한 상황이었다. 1958년에 시작한 대약진운동의 실패와 3년 동안 계속된 자연재해로 전국의 식량 상황은 최악의 상태였다. 정부의 식량 구매계획은 붕괴되었다. 1961년 11월 중순, 당년 목표의 20퍼센트에 불과했다. 베이징과 톈진, 상하이 3대 도시는 식량이 끊어질 위기에 처할 정도로 긴급한 상황이었다. 당중앙은 6개 중앙국 제1서기 회의를 소집해 협의를 거쳐 방법을 찾을 요량이었다. 하지만 이들은 회의가 끝나 해당 지역으로 돌아간 뒤 정부가 요구한 식량 구매 수량에 난색을 표했다.

이때 중남국 서기 타오주(陶鑄 도주)가 차라리 베이징에서 전국의 지방 당위원회 서기 회의를 열어 '인식공유(打通思想 타통사상)', 즉 서로의 생각이 통하도록 하는 게 좋을 것 같다고 건의했다. 지방 간부들은 식량 생산량에 대해 정확한 사실을 이야기하지 않기 때문에 사상적으로 분산주의와 자기 본위주의를 해결해야 한다는 논리였다. 이래야만 정부의 식량 구매계획이 이루어질 수 있다고 본 것이었다. 마오는 타오주의 제의에 동의하고 더 나아가 현縣위원회 서기들까지 회의에 참가시켜 규모를 확대했다.

이렇게 해 7천여 명이 참가하는 사상 유례없는 만민공동회 형식의 회의가 열리게 되었다. 마오의 이런 발상의 전환은 루산 제1차 회의 때 언로를 틀어막았던 것과는 전연 딴판이었다. 상황이 얼마나 절박했는가를 잘 보여준 사례였다. 중앙 확대 공작회의, 즉 '7천인 대회'는 1962년 1월 11일부터 2월 7일까지 베이징에서 27일 동안 열렸다. 회의의 주요 의제는 최근 몇 년 동안의 공작 경험, 기풍에 관한 문제와 공작과정에서 드러난 부정확한 관점과 분산주의, 자기 본위주의에 관한 문제를 토론하는 것이었다. 또 식량 등 농산품에 대한 국가 구매 문제와 경제 재조정 문제에 관한 토론을 통해 인식을 공유하고, 단결을 강화하는 것을 내용으로 하고 있었다. 그러나 실제적으로는 대약진 이래의 성과와 결점을 명확하게 토론해 총괄적 경험을 공유하고, 공작과정에서 나타난 분산주의 반대를 확고히 하자는 뜻을 담고 있었다.

류사오치는 1월 27일에 원래의 계획에 따라 대회에서 '중앙 확대 공작회의상의 보고'를 낭독할 예정이었다. 그런데 대회 개막 전날에 마오가 류사오치에게 '보고'는 이미 인쇄해 배포했으니 읽을 필요 없이 보고 정신에 따라 자유롭게 이야기할 것을 제의했다. 류사오치는 밤을 도와 요점을 정리해 개회 전에 마오와 다른 중앙정치국 상무위원들에게 회람했다. 류사오치는 위원들의 동의를 받은 뒤에 긴 연설을 했다. 크게 두 가지였다. 하나는 천재天災로, 3년 동안의 자연재해로 농업과 공업 부문의 생산성이 떨어졌다는 내용이었다. 또 하나는 1958년 이래 공작 과정에서 나타난 결점과 과오였다. 어떤 지방의 농업과 공업의 감산減産은 주요 원인이 천재였고, 어떤 지방의 감산은 주요 원인이 천재가 아니었다며, 공작과정

에서의 결점과 잘못을 지적했다. [379]

　류사오치는 지난해 후난지방으로 조사연구를 하러 갔을 때 농민들과 나누었던 대화를 끄집어냈다. 류사오치는 "내가 '당신들이 겪고 있는 어려움의 원인은 어디에 있다고 보는가? 천재인가?'라고 물었다. 농민들은 천재가 있긴 하지만 작다, 생산이 곤란한 원인은 '3푼이 천재고, 7푼은 인재다'라고 말했다. 내가 어떤 지방에 가 저수지가 말라 있는 것을 보았다. '1960년에도 이 저수지가 말랐었습니까?'라고 물었다. 그들은 마르지 않았다고 답했다. 저수지에 물이 있었다고 했다. 그렇다면 그 지역은 천재가 그리 엄중하지 않다는 얘기였다"고 말했다. 류사오치는 전국의 총체적 상황에 비추어볼 때 3년 내리 계속된 자연재해의 영향도 있지만 다른 일방에는 우리의 공작과 기풍상의 결점과 과오가 크게 영향을 미치고 있었다며, 회의 참가자들이 토론해 실사구시적으로 판단해주기를 바란다고 밝혔다.

　나중에 마오는 류사오치가 말한 '3푼 천재, 7푼 인재'는 농민들의 말이라며 류사오치를 비판했다. 류사오치는 서면 보고에서 명확하게 성과와 결점, 과오의 비례관계를 기술하지 않았지만 이날 연설에서 전통적인 성과와 결점, 과오의 비례관계를 깨고 '3대7의 비율'을 거론했다. 성과가 7푼이고, 3푼은 결점과 과오라는 것이었다. 서면 보고는 단지 성과가 1위고, 결점과 과오는 2위라는 식으로 기재해 구체적 비중을 알 수 없었다. 지난날 마오는 통상적으로 결점, 과오와 성과를 하나의 손가락과 9개의 손가락으로 비유하곤 했었다. 덩샤오핑과 펑전(彭眞 팽진)은 류사오치의 '3푼 천재, 7푼 인재' 발언은 마오의 잘못된 방법을 지적한 것으로, 당시로서는 대단한 용기였다고 회상했다. 기실은 이런 일이 있었다. 1월 18일에 소집한 '7천인 대회'(류사오치) '보고' 기초위원회 자리였다. 펑전은 애끓는 마음으로 충직하게 말했다. [380]

　"우리의 잘못은 먼저 중앙서기처에 있다. 주석, (류)사오치와 중앙상무위원회 동지들의 책임이 아닌가? 포함이 되었든 안 되었든, 얼마의 과오가 있든 없든지 간에 마오 주석이 아무런 책임이 없다는 것은 말이 안 된다. 3~5년 과도 문제와 (인민공사의) 식당 문제는 모두 마오 주석이 비준한 것이었다."

　펑전이 열을 받아 핏대를 올릴 때 덩샤오핑이 끼어들었다.

"우리는 주석이 어딜 가든 가는 곳으로 간다. 주석이 말했다. 너희들의 보고는 나를 성인으로 쓴다. 성인은 무슨 얼어 죽을 성인이냐. (누구나) 결점이 있고 과오를 범한다. 단지 얼마만큼의 과오를 범하느냐, 범하지 않느냐에 있다. 나의 결점을 말하는 것을 겁내지 않는다. 혁명은 천두슈(陳獨秀 진독수)와 왕밍(王明 왕명)이 한 게 아니라 우리 모두가 한 것이다."

펑전이 또 말참견을 했다.

"마오 주석의 위신은 에베레스트 봉우리도, 타이산(泰山 태산)도 아니다. 그렇게 높지 않다. 현재 당내에 하나의 경향이 있다. 말을 하지 않으려 하고, 자신들의 과오를 비판하려고 하지 않는다. (자아)비판하면 자리에서 날아가버리기 때문이다. 만약에 마오 주석이 100분의 1, 1천분의 1의 과오라도 자아비판을 하지 않으면 우리 당에 악영향을 끼친다. 성省과 시市 (간부들이) 책임을 떠맡으려 할까? 좋지 않은 것을 모두 졸개들에게 떠넘기면 교훈을 얻을 수 없다. 그러면 마오 주석부터 지부 서기에 이르기까지 각자 생긴 대로 논다."

다음 날 어쩌다 '쥐새끼'들이 이 얘기를 들었다. 천보다(陳伯達 진백달)는 펑전에게 "펑전 동지가 어제 마오 주석과 관련해 한 발언은 연구할 가치가 있다"고 으름장을 놓았다. 천보다는 "우리는 많은 일들을 엉망진창으로 했다. 마오 주석이 책임이 있다고? 마오 주석이 자아비판을 하도록 하자고?"라면서 침을 튀겨가며 펑전을 몰아쳤다. 펑전은 부득불 해명하지 않을 수 없었다. 펑전은 "마오 주석에 관한 문제는 내가 명확하게 말하겠다. 나, 펑전이 마오 주석을 비판해서는 인심을 얻지 못한다. 내 말은 그런 인상을 주어서는 안 된다는 얘기였다. 다른 사람들은 모두 (자아)비판할 수 있다. 그런데 마오 주석이 스스로 비판을 하지 않는 것은 모양이 좋지 않다"고 석명했다.

펑전과 천보다의 쟁론은 뒷날 문화대혁명 시절 벌어지는 처참한 권력투쟁의 전주곡이었다. 류사오치의 '3푼 천재, 7푼 인재' 발언은 마오와 류사오치의 견해차이가 확연해지면서 나중에 화해할 수 없는 척을 져 최악의 비극적 사태로 번졌다. 류사오치는 대약진 과정에서 나타난 '공산풍共産風'과 부정확한 구호와 방법을 비판했지만 예민한 '삼면홍기三面紅旗'에 대해서는 여지를 두었다. 우리는 현재 모두 취소할 수 없다, 계속 삼면홍기를 위해 분투하자고 했다. 현재 일부의 문제가 있지만 그렇게 명료한 것은 아니라고 했다. 하지만 5년, 10년 이후에 우리가 경험을 총결할 때가 오면 더욱더 나은 결론이 나올 것이라고 말했다. 류사오치는 당내의 '좌우 투쟁'과 관련해 '좌우' 모두 방향성과 노선상의 과오를 저질렀다며 어느 쪽이 옳고, 어느 쪽이 틀렸다고 할 수 없고 실사구시적으로 당내 투쟁을 벌여야 한다고 강조했다.

마오가 문화대혁명 시기에 '대자보'를 쓸 때 '1962년의 우파'와 '연계'되었다고 표현한 것은 바로 류사오치의 이때 발언을 걸고넘어진 것이었다. 마오의 부인 장칭은 문화대혁명 초기 "7천인 대회 때 (마오가) 답답해했다. 문화대혁명이 발동되면서 숨을 쉬기 시작했다"고 말해 마오가 류사오치를 못마땅해한 것을 대변했다.

마오쩌둥,
자아비판하다

마오는 29일 대회에서 많은 회의 참가자들이 기간이 짧아 충분히 발표를 하지 못했다는 의견을 받아들여, 마음껏 기를 발산하며 자신의 의견을 발표하는 회의라는 뜻에서 '출기회出氣會'로 불린 '7천인 대회' 기간을 연장했다. 1월 30일, 마오는 전체회의에서 연설을 했다. [381]

"이번 회의 개막을 앞두고 류사오치 동지와 다른 몇몇의 동지들이 '보고' 원고를 준비했다. 이 원고는 중앙정치국의 토론을 거치지 않았다. 내가 정치국 회의에서 토론하지 말고 즉시 대회 참가 동지들에게 배포해 평론과 의견을 듣자고 제의했다. 동지 여러분, 당신들은 각 방면의 각 지방 사람들이다. 각계의 성위원회, 지방위원회, 현위원회, 기업 당위원회, 그리고 중앙의 각 부문에서 참석했다. 당신들 가운데 다수는 비교적 기층에 접촉하기 때문에 우리 중앙상무위원, 중앙정치국과 중앙서기처의 동지들보다 상황과 문제를 더욱더 잘 이해하고 있다. 당신들은 서로 다른 위치에 서서 여러 각도로 문제를 제기할 수 있다. 당신들의 의견 개진을 바란다."

이렇게 서두를 뗀 마오는 특별히 루산회의 때와는 달리 민주집중제의 '민주'를 강조하면서 민주가 없이는 정확한 집중이 불가능하다며, 당위원회의 지도는 집체적 지도로 제1서기 개인이 독단해서는 안 된다고 밝혔다. 제1서기와 기타 서기, 위원들의 관계는 소수가 다수에 복종해야 하는데 현재 제1서기 개인이 모든 일을 처결하는 것은 아주 잘못된 것이라고 지적했다. 마오는 "서초패왕 항우는 다른 의견을 듣는 것을 좋아하지 않았고, 유방은 활달하고 도량이 커 신하들의 직간을 물 흐르듯 잘 받아들였다. 항우는 종국에 실패했다"며 '패왕별희霸王別姬'의 고사를 끌어다 소통을 강조했다.

"역이기酈食其라고 불리는 지식분자가 있었다. 유방을 만나러 갔다. 처음에는 지식인이라고 했다. 공부자孔夫子의 일파다. 현재 군사업무로 유생을 만날 수 없다고 했다. 역이기는 화가 났다. 그는 호위무사에게 나는 고양高陽의 술꾼이고 유생이 아니라고 들어가서 보고하라고 했다. 무사가 유방에게 그렇게 전하니 좋다고 들여보내라고 했다. 역이기가 들어가니 유방은 발을 씻고 있었다. 역이기는 유방이 유생을 만나지 않는다는 것에 화가 나 유방을 크게 비판했다. 역이기는 '당신은 도대체 천하를 취할 것인가 말 것인가? 어째서 장자長者를 경시하는가?'라고 물었다. 이때 역이기는 60세가 넘었다. 유방은 그보다 어렸다. 유방은 그 얘기를 듣고 사과했다. 곧바로 역이기의 진류현 탈취 계책을 들었다. 유방과 항우는 몇 년 동안 싸워 유방이 이기고, 항우가 패했다. 우연이 아니다. 현재 일단의 제1서기들은 봉건시대의 유방만도 못하다. 도리어 항우 같다. 이런 동지는 만약에 고치지 않으면 마지막에는 실패하게 된다. 연극의 '패왕별희'가 아니다. 고치지 않으면 어느 날 '별희(虞美人 우미인: 항우의 애첩)' 꼴이 되고 만다."

'패왕별희'는 항우項羽와 우희虞姬의 비극적 사랑을 엮은 영웅 말로의 역사 이야기다. 서초패왕 항우의 용력은 세상에 당할 자가 없었다. 그러다보니 오만하고 교만해져 다른 의견을 들으려 하지 않았다. 결국 스스로 악과惡果를 씹어 안후이성(安徽省 안휘성) 링비(靈壁 영벽)현 동남쪽에 있는 가이샤(垓下 해하) 일전에서 패해 전군이 궤멸되다시피 했다. 해하 고성에 포위된 항우는 성 바깥 도처에서 들려오는 초가楚歌, 즉 자신의 나라 노랫가락(四面楚歌 사면초가)에 억장이 무너졌다. 포로로 잡힌 초나라 사람이 그렇게 많은 데 충격을 받은 것이었다. 기실은 유방의 군사軍師 장량의 책략이었다. 뒤늦은 후회였지만 어쩔 수 없는 항우는 비탄에 빠져 노래를 읊조렸다.

"힘은 산이라도 뽑아 올리고, 기운은 세상을 덮을 듯한데, 때를 얻지 못해 추
(騅; 항우의 말)가 가지 않으니. 추가 가지 않으면 어찌하란 말인가. 우야, 우야, 어
찌하란 말이냐.

力拔山兮氣蓋世, 時不利兮騅不逝. 騅不逝兮可奈何, 虞兮虞兮奈若何

역발산혜기개세, 시불리혜추불서. 추불서혜가나하, 우혜우혜나약하."

우미인(우희)은 자결하고 항우는 포위망을 뚫고 해하성을 탈출했으나 우장(烏江
오강) 강변에서 한나라군과 싸우다 세 불리해 스스로 목을 찔러 자결했다. 이와는
달리 한고조漢高祖 유방劉邦은 겸허한 마음으로 직간을 잘 받아들이고, 어진 이를
겸손과 예의로 대했다. 또 자기의 잘못에 대한 남의 비판을 기꺼이 받아들이는 것
이 물 흐르듯 했다. 유방은 천하통일을 한 뒤 뤄양(洛陽) 남궁南宮에서 신하들에게
술자리를 베풀며 천하를 얻은 이치를 말했다.

"군막에서 작전계획을 짜고 책략을 세워 천 리 밖에서 승리를 하게 하는 것은
내가 자방(子房; 張良 장량)만 못하고, 국가를 안정시키고 백성을 어루만지며 양도
糧道를 끊기지 않고 군량을 보내 군軍을 먹이게 하는 일은 소하蕭何에 미치지 못
한다. 100만 대군을 이끌고 싸우면 반드시 이기고, 공격하면 반드시 빼앗는 것은
한신韓信을 따르지 못한다. 이 세 사람은 모두 뛰어난 인걸로서 내가 잘 기용한 것
이 천하를 얻게 된 까닭이다. 항우는 한 사람의 범증范增이 있었으나 그를 쓰지 않
아 이런 연유로 내가 천하를 얻었다."

마오는 이처럼 유방과 항우를 비교하며 지도자의 품성과 덕목, 그리고 언로言
路, 즉 소통의 중요성을 강조했다. 마오는 "지난해 6월 12일, 중앙 베이징 공작회
의 마지막 날에 나는 나의 결점과 잘못에 대해 이야기했다. 나는 동지들이 각 성
과 지방에 돌아가 전달하라고 했으나 나중에 알았다. 많은 지방에서 전달하지 않
았다. 나의 잘못을 감추려고 했던 것 같다. 숨겼다. 동지들, 숨겨서는 안 된다"고
힘주어 말했다. 마오는 자신의 자아비판과 관련해 "무릇 중앙이 범한 잘못은 직접
적으로 나에게 책임이 있고, 간접적으로도 내게 책임이 있다. 내가 중앙의 주석이
기 때문이다. 나는 다른 사람에게 책임을 미루지 않는다. 다른 일단의 동지도 책

임이 있다. 그러나 제1의 책임은 당연히 나다. 책임을 두려워하지 마라. 다른 사람이 말하는 것을 허락하지 않는 사람은 호랑이 엉덩이를 건드리지 못한다. 대저 이런 사람은 열이면 열 다 실패한다"고 말했다. 마오는 이런 말도 했다. [382]

"사회주의 건설에서 우리는 또 아주 큰 맹목성이 있다. 사회주의 경제는 아직도 우리가 인식하지 못하는 필연적인 왕국이다. 나는 경제건설 공작과정에서 겪은 많은 문제들을 알지 못했다. 공업, 상업도 그리 이해하지 못한다. 다른 사람들과 비교해보면 나보다 (류)사오치 동지가 더 잘 알고, (저우)언라이 동지가 나보다 더 잘 이해하고, (덩)샤오핑 동지가 나보다 더 잘 안다. 천윈(陳雲 진운) 동지는 특별해 비교적 많이 안다. 농업에 대해서 나는 조금 안다. 많이 알지 못한다. 비교적 안다는 것도 제도 방면의 문제이지 생산 방면에 대해서는 지식이 아주 적다. 사회주의 건설에서 우리 전당에 비춰볼 때 지식이 매우 부족하다. 우리는 마땅히 오늘 이후 일정 시간에 경험을 축적하고 학습 노력을 해야 한다. 실천하면서 점차적으로 (사회주의 경제를) 깊이 있게 인식하게 되고 법칙을 명확히 알게 된다."

마오가 이날 연설에서 한 자아비판은 당내외 인사들에게 깊은 인상을 심어주었다. 실제로는 마오가 겉으로 민주와 자아비판을 내세워 '낚시(釣漁 조어; 반대세력 제거)'를 했다는 설도 없지 않았다. 마오가 앞장서 자아비판을 하자 다른 지도자들도 자아비판에 나섰다. 2월 6일, 저우언라이는 푸젠조(福建組 복건조) 회의에서 "여기서 제일 중요한 것은 마오쩌둥 동지가 말한 실사구시다. 바로 참된 말을 했다. 진짜 힘을 북돋우고, 사실적으로 일을 하면 실효를 거둔다"고 마오에게 찬사를 보냈다. 저우언라이는 '대약진' 정책 과정에서의 잘못에 대해 자아비판을 했다. [383]

"나 개인이 잘못을 저질렀다. 두 가지 예를 들어 말하겠다. 하나는 바로 1959년 8월 26일의 전국인민대표대회 상무위원회에서 나는 1959년 국민경제계획을 조정하는 주요 지시를 보고할 때, 공·농업의 매년 증산에 관한 약진 속도의 과오를 저질러 일방적으로 규정했다. 실제에 부합하지 않는 약진 속도를 정해 많이, 빨리에 신경 쓰고 좋게, 절약하는 것은 부주의했다. 수량에 신경 쓰고, 품종이나 질에는 주의하지 않았다. 단지 눈앞의 요구에 급급했고 장기적인 생각이 없었다. 해마다 같은 고도속도만 요구했다. 또 하나의 예는 빠른 건설 속도를 위해 점차적으로 전국에 비교적 완전한 공업체계의 경제구역을 형성하기도 했다. 이런 목적을 달성하기 위해 경공업 98.5퍼센트와 중공업 76퍼센트의 통제권을 지방정부에 이양했다. 이어 재정, 금융, 무역, 문화, 교육, 과학기술의 관리권도 지방정부에 넘겨주었다. 지금 볼 때 권력의 지방정부 이양이 과다하고 너무 분산되었다. 이것이 분산주의分散主義 근원의 하나가 되었다. 이 문건은 나의 주재로 기초한 것이다. 이런 실제에 맞지 않는 요구는 필연적으로 지방에서 생산목표의 맹목적 추구를 조성해 엄중한 악영향이 나타났다."

저우언라이는 "요 몇 년 동안 정부공작 중 많은 결점과 잘못을 저질렀다. 이러한 결점과 잘못으로 많은 인력을 낭비하고 국가의 많은 물자를 소모했다. 이런 적지 않은 손실로 모두에게 대단히 큰 압박을 주었다. 이 기회를 빌어 우리 정부공작을 하는 동지들을 대표해 여러분 모두에게 과오를 인정하고 사과한다"고 머리를 조아렸다. 저우는 "나는 이 문제를 3월의 전국인민대표대회와 정협政協회의에서 적당한 설명을 하겠다. 이것은 나의 빚이다. (잘못을) 진술해야만 한다"고 말했다. 이때 마오쩌둥이 손을 흔들며 "고백은 한 번이면 됐다"고 말허리를 잘랐다. 저우가 애초 경제건설 과정에서 마오의 조급한 돌격주의에 반대한 것은 모두가 잘 알고 있었다. 저우는 속도 조절론을 펴 마오로부터 당신은 '반돌격주의'고, 나는 '반반反反돌격주의'라고 비판을 받은 뒤 마오의 지시에 따라 내키지 않는 대약진 정책들을 집행했다. 이런 사실을 알고 있는 회의 참석자 한 사람이 "총리, 당신은 모든 일을 다 자신이 걸머질 수는 없다"고 소리쳤다. 저우는 웃으며 "나는 총리다. 중앙, 국무원이 결정한 일은 내가 모두 책임져야 한다"고 대답했다. 대약진이 대재앙이 되면서 자아비판을 한 마오의 권위와 위신이 훼손되는 것을 막기 위해 저우언라이는 이처럼 안간힘을 다했다. 마오의 충실한 협력자로 몸을 던져 마오 방어에 나선 것이었다. 뒤치다꺼리였다. 덩샤오핑도 이날 대회에서 연설을 했다. 덩샤오핑은 먼저 당의 좋은 점을 말했다. 즉 '5호好'론이다. 384

"중국공산당은 5가지의 좋은 점이 있다. 좋은 지도사상을 갖고 있다. 좋은 중앙은 많은 좋은 골간들을 보유하고 있다. 좋은 전통이 있다. 당을 신뢰하는 좋은 인민을 갖고 있다."

덩샤오핑은 "이러한 당은 인민들의 혁명승리 쟁취를 이끌었고, 인민들의 사회주의 건설 쟁취를 이끌었다. 국내공작을 잘할 수 있고, 반드시 국제 공산주의 운동에서 스스로 걸머진 책임을 다할 수 있다"고 말했다. 덩샤오핑은 "최근 몇 년 동안 우리 당의 지도와 공작에 엄중한 결점을 보였다. 특별히 중요한 것은 당의 우량 전통이 약화되고 있다는 것이다. 어떤 지방은 아주 크게 약화되어 심각한 상태다. 어떤 지방은 괜찮은 편이다. 전당으로 볼 때 상당한 정도로 약화되었다. 우리는 이러한 문제를 중요하게 고려해야 한다. 전당이 경계심을 가져야 한다. 몇 년 동안 많은 동지들이 구체적 공작에 분주해 당의 문제에 신경을 쓰지 못하고, 당의 건설에 그리 주의하지 않았다. 따라서 이 점을 강조하는 것은 매우 중요하다"고 엄숙하게 지적했다. 덩샤오핑은 "우리 연대에 반드시 우리 당의 좋은 전통을 견지하여 좋은 모범을 수립해 좋은 인민의 공복으로, 우리나라의 사회주의 사업과 세계 인민의 해방 사업에 자신이 마땅히 맡은 책임을 다할 수 있도록 해야 한다"고 거듭 당과 당원의 중요성을 강조했다.

압권은 린뱌오의 발언이었다. 린뱌오는 '3년 동안 발생한 결점'은 우리가 경험을 얻고, 매우 큰 구실을 할 수 있도록 했다, 우리는 조금 '학비'를 치렀지만 가치가 있었다고 사뭇 다른 논리를 폈다. 대약진으로 최소 3천만 명의 고귀한 목숨이 굶어 죽고, 국민경제가 거덜 나는 미증유의 참혹한 국가재난 현실을 아랑곳하지 않고 마오의 비위를 맞추느라 열을 올렸다. 린뱌오는 "어려움은, 어떤 방면이나 어떤 정도에서 바로 우리가 마오 주석의 지시와 마오 주석의 경고, 마오 주석의 생각대로 따라 하지 않았기 때문에 발생했다. 만약에 마오 주석의 말을 듣고, 마오 주석의 정신을 체득했더라면 굴곡은 낮아지고, 오늘의 곤란은 줄었을 것"이라고 아유阿諛했다. 린뱌오는 마오쩌둥 사상을 찬양하며, 마오의 개인숭배를 떠받드느라 그야말로 가관可觀이었다. [385]

"내 개인이 몇십 년 동안 체득한 경험에 비추어보면 마오 주석의 가장 돌출한 장점은 '실제實際'이다. 주석은 항상 실제에서 열이면 여덟, 아홉을 벗어나지 않는다. 주석은 항상 실제의 주위에 있고, 실제를 둘러싸고 실제를 벗어나지 않는다.—나는 깊이 있게 느꼈다. 우리의 공작이 잘될 때는 마오 주석의 생각이 순리적으로 관철되고, 마오 주석의 생각이 방해받지 않을 때였다. 만약에 마오 주석의 의견이 존중받지 못하거나 큰 방해를 받으면 그런 때는 일이 잘못됐다. 우리 당 몇십 년간의 역사는 바로 이러한 역사였다."

마오는 린뱌오의 발언을 대단히 칭찬했다. 저우언라이가 '반돌격주의'로 마오한테서 곤욕을 치렀을 때 마오는 커칭스가 쓴 문건을 들고 저우에게 "당신은 이런 글을 쓸 수 있겠는가?" 모멸적으로 물은 바 있었다. 저우는 "나는 쓸 수 없다"고 말했었다. 마오는 이때도 곁에 있던 뤄루이칭(羅瑞卿 나서경)에게 "린뱌오 동지의 연설 수준이 대단히 높다. 이런 연설을 자네는 할 수 있겠는가?"라고 물었다. 뤄루이칭은 당년의 저우언라이처럼 "저는 할 수 없습니다"라고 대답했다. 마오는 그해 3월 20일에 린뱌오의 연설문을 수정한 뒤 비서인 톈자잉과 뤄루이칭에게 보낸 서신에서 "이 (린뱌오의 연설문) 문건을 한번 훑어보았다. 아주 좋은 문장이다. 아주 무게가 있는 글이다. 매우 기쁘게 보았다"고 적었다. 린뱌오의 이런 발언은 문화대혁명 시기에 수없이 되풀이되었다. '7천인 대회'에서 류사오치가 마오의 개인숭배를 말하지 않은 대신에 린뱌오는 마오의 개인숭배를 전파하며, 독자적인 한 파벌을 만들어갔다.

홍색 '짱궤'
천윈

7천인 대회는 2월 7일에 국가주석 류사오치의 서면 보고를 통과시키고, 마오의 대회 폐막 선언을 끝으로 7천여 명이 참석한 전무후무한 대규모 대회를 마쳤다. 마오는 2월 8일 밤, 전용열차로 베이징을 떠나 지방 순시에 나섰다. 중앙의 일상 업무는 1959년에 마오가 당 주석직만 보유한 채 2선으로 물러나, 국가주석직을 승계한 류사오치가 총괄하면서 저우언라이, 덩샤오핑 등과 함께 1선의 국가 운용을 책임지고 있었다. 7천인 대회는 민주 기풍을 한껏 발양해 참석자들이 마음껏 이야기하는 백가쟁명百家爭鳴식 대회였으나 여전히 '삼면홍기'는 완전 정확하다고 확인했다. 좌경 지도노선에 대해서는 근본적 변화가 없어 이후 당내투쟁의 불씨를 남겼다.

이 대회는 마오를 비롯해 류사오치, 저우언라이, 덩샤오핑 등 당의 최고 지도자들이 자아비판을 하고, 마오 1인 전제체제를 견제해 지도집단의 민주집중제에 활기를 불어넣었다. 하지만 이후 관철되지 않아 중국 정치사상 최대의 비극인 문화대혁명을 발동하는 마오의 폭군적 통치체제가 극성을 떨게 되었다. 어쨌든 7천인 대회는 수렁에 빠진 경제를 살리기 위한 중지衆智를 모으는 대회로 눈길을 끌었다. 마오는 대회에서 자신이 경제를 모른다고 이실직고했다. 마오는 중앙 지도자들의 경제 운용 능력을 비교하며 천원을 높이 평가했다.

중앙의 부주석이자 5대 서기의 한 사람으로 자타가 공인하는 경제통인 천원은 대회에서 발언을 하지 않았다. 천원에게는 중국 사회주의의 경제 초석을 다진 인물, 재경財經의 1인자, 홍색 쌍궤(掌柜 장거: 지배인), 개국재두開國財頭, 재능이 뛰어난 재사才士란 뜻의 '능인能人' 등 수많은 수식어가 따라붙는다. 마오는 루산 제1차 회의 때 전·현직 비서 출신, 마오가 말한 '수재秀才' 그룹인 중앙 후보위원 겸 후난성위 제1서기 저우샤오저우, 수전부水電部 부부장 리루이(李銳 이예), 중앙위원 겸 중앙정책연구실 주임 후차오무, 중앙 판공청 부주임 텐자잉 등과 경제난국 돌파를 위한 해법을 찾는 회의를 한 적이 있었다. 이때 '수재' 그룹은 천원에게 경제를 맡길 것을 진언했다. 마오는 천원이 1956년에 저우언라이와 함께 '반돌격주의'를 주창해 경제부문에서 제외된 데 불만을 가지고 있었다. 마오는 그러면서도 삼국시대 때 조조가 관도대전 초기에 원소에게 대패하자 요절한 책사 곽가郭嘉를 그리워했다는 고사를 떠올리며 천원에 대해 이야기했다. 마오는 "나라가 어지러우면 훌륭한 장군이 그립고, 집안이 어려우면 어진 아내가 생각난다(國亂思良將 家貧念賢妻 국란사양장, 가빈념현처)"며 천원을 높이 평가했다. [386]

공산당이 중국을 막 통일했을 때 공산당의 국가통치 능력을 회의적으로 본 사람들은 "공산당이 마상馬上에서 천하를 얻었으나, 천하는 말 위에서 통치할 수 없다"고 냉소적인 자세를 보였다. 자본가들은 심지어 "공산당은 싸움은 100점, 정치는 80점, 경제 운용 능력은 0점"이라고 비아냥거렸다. 공산당의 집정 초기 물가는 하늘 높은 줄 모르고 뛰었고, 경제가 썩어 문드러져 수습하기 어려운 상황이었다. 전국 금융 중심지역 상하이는 모리배들이 매점매석을 하고, 투기업자들이 시장을 좌지우지했다. 상하이 자본가들이 '시골뜨기' 공산당이라고 조롱할 때 천원이 상하이에 급파되었다. 천원은 실타래처럼 복잡다단하게 얽히고설킨 경제난맥을 능수능란하게 처리해 경제를 정상화시켰다. 자본가와 투기꾼들은 혀를 내두르며 무릎을 꿇었다. 상하이뿐만 아니었다. 서쪽으로는 '산간닝(陝甘寧 섬감녕: 산시-간쑤-닝샤 지구)'에서부터 동쪽으로는 랴오닝, 선양, 하얼빈 등에 이르기까지 천원은 종횡무진하며 손오공의 여의봉을 휘둘렀다. 천정부지의 물가를 잡고, 무너진 경제 시스템을 구축해 '경제 해결사'로 이름을 날렸다. 천윈은 초강경 조처도 마다하지 않아 사람들은 "천윈의 초식이 매우 모질었다"고 했다. 천윈은 "그렇지 않았으면 천하대란을 막을 수 없었다"고 응수했다. 마오는 "천윈의 공적은 화이하이 전역(淮海戰鬪 회해전투: 해방전쟁의 3대 전역 중 하나)에 뒤지지 않는다"고 극찬했다.

마오와 천윈의 갈등은 천윈이 제1차 경제개발 5개년 계획을 이끌며 3년차 시기에 들어섰을 때 경제발전 속도에 불만을 품은 마오가 "전족을 한 여인네 걸음처럼 뒤뚱거린다"고 비판하면서 불거졌다. 마오의 한마디에 각 성, 시 등 지방정부가 각 부문의 경제 생산목표의 지표를 높이고, 기반시설을 고려하지 않은 채 가속페달을 밟았다. 1956년부터 이런 무모한 돌진의 돌격주의가 나타나자 천윈은 크게 우려했다.

중앙재경위원회 총책을 맡고 있던 천윈은 국무원 상무회의에서 "지금 말이 대단히 위험하게 달려가고 있다. 이런 추세로 달려가면 내후년과 내내후년이 큰 위기에 처할 수 있다. 내년의 투자를 줄이고, 속도를 줄여야 한다"고 경고했다. 천윈은 "실사구시는 전족을 한 여인네가 뒤뚱거리며 걷는 게 아니다"라고 말해 마오와 정면충돌했다. 천윈은 건설 규모는 국가의 재력과 물력 등의 국력에 맞도록 해야 한다, 조급하게 돌진하면 경제혼란을 초래할 수 있다고 거듭 강조했다. 마오는 1957년 9월 20일, 중공중앙 제8기 3중전회에서 "반돌격주의를 주장하는 사람들이 '후퇴 소조'를 만들었다. 공산당은 마땅히 급진파 위원회고, 국민당은 바로 후퇴파 위원회"라며 저우언라이와 천윈 등을 맹비난했다.

1958년 1월 12일부터 광시성 난닝(南寧 남녕)에서 경제 관련 회의가 열렸을 때 마오는 16일 회의에서 상하이시위원회 서기 커칭스의 정치비서 장춘차오(張春橋 장춘교)가 기초한 '승풍파랑乘風破浪(어려움을 이기고 용감하게 나아가자), 새로운 사회주의 상하이 건설을 가속하자'는 보고서를 내밀며 저우언라이와 천윈 등 '반돌격주의' 그룹을 맹타했다. 중앙 재경공작 5인 소조 중 병으로 참석하지 않은 천윈을 제외한 리푸춘, 리셴녠, 보이보, 황커청 등 '반돌격주의' 그룹의 4명은 줄줄이 자아비판을 했다. 마오는 1개월 뒤 중난하이 화이런탕(懷仁堂 회인당)에서 열린 중앙 확대회의에서 "경제에 관련한 일은 모두 천윈이 서명한다. 이것은 나를 봉쇄하는 행위"라고 지적하고 "반돌격주의 사람들은 우파와 멀리 떨어져 있지 않다. 대략 50미터 정도"라고 천원을 공격했다. 이에 놀란 천원은 회의에서 자신의 신념과는 달리 '재경공작의 과오'를 인정하고 자아비판을 했다. 천원은 1980년에 "당시 민주집중제는 이미 파괴되었다. 당내 생활은 비정상적이었다"면서 "중앙의 지도자들이 모두 참석했지만 마오의 '판판마오진(反反冒進 반반모진; 반돌격주의에 반대)' 한마디에 쥐 죽은 듯이 고요했다"고 회상했다. 이때부터 마오는 천원을 1선 경제공작에서 배제시켰다. '경제대권'을 직접 틀어쥔 마오는 기세 좋게 대약진운동을 펼쳐나갔다.

마오는 1959년에 강철 생산량을 3천만 톤으로 잡고 강력 드라이브 정책을 펼쳤다. 하지만 난맥상만 노출한 채 경제 전반이 파국으로 치달았다. 마오는 급한 나머지 천원을 불러 자문을 구했다. 천원은 마오에게 영국은 강철 연 생산량을 869만 톤에서 1,655만 톤으로 끌어 올리는 데 17년이 걸렸다는 것을 일깨워주었다. 무리한 생산목표 지수를 대폭 줄이고, 전반적 균형경제 정책을 실시할 것을 건의했다. 마오는 강철 생산량 목표를 3천만 톤에서 1천8백만 톤으로 줄였다. 이 또한 실현 가능한 목표는 아니었다. 천원은 당시 마오의 정치비서 후차오무를 찾아가 전반적인 경제상황을 설명하고, 마오에게 지표 조정을 다시 해야 한다는 내용을 전해줄 것을 요청했다. 하지만 후차오무는 마오가 누구의 이야기도 들으려하지 않는 상황에서 노여움만 살 것으로 보여 보고하지 않았다.

1959년 3월 하순, 후차오무는 소집한 중앙정치국 확대회의 하루 전날에서야 천원의 건의를 보고했다. 마오는 "너는 일개 비서다. 부주석의 의견을 보고하지 않았다?"며 엄하게 꾸짖었다. 천원의 건의대로 1천8백만 톤의 강철 생산은 언감생심이었다. 게다가 균형경제의 파탄으로 하루가 다르게 경제상황이 더욱 위험한 국면으로 치달았다. 마오는 이미 천원과 저우언라이가 주장한 '반돌격주의'로 방향을 바꿀 생각을 하고 있었다. 뒤늦었지만 파국을 막기 위해서는 경제의 각종 생산목표 지표를 대폭 내리고, 경제 전반에 대한 구조조정 정책을 펼 수밖에 없었다. 마오는 회의에서 천원의 건의와 관련해 "대단히 용감하다. 진리를 견지하는 것도 용감하

다. 진리는 왕왕 한 사람의 손에 있을 수 있다"고 천원을 치켜세웠다. [387]

결국, 마오는 '7천인 대회'에서 "중앙이 범했던 과오는 직접적으로나 간접적으로 나에게 책임이 있다. 내가 중앙의 주석이기 때문이다"라고 잘못을 인정하고 자아비판을 했다. 마오는 연설에서 천원을 거명하며 "천원이 나와서 일을 해야 한다"며 천원을 다시 중앙재경 소조장小組長에 임명했다. 마오가 죽을 쓰고 있는 경제를 살리기 위해 구원투수로 등판해달라는 것이었다. 최대의 문제는 식량이었다. 인민들이 제대로 먹지 못해 영양부족으로 부종浮腫에 걸려 온몸이 퉁퉁 붓거나 굶어 죽어가고 있었기 때문이다.

천원은 도시 인구의 한 사람에게 매월 3근의 콩을 공급할 것을 건의했다. 한 사람이 매일 최소한 70그램의 단백질이 필요하다고 판단했다. 1근의 식량은 45그램 정도의 단백질을 포함하고 있고, 1~2근의 콩은 20그램의 단백질을 함유하고 있기 때문이었다. 이럴 경우 매년 도시에 30억 근의 콩을 공급해야 했다. 이것은 이룰 수 있다고 보았다. 고기의 단백질이 부족한 상태에서 콩으로 영양을 보충하는 것은 비교적 가능한 방법이었다. 그러나 콩으로만 생활을 영위할 수 없었다. 밥을 먹어야 했다. 천원은 식량 수입을 건의했다. 중국 정부는 500만 톤의 식량을 캐나다와 오스트레일리아, 프랑스에서 긴급 수입하기로 결정했다. 천원은 통화팽창에 주목했다. 이때 화폐유통은 130억 위안이었으나 실제적으로는 70억 위안만 유통되고 있었다. 숨어 있는 60억 위안 이상의 돈을 회수하지 못하면 물가가 널뛰는 것은 불문가지였다. 설탕 값을 올려 숨은 돈을 끌어내 화폐를 회수하면 어느 정도 통화팽창을 막을 수 있다고 판단했다.

문제는 농업부문의 회복이었다. 천원은 심지어 마오가 사회주의 집단 생산방식에 어긋난다며 강력 반대하는데도 전답을 나누어주어 개인 책임으로 생산하는 '분전단간分田單干'과 농가할당 생산방식인 '포산도호包産到戶'제 시행을 건의했다. 농민의 노동의욕을 권장해 생산량을 늘리기 위한 방책이었다. 그러나 천원은 '7천인 대회'에서 발언을 하지 않았다. 천원은 "발언할 (경제 해법) 내용을 파악하지 못하고 있다"고 말했지만, 이것은 천원이 완곡하게 발언을 하지 않으려는 제스처였다.

천윈은 7천인 대회가 끝난 지 14일 만에 류사오치가 주재한 정치국 상무위원회 확대회의, 즉 '시러우(西樓 서루) 회의'에서 경제정책 전반에 관해 설명했다. 천윈이 제시한 경제 해법이 채택되어 이후 경제정책을 시행하고 집행하는 기본이 되었다. 천윈은 왜 7천인 대회에서 연설하지 않았을까? 3가지로 뜯어볼 수 있었다. 388

첫째, 당시 천윈의 경제 형세 판단과 해법이 마오와 달랐다. 마오는 가장 어려운 시기는 지나가 2~3년이면 경제가 회복될 것으로 내다보았다. 류사오치가 서면 보고에서 밝혔듯이 (경제발전) 10년 계획을 확정했다. 천윈은 가장 어려운 시기가 아직 지나가지 않았다고 예측했다. 전국의 농업이 회복되려면 2~3년이 아니라 최소 5년이 되어야 한다고 판단했다. 또 10년 계획을 확정하는 것이 급한 게 아니고 10년 계획 중 5년은 회복기로 잡고, 5년 계획을 추진해야 한다고 여겼다. 이처럼 마오와 천윈의 견해가 크게 달라 7천인 대회 분위기에 맞지 않아 연설을 하지 않는 게 낫다고 천윈은 생각한 것이었다.

둘째, 천윈은 자신의 신념과 양심에 반하는 이야기를 탐탁해하지 않는 성품이라는 것이었다. 천윈의 경력과 성격에 비추어볼 때 그럴 경우 대부분 침묵으로 일관했다. 대약진운동에서 많은 사람들이 머리가 뜨거워져 부화뇌동하며 열광적 분위기에 빠져들었다. 천윈은 소극적이었다. 덩샤오핑은 나중에 "마오쩌둥 동지의 머리가 뜨거워졌다. 우리는 뜨거워지지 않았던가? 류사오치 동지, 저우언라이 동지와 나, 모두 반대하지 않았다. 천윈 동지는 말하지 않았다"고 술회해 천윈이 침묵하는 조심스러운 성격의 소유자임을 알 수 있다.

셋째, 마오의 심기를 건드려 루산회의 때처럼 대회가 돌변해 예측하지 못하는 상황으로 빠져드는 것을 우려했다. 루산회의의 두려움이 아직도 그의 머릿속을 지배하고 있었다. 마오가 7천인 대회에서 언로를 열고 스스로 비판하는 등 깨어 있는 의식을 보여주었다. 하지만 여전히 '좌'경 방향을 선회할 조짐을 보여주지 않는 데다 계속 '반우反右' 운동을 펴고 있어 마오의 속내를 정확히 꿰뚫어볼 수 없었다. 천윈은 1962년 현재의 상황을 1959년 루산회의 상황과 별반 다를 것이 없다고 판단해 변화무쌍한 정세 변화가 눈앞에 역력하게 떠올랐기 때문이다.

천원은 1905년 6월 13일에 장쑤성(江蘇省 강소성) 칭푸(靑浦 청포: 현재 상하이에 속함)의 가난한 농민 집안에서 태어났다. 2세 때 아버지, 4세 때 어머니가 모두 사망해 외삼촌 밑에서 자랐다. 1919년에 중학교를 졸업한 뒤 집안이 빈한해 진학을 포기하고 상하이로 나가 상무인서관商務印書館에서 학생으로 있다가 점원이 되었다. 1925년, 상무인서관의 파업위원장에 임명되어 상무인서관 대파업을 성공적으로 이끈 뒤 공산당에 가입했다. 1930년과 1931년 잇따라 중앙 제6기 3중전회와 4중전회에서 중앙 후보위원에 당선되었고 중앙위원이 되었다. 1932년 임시 중앙상임위원으로 있다가 전국 노동조합단체인 전국 총공회 당단黨團 서기에 임명되었다.

1933년에 루이진(瑞金 서금) 중앙 소비에트 혁명 근거지로 들어갔으며, 1934년 중앙 제6기 5중전회에서 중앙정치국 위원으로 선임되었다. 장정에 참가해 쭌이회의에서 마오를 지지했다. 1935년 6월, 장정 중 홍군이 루딩교를 건널 때 특수임무를 띠고 비밀리에 장정의 대오에서 떠났다. 천원은 쓰촨성(四川省) 청두(成都 성도)와 충칭(重慶 중경)을 거쳐 상하이에 도착해 공산당 재건 비밀공작을 펼쳤다. 그 후 모스크바로 가 코민테른에 장정과 쭌이회의 결과를 보고했다. 천원은 제일 먼저 홍군의 장정을 국내외에 알린 『수군서행견문록隨軍西行見聞錄』을 집필해 발간했다. 1937년 4월, 신장(新疆 신강) 우루무치(烏魯木齊 오로목제)로 귀국해 신장 중공중앙 대표에 임명되었다. 11월에 옌안(延安 연안)으로 돌아온 뒤에 중앙조직부 부장을 맡았다. 1945년 6월에 중앙 제7기 1중전회에서 중앙정치국 위원에 당선되었고, 1948년 10월에는 중화中華 전국 총공회 주석에 뽑혔다. 신중국 건국 후에 중앙인민정부 위원, 정무원 부총리 겸 재경경제위원회 주임으로 임명되어 전국의 재정경제 공작을 주재했다. 1954년에 국무원 부총리에 임명되었고, 상업부 부장과 국가기본건설위원회 주임을 맡았다. 1957년 1월, 중앙 경제공작 5인 소조 조장組長에 임명되어 중국의 사회주의 경제건설의 견인차 구실을 했다.

천원이 집필한 『수군서행견문록』은 1936년 잡지 『전민월간全民月刊』에 '롄천(廉臣 염신)'이라는 필명으로 연재해 홍군의 장정 소식을 처음으로 국내외에 알렸다.

미국의 저명한 신문기자 에드거 스노가 홍군의 장정 등을 쓴『중국의 붉은 별』보다 1년 먼저 세상에 나왔다. 당시 사람들은 글쓴이 '렌천'이 미국 기자려니 추정했다. 이 책의 저자가 천원으로 확인된 것은 장장 50년의 세월이 흐른 뒤였다. '렌천'은 천원의 필명이었다. 장정 직전에 정치국 상임위원 겸 홍5군 중앙대표로 장정에 참가한 천원은 혁명군사위원회 종대 정치위원과 진사장(金沙江 금사강) 도하 사령부 정치위원 등을 맡았었다.

천원은 1935년 6월의 진사장 도강 후에 홍군이 루딩교를 건널 때 몰래 장정대오에서 이탈했다. 천원과 가까운 사람들조차 천원이 어디로 갔는지 아무도 몰랐다. 중앙이 천원을 비밀리에 장정대오에서 뺀 것은 상하이에 돌아가 무너진 공산당 조직을 재건하고, 장정으로 연락이 끊긴 모스크바 코민테른과 연락을 복원하기 위한 것이었다. 이 결정은 중앙의 핵심 기밀이었기 때문에 극소수의 지도자만 알고 있었다. 천원이 소련에서 쓴『수군서행견문록』은 홍군에 생포된 국민당군 군의관을 가탁해 1934년 10월 중앙 홍군이 장시(江西 강서)를 출발해 8개월 동안 6개성 1만 2천 리를 거치면서 겪고 본 이야기를 상세하게 기록했다. 글은 비록 전문이 3만 자로 짧은 편이지만, 생동감이 넘치고 믿을 수 있도록 썼다. 예를 들면 홍군 장교와 사병들이 동고동락同苦同樂하는 모습을 이렇게 묘사했다. [389]

위로는 총사령관에서 사병에 이르기까지 음식이 일률적으로 평등하다. 홍군 장교들은 사병들과 같은 군복을 입고, 주더(총사령관)는 '취사반장'으로 불린다. 누가 군단장인지, 누가 사단장인지 알 수가 없다…….

홍군 영수들이 어떻게 인민들을 사랑하는지, 세세한 부분까지 챙겼다. 마오가 구이저우(貴州 귀주)에서 가난한 사람에게 선행한 사례를 이렇게 기술했다.

마오쩌둥이 길가에 쓰러져 있는 한 늙은 부인과 어린아이를 보았다. 몸에 홑옷을 걸치고 있었다. 마오쩌둥은 즉시 벗은 털옷과 행장에서 무명옷 1벌을 꺼내 늙은 부인에게 주었다. 또 백미 1되를 주도록 지시했다. 늙은 부인은 계속 고맙다는 말을 하면서 웃으며 걸어갔다.

이처럼 장정 중인 홍군의 존재와 공산당을 선전한 이 글은 1936년 봄부터 프랑스 파리에서 중국화교 조직이 운영하는 중문잡지 『전민월간全民月刊』에 연재되었고, 7월에 모스크바에서 단행본으로 출간되었다. 7천인 대회에서 마오가 천원의 존재를 인정하고 경제 2선으로 물러나면서 천원은 다시 경제를 총괄 지휘하게 되었다.

흑묘
백묘

류사오치는 1962년 2월 21일부터 23일까지 중난하이 시러우(西樓 서루) 회의실에서 정치국 상무위원회 확대회의를 열었다. 통칭 '시러우 회의'로 불린다. 류사오치는 천윈이 23일 회의에서 현재의 재정경제 형세와 어려움을 극복할 방법 등 해법을 제시해줄 것을 요청했다. 천윈은 '시러우 회의' 발언을 통해 7천인 대회에서 결의한 일단의 관점과 정책 결정을 대담하게 수정할 것을 제시했다. 천윈은 5개 방면의 주요 어려운 점을 적시하고, 이를 극복할 6가지의 중요 조처를 제시했다. 천윈은 경제 난국 타개의 해법으로 1)10년 경제계획을 2단계로 나누어 전前 1단계 5년은 회복 단계로 하고, 후後 1단계는 발전 단계로 한다. 2)도시 인구를 감소하고, 군대의 정예화와 행정을 간소화한다. 3)통화팽창을 강력하게 막는 모든 방법을 강구한다. 4)도시 인민의 최저 생활수요 확보에 총력을 기울인다. 5)농업 증산에 모든 가능한 역량을 동원한다. 6)기획기관의 주요 주의력을 공업, 교통 방면에서 농업 증산과 통화팽창을 막는 방면으로 돌린다. 390

　마오는 천윈의 '시러우 회의' 발언을 전해 듣고 불만을 터뜨렸다. 천윈이 경제 형세를 비관적으로 보고 있다는 게 불만의 요인이었다. 마오는 실명을 거론하지 않았지만 나중에 여러 차례 천윈이 말한, 농업이 5년에서 8년이 지나야 회복된다는 것을 비판했다. 나중에 정책을 실행하면서 경제회복 시기가 천원이 안정적으로 예측한 기간보다 빨랐지만, 천원의 해법은 이후 경제회복에 대한 처방으로 매우 효과적이라는 평가를 받았다. '시러우 회의'는 7천인 대회의 통일적 인식의 기초 아래 천원의 경제위기 극복 해법을 대폭 수용해 3가지 사항을 결정했다. 1)현재 경제상황은 비상시기에 처해 있다. 우리는 농업 회복과 시장 안정, 재정경제 상황의 기본적 호전好轉 쟁취를 위해 총력을 기울인다. 2)이후 10년을 2단계로 나누어 전前 1단계는 조정 단계로 (경제)회복이 우선이며, 부분적으로 발전을 기하도록 한다. 후後 1단계는 발전 단계로 (경제)발전이 우선이며, 부분적으로 회복을 기하도록 한다. 3)천원과 리푸춘, 리셴녠은 국무원 각부 위원회 당 조직 성원들에게 이번 회의의 정신과 중앙의 방침을 전달한다. [391]

중앙은 1962년 5월 7일부터 11일까지 베이징에서 공작회의, 이른바 '5월회의'를 열었다. 덩샤오핑은 이 회의에서 루산회의 이후 극성을 떨었던 좌경 바람에 '우경 기회주의 분자'로 몰려 억울한 누명을 쓰고 있는 간부들에 대한 명예회복 조처를 시급히 해결할 것을 건의했다. 생산성 제고를 위해 우경 기회주의 분자로 찍혀 풀이 죽은 간부들의 적극성을 이끌어내 생산현장에 투입하는 것이 중요했기 때문이다. 특히 현縣 이하 농촌간부와 군중들의 적극성을 동원하는 게 매우 중요했다. 명예회복 조처는 주요 대상이 간부이지만, 간부 개개인마다 가족과 친척 등 인민들과 연계되어 있어 실질적으로는 광범한 인민들에게 큰 영향을 줄 수 있었다. 덩샤오핑은 여기에 주목했다. '5월회의' 이후 전국적으로 대규모의 명예회복 조처가 전면 실시되어 그해 8월까지 당원 간부 365만 명, 일반 군중 370만 명 등 모두 700여만 명에 대해 억울한 누명을 벗겨주었다. 덩샤오핑은 또 농민들의 생산성을 높이기 위해 생산의욕을 고취할 수 있도록 개별경작 형태의 농가할당 생산방식인 '바오찬다오후(包産到戶 포산도호)' 제도를 명확하게 지지했다. 덩샤오핑은 쓰촨성 속담인 '검은 고양이든 노란 고양이든 쥐만 잘 잡으면 좋은 고양이다'라고 실용적 노선을 확고히 했다. 이 말은 나중에 덩샤오핑의 전매특허가 된 '흑묘백묘黑猫白猫'론의 원래 버전이었다. [392]

'포산도호'는 농민들이 인민공사에서 집체적으로 농업생산을 하는 형태와는 달리 토지를 농가별로 할당받아 생산량을 책임지고, 초과분은 임금 형태로 지급받는 제도다. 애초 이 제도는 1961년 2월에 안후이성(安徽省 안휘성)위원회에서 서기처 회의를 소집해 연구한 바 있었다. 성위省委 서기 쩡시성(曾希聖 증희성)은 노동력에 따라 경지耕地를 분배해 식량 생산을 초과한 부분에 대해서는 임금 형식으로 경작 농민에게 주는 새로운 생산방식을 제기했다. 이 제도를 '포산도호'라고 용어는 쓰지 않았으나 실질적으로는 농민들이 개별 생산하는 '포산도호'였다. 루산회의 당시 '포산도호'는 자본주의 길로 가는 생산방식이라고 해 엄중한 비판을 받았다. 그에 따라 성위 서기처는 먼저 상급기관인 화동국華東局 제1서기 커칭스에게 지시를 청했다. 커칭스는 허락하지 않았다. 대신, 이 제도를 널리 보급하지 않고 현縣에서 시험적으로 시행하도록 했다. 안후이성은 허페이(合肥 합비)시 교외 수산공사(蜀山公社 촉산공사) 징강(井岡 정강)대대 난신좡(南新庄 남신장) 생산대대에서 시험적으로 실시했다. 그 후 반응이 좋아 쩡시성은 모든 현에 1~2개의 '책임전責任田'을 두고 농가 할당제 생산방식을 운영했다. 짧은 시일 안에 농가 할당 생산대生産隊가 39.2퍼센트에 이르렀다. 7천인 대회 때 쩡시성은 사회주의의 집체경제를 무너뜨리는 수정주의라는 마오의 비판을 받고 서기직을 박탈당했다. 이렇게 해 각 성으로 번져가던 '포산도호'는 중지되었다.

그러나 7천인 대회가 끝난 뒤 이 문제가 다시 불거져 서로 다른 의견이 맞섰으나 덩샤오핑은 확고하게 이 제도를 찬성했다. 중앙서기처는 7월 2일에 회의를 열어 형세 분석과 '포산도호' 문제에 대해 토론을 벌였다. 덩샤오핑은 "농업을 회복시키기 위해 상당히 많은 농민들이 토지를 나누어줄 것을 바라고 있다"고 말했다. 천원은 "과도시기에 어떤 방법이 (농업) 회복에 유리하다면 어떠한 방법도 써야 한다"며 이 제도를 적극 검토하는 데 찬성했다. 7월 7일, 덩샤오핑은 공청단共青團 (공산주의 청년단) 제3기 7중전회에서 "각종 형식의 '포산도호'가 20퍼센트도 되지 않는 것을 겁내는 것은 큰 문제다. 이런 문제는 마땅히 백가쟁명으로 논해야 한다. 모두가 의견을 말하고 방법을 찾아야 한다"고 강조했다. 덩샤오핑은 연설에서 이렇게 말했다. [393]

"어떤 형식이 어떤 지방의 농업생산 발전을 비교적 빠르게 회복시키고 용이하면 그 형식을 채택하고, 군중들이 원하면 그런 방식을 따라야 한다. — 류보청(劉伯承 유백승) 동지는 전투를 할 때 늘 쓰촨 속담인 '노란 고양이든, 검은 고양이든 쥐만 잘 잡으면 좋은 고양이'라고 말했다. 우리는 이렇게 해 장제스를 물리칠 수 있었다. 바로 옛날 규칙, 옛날 길에서 싸워서는 안 된다는 말이다. 모든 상황을 살펴서 이기면 그것으로 됐다. 현재 농업생산을 회복하려면 상황을 살펴야 한다. 즉 생산관계에서 완전히 일종의 고정불변한 형식을 취해서는 안 된다. 어떤 형식이 군중들의 적극성을 동원할 수 있다면 그런 형식을 채용해야 한다. 농촌 방면에 일단의 정책을 채택하는 목적은 더 많은 식량을 얻고, 더 많은 나무를 심고, 밭갈이 소(耕牛 경우)를 번식시켜 농민들을 비교적 만족시키는 것이다. 한쪽으로 자신이 많이 먹을 수 있고, 한쪽으로 국가에 많이 공급하면 된다. 결론적으로 전국이 집체경제를 공고히 하는 것은 사회주의 제도를 공고하게 하는 것으로, 이것은 근본적인 방향이다. 농촌에서 기층의 생산관계를 조정하려면 여러 가지 형식을 인정해야 한다. 내 개인적 생각으로는 여러 가지의 형식이 비교적 좋다."

계급투쟁과
모순

지방 순시를 마치고 베이징에 온 마오는 7월 6일, 당내 고위 지도자들이 갈수록 '포산도호'를 선호한다는 사실을 알고 농촌정책 조정의 전제조건으로 인민공사 체제를 견지하고 '포산도호'에 대한 태도를 표명할 필요가 있다고 생각했다. 마오는 7월 8일에 류사오치, 저우언라이, 덩샤오핑, 천보다, 톈자잉 등을 불러 '포산도호'에 반대한다는 의사 표시를 명확하게 밝혔다. 농촌의 경제형태가 집체경제에서 개인경작의 사영私營 형태로 되돌아가는 것은 자신이 추구하는 사회주의 이상 사회 체제를 근본부터 흔드는 것으로 간주했다. 이런 형태는 수정자본주의修正資本主義로서, 자본주의 체제로 회귀해 지금까지의 사회주의 건설이 물거품이 될 수 있다는 강박관념에 사로잡혔다. 거대한 저수지도 땅강아지 한 마리가 뚫어놓은 작은 구멍 때문에 맥없이 무너지지 않는가? 중앙 지도자들에게 싹트고 있는 수정주의의 싹을 미리 없애야 했다. 마오의 사회주의 건설의 조급성은 이제 급진적 과격주의로 더욱 거칠어지기 시작했다. 류사오치와 덩샤오핑은 어쩔 수 없이 자신들의 뜻을 접었다.

　중앙 공작회의가 중앙 지도자들의 휴양지인 발해만의 허베이성(河北省 하북성) 베이다이허(北戴河 북대하)에서 7월 25일부터 8월 24일까지 장장 1개월 동안 열렸다. 8월 6일, 마오는 베이다이허 중앙 공작회의에서 작심하고 3개 부분에 대한 문제를 체계적으로 밝히면서 설명했다. [394]

"나는 베이다이허에서 계급, 형세, 모순 등 3가지 문제를 제시하고자 한다. 계급階級에 대해서 말하겠다. 국제 제국주의, 민족주의 그런 것들은 모두 자산계급의 국가다. 계급투쟁 없이는 해결할 수 없다. 그것은 말할 필요가 없다. 따라서 우리는 반제反帝의 임무가 있다. 반제 민족혁명운동을 도울 임무가 있다. 사회주의 국가는 계급이 있는가, 없는가? 계급투쟁이 있는가, 없는가? 마땅히 (계급이) 있고, (계급투쟁이) 존재한다. 레닌은 사회주의 승리 이후 오랜 시기 동안 국제 자산계급이 존재한다고 했다. 우리나라에도 자산계급의 잔존세력이 존재하고, 소자산계급이 농민계급 속에서 부단히 자본주의 분자로 성장한다. 착취계급이 비록 전복되었지만 장기적으로 존재하면서 심지어 부활하려고 한다.—우리는 국가를 아주 잘 장악해야 한다. 이 문제를 아주 잘 인식하고 계급과 계급투쟁의 존재를 인정해야 한다.—우리는 지금 말하는 순간부터 (계급투쟁을) 해마다 말하고, 달마다 말해야 한다."

마오는 경제 조정정책 과정에서 나타나는 사영경제 체제의 위기의식을 사전에 막기 위한 조처로 계속적인 계급투쟁으로 사회주의 국가를 건설하는 사상 무장을 강조했다. 마오는 이어 수년 동안의 국내외 정세를 분석하고, 국제 형세는 좋은데 국내 상황은 나쁘다고 말했다. 특히 1959년과 1960년 두 해가 높은 농산물 구매와 눈먼 지휘로 많은 과오를 범해 수정주의가 나타나고, 수정주의가 우리를 압박해 상황이 좋지 않다고 경고했다. 마오는 "대체적으로 일단의 사람들은 과거 몇년 동안 단지 '밝음(光明 광명)'만 바라보고 어둠을 보지 않았다. 지금 일부분의 사람들과 동지들은 '어둠(黑暗 흑암)'만 보고 무슨 밝음이 있었느냐고 한다. 만약 모두 맞지 않는다면 어떤 것인가? 밝음도 아니고 어둠도 아니다. 기본적으로 밝은 것이지만 적지 않은 문제가 있다"며 마오는 우리가 루산회의에서 말했던 세 마디 말, '성과는 크다, 문제는 적지 않다, 앞날은 밝다'고 말했다. 마오는 비관적 생각과 어둡고 부패한 사회에 대한 비관주의 바람(黑暗風 흑암풍), 농촌에서 집체경제를 허물고 개인경작을 선호하는 바람(單干風 단간풍), 우익 기회주의자와 반혁명분자들에게 내린 판단을 뒤집는 바람(飜案風 번안풍) 등 '3풍風'을 강력 비판했다. '포산도호'를 선호했던 농촌 공작부 부장 덩쯔후이(鄧子恢 등자회)는 마오의 엄중한 비판을 받고 자아비판을 했다. '번안풍'은 덩샤오핑이 강력 주장해 관철했던, 억울한 누명을 쓴 당 간부와 인민들에 대한 명예회복을 지칭한 것이었다. 마오는 세 번째 문제인 모순矛盾에 대해 말했다. 395

"우리 중국에도 중국적 수정주의의 모순이 있다. 우리가 과거에 불렀던 우경 기회주의는 지금은 이름을 바꾸어 중국적 수정주의로 탈바꿈했다. 베이다이허와 베이징에서 가진 이 2개월간의 회의는 두 가지, 즉 공작문제와 계급투쟁의 문제를 토론하는 것이다. 바로 마르크스주의와 수정주의의 투쟁의 문제다."

당시 소련과 불화를 겪고 있던 마오는 소련을 수정주의 사회주의 국가로 비난하며, 이런 기류를 국내와 당내의 문제로 연결해 류사오치와 천윈, 덩샤오핑 등을 겨냥했다. 1959년 루산회의에서 펑더화이 등을 우경 기회주의자라고 낙인찍었던 '딱지'를 이제 포장을 바꾸어 자본주의의 길을 걷는 수정주의자들이라고 딱지를 붙여가기 시작했다. 마오의 계급투쟁에 관한 연설은 전체회의와 중앙위원들의 동의를 얻어 회의 '결의決議'에 삽입되었다. 베이다이허 회의가 끝난 뒤 '결의'에 수록한 계급투쟁을 전국에 광범하게 선전했다. 점점 더 많은 사람들이 '좌左'경 이론을 받아들여 '계급투쟁' 이론이 확장되고, 절대화하는 관점이 되어 광범한 군중 기초를 이루었다. 하나의 사회적 사조思潮로 '괴물 형상'을 갖추어가기 시작한 것이었다.

린뱌오의
'마오 어록'

1962년 1월의 '7천인 대회'는 루산회의의 '반우反右' 투쟁을 다시 확인해 관련자들에 대한 억울한 누명을 벗겨 명예를 회복시키는 '평판(平反 평반)'을 하지 않아 펑더화이는 정치국 위원직은 유지했지만 여전히 '우경 기회주의자'로 매도되어 '따돌림 생활'을 하고 있었다. 류사오치는 1월 27일 대회에서 펑더화이의 복권을 하지 않을 것임을 명확히 밝혔다.

"루산회의가 펑더화이 동지의 반당집단에 반대투쟁을 벌이는 것은 펑더화이 동지가 오랫동안 당내에서 소집단을 형성하고 있었기 때문이다. 그는 가오강, 라오수스의 반당집단에 참가했다. 더욱 중요한 것은 가오강이 펑더화이를 이용했다는 것이 아니라 펑더화이가 가오강을 이용했다는 점이다. 두 사람은 모두 국제적 배경을 갖고 반당활동을 했다. 중국에서 아무개 외국인과 전복활동을 벌인 것과 관련이 있다. 모든 사람들이 복권될 수 있지만 펑더화이 동지는 안 된다."

펑더화이는 중상모략이라며 크게 분노했다. 펑더화이는 중앙판공청 주임 양상쿤(楊尙昆 양상곤)에게 전화를 걸어 "주석과 류사오치에게 이에 대한 성명은 하지 않겠다는 뜻을 전해달라"고 말했다. 펑더화이는 사람들에게 류사오치의 발언을 보고 대단히 마음이 좋지 않다는 뜻을 밝혔다. 밤잠을 이루지 못하던 펑더화이는

6월 16일에 자신이 지금까지 살아온 이력과 시비곡직是非曲直을 자세히 쓴, 나중에 펑더화이 복권의 '팔만언서八萬言書'라고 불리는 자료를 직접 양상쿤에게 전달했다. 펑더화이는 장장 8만 자에 이르는 '팔만언서'에서 류사오치가 보고를 통해 발언한 '소집단 구성'과 관련해 "이 소집단의 정치 강령은 무엇인가? 어디에 구성원이 있는가? 정치강령도, 구성원도 없다. 그것은 날조가 아니고 무엇인가?"라고 항변했다. 펑더화이는 외국과의 내통에 대해서 "나는 어떤 외국인과 개인적으로 접촉한 일이 없다. 완전히 없는 사실을 꾸며낸 것이다. 진리는 단지 하나다. — 이런 결론은 주관주의적이고, 사실은 그것이 잘못이라는 것을 증명해야 한다. — 나에 대한 중상모략이다!"라고 울분을 터뜨렸다. 양상쿤은 이 자료를 인쇄해 마오와 중앙 정치국, 서기처 위원들에게 배포한 바 있었다. 396

마오는 베이다이허 회의에서 펑더화이의 복권과 관련해 비난을 퍼부으며 '번안풍, 흑암풍, 단간풍' 등 '3풍風'을 맹렬하게 비판했다. 마오는 9월에 베이징에서 개최한 중앙 제8기 10중전회와 이어 열린 제13주년 국경절에 펑더화이의 참가를 허용하지 않았다. 마오는 회의에서 "내가 펑더화이를 비교적 잘 안다. 복권을 해서는 안 된다"고 밝혔다. 이에 따라 전회는 '펑더화이 전담 심사위원회'를 구성하고 전면 심사에 들어갔다. 중앙 제8기 10중전회에서 계급투쟁을 다시 거론한 뒤 마오가 '판슈펑슈(反修防修 반수방수; 수정주의를 반대하고 수정주의를 막음)' 전략으로 나가면서 전국적으로 사회주의 교육운동이 들불처럼 번져갔다. 사상교육이었다. 마오는 1963년 5월 9일에 저장성(浙江省 절강성)위원회 판공청이 인쇄해 배포하도록 한 자신이 쓴 '간부들의 노동 참가 재료'에서 당 간부들이 생산노동에 참가하는 것은 위대한 혁명적 의의가 있는 매우 중요한 문제라며 이렇게 기술했다. 397

계급투쟁, 생산투쟁과 과학실험은 사회주의 강대국가 건설의 3가지 위대한 혁명운동이다. 공산당원이 관료주의를 막고, 수정주의와 교조주의를 피하면서 영원히 확고한 기초에 서 있는 것을 보증한다. 무산계급은 능히 광범한 노동군중과 연합하면 민주전정專政을 실행할 수 있다. 그렇지 않으면 짧으면 몇 년에서 십수

년, 길어야 몇십 년 안에 전국적으로 반혁명이 부활하고, 마르크스-레닌의 당이 수정주의 당, 파시스트 당으로 바뀌는 것을 막을 수 없다. 전 중국의 얼굴이 바뀐다. 동지들, 생각해보라. 얼마나 위험한 광경인가!

마오는 당 간부들이 생산현장에서 군중들과 연합해 계급투쟁을 실천하면 공산사회의 자본주의 오염을 막을 수 있다고 선동한 것이었다. 좋게 말하면 의식혁명이고, 나쁘게 말하면 사상개조였다. 그 기초는, 사상의 원류인 인식과 실천에 있다고 생각했다. 마오는 사람의 인식은 2단계의 과정을 거치며 2개의 비약을 가져온다고 믿고 있었다. 무수한 감성적 인식이 많이 쌓이다보면 첫 번째 비약飛躍을 하게 되고, 그런 뒤 이성적 인식으로 변한다. 이게 바로 사상思想이다. 모든 인식과정의 1단계로, 즉 객관적인 물질이 주관적인 정신적 단계로 이행하는 과정이라고 보았다. 2단계는 1단계에서 얻은 인식을 사회에서 실천하며 얻은 실천적 경험이 또 하나의 비약을 가져온다고 강조했다. 이런 인식과 실천을 여러 차례 반복할 때, 즉 정正-반反-합合으로 발전하면서 비로소 하나의 인식이 완성된다. 이것이 마르크스의 인식론이며, 변증 유물론적 인식론이라고 마오는 규정했다. 마오는 정확한 사상(생각)이 어디에서 나오는지를 풀어 설명했다.

사람의 정확한 사상은 어디에서 오는 것인가? 하늘에서 떨어진 것인가? 아니다. 자신의 머릿속의 고유한 것인가? 아니다. 사람의 정확한 사상은 실천과정에서 나온다. 사회의 생산투쟁, 계급투쟁과 과학실험의 이 3가지 실천과정에서 나온다. 사람들의 사회적 존재는 사람들의 사상을 결정한다. 선진 계급의 정확한 사상을 대표해 일단 군중을 장악하면 사회를 개조할 수 있으며, 세계의 물질역량을 개조할 수 있다.

1960년대 중국의 주변 국제환경은 긴장 상태에 있었다. 북쪽으로는 1962년 말부터 중국과 소련이 날선 논전論戰을 벌이고, 중국에 대한 소련의 군사 압력이 가중되는 등 중소관계가 날로 긴장을 고조시켰다. 동쪽으로는 일본-한국-타이완을 축으로 하는 미국의 전략적 포위망이 구축되고, 장제스의 타이완 정부가 대륙 탈환을 위한 반격 정책을 펴고 있었다. 특히 남쪽은 1961년부터 시작된 미국의 베트남전쟁 개입으로 전선이 확대되고, 북베트남에 대한 대규모 폭격을 감행하는 등 중국에 대해 직접적인 위협을 가했다. 서쪽은 1962년 10월부터 중국과 인도가 국경선에서 군사충돌을 벌였다. 이에 따라 사방에서 봉쇄된 '죽의 장막' 중국은 준전시 상태에 들어갔다. 당시 마오의 계급투쟁을 앞세운 사상개조와 준전시 상태로 전쟁 분위기가 고조되어 비교적 군중 동원과 국가적 통제가 쉬운 편이었다.

이런 국내외 뒤숭숭한 분위기에 편승해 펑더화이의 몰락으로 승승장구하고 있던 마오의 복심 린뱌오는 중앙군사위원회 부주석 겸 국방부장으로 군내에 마오의 개인숭배 바람을 불러일으키고 있었다. 1961년 4월 하순, 린뱌오는 인민해방군 기관지 『제팡쥔바오(解放軍報 해방군보)』에 마오의 저서著書나 연설에서 따온 마오의 어록語錄을 싣도록 지시했다. 린뱌오는 4월 30일에 군사위원회 상무위원회를 주재했다. 이 회의에는 허룽(賀龍 하룽), 뤄룽환(羅榮桓 나영환), 예젠잉(葉劍英 엽검영) 원수와 인민해방군 총참모장 겸 국방부 부부장 뤄루이칭(羅瑞卿 나서경) 등이 참석했다. 군인들에게 마오의 저작에서 따온 경구를 암송하게 하고, 단기간적으로 마오의 정신을 주입시키는 사상교육 등에 관한 회의였다. 린뱌오는 몇 개의 회의 안건을 통과시킨 뒤 다른 의견이 있는지를 물었다. 뤄룽환이 발언권을 얻어 지시 문서에 특별히 강조한 마오 선집의 '문제학問題學을 갖고' 부분을 삭제할 것을 요구했다. 개인숭배의 도가 너무 지나쳤기 때문이다. 398

"마오 선집의 '문제학問題學을 갖고'라는 구절은 고려해야 한다. 이 구절은 결함이 있다."

"이 구절 어디를 말하는가?"

이런 구절을 만든 린뱌오는 일부러 모른 체하며 되물었다. 뤄룽환은 문제의 구절을 낭독했다. 당황한 린뱌오는 불만스러운 투로 물었다.

"그럼, 당신은 '무슨 학學'이라고 해야 하나?"

"마오 주석 저작의 실질적인 정신을 학습해야 한다. '문제학을 갖고' 부분은 빼버리는 게 좋다."

"좋지 않다면 빼버리시오!"

린뱌오는 한참 생각하다 퉁명스러운 말투로 말했다.

"빼버리는 게 좋다. 마오 주석의 저작 학습은 꼭 근본적인 것을 배워야 한다. 여러 가지 도리와 사리에 정통하려면 입장과 관점, 방법 등을 학습해 긴밀하게 실제와 연결시킬 수 있도록⋯⋯."

"됐소. 산회散會."

화가 난 린뱌오는 뤄룽환의 말을 자르더니, 회의에 참석한 군의 선배 원수들을 아랑곳하지 않은 채 회의를 서둘러 끝내고 벌떡 일어나 자리를 박차고 나갔다. 린뱌오의 지시로 『제팡쥔바오』는 5월 1일부터 마오의 어록을 싣기 시작했다. 린뱌오는 내용과 당일 지면에 맞도록 요구하고, '살아 있는 학문을 활용하라'고 지시했다. 『제팡쥔바오』에 실린 마오의 어록은 1964년에 『마오 주석 어록』이라는 책으로 출간되었다. 그 후 1966년 문화대혁명 때 소홍서小紅書인 '마오쩌둥 어록'으로 이름을 바꾼 이 책은 수십억 부가 전국에 뿌려지면서 마오의 신격화 도구로 활용되었다.

뤄룽환은 린뱌오가 다른 의견을 들으려 하지 않자 직접 중앙서기처 총서기인 덩샤오핑에게 전화를 걸어 부당함을 지적했다. 뤄룽환은 린뱌오가 마오를 신격화하고, 마오 사상을 비속화시키며, 교조화하는 행위에 반대했다. 덩샤오핑은 서기처 회의를 소집해 토론을 거쳐 마오쩌둥 사상을 비속화한다는 뤄룽환의 의견에 모두 찬성했다. 이에 앙심을 품은 린뱌오는 뤄룽환에 대한 보복에 들어갔다. 자신이 만든 '4개 부분을 잘하는 부대를 창조하자', 사상, 훈련, 기풍, 생활 등 '4조抓운동'에 협조하지 않는다는 이유로 뤄룽환을 반당집단으로 매도했다. 국방부 부부장 겸 총참모장 뤄루이칭이 동의하지 않자 린뱌오는 문화대혁명 직전에 뤄루이칭이 뤄룽환과 짜고 마오 주석에 반대했다며, 뤄루이칭을 '반당집단'으로 음해해 제거했다. 1965년에 뤄룽환은 세상을 떠 박해는 피했지만 그 부인 린웨친(林月琴임월금)은 '의식이 퇴폐하다'는 이유로 온갖 고난을 겪었다. 린웨친의 동생은 간첩이란 누명을 쓰고 죽임을 당했다.

10대 원수의 한 사람인 뤄룽환은 생전에 자식들에게 청나라의 기득집단인 '팔기자제八旗子弟'가 되어서는 안 된다며, 특권 없는 자발적 삶을 교육한 엄격한 훈도로 유명했다. 마오는 뤄룽환이 사망했을 때 애도하는 7율시를 지어 "나라가 어려울 때 누구에게 물어볼 것인가(國有疑難可問誰 국유의난가문수)?"라며 그의 뛰어난 지혜와 고결한 품성을 추모했다.

마오,
류사오치를 겨누다

마오는 1962년에 들어서며 경제가 조금씩 호전되면서 한숨을 돌릴 수 있었다. 마오는 1964년에 들어 4개 부문을 맑게 하는 '4청淸', 즉 당 간부들의 독직瀆職에 반대하고, 낭비에 반대하고, 많이 먹고 많이 소유하는 것에 반대하고, 반혁명의 파괴에 반대하는 운동이 부족하다며 철저한 혁명이 필요하다고 다그쳤다. 중앙 공작회의가 1964년 5월 15일부터 6월 7일까지 베이징에서 열렸다. 주요 의제는 사회주의 교육운동과 제3차 경제개발 5개년 계획의 초보적 구상, 베트남전쟁 등과 관련해 국가 중요시설의 재배치에 따른 3선線 건설 등이었다.

6월 8일, 마오는 수정주의修正主義 문제에 관해 연설했다. 마오는 "현재 세계에는 두 종류의 공산당이 있다. 하나는 진짜고, 하나는 가짜다"라고 말할 때 류사오치가 끼어들었다. 류사오치는 "소련의 경우, 하나는 이번에 출현한 수정주의다. 하나는 10월혁명이다. 모두 위대한 국제적 의의가 있다. 우리는 생각해야 한다. 우리의 장래에 수정주의가 나올 수 있겠는가? 주의하지 않으면 반드시 출현한다"고 말했다. 이때 마오가 "이미 출현했다!"고 목소리를 높였다. 마오는 "내가 보기에, 우리 국가 3분의 1의 권력은 장악하지 못하고 있다. 적의 수중에 장악되어 있다.―만약에 흐루쇼프가 출현하면 어떻게 할 것인가?"라고 중앙의 수정주의 문제를 맹비난했다. 마오는 또 사회주의 교육운동의 제기 방식과 방법을 거론하며 "어떤 사람이 독립왕국을 만들고 추종자들이 대단히 많다"고 또다시 당내의 수정주의 위험을 경고했다. 국무원 부총리 보이보(薄一波 박일파)는 훗날 "당내 고위 지도층에서 발생한 이런 사상적 이견은 큰 영향을 끼쳤다. 가장 엄중했던 것은 마오주석의 류사오치 동지에 대한 불신임이었다. 이때부터 문화대혁명 발동의 씨앗이 묻혀 있었다"고 회상했다. 399

정치국 공작회의가 1964년 12월 15일에서 1965년 1월 14일까지 베이징에서 열렸다. 지금까지의 사회주의 교육운동의 경험을 총결하고, 다음 단계의 공작을 토론하는 이 회의에서 마오와 류사오치가 운동방법을 놓고 이견을 보였다. 류사오치가 먼저 말을 꺼냈다.

"타오주(陶鑄 도주) 동지가 나에게 편지를 보내 농촌에서 새롭게 생겨나는 부유계층과 극빈계층에 관한 문제를 제기했다. 또 일부 지방의 자산계급분자를 거론했다. 농촌에서 신자산계급분자라는 이름을 쓰고 있는가? 아니면 직위나 직무를 이용해 불법으로 재물을 모은 독직분자나 투기꾼을 말함인가?"

"농민들은 무엇이 자본주의인지를 모른다. 농민들은 당신이 말한 투기꾼이나 독직분자, 도둑질한 자들로 이해한다."

"내가 볼 때 공작대 골간들이 역량을 배합하는 능력이 부족하다. 지도력이 강하지 못하다. 전선이 너무 긴 게 아닌가? 전선을 단축해야 하는 게 아닐까? 어떻게 단축하나?"

"(전선의 단계를) 줄이는 것은 쉽다. 당신이 단축하면 된다."

"지방에서 기관 가족 중에 많은 악질토호, 지주, 부농분자들을 제기한다. 이것은 보편적인 문제다."

"그렇게 많지는 않을 것이다. 전국의 인구가 수억 명으로 그런 자들은 몇백만 명 정도에 불과하다. 또 각지에 흩어져 있다. 맑게 하려면 맑게 할 수 있다. 많은 건 많은 게 아니다. 있는 건 있는 거다."

마오는 대화에서 류사오치가 거론한 문제에 별로 관심을 보이지 않았다. 그냥 류사오치의 방법에 대해 건성건성 이야기하고 시큰둥한 반응을 보였다. 류사오치에 대해 불만을 갖고 있었기 때문이다. 그러던 중 마오는 류사오치한테 공작 상황을 보고받다가 날벼락 같은 이야기를 했다.

"(류)사오치 수장(挂帥 괘수), (사회주의 교육운동의) '4청淸', '5반反', 경제공작 등 모두 당신이 관장한다. 나는 주석이고, 당신은 제1부주석이다. 하늘의 비바람(정세 변화)을 예측할 수 없다. 내가 죽은 뒤 당신이 올라가지 못할 수도 있다. 지금 교대해 당신이 주석이 되어 진시황이 되라. 나는 나의 약점을 잘 안다. 어머니를 원망해도 소용이 없다. 내가 약빠르지 못하다. 당신은 대단하다. 당신은 어머니를 원망하는 수장이다. 당신은 (덩)샤오핑과 총리(저우언라이)를 잡고 있다."

마오가 '대단하다'라고 말한 이면에는 류사오치가 '4청淸' 작업을 하며 독직이나 투기꾼 노릇을 한 공사간부 정正, 부장副長 180여 명과 기타 간부 1천여 명을 해직시키는 강경 조처도 한몫을 했다. 류사오치는 깜짝 놀라 석명을 하고 나섰다. 류사오치는 "'4청'은 내가 관장하고, '5반'은 셰푸즈(謝富治 사부치), 펑전(彭眞 팽진)이 많이 관할한다. 경제공작은 덩샤오핑이 총 관리하고 있다"고 설명했다. 마오는 "여전히 당신은 수장이고, (덩)샤오핑은 비서장이다"라고 퉁명스럽게 말했다. 12월 20일, 사회주의 교육운동 문제를 토론하기 위해 정치국 확대회의가 베이징 인민대회당에서 열렸다. 류사오치는 농촌의 당면한 문제로 부유한 농민계층과 광범위한 극빈계층 간의 모순을 거론했다. 류사오치는 타락한 나쁜 간부들이 지주들과 결합해 군중들과 마찰을 일으키고 있는 것으로 여겼다. 마오는 달랐다. 그들의 뒷배를 봐주는 당권파黨權派가 있다고 지적했다. 이들이 농민들의 머리에 올라타 농민들은 가난에 찌들어 죽어간다고 비판했다. 해결해야 할 과제는 '당권파' 문제라고 했다. 마오는 중앙의 5대 서기인 5대 영수를 당권파로 몰아쳤다. 군중을 발동하는 것은 바로 우리 당을 바로잡는 일이다, 중심문제는 당을 정화하는 것이다, 당을 정화하지 않으면 희망이 없다고 질타했다.

12월 26일은 71세가 되는 마오의 생일이었다. 건국 이후 마오는 공개적으로 생일잔치를 하지 않았다. 그러나 이번에는 스스로 초청 명단을 작성해 중앙 지도자, 각 중앙국 책임자, 제3기 전국인민대표대회 제1차 회의에 참가한 모범 노동자, 과학자 등 40여 명을 인민대회당으로 초청했다. 마오는 연회에서 "오늘은 내가 한턱

내는 게 아니다. 더욱 축수祝壽하는 자리도 아니다. 내가 원고료로 여러분을 밥 한 끼 대접하는 자리다. 밥만 먹어서는 안 된다. 내 이야기를 들어야 한다. ―현재 사회주의 교육운동이 막 시작되었다. 나는 현장에 실습을 가지 못한다. 발언권도 없다"고 말했다. 마오는 말의 억양을 높였다. 400

"오늘은 나의 생일이다. 이제 71세다. 나는 늙었다. 혹시 얼마 있다가 마르크스를 보러 갈지 모른다(공산당 지도자들이 죽는다는 뜻으로 쓰는 말). 때문에 오늘 여러분을 초청해 밥 한 끼를 먹는 것이다. ―5월과 6월에 소집한 중앙 공작회의에서 전국 기층의 3분의 1의 지도권이 나의 수중에 없다는 것을 알았다. 나는 당중앙의 수정주의를 걱정한다! 수정주의의 출현은 자산계급이 정치무대에서 흥기興起하는 것을 상징한다. 자본주의의 길로 가는 지도자는 이미 변했거나 혹은 변해서 노동자들의 피를 빼는 자산계급분자가 되었다. 이들은 투쟁의 대상이고, 혁명의 대상이다. 사회주의 교육운동을 그들에게 맡겨서는 안 된다."

생일 연회 분위기는 순식간에 싸늘하게 얼어붙었다. 연회에 참석했던 보이보는 그때를 이렇게 회상했다.

"마오 주석은 몇 명의 과학자와 모범 노동자들이 있는 탁자에 앉았다. 다른 중앙 상무위원과 정치국 동지들은 다른 탁자에 앉았다. ―사회주의 교육운동의 인식의 과오와 제시 방법을 계속 비판했다. 무슨 '4청淸'과 '4불청不淸', 당내의 모순 교차? 이것은 비마르크스주의다. 중앙은 '독립왕국'을 구축하고 있다고 질책했다. 또 당내에 수정주의의 위험이 생겨나고 있다고 말했다. 자리는 쥐 죽은 듯이 고요했다."

연회에 참석했던 타오주(陶鑄 도주)의 부인 쩡즈(曾志 증지)는 "주석은 술을 마시며 말을 했다. 특별히 많은 말을 했고, 말 속에 말이 있었다. 무서웠던 말은 '어떤 사람이 독립왕국'을 구축하고 있고, 추종자들이 많다'고 한 것이었다. 전혀 수연壽宴 분위기가 아니었다. 개개인들은 모두 긴장하고 곤혹스러워했다. 주석이 왜 그러는가? 실내에는 어떤 소리도 나지 않았다. 단지, 주석이 혼자 풍자적 웃음(嬉笑 희소)을 날리고, 질책하는 소리를 들을 뿐이었다. 어떤 추측도 할 수 없었다"고 말했다.

타오주는 "불행하게도 주석의 창끝이 바로 류사오치를 겨냥했다"고 회상했다. 정치국 공작회의는 12월 27일에 '농촌 사회주의 교육운동 중 목전에 제기된 일단의 문제(이 문건이 모두 17조로 되어 있어 약칭 '17조'라고 함)'를 토론하고 수정한 뒤 통과시키고, 중앙의 명의로 반포했다. 이 '17조'는 사회주의 교육운동의 중점은 '당내 자본주의의 길을 가는 당권파(走資派 주자파)를 바로잡는 것'이라고 제기했다. 17조는 또 이후 도시향촌의 사회주의 교육운동은 종전의 '4청淸'과는 달리, 새로운 '4청淸', 즉 정치를 맑게 하고, 경제를 맑게 하고, 사상을 맑게 하고, 조직을 맑게 한다는 4개 부문을 일률적으로 통일했다. 이것은 그동안의 류사오치 지도체제를 전면 부정하는 신호탄이 되었다.

주 註

197) 毛澤東生平全紀錄(上) 主編 柯延 中央文獻出版社

　　黨史知識大講堂 第4講;延安整風運動與馬克思主義中國化 盧毅 新華網

　　延安整風;康生讓衆人寫名單追究敎條宗派幕後組織 楊尙昆 人民網 文史頻道

198) 延安整風;康生讓衆人寫名單追究敎條宗派幕後組織 楊尙昆 人民網 文史頻道

　　黨史知識大講堂 第4講;延安整風與馬克思主義中國化 盧毅 新華網

199) 延安整風;康生讓衆人寫名單追究敎條宗派幕後組織 楊尙昆 人民網 文史頻道

200) 黨史知識大講堂 第4講;延安整風與馬克思主義中國化 盧毅 新華網

201) 延安整風;康生讓衆人名單追究敎條宗派幕後組織 楊尙昆 人民網 文史頻道

202) 延安整風;康生讓衆人寫名單追究敎條宗派幕後組織 楊尙昆 人民網 文史頻道

203) 朱德對黨的幾個重大決策的突出貢獻 理論頻道 新華網

204) 저우언라이 평전 바르바라 바르누앙, 위창건 지음, 유상철 옮김 베리타스 북스

205) 朱德對黨的幾個重大決策的突出貢獻 理論頻道 新華網

206) 朱德對黨的幾個重大決策的突出貢獻 理論頻道 新華網

207) 延安整風;康生讓衆人寫名單追究敎條宗派幕後組織 楊尙昆 人民網 文史頻道

208) 延安整風;康生讓衆人寫名單追求敎條宗派幕後組織 楊尙昆 人民網 文史頻道

209) 延安整風;康生讓衆人寫名單追究敎條宗派幕後組織 楊尙昆 人民網 文思頻道

210) 作曲家 鄭律成 丁雪松 等著 遼寧人民出版社

211) 作曲家 鄭律成 丁雪松 等著 遼寧人民出版社

212) 조선의용군 사령 무정장군 김순기 료령민족출판사판

213) 作曲家 鄭律成 丁雪松 等著 遼寧人民出版社

214) 作曲家 鄭律成 丁雪松 等著 遼寧人民出版社

215) 作曲家 鄭律成 丁雪松 等著 遼寧人民出版社

216) 作曲家 鄭律成 丁雪松 等著 遼寧人民出版社

217) 毛澤東生平全紀錄(上) 主編 柯延 中央文獻出版社

218) 毛澤東生平全紀錄(上) 主編 柯延 中央文獻出版社

　　毛澤東在重慶談判的歷史瞬間 時政頻道 新華網

219) 毛澤東生平全紀錄(上) 主編 柯延 中央文獻出版社

220) 毛澤東生平全紀錄(上) 主編 柯延 中央文獻出版社

221) 毛澤東生平全紀錄(上) 主編 柯 延 中央文獻出版社

222) 毛澤東生平全紀錄(上) 主編 柯 延 中央文獻出版社

223) 毛澤東生平全紀錄(上) 主編 柯 延 中央文獻出版社

224) 斯大林對中國共産黨認識轉變 (河南)王恩收 中國共産黨新聞網 人民網

225) 重京談判蔣介石是否眞相趁起殺掉毛澤東 時政頻道 新華網

　　　毛澤東在重京談判的歷史瞬間 時政頻道 新華網

226) 毛澤東生平全紀錄(上) 主編 柯 延 中央文獻出版社

227) 毛澤東在重慶談判的歷史瞬間 時政頻道 新華網

228) 毛澤東生平全紀錄(上) 主編 柯 延 中央文獻出版社

229) 重慶談判蔣介石是否眞相趁起殺掉毛澤東 時政頻道 新華網

　　　毛澤東在重慶談判的歷史瞬間 時政頻道 新華網

230) 重慶和談前, 蔣介石企圖指斥毛澤東帝王思想擾亂時局 安立志(文史學者) 人民網

231) 解放戰爭中共爲何決定放棄南方 周明杰 原國防大學黨史黨建政工敎硏室敎授

　　　北京晩報 人民網

232) 毛澤東生平全紀錄(上) 主編 柯 延 中央文獻出版社

233) 毛澤東生平全紀錄(上) 主編 柯 延 中央文獻出版社

234) 秘密何在嗎? 共産黨爲什嗎能3年戰生國民黨 中國共産黨新聞網 人民網

235) 解密;1947年 胡宗南攻占延安 大轉折-決定中國命運的700天 鄧 賢 著

　　　湖南人民出版社 理論頻道 新華網

236) 毛澤東生平全紀錄(上) 主編 柯 延 中央文獻出版社

237) 解密;1947年 胡宗南攻占延安 大轉折-決定中國命運的700天 鄧 賢 著

　　　湖南人民出版社 理論頻道 新華網

238) 解密;1947年 胡宗南攻占延安 大轉折-決定中國命運的700天 鄧賢 著

　　　湖南出版社 理論頻道 新華網, 毛澤東生平全紀錄(上) 主編 柯 延 中央文獻出版社

239) 秘密何在嗎? 共産黨爲什嗎能3年戰勝國民黨 中國共産黨新聞網 人民網

240) 저우언라이 평전 바르바라 바르누앙, 위창건 지음, 유상철 옮김, 베리타스북스

241) 毛澤東生平全紀錄(上) 主編 柯 延 中央文獻出版社

242) 毛澤東生平全紀錄(上) 主編 柯 延 中央文獻出版社

243) 粟裕怎樣改變中原戰局 時政頻道 新華網

244) 鄧小平 劉伯承 陳毅在中原戰場;運籌帷幄決勝千里 時政頻道 新華網

245) 作曲家 鄭律成 丁雪松 等著 遼寧人民出版社

246) 作曲家 鄭律成 丁雪松 等著 遼寧人民出版社

247) 林彪鏖戰東北國民黨大喊 "殺陳誠謝天下" 時政頻道 新華網

　　　解放戰爭 王樹增 著 人民文學出版社

248) 林彪鏖戰東北國民黨大喊 "殺陳誠謝天下" 時政頻道 新華網

249) 林彪鏖戰東北國民黨大喊 "殺陳誠謝天下" 時政頻道 新華網

　　　解放戰爭 王樹增 著 人民文學出版社

250) 解放戰爭 王樹增 著 人民文學出版社

林彪鏖戰東北國民黨 "殺陳誠謝天下" 時政頻道 新華網

251) 毛澤東生平全紀錄(上) 主編 柯 延 中央文獻出版社

252) 毛澤東一次最危險的境地 人民網, 毛澤東遭遇最驚險的一次國民黨飛機轟炸

中國共産黨新聞網(在毛主席身邊20年 孫勇 著 中央文獻出版社) 人民網

253) 西柏坡成爲中國共産黨的一處心靈故鄉 新華網

254) 毛澤東生平全紀錄(上) 主編 柯 延 中央文獻出版社

秘密何在嗎? 共産黨爲什麼能3年戰勝國民黨 中國共産黨新聞網 人民網

255) 攻占濟南;華野激戰8晝夜 許世友活捉王耀武 中國共産黨新聞網 人民網

256) 攻占濟南;華野激戰8晝夜 許世友活捉王耀武 中國共産黨新聞網 人民網

257) 攻占濟南;華野激戰8晝夜 許世友活捉王耀武 中國共産黨新聞網 人民網

258) 攻占濟南;華野激戰8晝夜 許世友活捉王耀武 中國共産黨新聞網 人民網

259) 攻占濟南;華野激戰8晝夜 許世友活捉王耀武 中國共産黨新聞網 人民網

260) 1948年圍困長春;解放軍爲何阻攔饑民出城, 解放戰爭 王樹增 著

人民文學出版社出版 人民網 文史頻道

261) 毛澤東生平全紀錄(上) 主編 柯 延 中央文獻出版社

262) 1948년圍困長春;解放軍爲何阻攔饑民出城 解放戰爭(下) 王樹增 著

人民文學出版社出版 人民網 文史頻道

263) 1948年圍困長春;解放軍爲何阻攔饑民出城 解放戰爭(下) 王樹增 著

人民文學出版社出版 人民網 文史頻道

264) 1948年圍困長春;解放軍爲何阻攔饑民出城 解放戰爭(下) 王樹增 著

人民文學出版社出版 人民網 文史頻道

265) 1948年圍困長春;解放軍爲何阻攔饑民出城 解放戰爭(下) 王樹增 著

人民文學出版社出版 人民網 文史頻道

266) 毛澤東生平全紀錄(上) 主編 柯 延 中央文獻出版社, 決定中國命運的戰役 解放軍報

267) 淮海戰役粟裕立了第一功;3次'斗膽直陳'北京晚報 人民網

268) 毛澤東生平全紀錄(上) 主編 柯 延 中央文獻出版社

269) 傅作義見毛澤東;主席, 我有罪 人民網

270) 毛澤東生平全紀錄(上) 主編 柯 延 中央文獻出版社

271) 1949;李宗仁差点兒取代蔣介石劃江而治中國 人民網 '同舟共進' 第8期 陸茂清(文史學者)

272) 李宗仁何敢要價 '劃江而治' 人民網, '毛澤東與國民黨愛國將領' 李濤 編著 長征出版社出版

273) 李宗仁何敢要 '劃江而治' 人民網, 毛澤東與國民黨愛國將領 李濤 編著 長征出版社出版

1949;李宗仁差点兒取代蔣介石劃江而治中國 人民網 陸茂清(文史學者)

274) 李宗仁何敢要 '劃江而治' 人民網, 毛澤東與國民黨愛國將領 李濤 編著 長征出版社出版

275) 1949;李宗仁差点兒取代蔣介石劃江而治中國 人民網 陸茂清(文史學者)

276) 中國共産黨 '進京赶考' 的征程; 時政頻道 新華網 '同舟共進' 劉統 上海交通大學教授

277) 李宗仁何敢要價 '劃江而治' 人民網 '毛澤東與國民黨愛國將領' 李濤 編著 長征出版社出版

278) 李宗仁何敢要價 '劃江而治' 人民網 '毛澤東與國民黨愛國將領' 李濤 編著 長征出版社出版

279) 1949;李宗仁差点兒取代蔣介石劃江而治中國 人民網 '同舟共進' 陸茂清(文史學者)

　　　李宗仁何敢要價 '劃江而治' 人民網 '毛澤東與國民黨愛國將領' 李濤 編著 長征出版社出版

280) 1949;李宗仁差点兒取代蔣介石劃江而治中國 人民網 '同舟共進' 陸茂清(文史學者)

　　　李宗仁何敢要價 '劃江而治' 人民網 '毛澤東與國民黨愛國將領' 李濤 編著 長征出版社出版

281) 李宗仁何敢要價 '劃江而治' 人民網 '毛澤東與國民黨愛國將領' 李濤 編著 長征出版社出版

282) 1949;李宗仁差点兒取代蔣介石劃江而治中國 陸茂清(文史學者) '同舟共進' 8期 人民網

　　　李宗仁何敢要價 '劃江而治' '毛澤東與國民黨將領' 李濤 編著 長征出版社出版 人民網

　　　揭秘蔣介石爲啥不死守南京 時政頻道 新華網 '開國英雄的紅色往事' 梅世雄 黃慶華 著

　　　新華出版社

283) 李宗仁何敢要價 '劃江而治' '毛澤東與國民黨將領' 李濤 編著 長征出版社出版 人民網

　　　1949;李宗仁差点兒取代蔣介石劃江而治中國 陸茂清(文史學者) '同舟共進' 8期 人民網

　　　揭秘蔣介石爲 '毛澤東與國民黨愛國將領' 不死守南京 時政頻道 新華網

　　　'開國英雄的紅色往事' 梅世雄 黃慶華 著 新華出版社

284) 鄧小平;渡江戰役是毛澤東親自交給我指揮的 新華網 '中國歷代疑案解密' 諸葛文 著

　　　中國 戲劇出版社出版

285) 揭秘;蔣介石爲啥不死守南京 時政頻道 新華網 '開國英雄的紅色往事' 梅世雄 黃慶華 著

　　　新華出版社

286) 揭秘;蔣介石爲啥不死守南京 時政頻道 新華網 '開國英雄的紅色往事' 梅世雄 黃慶華 著

　　　新華出版社

287) 鄧小平;渡江戰役是毛澤東親自交給我指揮的 時政頻道 新華網

　　　'中國歷代疑案解密' 諸葛文 著 中國戲劇出版社 出版

288) 毛澤東生平全紀錄(下) 主編 柯延 中央文獻出版社

289) 毛澤東生平全紀錄(下) 主編 柯延 中央文獻出版社

　　　毛澤東傳(上) 主編 逢先知 金冲及 中央文獻出版社

290) 毛澤東傳(上) 主編 逢先知 金冲及 中央文獻出版社

291) 毛澤東傳(上) 主編 逢先知 金冲及 中央文獻出版社

292) 胡宗南拒絕中共勸降;士爲知己者死! 人民網 文史頻道, '胡宗南大傳' 經盛鴻 著 團結 出版社

　　　出版

293) 國民黨4位一級上將在臺灣的最後結局 新華副刊 新華網 '龍門陣', 原題 '國民黨軍4位一級 上

　　　將在臺灣 謝天開 著者

294) 毛澤東傳 1949-1976(下) 主編 逢先知 金冲及 中央文獻出版社

295) 蔣介石最後離開大陸之迷如何脫身? 時政頻道 新華網, 蔣介石-在大陸的最後日子 作者 陳宇

　　　當代世界出版社

296) 蔣介石最後離開大陸之迷如何脫身? 時政頻道 新華網

　　　蔣介石-在大陸最後日子 作者 陳宇 當代世界出版社

297) 國民黨軍4位一級上將在臺灣的最後結局 新華副刊 新華網

龍門陣, 原題 國民黨4位一級上將在臺灣 作者 謝天開

298) 毛澤東生平全紀錄(下) 主編 柯延 中央文獻出版社

299) 毛澤東傳 1949-1976(下) 主編 逄先知 金冲及 中央文獻出版社

    毛澤東生平全紀錄(下) 主編 柯延 中央文獻出版社

300) 1950年斯大林因何決心支持金日成攻打韓國? 文;秋風客 人民網 文史參考

    韓國戰爭爆發的原因;蘇聯僅僅想要一個出海口? 人民網 文史頻道

    '熱血1950' 何楚舞 著 大衆文藝出版社出版

301) 彭德懷與朝鮮戰爭 楊鳳安 王天成 著 中央文獻出版社

    1950年斯大林因何決心支持金日成攻打韓國? 文;秋風客 人民網 文史參考

302) 1950年斯大林因何決心支持金日成攻打韓國? 文;秋風客 人民網 文史參考

303) 彭德懷與朝鮮戰爭 楊鳳安 王天成 著 中央文獻出版社

    1950年斯大林因何決心支持金日成攻打韓國? 文;秋風客 人民網 文史參考

304) 1950年斯大林因何決心支持金日成攻打韓國? 文;秋風客 人民網 文史頻道

305) 1950년斯大林因何決心支持金日成攻打韓國? 文;秋風客 人民網 文史頻道

306) 毛澤東傳 1949-1976(下) 主編 逄先知 金冲及 中央文獻出版社

    彭德懷與朝鮮戰爭 楊鳳安 王天成 著 中央文獻出版社

307) 毛澤東傳 1949-1976(下) 主編 逄先知 金冲及 中央文獻出版社

308) 毛澤東傳 1949-1976(下) 主編 逄先知 金冲及 中央文獻出版社

309) 彭德懷與朝鮮戰爭 楊鳳安 王天成 著 中央文獻出版社

310) 彭德懷與朝鮮戰爭 楊鳳安 王天成 著 中央文獻出版社

311) 彭德懷與朝鮮戰爭 楊鳳安 王天成 著 中央文獻出版社

312) 毛澤東因何爲彭德懷喝酒 理論頻道 新華網

313) 毛澤東因何爲彭德懷喝酒 理論頻道 新華網

314) 彭德懷與朝鮮戰爭 楊鳳安 王天成 著 中央文獻出版社

    毛澤東傳 1949-1976(下) 主編 逄先知 金冲及 中央文獻出版社

315) 彭德懷與朝鮮戰爭 楊鳳安 王天成 著 中央文獻出版社

316) 彭德懷與朝鮮戰爭 楊鳳安 王天成 著 中央文獻出版社

317) 彭德懷與朝鮮戰爭 楊鳳安 王天成 著 中央文獻出版社

    毛澤東傳 1949-1976(上) 主編 逄先知 金冲及 中央文獻出版社

318) 彭德懷與朝鮮戰爭 楊鳳安 王天成 著 中央文獻出版社

319) 彭德懷與朝鮮戰爭 楊鳳安 王天成 著 中央文獻出版社

320) 彭德懷與朝鮮戰爭 楊鳳安 王天成 著 中央文獻出版社

321) 現場目擊者見證 毛岸英犧牲眞相 口述 成普 中國共產黨新聞網 人民網

322) 彭德懷與朝鮮戰爭 楊鳳安 王天成 著 中央文獻出版社

323) 彭德懷與朝鮮戰爭 楊鳳安 王天成 著 中央文獻出版社

324) 彭德懷與朝鮮戰爭 楊鳳安 王天成 著 中央文獻出版社

    毛澤東傳 1949-1976(下) 主編 逄先知 金冲及 中央文獻出版社

325) 彭德懷與朝鮮戰爭 楊鳳安 王天成 著 中央文獻出版社

抗美援朝戰爭中毛澤東, 斯大林, 金日成是何關系 人民網-中國共產黨新聞網

326) 毛澤東傳 1949-1976(下) 主編 逢先知 金冲及 中央文獻出版社

毛澤東生平全紀錄(下) 主編 柯 延 中央文獻出版社

327) 權力紛爭;高崗欲借毛澤東之手扳倒劉少奇和周恩來 魯彤 馮來剛 人民網-文史頻道

高崗的1953年;毛澤東爲何對其態度大變? 中國新聞週刊 人民網

328) 高崗號毛澤東之 '脈';借斯大林擡高自己壓低劉少奇 人民網-文史頻道

權力紛爭;高崗欲借毛澤東之手扳倒劉少奇和周恩來 魯彤 馮來剛 人民網-文史頻道

329) 高崗的1953;毛澤東爲何對其態度大變? 中國新聞網 人民網

權力紛爭;高崗欲借毛澤東之手扳倒劉少奇和周恩來 魯彤 馮來剛 人民網-文史頻道

高崗的權力何以能迅速超越周恩來與劉少奇 戴茂林 趙曉光 人民網

330) 權力紛爭;高崗欲借毛澤東之手扳倒劉少奇和周恩來 魯彤 馮來剛 人民網-文史頻道

高崗的1953年;毛澤東爲何對其態度大變 中國新聞網 人民網

跌落的高崗;從滿洲頭號人物到反黨集團主角;李 輝 人民網-文史頻道

331) 權力紛爭;高崗欲借毛澤東之手扳倒劉少奇和周恩來 魯彤 馮來剛 人民網-文史頻道

332) 高崗號毛澤東之 '脈';借斯大林擡高自己壓低劉少奇 人民網

權力紛爭;高崗欲借毛澤東之手扳倒劉少奇和周恩來 魯彤 馮來剛 人民網-文史頻道

333) 權力紛爭;高崗欲借毛澤東之手扳倒劉少奇和周恩來 魯彤 馮來剛 人民網-文史頻道

334) 高崗的1953年;毛澤東爲何對其態度大變? 中國新聞網 人民網

毛澤東傳 1949-1976(下) 主編 逢先知 金冲及 中央文獻出版社

335) 權力紛爭;高崗欲借毛澤東之手扳倒劉少奇和周恩來 魯彤 馮來剛 人民網-文史頻道

毛澤東生平全紀錄(下) 主編 柯 延 中央文獻出版社

336) 權力紛爭;高崗欲借毛澤東之手扳倒劉少奇和周恩來 魯彤 馮來剛 人民網-文史頻道

337) 高崗的1953年;毛澤東爲何對其態度大變 中國新聞網 人民網

權力紛爭;高崗欲借毛澤東之手扳倒劉少奇和周恩來 魯彤 馮來剛 人民網-文史頻道

338) 高崗的1953年;毛澤東爲何對其態度大變 中國新聞網 人民網

339) 毛澤東生平全紀錄(下) 主編 柯 延 中央文獻出版社

周恩來1958年爲何提出要辭去總理職務? 楊明偉 人民網

340) 新中國初期的毛澤東和周恩來;合作大于分歧 金冲及 中國共產黨新聞網 人民網

341) 毛澤東;秦始皇比孔夫子偉大 人民網

342) 毛澤東;秦始皇比孔夫子偉大 人民網

343) 迫不及待的強國夢;毛澤東擬定 '超美' 時間表 胡鞍鋼 人民網-人民論壇

344) 저우언라이 평전 바르바라 바르누앙, 위창건 지음, 유상철 옮김 베리타스북스

迫不及待的強國夢;毛澤東擬定 '超美' 時間表 胡鞍鋼 人民網-人民論壇

345) 毛澤東生平全紀錄(下) 主編 柯 延 中央文獻出版社

346) 周恩來1958年爲何提出要辭去總理職務 楊明偉 人民網

新中國初期的毛澤東和周恩來;合作大于分歧 金冲及 中國共產黨新聞網 人民網

347) 毛澤東個人崇拜直言不諱;還是崇拜我好一点 人民網-文史頻道

348) 周恩來1958年爲何提出要辭去總理職務 楊明偉 人民網

349) 周恩來1958年爲何提出要辭去總理職務 楊明偉 人民網

　　新中國初期的毛澤東和周恩來;合作大于分岐 金冲及 中國共産黨新聞網 人民網

350) 周恩來1958年爲何提出要辭去總理職務 楊明偉 人民網

351) 毛澤東生平全紀錄(下) 主編 柯 延 中央文獻出版社

352) 揭秘廬山會議;前後兩次都是中途變局和沒完沒了的檢討 錢伯城(文史學者) 人民網

　　毛澤東傳 1949-1976(下) 主編 逢先知 金冲及 中央文獻出版社

　　彭德懷的意見書;毛澤東爲何握了三天才發? 權延赤 人民網-文史頻道

353) 彭德懷廬山發言;'大躍進'毛澤東也有責任 于幼軍 羊城晚報 人民網

354) 毛澤東賀子珍後的失望心情影響到廬山會議? 人民網 文史頻道

355) 彭德懷廬山發言;'大躍進'毛澤東也有責任 于幼軍 羊城晚報 人民網

　　彭德懷的意見書;毛澤東爲何握了三次天才發? 權延蘇 人民網-文史頻道

356) 廬山會議前後毛澤東與彭德懷鬪爭的歷史眞相 劉 統 人民網 文史參考

　　彭德懷的意見書;毛澤東爲何握了三天才發? 權延蘇 人民網-文史頻道

　　毛澤東傳 1949-1976(下) 主編 逢先知 金冲及 中央文獻出版社

357) 毛澤東生平全紀錄(下) 主編 柯 延 中央文獻出版社

　　毛澤東傳1949-1976(下) 主編 逢先知 金冲及 中央文獻出版社

358) 廬山會議前後毛澤東與彭德懷鬪爭的歷史眞相 劉 統 人民網 文史參考

　　毛澤東傳1949-1976(下) 主編 逢先知 金冲及 中央文獻出版社

　　揭秘廬山會議;前後兩次都是中途變局和沒完沒了的檢討 錢伯城(文史學者) 人民網

359) 揭秘廬山會議;前後兩次都是中途變局和沒完沒了的檢討 錢伯城(文史學者) 人民網

　　毛澤東生平全紀錄(下) 主編 柯 延 中央文獻出版社

360) 張聞天在廬山會議上的抗爭;這樣以後誰還敢講話?! 聞 集 人民網

361) 毛澤東傳1949-1976(下) 主編 逢先知 金冲及 中央文獻出版社

362) 毛澤東傳1949-1976(下) 主編 逢先知 金冲及 中央文獻出版社

　　毛澤東生平全紀錄(下) 主編 柯 延 中央文獻出版社

363) 彭德懷與毛澤東的'失之交臂' 人民網

364) 彭德懷與毛澤東的'失之交臂' 人民網

365) 毛澤東傳1949-1976(下) 主編 逢先知 金冲及 中央文獻出版社

　　毛澤東生平全紀錄(下) 主編 柯 延 中央文獻出版社

366) 毛澤東傳1949-1976(下) 主編 逢先知 金冲及 中央文獻出版社

367) 毛澤東傳1949-1976(下) 主編 逢先知 金冲及 中央文獻出版社

　　廬山會議前後毛澤東與彭德懷鬪爭的歷史眞相 劉 統 人民網 文史參考

368) 彭德懷與毛澤東失之交臂 人民網

　　毛澤東傳1949-1976(下) 主編 逢先知 金冲及 中央文獻出版社

369) 廬山會議前後毛澤東與彭德懷鬪爭的歷史眞相 劉 統 人民網 文史參考

370) 廬山會議前後毛澤東與彭德懷鬪爭的歷史眞相 劉 統 人民網 文史參考

　　　毛澤東傳1949-1976(下) 主編 逢先知 金冲及 中央文獻出版社

371) 張聞天在廬山會議上的抗爭;這樣以後誰還敢講話 聞 集 人民網

372) 毛澤東傳1949-1976(下) 主編 逢先知 金冲及 中央文獻出版社

　　　廬山會議前後毛澤東與彭德懷鬪爭的歷史眞相 劉 統 人民網 文史參考

373) 毛澤東傳1949-1976(下) 主編 逢先知 金冲及 中央文獻出版社

374) 解密 '變局';毛澤東與七千人大會始末 中國共産黨新聞網 人民網

　　　揭秘; '三年經濟困難' 鄧小平如何調整國民經濟 睢 城 中國共産黨新聞網 人民網

375) 毛澤東傳1949-1976(下) 主編 逢先知 金冲及 中央文獻出版社

376) 揭秘1961年劉少奇湖南農村調查細節;在養猪場住6天6夜 新華網 時政頻道

377) 저우언라이 평전 바르바라 바르누앙, 위창건 지음, 유상철 옮김 베리타스북스

378) 毛澤東傳1949-1976(下) 主編 逢先知 金冲及 中央文獻出版

　　　周恩來檢討大躍進毛澤東揷話 '交代一回也好' 人民網-文史頻道

379) 解密 '變局';毛澤東與七千人大會始末 中國共産黨新聞網 人民網

　　　劉少奇要 '推飜' 毛澤東;檢討大躍進竟强調 '人禍' 人民網-文史頻道

380) 1962年 '七千人大會' 人人檢討, 唯林彪獨樹一幟 人民網-文史頻道

381) 毛澤東傳1949-1976(下) 主編 逢先知 金冲及 中央文獻出版社

　　　毛澤東與劉少奇之間何時出現了分琪岐的苗頭 人民網-文史頻道

382) 毛澤東傳1949-1976(下) 主編 逢先知 金冲及 中央文獻出版社

383) 周恩來檢討大躍進毛澤東揷話 交代一回也好 人民網-文史頻道

384) 1962年七千人大會人人檢討, 唯林彪獨樹一幟 人民網-文史頻道

385) 1962年七千人大會 人人檢討, 唯林彪獨樹一幟 人民網-文史頻道

386) 毛澤東爲何点名要陳雲收拾 '大躍進' 殘局? 葉 子 人民網

387) 七千人大會, 毛澤東爲什麼請不動陳雲講話? 人民網-文史頻道

　　　毛澤東爲何点名要陳雲收拾 '大躍進' 殘局? 葉 子 人民網

388) 七千人大會, 毛澤東爲什麼請不動陳雲講話? 人民網-文史頻道

389) 揭秘;陳雲爲何在長征途中突然消失? 文滙報 人民網

390) 毛澤東傳1949-1976(下) 主編 逢先知 金冲及 中央文獻出版社

　　　毛澤東爲何点名要陳云收拾 '大躍進' 殘局? 葉 子 人民網

391) 毛澤東傳1949-1976(下) 主編 逢先知 金冲及 中央文獻出版社

392) 揭秘;三年經濟困難 鄧小平如何調整國民經濟? 睢 城 中國共産黨新聞網 人民網

393) 揭秘;三年經濟困難 鄧小平如何調整國民經濟? 睢 城 中國共産黨新聞網 人民網

394) 毛澤東傳1949-1976(下) 主編 逢先知 金冲及 中央文獻出版社

395) 毛澤東傳1949-1976(下) 主編 逢先知 金冲及 中央文獻出版社

396) 揭秘;廬山會議之後的彭德懷 新華網 理論頻道

　　　楊尙昆 '萬言書';主席沒料到多數人會支持彭德懷 人民網-文史頻道

397) 毛澤東傳1949-1976(下) 主編 逢先知 金冲及 中央文獻出版社

398) 羅英桓與林彪的嚴重分歧 羅英桓傳 當代出版社 新華網 理論頻道

399) 毛澤東與劉少奇之間何時出現了分歧的苗頭 人民網-文史頻道

　　 毛澤東對劉少奇說;你厲害 新華網 時政頻道

400) 毛澤東傳1949-1976(下) 主編 逢先知 金冲及 中央文獻出版社

　　 毛澤東對劉少奇說;你厲害 新華網 時政頻道

　　 毛澤東與劉少奇之間何時出現了分歧的苗頭? 人民網-文史頻道

중국지 中

ⓒ 현이섭, 2017

초판 1쇄 2012년 11월 1일 펴냄
　　3쇄 2013년 1월 5일 펴냄
개정 1판 2014년 4월 30일 펴냄
개정 2판 2017년 6월 9일 찍음
　　　　 2017년 6월 15일 펴냄

지은이 | 현이섭
펴낸이 | 강준우
기획·편집 | 박상문, 박효주, 김예진, 김환표
디자인 | 최진영, 최원영
마케팅 | 이태준
관리 | 최수향
인쇄·제본 | 대정인쇄공사

펴낸곳 | 인물과사상사
출판등록 | 제17-204호 1998년 3월 11일

주소 | (121-839) 서울시 마포구 서교동 392-4 삼양E&R빌딩 2층
전화 | 02-325-6364
팩스 | 02-474-1413

www.inmul.co.kr | insa@inmul.co.kr

ISBN 978-89-5906-447-2 04990
　　　 978-89-5906-445-8 (세트)

값 18,000원

이 도서의 국립중앙도서관 출판시도서목록(CIP)은 서지정보유통지원시스템 홈페이지(http://seoji.nl.go.kr)와
국가자료공동목록시스템(http://www.nl.go.kr/kolisnet)에서 이용하실 수 있습니다.
(CIP제어번호: CIP2017013316)